Oliver Buslau

AF630011

111 Opernhighlights, die man kennen muss

111

emons:

Bibliografische Information der Deutschen Nationalbibliothek
Die Deutsche Nationalbibliothek verzeichnet diese Publikation in der Deutschen Nationalbibliografie; detaillierte bibliografische Daten sind im Internet über http://dnb.d-nb.de abrufbar.

MIX
Papier aus verantwortungsvollen Quellen
FSC® C083411
FSC www.fsc.org

© Emons Verlag GmbH
Alle Rechte vorbehalten
© der Fotografien: siehe Seite 232
© Covermotiv: shutterstock.com/Yoko Design
Layout: Eva Kraskes, nach einem Konzept von Lübbeke | Naumann | Thoben
Druck und Bindung: CPI – Clausen & Bosse, Leck
Printed in Germany 2020
ISBN 978-3-7408-0985-0
Originalausgabe

Unser Newsletter informiert Sie regelmäßig über Neues von emons:
Kostenlos bestellen unter
www.emons-verlag.de

Vorwort

»Oper ist, wenn Sopran und Tenor sich lieben wollen, aber ein Bariton hindert sie daran.« Dieses Bonmot von George Bernhard Shaw ist nicht der einzige Witz, den die manchmal ernste, manchmal heitere, aber stets als Inbegriff der Klassik geltende Gattung des Musiktheaters über sich ergehen lassen musste. Allen Scherzen zum Trotz: Nicht nur Opern selbst locken Jahr für Jahr ein Millionenpublikum, die Melodien aus den Werken sind auch so populär, dass sie in ganz anderen Zusammenhängen auftauchen. In Werbespots, Filmsoundtracks, in neuen Verwandlungen als Popmusik, als Klingeltöne oder Warteschleifenmelodien. Opernmusik steht nach wie vor in den Charts – und das seit einer Zeit, in der es noch gar keine Hitparaden gab.

Dieses Buch präsentiert die Highlights des Genres und erzählt die Geschichten dahinter. Anders als in einem klassischen Opernführer geht es hier in erster Linie nicht um Gesamtwerke, sondern um einzelne, berühmte oder entdeckungswürdige Stellen – nicht nur Arien, sondern auch Duette, Chöre, Orchesterzwischenspiele, Balletteinlagen oder Ouvertüren. So mancher wird dabei eine Überraschung erleben. Wer zum Beispiel verfolgt hat, wie der Geiger David Garrett mit dem »Hummelflug« einen Weltrekord brach, ist sich nicht unbedingt bewusst, dass dieses rasante Musikstück aus einer Oper stammt. Wer »Nessun dorma« genießt, weiß vielleicht gar nicht, was diese Worte bedeuten und dass diese Melodie eine der letzten war, die Giacomo Puccini zu Papier brachte. Andere Geschichten handeln von dem Schicksal des Mannes, der den »Cold Song« von Purcell berühmt machte, oder davon, wie eine Oper 1830 eine Revolution auslöste.

Sollte die Lektüre einen Opernneuling unter Ihnen dazu bringen, sich einmal eine Liveaufführung anzusehen, würde mich das freuen. Bis dahin empfehle ich die entsprechenden Internet-Playlisten. Den QR-Code zu einer davon finden Sie unter dem Inhaltsverzeichnis.

Oliver Buslau

111 Opernhighlights

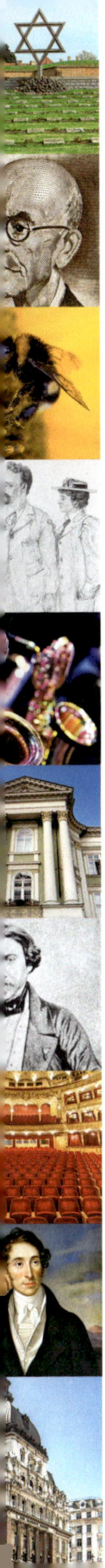

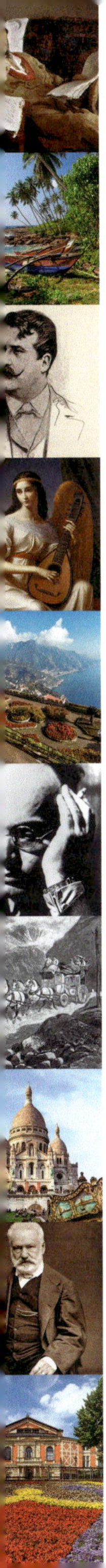

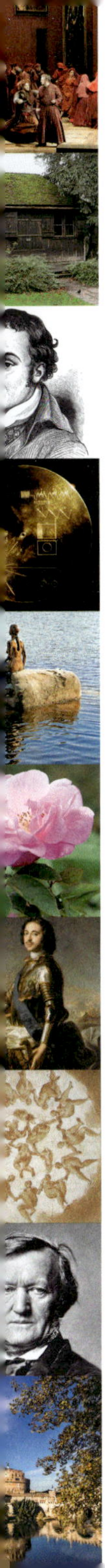

Hier finden Sie die kostenlose Spotify-Playlist!

1 Mes amis, écoutez l'histoire

Mit Peitschenknall zum hohen D

Wer in den 60er oder 70er Jahren den Wunschkonzerten mit populären Opernmelodien lauschte, begegnete diesem Hit immer wieder. Ein Postillion singt von den Freuden seines Berufsstandes, der dem Text zufolge vor allem darin besteht, schönen Damen auf den gefährlichen Reisen in jedweder Hinsicht schützend zur Seite zu stehen.

Adolphe Adam schrieb diese mitreißende Nummer mit viel Raffinesse fürs Detail: Hörnerklang, Peitschenknall und der typische Rhythmus der Pferdehufe bilden die Begleitung für die mitreißende Melodie, die auch für den Sänger – natürlich ein strahlender Tenor – eine besondere Herausforderung birgt. Ein zentraler Ton im wiederkehrenden Refrain erklingt in jeder Runde höher und höher. Schließlich erreicht er das hohe D – die offizielle Grenze des tenoralen Tonumfangs.

In der Opernhandlung muss der Postillion Chapelou mit dem Lied seine im Scherz entführte Braut auf seiner Hochzeitsfeier auslösen. Der virtuose Gesang hat Folgen: Ein zufällig im selben Gasthaus weilender Marquis, Intendant der Pariser Oper, hört die Darbietung und überredet Chapelou, ihn an die Seine zu begleiten, wo der Postillion den Berufsstand wechselt. Aus dem Chauffeur wird ein gefeierter Gesangsstar. Die alleingelassene Braut heiratet einen anderen, trifft Chapelou aber Jahre später wieder. Nach einigen komödiantischen Verwicklungen gibt es ein spätes Happy End.

»Der Postillion von Lonjumeau« gehört stilistisch zur französischen »Opéra-comique«, ist also eigentlich ein leichtes, ganz auf Komik abzielendes Singspiel. Adolphe Adam, der übrigens ein eigenes Theater eröffnete und Klavierprofessor am Pariser Konservatorium war, schuf über 50 Bühnenwerke. Neben dem Ballett »Giselle« ist der »Postillion« sein einziges bekanntes geblieben.

Deutscher Titel Freunde, vernehmet die Geschichte | **Aus** Le postillon de Lonjumeau / Der Postillion von Lonjumeau | **Originalsprache** Französisch | **Musik** Adolphe Adam | **Libretto** Adolphe de Leuven und Léon Lévy Brunswick | **Uraufführung** 13.10.1836 in Paris | **Bild** Pferdegetrappel, Peitschenknall und hübsche Damen: Die berühmte Arie von Adolphe Adam erzählt vom Leben eines Postillions.

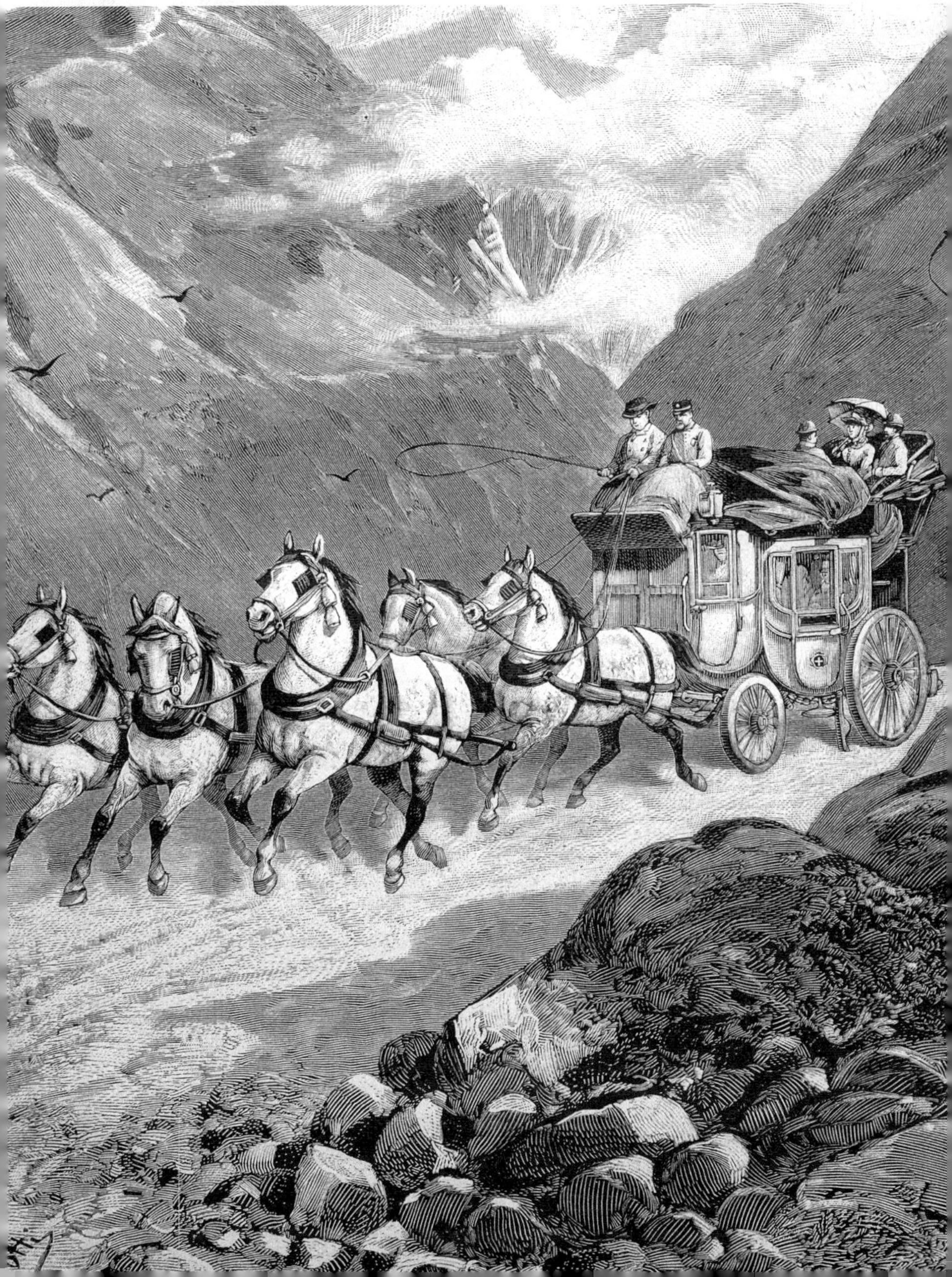

2 Amour sacré de la patrie

Eine stumme Primadonna und die Revolution

Große Opernpartien müssen vollgepackt sein mit Arien voller Gurgelakrobatik, angereichert mit möglichst vielen Gelegenheiten, höchste Stimmkunst zu beweisen. Diesem Rezept folgten die Komponisten vom Barock bis Puccini – mit einer Ausnahme: Der französische Komponist Daniel François Esprit Auber brachte mit seinem berühmtesten Werk »Die Stumme von Portici« eine Protagonistin auf die Bühne, die weder singt noch spricht.

1828 in Paris uraufgeführt, sollte die Oper zu einem großen Erfolg werden, was den Komponisten natürlich freute. Was jedoch nach einer Aufführung in Brüssel zwei Jahre später geschah, war unbeabsichtigt: Das Publikum verließ das Theater und stürmte eine Polizeidirektion und den Justizpalast. Es war der Beginn der Belgischen Revolution, an deren Ende sich das Land von Holland löste. Ironie der Geschichte: Die Aufführung in Belgien sollte dem Geburtstag des holländischen Königs besonderen Glanz verleihen.

Wie konnte eine Oper so etwas auslösen? »Die Stumme von Portici« erzählt die Geschichte des stummen Fischermädchens Fenella, das den Sohn des Vizekönigs von Neapel liebt und zwischen die Fronten des aufrührerischen Volkes und der Staatsmacht gerät. Die Handlung spielt zwar im 17. Jahrhundert, doch das Publikum erkannte sich selbst in den Emotionen so mancher Passage wieder – vor allem in dem mitreißenden Duett »Amour sacré de la patrie« (»Geheiligte Liebe zum Vaterland«), in dem sich zwei Vertreter des unterdrückten Volkes in mitreißendem Marschrhythmus singend als Gegner der Obrigkeit zu erkennen geben – bereit, den Kampf aufzunehmen. Außerdem sah man in der stummen Hauptfigur ein Symbol für die eigene Unterdrückung.

Auber hat auch sonst in der Oper nicht gerade an Mitteln gespart, mit großen Effekten zu begeistern. So gibt es nicht nur Massenszenen zu bewundern, sondern den »Special Effect« eines Vesuv-Ausbruchs am Ende.

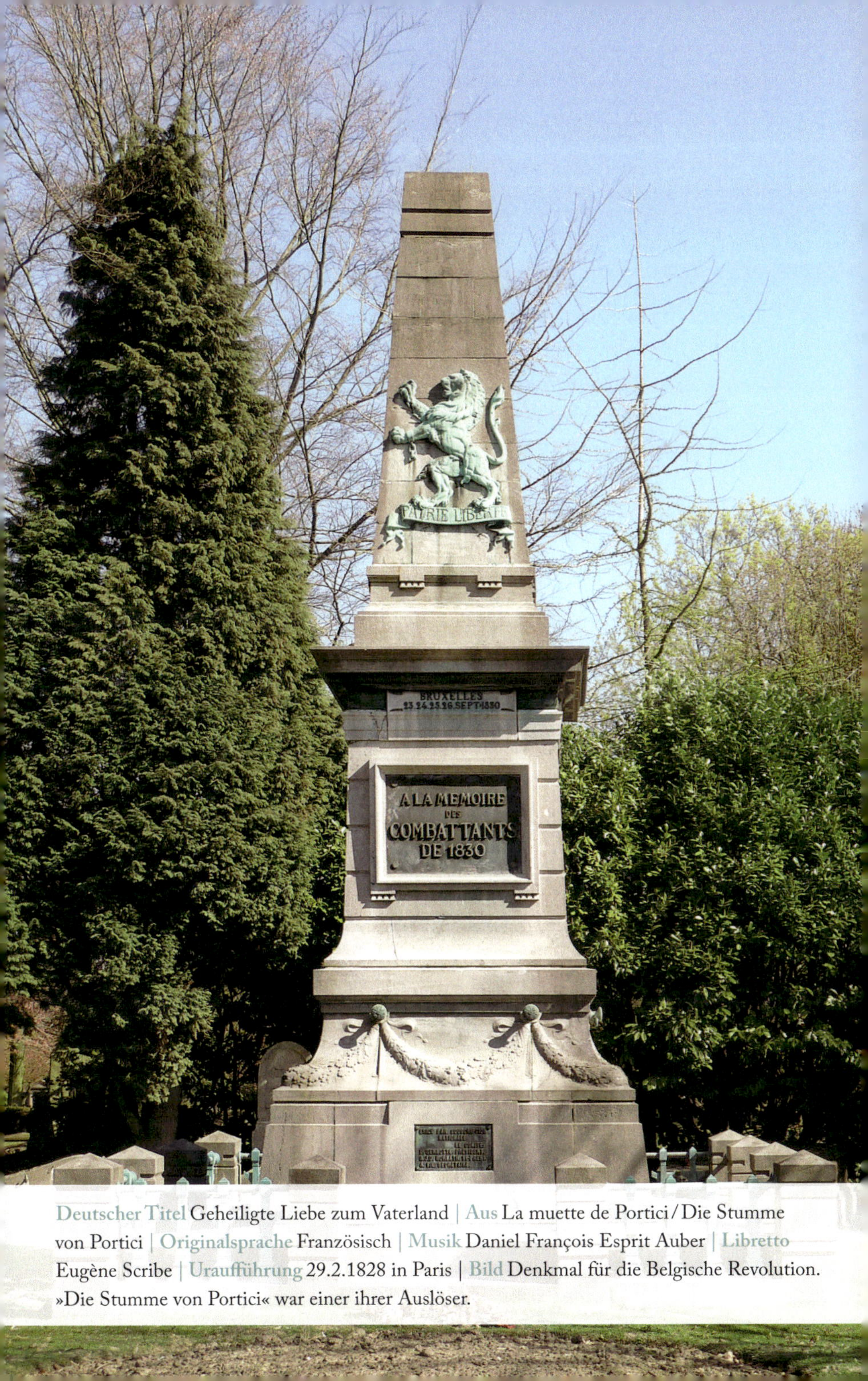

Deutscher Titel Geheiligte Liebe zum Vaterland | Aus La muette de Portici / Die Stumme von Portici | Originalsprache Französisch | Musik Daniel François Esprit Auber | Libretto Eugène Scribe | Uraufführung 29.2.1828 in Paris | Bild Denkmal für die Belgische Revolution. »Die Stumme von Portici« war einer ihrer Auslöser.

3 Gott! Welch Dunkel hier!

Meisterwerk der vielen Anläufe

Als Ludwig van Beethoven am 20. November 1805 die Uraufführung seiner Oper »Leonore« leitete, ging fast alles schief, was schiefgehen konnte. Wien war gerade von den Truppen Napoleons besetzt, weshalb die Bürger der Kaiserstadt an der Donau natürlich anderes im Sinn hatten, als sich im Theater unterhalten zu lassen. Der größte Teil des Publikums bestand aus französischen Offizieren, die nichts von dem deutschen Text verstanden. Besucher, die des Deutschen mächtig waren, kritisierten wiederum den dramaturgisch ungeschickten Text des Wiener Hoftheatersekretärs Joseph Sonnleithner, den Beethoven – unerfahren im Opernfach – unkritisch übernommen hatte. Zu guter Letzt litt die Aufführung an der Taubheit des dirigierenden Komponisten, der trotz seines Handicaps nicht dazu zu bewegen gewesen war, die Orchesterleitung einem anderen zu überlassen.

Die Folgen: ein gähnendes Publikum – und der Ansporn für den Komponisten, das Stück noch einmal völlig zu überarbeiten. Erst nach und nach wendete sich das Blatt. In mehreren Anläufen wurde »Fidelio«, wie das Werk später hieß, ein Bühnenerfolg, und das ist die Oper bis heute geblieben. Von den vielen Überarbeitungen zeugen allein nicht weniger als vier Ouvertüren, die Beethoven für das Stück komponierte.

Das ganze Projekt steht für Beethovens politische Haltung: Der Komponist sympathisierte mit den Gedanken der Französischen Revolution. In der Handlung, die zwar in Spanien spielt, aber allgemeingültig gesehen werden muss, wird Florestan Opfer von staatlicher Willkür. »Gott! Welch Dunkel hier!« zeigt ihn, vom tyrannischen Gouverneur Don Pizzaro unschuldig in den Kerker geworfen, im Moment der tiefsten Verzweiflung. Er ahnt nicht, dass Rettung naht: Seine Frau Leonore wird sich in Männerkleidung als »Fidelio« in das Gefängnis schmuggeln und für die Rettung ihres Mannes und der Mitgefangenen sorgen.

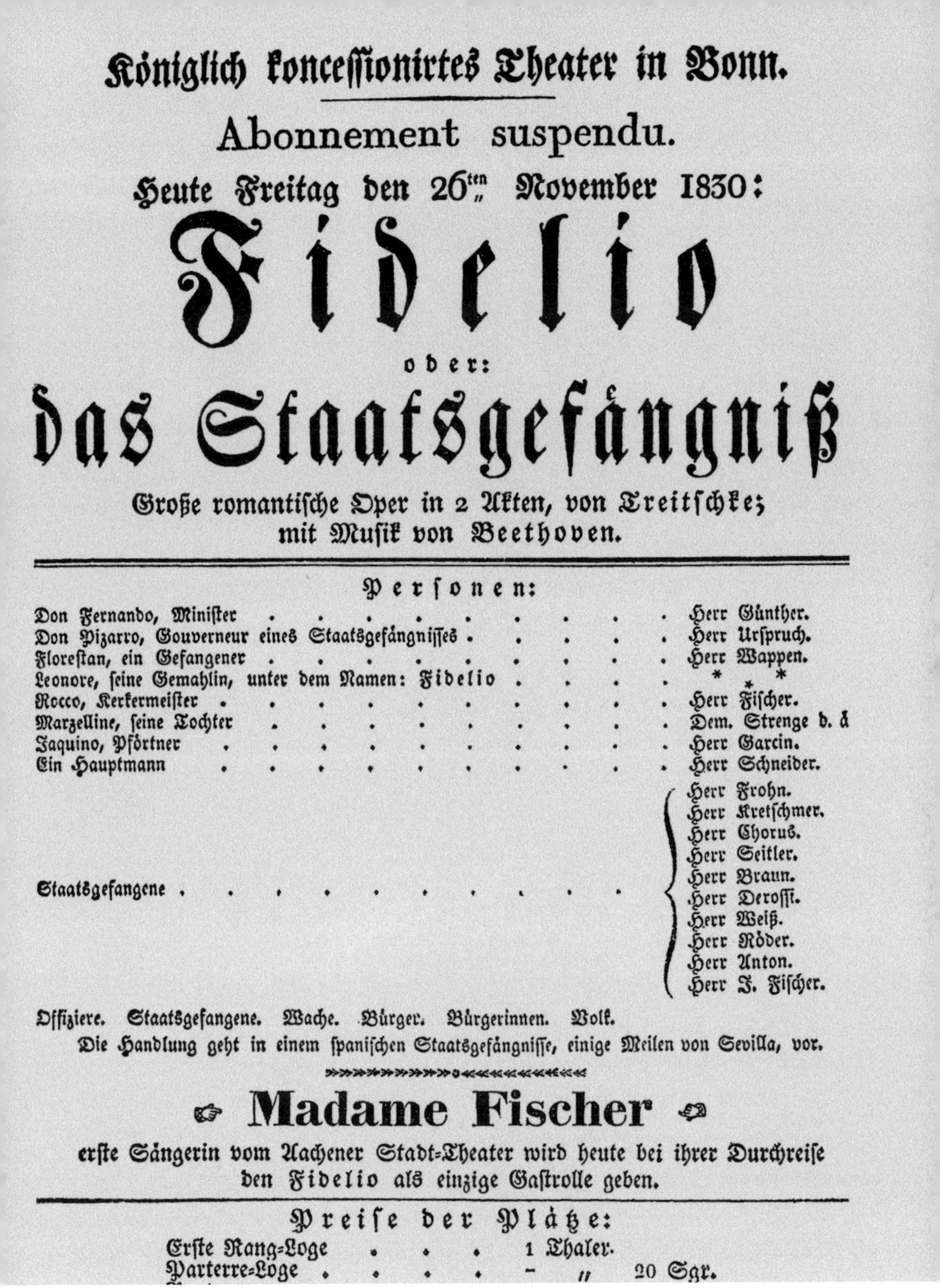

Königlich koncessionirtes Theater in Bonn.

Abonnement suspendu.

Heute Freitag den 26ten November 1830:

Fidelio

oder:

das Staatsgefängniß

Große romantische Oper in 2 Akten, von Treitschke; mit Musik von Beethoven.

Personen:

Don Fernando, Minister	Herr Günther.
Don Pizarro, Gouverneur eines Staatsgefängnisses	Herr Urspruch.
Florestan, ein Gefangener	Herr Wappen.
Leonore, seine Gemahlin, unter dem Namen: Fidelio	* * *
Rocco, Kerkermeister	Herr Fischer.
Marzelline, seine Tochter	Dem. Strenge d. ä
Jaquino, Pförtner	Herr Garcin.
Ein Hauptmann	Herr Schneider.
Staatsgefangene	Herr Frohn. Herr Kretschmer. Herr Chorus. Herr Seitler. Herr Braun. Herr Derossi. Herr Weiß. Herr Röder. Herr Anton. Herr J. Fischer.

Offiziere. Staatsgefangene. Wache. Bürger. Bürgerinnen. Volk.

Die Handlung geht in einem spanischen Staatsgefängnisse, einige Meilen von Sevilla, vor.

Madame Fischer

erste Sängerin vom Aachener Stadt=Theater wird heute bei ihrer Durchreise den Fidelio als einzige Gastrolle geben.

Preise der Plätze:

Erste Rang=Loge	1 Thaler.	
Parterre=Loge	– „	20 Sgr.

Originaltitel Gott! Welch Dunkel hier! | Aus Fidelio | Originalsprache Deutsch | Musik Ludwig van Beethoven | Libretto Joseph Ferdinand von Sonnleithner und Georg Friedrich Treitschke | Uraufführung 23.5.1814 in Wien (letzte Fassung) | Bild Plakat für eine »Fidelio«-Vorstellung in Beethovens Geburtsstadt Bonn.

4 Casta Diva

Die Hymne der »Göttlichen«

»Keusche Göttin im silbernen Glanze, taue Segen auf die dir geweihte Pflanze! Deines Anblicks lass uns erfreuen, wolkenfrei und schleierlos!« Diese Worte, die von der antiken Priesterin Norma gesungen werden, sind Teil einer heiligen Handlung.

Den Galliern, denen Norma angehört, steht der Kampf gegen die römischen Besatzer bevor. Die Druiden flehen die Gottheit an, ihrem Volk zum Sieg zu verhelfen. Was niemand weiß und was der Handlung von Vincenzo Bellinis Oper »Norma« ihre Dramatik verleiht: Die Priesterin liebt den römischen Prokonsul und hat sogar zwei Kinder von ihm zur Welt gebracht. Nun lebt sie zwischen den Fronten. Und das ist nicht alles: Sie muss erfahren, dass der Geliebte ihr untreu geworden ist.

Vincenzo Bellini, einer der ganz Großen auf dem Gebiet der alle Finessen des virtuosen Gesangs ausspielenden »Belcanto-Oper«, hatte mit »Norma« erst einmal Pech. Das Werk fiel durch. Der Grund könnte darin liegen, dass es äußerst schwer ist, für die extrem facettenreiche Partie eine geeignete Sopranistin zu finden. Noch bis ins 20. Jahrhundert hinein galt »Norma« als extrem heikel. Umso sensationeller war die Wiederentdeckung des Werkes durch eine Künstlerin, die selbst den Ruf einer »Diva« par excellence genoss: die Griechin Maria Callas, eine »Primadonna assoluta«, deren Name bis heute untrennbar mit dieser Partie verbunden ist. Es ist diese Rolle, mit der die Sängerin am meisten auftrat. Bellini erlebte schon bei den auf die Premiere folgenden Aufführungen, wie sich das Werk nach und nach durchsetzte. In den ersten Jahren schien »Norma« geradezu ein Anreiz für die Sängerinnen der Zeit zu sein – in London, Wien, Berlin oder St. Petersburg.

Heute gilt »Norma« als Musterbeispiel für den Belcanto mit seinen großen, mit extremen Verzierungen versehenen Melodiebögen und dem allein durch die Gesangsstimme vermittelten emotionalen Ausdruck.

Deutscher Titel Keusche Göttin | **Aus** Norma | **Originalsprache** Italienisch | **Musik** Vincenzo Bellini | **Libretto** Felice Romani | **Uraufführung** 26.12.1831 in Mailand | **Bild** Der Kampf der Römer gegen Druiden, wie man ihn sich im 18. Jahrhundert vorstellte.

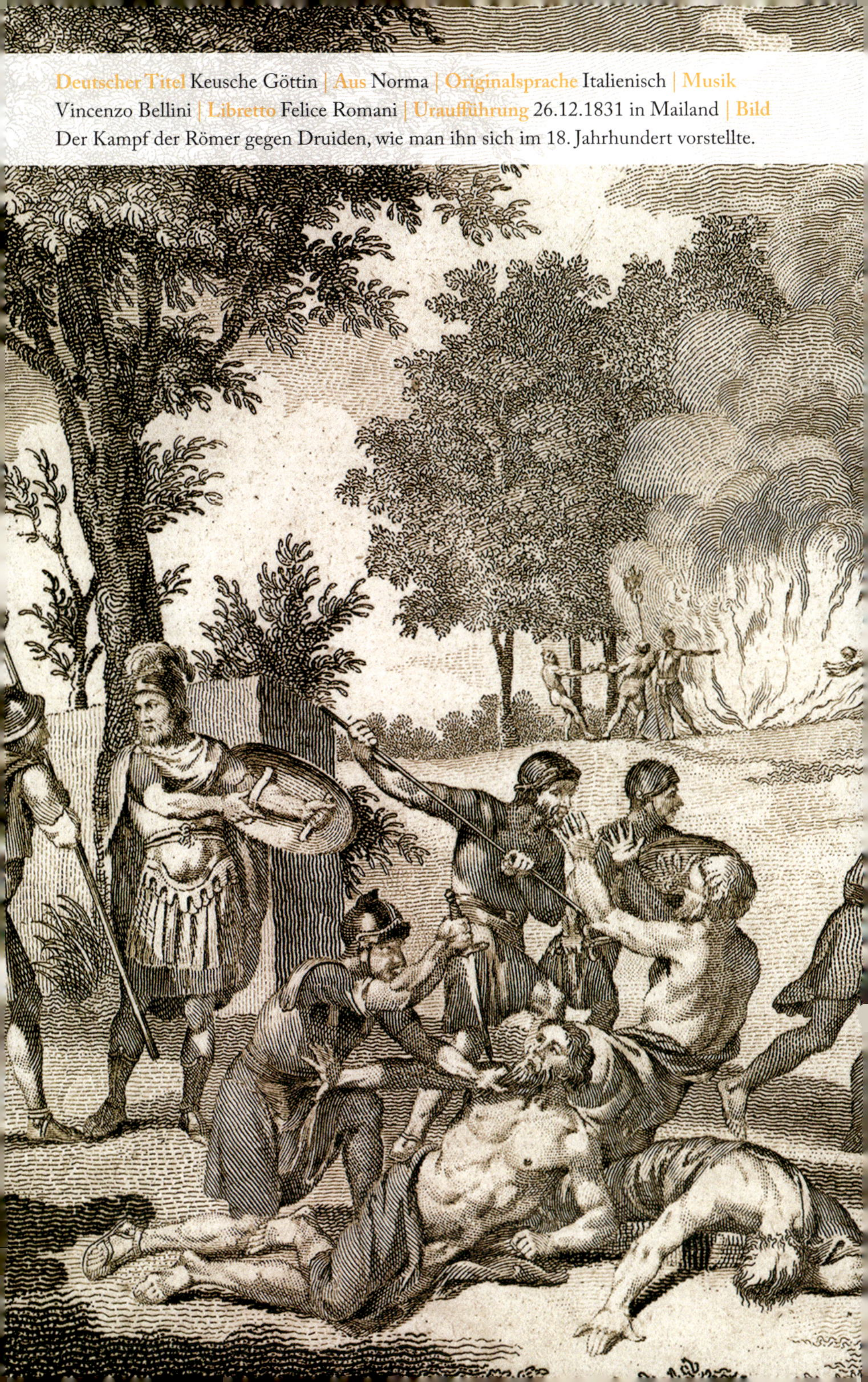

5 Das Messer, wo ist das Messer?

Ein Antiheld, zum Mord getrieben

1914 sah Alban Berg Georg Büchners Drama »Woyzeck« in den Wiener Kammerspielen. Das 1836 entstandene, weit über seine Zeit hinausweisende und erst 1913 uraufgeführte Drama beeindruckte ihn tief. Die Titelfigur, ein ausgebeuteter und sogar zu medizinischen Versuchen missbrauchter Soldat, der sich dem Wohl und Wehe seines Hauptmanns ausgesetzt sieht, wirkte auf Berg wie der typische unterdrückte Mensch des frühen 20. Jahrhunderts – Opfer von grausamen Autoritäten. Die Erfahrung des Ersten Weltkriegs trug dazu bei, dass Alban Berg aus dem Stück ein eigenes Werk machte – die Oper »Wozzeck«. Die Tragik von Büchners Hauptfigur bricht in ihrer ganzen Härte hervor, als der Soldat seine Geliebte Marie an einen Tambourmajor zu verlieren droht. Von süffisanten pseudomoralischen Reden seiner Vorgesetzten angetrieben, ersticht Woyzeck Marie an einem Teich.

Büchner nutzte für sein Stück Akten eines realen Falles. So ist das Drama Zeugnis einer frühen Betrachtung eines Verbrechers aus der Sicht der Psychologie des Täters. Alban Berg verband in seiner Komposition den Stoff mit der zu seiner Zeit aufkommenden Atonalität, die nur wenige Jahre später im Schaffen von Bergs Lehrer Arnold Schönberg zur Zwölftonmusik werden sollte.

Die alte Struktur einer Oper mit der Abfolge von Arien und anderen Einzelnummern überwand Berg, indem er sich bei der Gestaltung der Abschnitte an Formprinzipien von Instrumentalmusik orientierte. So verbirgt sich etwa hinter dem zweiten Akt des Werkes eine von Gesang begleitete fünfsätzige Sinfonie. In einigen Szenen erscheinen gängige musikalische Vorbilder fratzenhaft verzerrt – so etwa beim Tanz im Wirtshaus, in dem ein Walzer durchklingt. Am Ende sucht Wozzeck die Mordwaffe, die er im Teich versenken will. Dabei ertrinkt er.

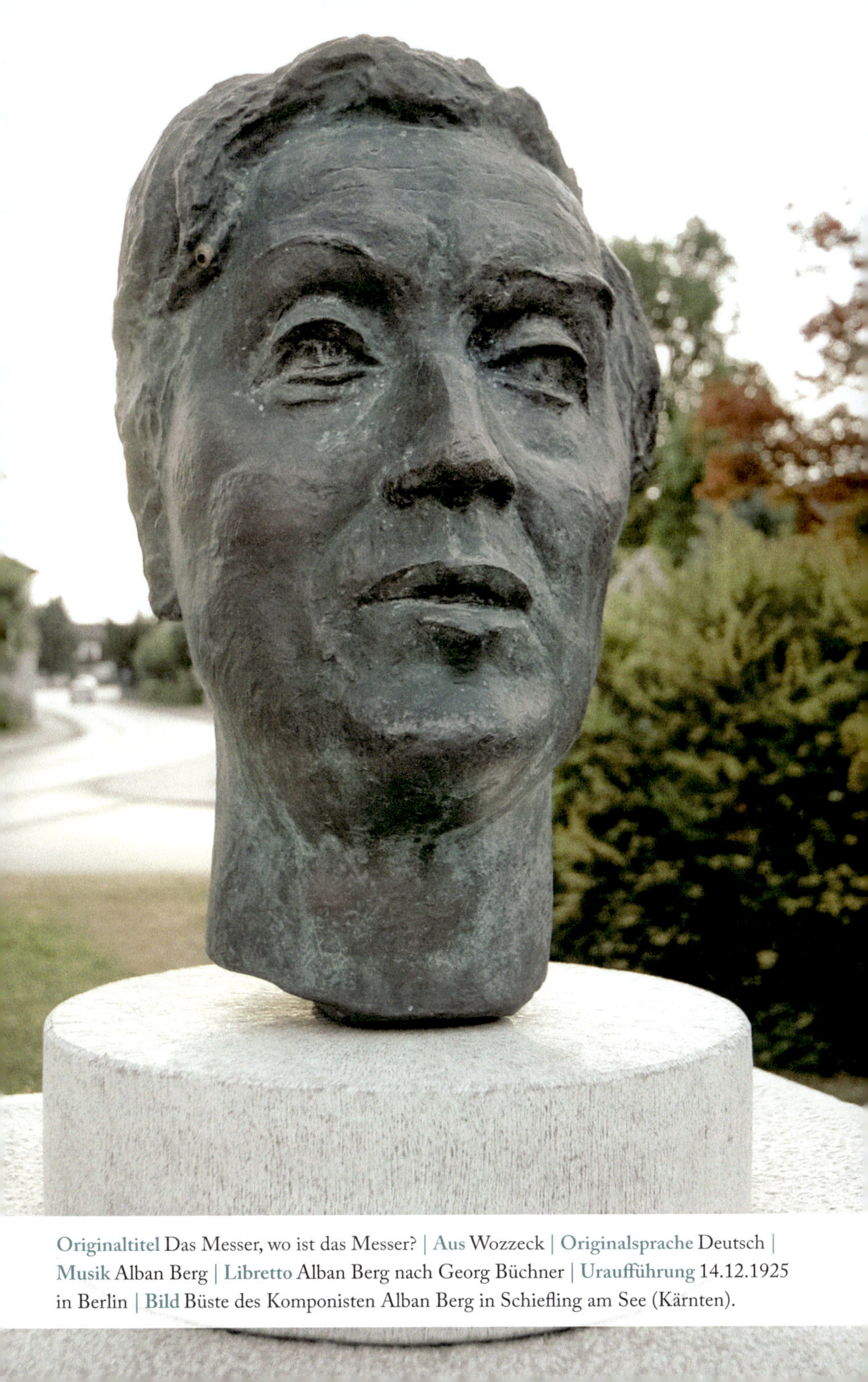

Originaltitel Das Messer, wo ist das Messer? | Aus Wozzeck | Originalsprache Deutsch | Musik Alban Berg | Libretto Alban Berg nach Georg Büchner | Uraufführung 14.12.1925 in Berlin | Bild Büste des Komponisten Alban Berg in Schiefling am See (Kärnten).

6 Sur les monts les plus sauvages

Musikalischer Tagtraum

Am 10. September des Jahres 1838 musste Hector Berlioz wieder einmal einen jener Misserfolge verkraften, die seine gesamte Biografie durchziehen: Seine Oper »Benvenuto Cellini« erlitt an der Pariser Opéra einen solchen Schiffbruch, dass die Partitur sofort wieder in die Schublade wanderte. Später holte er die Oper wieder hervor und arbeitete ihre prägnantesten Themen zu einem Orchesterstück um, das als Ouvertüre mit dem Titel »Le Carnaval romain« (»Der römische Karneval«) wenigstens im Konzertsaal Karriere gemacht hat.

Erst als der Berlioz-Bewunderer Franz Liszt 1852 die Oper nach Weimar holte, begann deren Erfolgsgeschichte. Titelfigur ist der reale Renaissance-Bildhauer Cellini (1500–1571), der in Berlioz' Oper über alle Anfeindungen des Lebens triumphiert und schließlich in kürzester Zeit im Auftrag des Papstes allen Widerständen zum Trotz seine berühmte Perseus-Statue vollendet.

Berlioz, Prototyp des genialischen, ichbezogenen, durchweg bekenntnishaft schaffenden und alle Normen des Musiklebens ablehnenden Künstlers, brachte mit der Figur eine Facette von sich selbst auf die Bühne. Der Arztsohn, der zwischen Verachtung des akademischen Lehrbetriebs und dem Wunsch, von ihm anerkannt zu werden, pendelte, ignorierte die Publikumserwartungen. Große Arien, wie man sie in der Oper der Zeit liebte, gibt es kaum. Eine Ausnahme ist Cellinis »Sur les monts les plus sauvages« aus dem zweiten Akt. Hier flüchtet sich der Bildhauer angesichts seiner schweren Arbeit in den Tagtraum vom Leben als einfacher Hirte in den Bergen. Berlioz, der übrigens auch das erste (heute noch gebräuchliche) Lehrbuch der Instrumentationskunst geschrieben hat, setzt die Klangfarben geschickt ein, um das musikalische Bild einer ländlichen Idylle zu erschaffen.

Deutscher Titel Auf den wildesten Bergen | **Aus** Benvenuto Cellini | **Originalsprache** Französisch | **Musik** Hector Berlioz | **Libretto** Armand François Léon de Wailly und Henri Auguste Barbier | **Uraufführung** 10.9.1838 in Paris | **Bild** Berlioz' Opernfigur Benvenuto Cellini aus der Sicht seines späteren Bildhauerkollegen Raffaello.

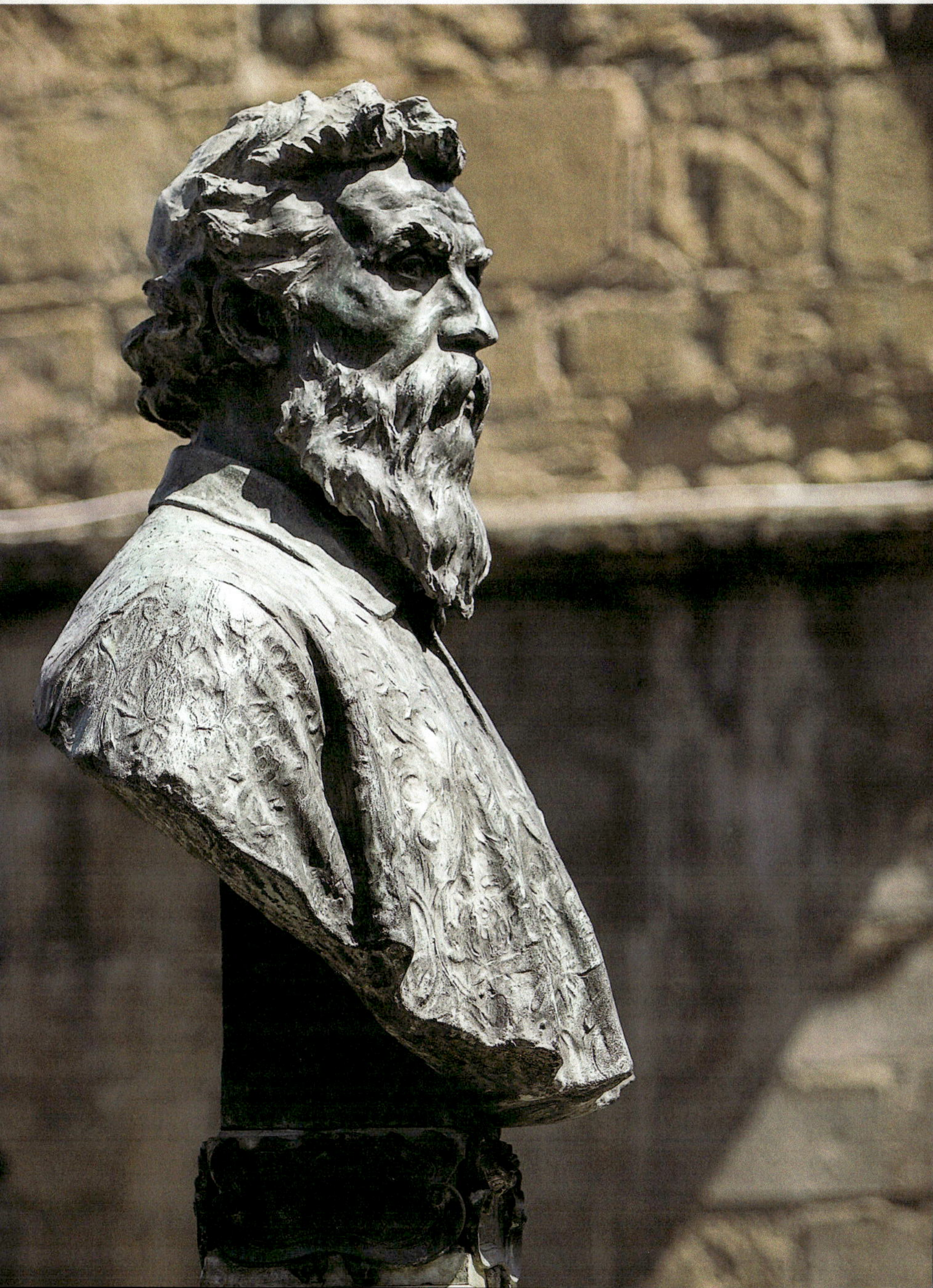

7 Rákóczy-Marsch

Faust in der Puszta

Den Eigensinn, mit dem Hector Berlioz seine Werke schuf, zeigt auch die 1846 uraufgeführte Oper »La Damnation du Faust« (»Fausts Verdammnis«). Der Komponist hatte in diesem Werk nach Johann Wolfgang von Goethes berühmtem Drama um einen Wissenschaftler, der sich mit dem Teufel verbündet, immerhin eine gewisse Popularität des Stoffes auf seiner Seite. Doch sein Werk präsentiert die Geschichte mit vielen Details aus seinem selbst geschaffenen Repertoire der Schwarzen Romantik. 1830 hatte Berlioz in seiner »Symphonie fantastique« schon Szenen auf das Konzertpodium gebracht, die mit den Szenarien des »Faust« verwandt sind – etwa die Vision eines Hexensabbats auf dem als »Blocksberg« bekannten Brocken, der ja auch im »Faust« zum Schauplatz wird.

Ein besonderer Eingriff ist die Verlegung des Anfangs der »Faust«-Handlung von Deutschland nach Ungarn – und das angeblich nur, weil Berlioz unbedingt seine kolossale Bearbeitung des »Rákóczy-Marsches« in der Oper unterbringen wollte. Dieses Stück, das wahrscheinlich um 1730 entstand und dessen Komponisten man nicht kennt, stellt die inoffizielle ungarische Nationalhymne dar. Anfang des 19. Jahrhunderts war es äußerst populär und tauchte in vielen Bearbeitungen auf.

Zu Berlioz' künstlerischem Selbstverständnis gehörte es, die Grenzen der Genres und Gattungen zu durchbrechen. So könnte man »Fausts Verdammnis« durchaus die Zugehörigkeit zur Operngattung absprechen, zumal der Komponist das Werk selbst als »Dramatische Legende« bezeichnete und es erst ab 1893 Inszenierungen gab. Andererseits hatte Berlioz selbst zu Lebzeiten keine Chance, eine wirkliche Opernfassung davon zu realisieren. Die Kosten für die Uraufführung trug er selbst – mit wirtschaftlich katastrophalen Folgen. Immerhin hatte er Gelegenheit, konzertante Aufführungen in Moskau, St. Petersburg, Berlin und London zu dirigieren.

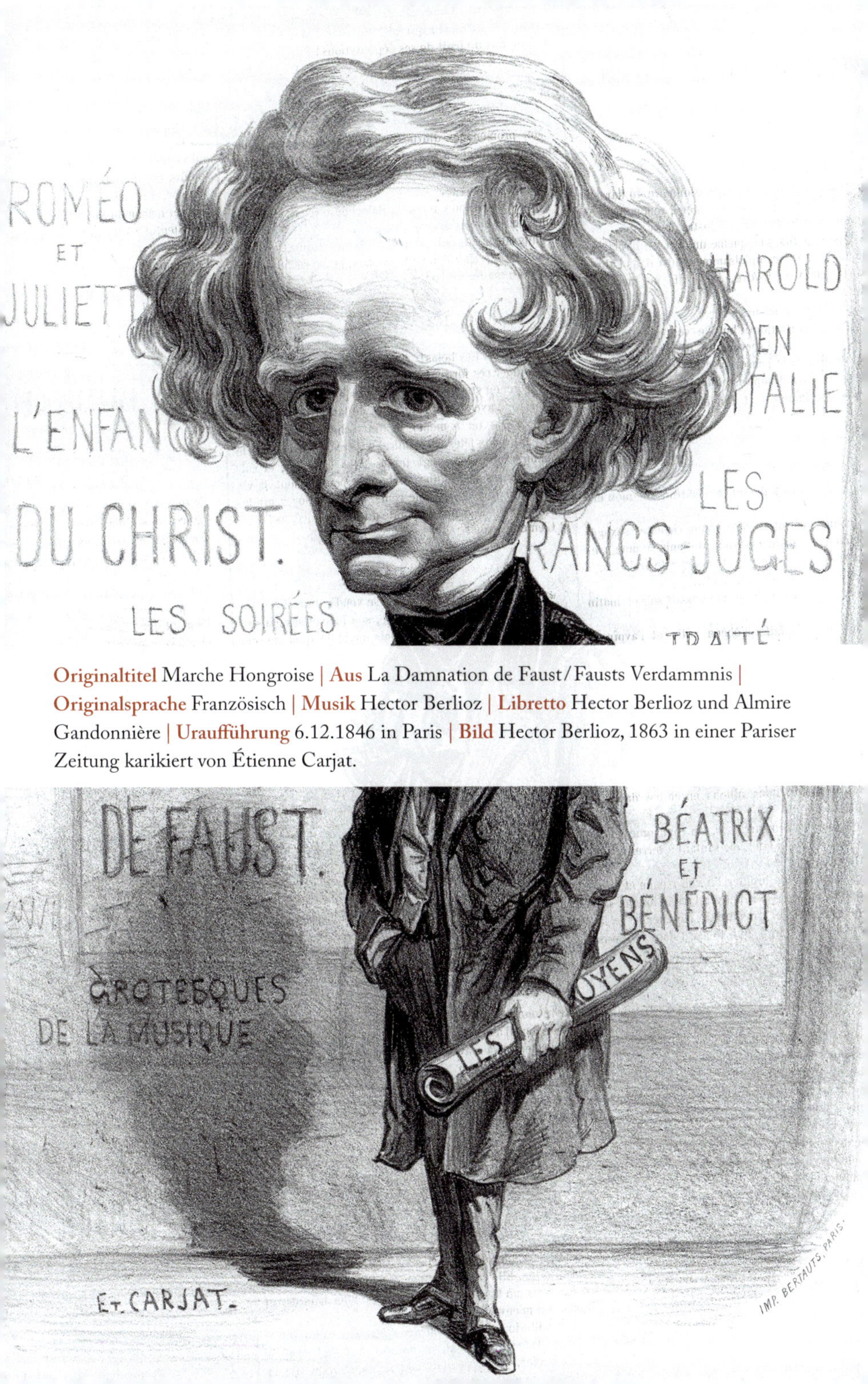

Originaltitel Marche Hongroise | **Aus** La Damnation de Faust / Fausts Verdammnis | **Originalsprache** Französisch | **Musik** Hector Berlioz | **Libretto** Hector Berlioz und Almire Gandonnière | **Uraufführung** 6.12.1846 in Paris | **Bild** Hector Berlioz, 1863 in einer Pariser Zeitung karikiert von Étienne Carjat.

8 Tonight (Balcony Scene)

Romeo und Julia in Manhattan

Eine der berühmtesten Sehenswürdigkeiten in der romantischen Altstadt von Verona ist der Balkon der »Casa di Giulietta«. Hier sollen sich Romeo und Julia wie in Shakespeares Klassiker ewige Liebe geschworen haben. Einen solchen Balkon könnte man sich auch in Manhattan vorstellen. 1957 brachte Leonard Bernstein mit der »West Side Story« eine amerikanische Adaption des Shakespeare-Stoffes auf die Bühne. Das Grundmotiv zweier Liebender aus verfeindeten Lagern findet sich hier auf die Konflikte New Yorks im 20. Jahrhundert übertragen. Maria ist die Tochter puertoricanischer Einwanderer. Tony, ihr Geliebter, gehört zur einheimischen Gang »Jets«, die die »Sharks« aus Puerto Rico bekämpfen. So erleben wir das Liebesduett »Tonight« in einem Hinterhof in Manhattan. Der Balkon ist eine typische Feuertreppe vor Brownstone-Fassade.

Handelt es sich bei der »West Side Story« um eine Oper oder ein Musical? Diese Frage hängt mit einer anderen zusammen: Wo soll man Leonard Bernstein ansiedeln – in der Klassik, im Jazz oder in der U-Musik? Er war ein Universalist, der Songs und Sinfonien komponierte, Mahler, Brahms und Beethoven dirigierte und als Pianist mit Gershwin und Bach auftrat. Und genau diese Vielseitigkeit findet sich auch in seiner Romeo-und-Julia-Adaption. Die Tragik des Stoffes (Tony wird am Ende bei einer Schießerei getötet) weist auf jeden Fall in Richtung Oper. Die populären Rhythmen, die Jazzelemente und Tanzszenen könnten davon ablenken.

Dass es den Balkon von Tony und Maria als Touristenattraktion nicht gibt, könnte auch einen ganz bestimmten Grund haben: 1962 eröffnete in Manhattan das Lincoln Center – mit Musikhochschule und Opernneubau. Es steht genau in dem Armeleuteviertel, in dem sich »Jets« und »Sharks« einst Straßenkämpfe lieferten. Insofern ist das Terrain doch noch zum Ziel von unzähligen (musikbegeisterten) Touristen geworden.

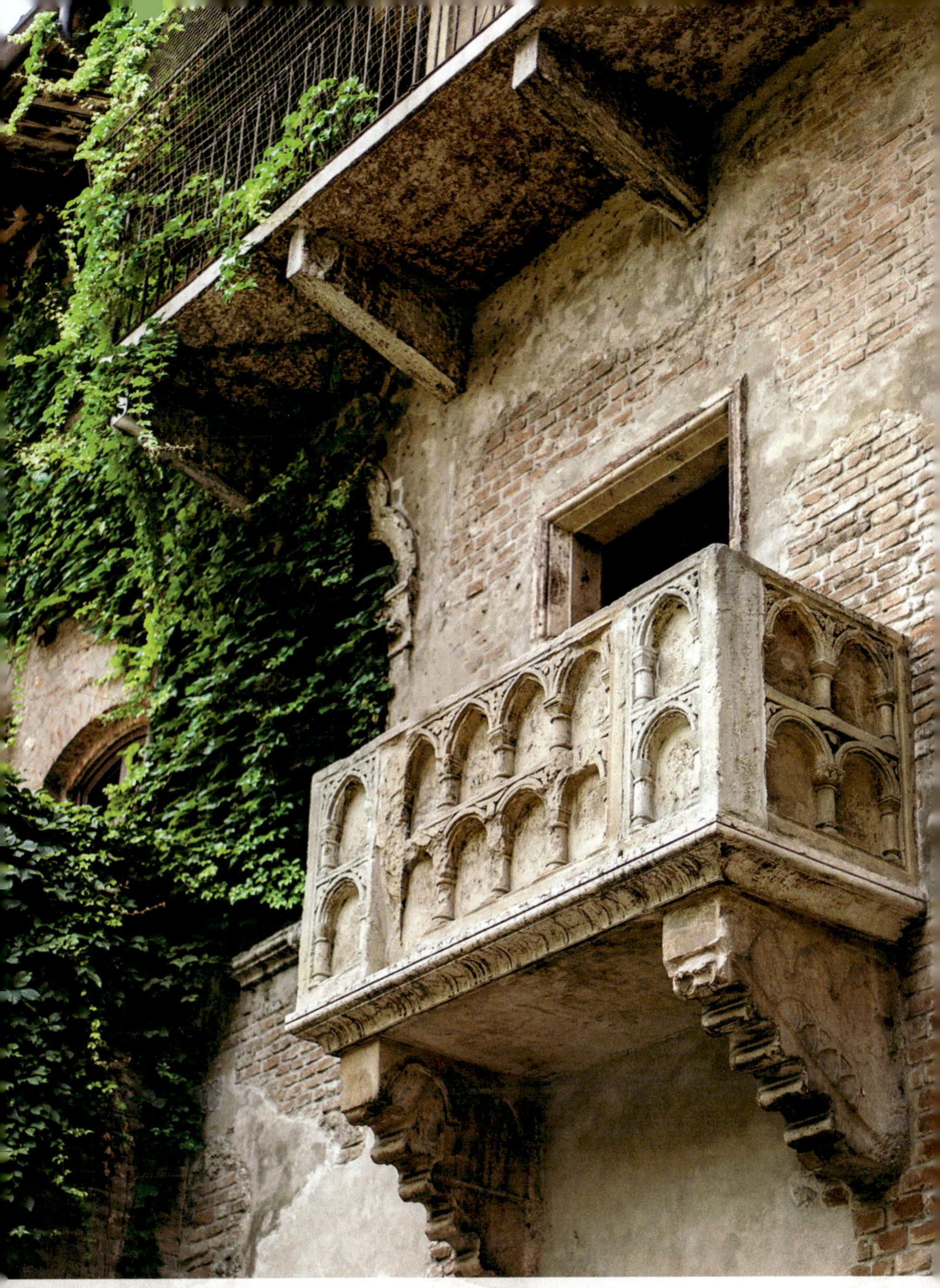

Deutscher Titel Heut' Nacht (Balkonszene) | **Aus** West Side Story | **Originalsprache** Englisch | **Musik** Leonard Bernstein | **Libretto** Stephen Sondheim und Arthur Laurents | **Uraufführung** 26.9.1957 in New York | **Bild** Wo sich Romeo und Julia angeblich ihre Liebe gestanden: der berühmte Balkon in Verona.

9 Au fond du temple saint

Brüchiger Freundschaftsschwur

Ein Wunderkind zu sein garantiert keinen Erfolg fürs Leben. Das hat sich Georges Bizet immer wieder sagen müssen. Obwohl er schon mit neun Jahren an das Pariser Konservatorium geschickt wurde, dies glänzend abschloss, mit nur 19 Jahren den begehrten »Rompreis« erhielt und drei Jahre in Italien Erfahrungen sammelte, blieb der große Durchbruch zu seinen Lebzeiten aus. Nach Anfängen als Instrumentalkomponist verlegte er sich auf die Oper, musste aber für seinen Lebensunterhalt Privatstunden geben und im Auftrag von Verlagen Klavierarrangements erfolgreicherer Bühnenstücke anfertigen. Dass »Carmen« zu einer der meistgespielten Opern überhaupt werden sollte, erlebte er nicht mehr.

Bizet hatte einen Hang zum »Exotismus« – einer zu seiner Zeit sehr erfolgreichen kulturellen Strömung. Geschichten aus fernen Ländern waren beliebt – boten sie doch Gelegenheit, das auf der heimischen Bühne zu erleben, was der Durchschnittsbürger aus Erzählungen aus den Kolonien kannte. »Les Pêcheurs de perles« (»Die Perlenfischer«) ist ein typisches Beispiel dafür. Die Oper spielt in Ceylon. Ihre Handlung stellt freilich nicht das wahre Leben auf der Insel dar, die heute Sri Lanka heißt.

Hinter der Fassade des fernen Landes samt exotischem Flair inszenierte Bizet mit seinen Librettisten einen allgemeingültigen menschlichen Konflikt: Der Fischer Zurga und der Jäger Nadir haben sich in dieselbe Frau (Leila) verliebt. Sie verzichten beide, verbunden mit einem Freundschaftsschwur. Dann wird Zurga König und Leila Priesterin, die einem Keuschheitsgelübde unterliegt. Nadir wird schwach, er und Leila kommen zusammen. Zurga sieht sich verraten und steht vor der Aufgabe, die beiden mit dem Tod zu bestrafen.

Ein Höhepunkt der Oper ist das Duett »Au fond du temple saint«, in dem die beiden Männer die Freundschaft beschwören, die dann so hart auf die Probe gestellt wird.

Deutscher Titel Der Tempel Brahmas strahlt | **Aus** Les Pêcheurs de perles / Die Perlenfischer | **Originalsprache** Französisch | **Musik** Georges Bizet | **Libretto** Michel Carré und Eugène Cormon | **Uraufführung** 30.9.1863 in Paris | **Bild** Schönes Sri Lanka: Handlungsort von Bizets Oper »Die Perlenfischer«.

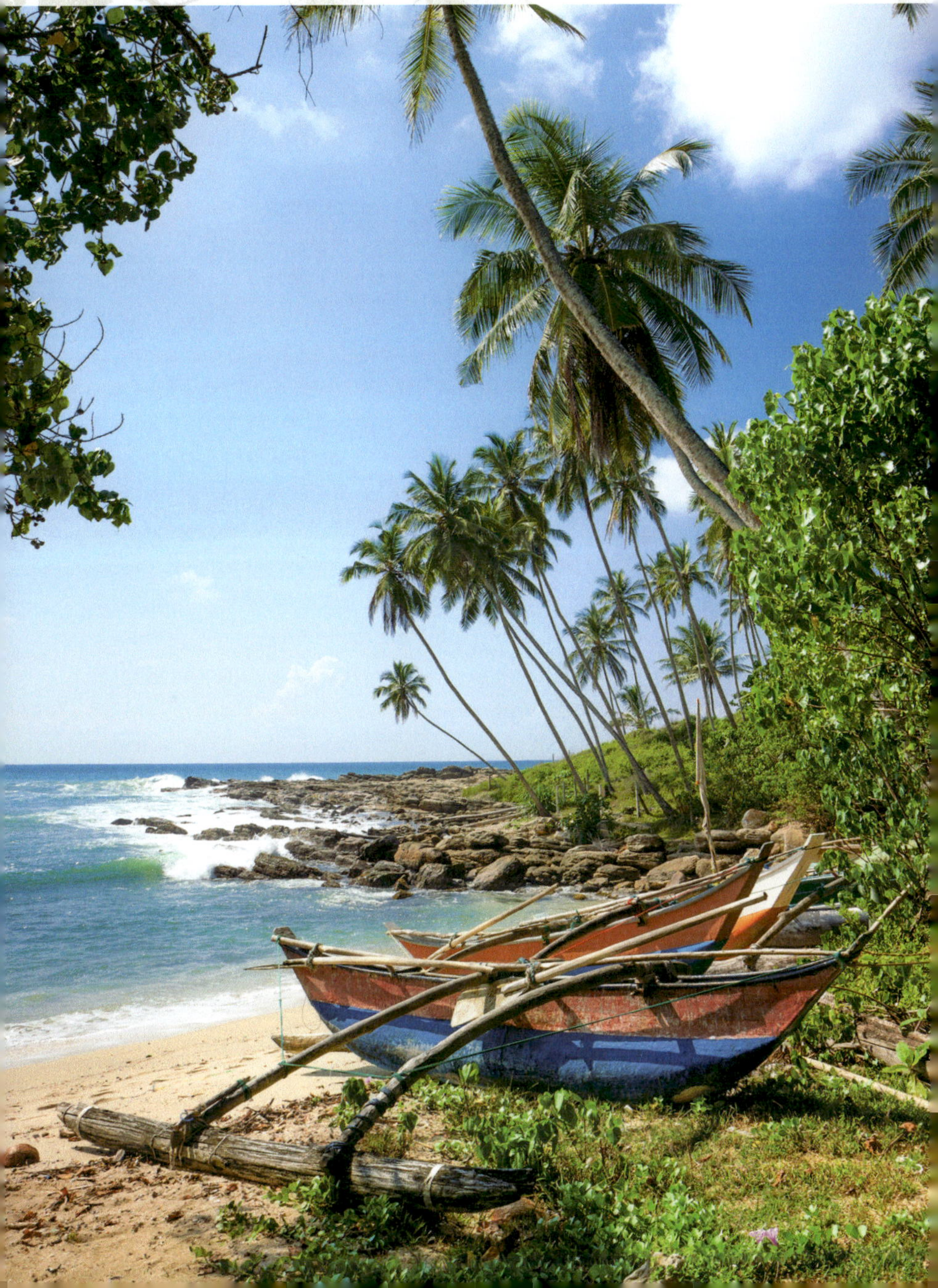

10 L’amour est un oiseau rebelle

Verführung auf Spanisch

Kommt die beste spanische Musik aus Frankreich? Sicher nicht. Doch wenn man sich die Liste populärer Kompositionen wie Ravels »Bolero«, Lalos »Symphonie espagnole« oder Georges Bizets »Carmen« anschaut, könnte man einen guten Rat ableiten: Wenn ein Musiktitel spanisch klingt, sollte man immer genau auf den Komponisten schauen, um zu erkennen, wie spanisch das Werk wirklich ist, das man gerade hört.

Mit seiner Oper »Carmen« hat Bizet das berühmteste Stück auf die Bühne gebracht, das dem sogenannten »Hispanismus« (einer Unterart des »Exotismus«) verpflichtet ist. Er hat das Nachbarland Frankreichs nie betreten, dafür aber Originalmelodien in den Bibliotheken seiner Heimatstadt Paris studiert. Dabei sind ihm auch Lieder seines Kollegen Sebastián de Iradier begegnet, eines gebürtigen Spaniers und Gesangslehrers der französischen Königin. Von ihm stammt das heute noch sehr populäre Lied »La paloma«, und auch die »Habanera« aus »Carmen« soll auf seine Anregung entstanden sein, vielleicht sogar auf eines seiner Werke zurückgehen.

Mit diesem Lied stellt sich die Hauptfigur, die sogleich mit ihren Reizen den Soldaten Don José in ihren Bann ziehen wird, sozusagen vor. Sie ist eine einfache Arbeiterin in einer Zigarettenfabrik in Sevilla. Gerade beginnt die Mittagspause. Unweit davon kommandiert der Sergeant Don José die Wachablösung. »Ja, die Liebe hat bunte Flügel« – wie der Beginn der »Habanera« auf Deutsch heißt – zeigt Carmens Unbekümmertheit. Don Josés Faszination steigert sich, als die Verführerin ihm eine Blume zuwirft, ihn damit gewissermaßen »erwählt« und gleichzeitig die anderen Männer in der Szene kühl ignoriert. Dass es für ihn der erste Schritt ins Verderben ist, ahnt er nicht. Und Carmen noch weniger, dass das Drama für sie tödlich enden wird.

Deutscher Titel Ja, die Liebe hat bunte Flügel (Habanera) | **Aus** Carmen | **Originalsprache** Französisch | **Musik** Georges Bizet | **Libretto** Henri Meilhac und Ludovic Halévy | **Uraufführung** 3.3.1875 in Paris | **Bild** Carmen verführt Don José: eine der Schlüsselszenen der Oper auf einem historischen Gemälde.

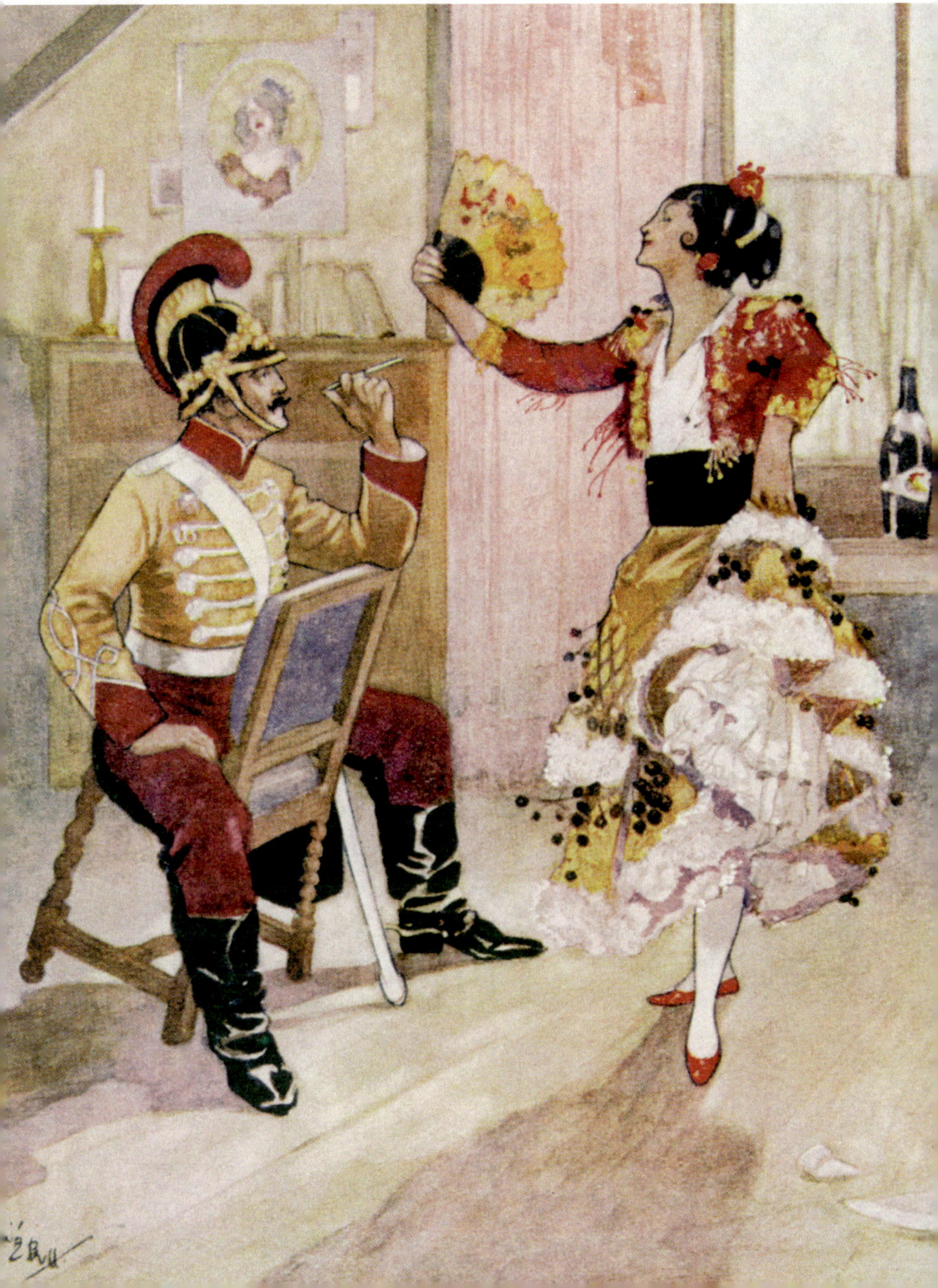

11 La fleur que tu m'avais jetée

Eine gefährliche Erkenntnis

Die Oper »Carmen« wartet mit einem großen Reichtum an spanischen Musikelementen auf: Es finden sich die typischen Tonfälle von Stierkampfmusik oder wiegende Rhythmen wie in der beschriebenen »Habanera«, und das alles in einer grellen, südländisches Flair heraufbeschwörenden Instrumentierung. Doch es gibt auch starke psychologische Momente, in denen der Komponist abseits der Folklore tief in die Seele seiner Protagonisten schaut. So in der »Blumenarie«, einer der großen Nummern von Don José, der Carmen unrettbar verfallen ist.

In der »Habanera« hat Carmen dem Sergeanten eine Blume zugeworfen. Er hat sie als Zeichen ihrer Liebe behalten und findet im Laufe der Arie zu der Erkenntnis, dass er Carmen liebt. Damit nimmt das Schicksal seinen Lauf: Die Verführerin stellt ihn vor die Entscheidung, den Dienst zu quittieren und ihr mit einer Schmugglerbande in die Berge zu folgen, sich also auf die Seite von Kriminellen zu stellen. Don José wird genau das tun: Er wird seinen Vorgesetzten tätlich angreifen, mit Carmen gehen – nur um zu erleben, dass sie einen anderen gefunden hat. Es ist der Stierkämpfer Escamillo, dem ganz Sevilla zujubelt. Carmen wird am Ende inmitten dieses Jubels sterben – und zwar durch Don Josés von rasender Eifersucht geführtes Messer. Dieser Tod, der über der ganzen Handlung schwebt, wandert als klagendes Motiv durch die Partitur, das auch am Beginn der »Blumenarie« erklingt.

Nach der Uraufführung stieß die Oper auf Widerstände. Man verurteilte die Handlung, in der eine Frau einen Soldaten zu Desertion und Mord treibt, als unmoralisch und hatte der Titelfigur gegenüber größte sittliche Bedenken. Im 20. Jahrhundert wendete sich das Blatt: Carmen wurde zum Inbegriff der freien, über sich selbst bestimmenden Frau.

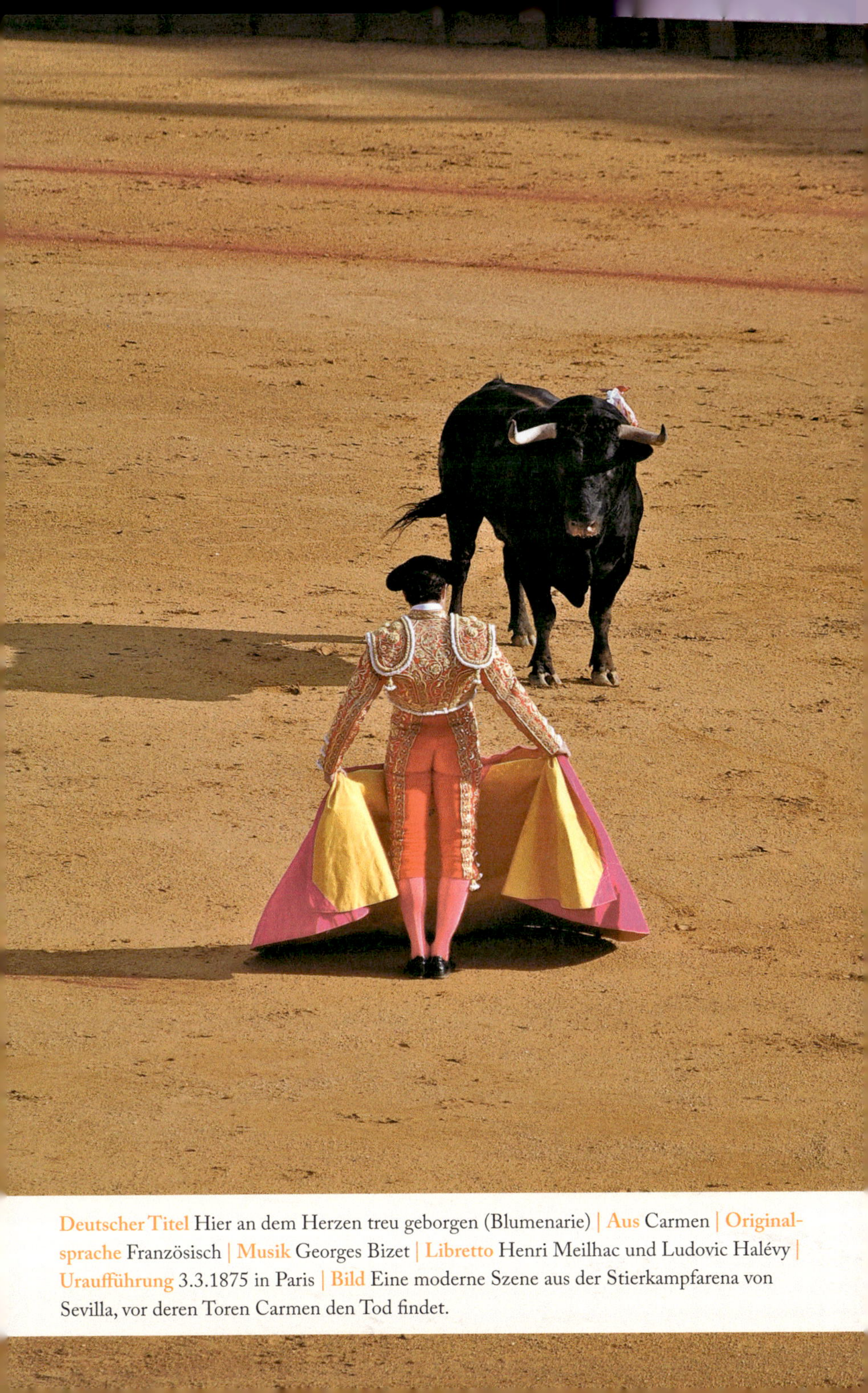

Deutscher Titel Hier an dem Herzen treu geborgen (Blumenarie) | **Aus** Carmen | **Originalsprache** Französisch | **Musik** Georges Bizet | **Libretto** Henri Meilhac und Ludovic Halévy | **Uraufführung** 3.3.1875 in Paris | **Bild** Eine moderne Szene aus der Stierkampfarena von Sevilla, vor deren Toren Carmen den Tod findet.

12 Polowetzer Tänze

Von St. Petersburg zum Broadway

Die Musikgeschichte des 19. Jahrhunderts ist in den europäischen Ländern von den »nationalen Schulen« geprägt. Man besann sich auf das Erbe des eigenen Landes, entdeckte die Volksmusik, historische Stoffe und die Volkspoesie von Sagen und Märchen. In Russland waren es vor allem fünf Komponisten, die diesem Weg folgten: Modest Mussorgsky, Nikolai Rimsky-Korsakow, Mili Balakirew, César Cui und Alexander Borodin. Letzterer besitzt eine Sonderstellung, denn er war ein – wenn auch sehr fleißiger und begabter – Amateur.

Im Hauptberuf Chemieprofessor und Arzt an der Petersburger Akademie, schuf er in seiner Freizeit ein großes Œuvre an Orchesterwerken, Klavierstücken, Liedern, Kammermusik und zwei Opern, von denen »Fürst Igor« eines der bedeutendsten russischen Werke seiner Art darstellt. Borodin, der über 20 Jahre an dem Projekt arbeitete, konnte das Stück nicht fertigstellen. Dass wir heute Aufführungen davon erleben können, verdanken wir der Vollendung durch Borodins Freund Rimsky-Korsakow.

Die Handlung des Werkes basiert auf einer Sage, die der kaiserliche Bibliothekar Wladimir Stassow Borodin als Stoff vorgeschlagen hatte: Im Mittelalter kämpft der christliche Fürst Igor gegen die heidnischen »Polowezer« – einen mongolischen Nomadenstamm, der in Russland einzufallen droht. Igor wird gefangen genommen und mit seinem Sohn verschleppt. Bevor es zu weiteren Verwicklungen durch einen scheiternden Fluchtversuch kommt, präsentiert Borodin dem Publikum in einer mitreißenden mehrteiligen Tanzszene das Leben im Lager der Feinde. Diese »Polowetzer Tänze« erklingen im Original mit Chor, doch es hat sich für von der Oper losgelöste Aufführungen auch eine Instrumentalversion durchgesetzt. Eine der prägnanten Melodien aus den Tänzen hat besondere Karriere gemacht: 1953 im Broadway-Musical »Kismet«, später als Song »Stranger in Paradise«.

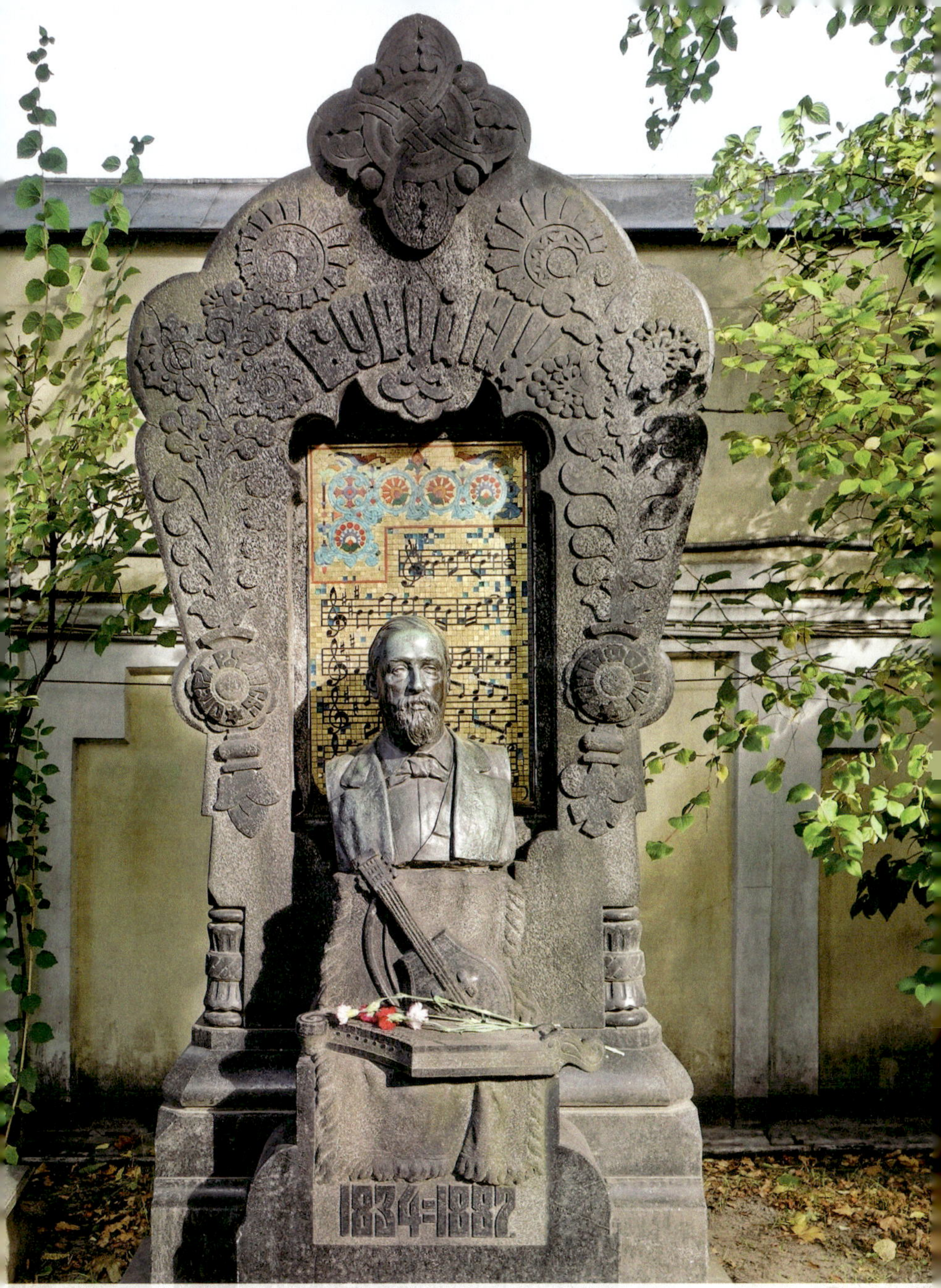

Deutscher Titel Polowetzer Tänze | Aus Knjas Igor / Fürst Igor | Originalsprache Russisch | Musik Alexander Borodin | Libretto Alexander Borodin | Uraufführung 4.11.1890 in St. Petersburg | Bild Grabmonument des Komponisten auf dem Tichwin-Friedhof in St. Petersburg. Die Noten zitieren die Hauptmelodie aus den »Polowetzer Tänzen«.

13 Ebben? Ne andrò lontana

Bergromantik auf Italienisch

In der Geschichte der Oper hat es immer wieder Lagerkämpfe gegeben, die meist mit den Traditionen der Gattung in den verschiedenen Ländern zu tun hatte. Gegen Ende des 19. Jahrhunderts spitzte sich dieser Gegensatz vor allem zwischen zwei Parteien zu: Italien mit seinem an der Kraft der Gesangsstimmen orientierten Opernideal (verkörpert etwa von Bellini, Donizetti oder Verdi) und Deutschland, wo das Orchester eine immer größere Rolle übernahm – etwa bei Richard Wagner, in dessen Opern es keine Vorherrschaft der Gesangsstimme mehr gibt.

In diesem Sinne war Alfredo Catalani ein Grenzüberschreiter: Er war Italiener, kam wie Giacomo Puccini in Lucca zur Welt und erhielt von dessen Onkel ersten Unterricht. Nach weiteren Studien in Mailand wandte er sich aber vom herrschenden Geschmack in seinem Heimatland ab. Catalani entdeckte die Musik Richard Wagners für sich und orientierte sich in seinen Opern an dessen Ideal, mit dem auch eine Hinwendung zu romantischen Stoffen einhergeht. Catalani schuf zum Beispiel eine Oper nach einer der berühmtesten deutschen Sagen – die »Loreley«. Berühmter wurde »La Wally« (»Die Geier-Wally«) – eine Geschichte, die auch als Heimatfilm in die Kinos kam.

Die Handlung, der Catalani in Form eines Zeitungs-Fortsetzungsromans begegnet war, spielt in Tirol und bietet viele typische Szenarien, vom Volksfest bis zur wilden Klamm. Die Gutsherrentochter Wally ist hin- und hergerissen zwischen einer vom Vater verfügten Zwangsehe und der Liebe zu einem Jäger.

Catalani schildert die Bergwelt mit typischen Musikbezügen – etwa mit Tiroler Tanzweisen und Jodler-Anklängen, die in Mailand, wo das Werk seine Uraufführung erlebte, durchaus exotisch wirkten. In der Arie »Ebben? Ne andrò lontana« (»Nun denn, so lass mich ziehen«) erklärt Wally ihrem Vater, dass sie nicht bereit ist, den für sie ausgesuchten Mann zu heiraten.

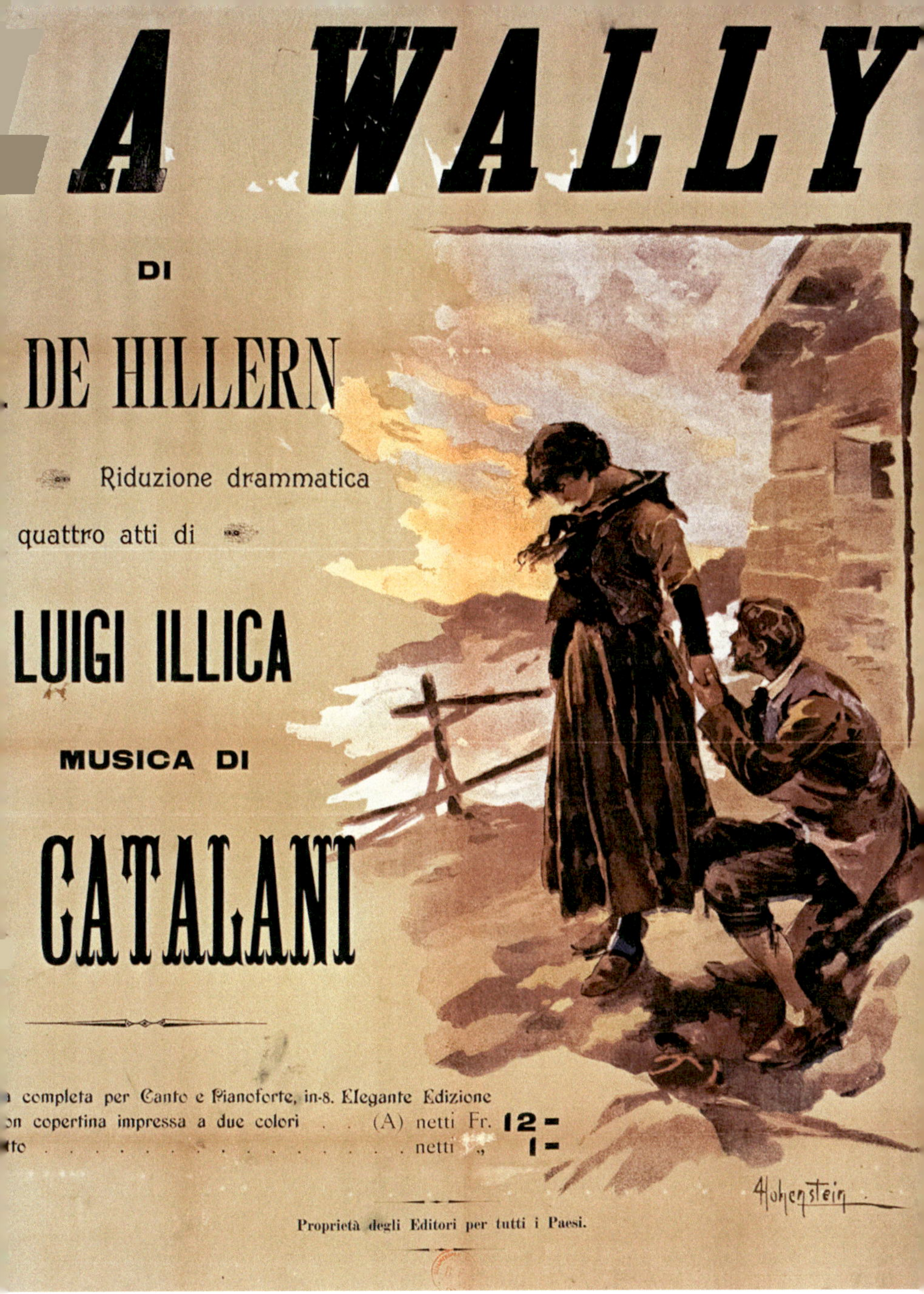

Deutscher Titel Nun denn, so lass mich ziehen | Aus La Wally / Die Geier-Wally | Originalsprache Italienisch | Musik Alfredo Catalani | Libretto Luigi Illica | Uraufführung 20.1.1892 in Mailand | Bild Das Cover der Notenausgabe von Catalanis Oper.

14 Depuis le jour

Die echte »Boheme«

Giacomo Puccini machte die Boheme, das Milieu der Pariser Künstler im 19. Jahrhundert, zu einem Opernthema. Doch anders als der wohlhabende italienische Meister gehörte sein französischer Kollege Gustave Charpentier wirklich zu dieser Welt, und er siedelte sein bekanntestes Werk dort an: die Oper »Louise«, in der die gleichnamige Arbeitertochter den Dichter Julien liebt. Louise ist hin- und hergerissen zwischen der Pflicht zum Gehorsam ihren Eltern gegenüber und ihrer Liebe, denn Julien will mit der Geliebten fliehen. Schließlich gibt sie nach, lebt eine Weile unter den Bohemiens, wird dann jedoch unter dem Vorwand, der Vater sei erkrankt, nach Hause gerufen. Dort entschließt sie sich ein weiteres Mal, dem Ruf der Großstadt zu folgen.

Der Komponist holte in der Oper das tatsächliche Leben des Montmartre auf die Bühne, und das sogar unter Verwendung des dort gesprochenen unverwechselbaren Slangs, was Übersetzer des Librettos zum Teil vor große Probleme stellt. Ein Höhepunkt ist die Arie »Depuis le jour«, in der die junge Louise das Glück besingt, das ihr durch das neue Leben an Juliens Seite zuteilwurde.

Charpentier war das Musikerdasein nicht in die Wiege gelegt worden. Er begann als Arbeiter in einer Spinnerei, stieg zum Buchhalter auf und brachte sich selbst das Spiel auf der Klarinette und der Violine bei. Als sein Chef ihn spielen hörte, sorgte er für finanzielle Unterstützung.

Charpentier zog mit seiner Mutter nach Paris und lebte im damaligen Armeleuteviertel Montmartre, konnte aber unter anderem bei Jules Massenet studieren.

Er schloss seine Ausbildung mit dem begehrten »Rompreis« ab, der ihm einen einjährigen Aufenthalt in Italien erlaubte. Dort begann er schon mit seiner Oper »Louise«, zu der er gut ein Jahrzehnt später noch eine Fortsetzung schrieb: »Julien ou La vie du poète« (»Julien oder Das Leben des Dichters«).

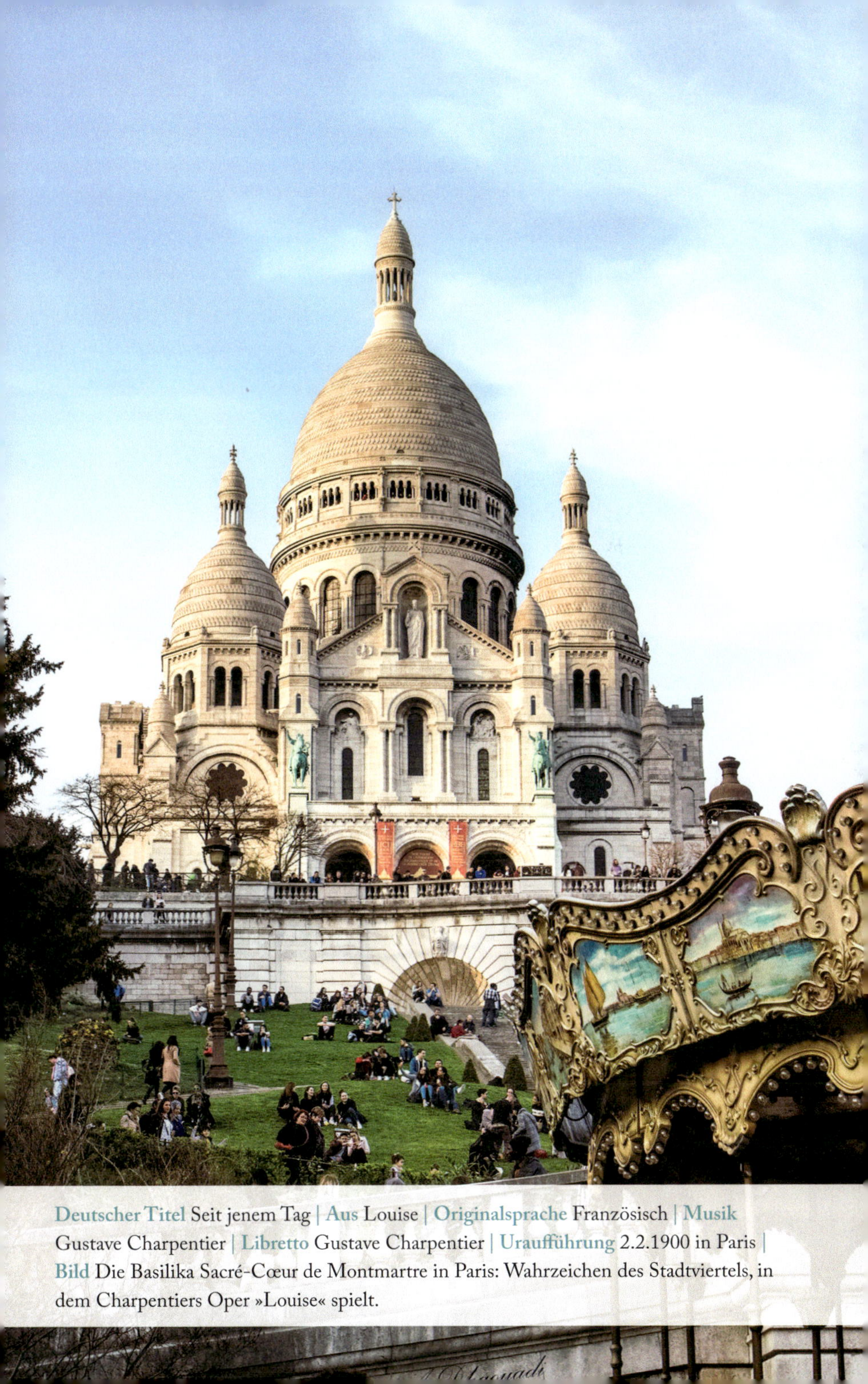

Deutscher Titel Seit jenem Tag | **Aus** Louise | **Originalsprache** Französisch | **Musik** Gustave Charpentier | **Libretto** Gustave Charpentier | **Uraufführung** 2.2.1900 in Paris | **Bild** Die Basilika Sacré-Cœur de Montmartre in Paris: Wahrzeichen des Stadtviertels, in dem Charpentiers Oper »Louise« spielt.

15 Numi, venite a me, inferni Dei!

Ruf an die Rachegötter

Luigi Cherubini gehört zu den Komponisten, deren Verschwinden von den Opern- und Konzertprogrammen besonders bedauerlich ist. Zeitgenossen vieler Generationen von Joseph Haydn über Beethoven bis Richard Wagner haben ihn hoch verehrt. Durch seine lange Lebenszeit war Cherubini, als Direktor des Pariser Konservatoriums auch pädagogisch eine Kapazität, Zeitgenosse sowohl der großen Klassiker als auch der Romantiker. Sein etwa 30 Werke umfassendes Opernschaffen entstand zwischen 1782 (also zu Zeiten von Mozarts Hauptwerken) und 1833, als Wagner schon seine ersten Opernversuche zu Papier gebracht hatte.

Ein zu Lebzeiten besonders beliebtes Werk war die Oper »Médée« (»Medea«). Die Geschichte aus der antiken Sagenwelt hat es in sich: Medea ist die Gattin Jasons – des Helden, der das legendäre »Goldene Vlies« nach Griechenland brachte. Dabei hat ihm seine Frau, die über geheimnisvolle Zauberkünste verfügt, geholfen. Aber nun lässt er sie wegen einer Prinzessin im Stich, die Jason heiraten will. Auch die beiden Kinder, die Medea mit Jason hat, darf die Verstoßene nur noch zum Abschied sehen. Alle Versuche, Jason zurückzugewinnen, nützen nichts. Medea übt furchtbare Rache. Sie tötet die neue Braut und die Kinder und überlässt den Treulosen einem Schicksal mit späterem Wiedersehen im Hades, also in der Unterwelt. In der Arie »Numi, venite a me, inferni Dei!« entschließt sich Medea, ihren grausamen Plan umzusetzen.

Antike Stoffe in der Oper gibt es seit der Geburtsstunde der Gattung in der Barockzeit (siehe Monteverdi), doch Cherubini zog alle Register der Musik der Hochklassik, um die Spirale der Gewalt, in die Medea gerät, darzustellen. Wie Bellinis Norma-Partie verdankt auch Medea Maria Callas ihre Wiederentdeckung im 20. Jahrhundert.

Deutscher Titel Götter! Kommt zu mir, ihr Götter der Hölle! | **Aus** Médée / Medea | **Originalsprache** Französisch | **Musik** Luigi Cherubini | **Libretto** François-Benoît Hoffman | **Uraufführung** 13.3.1797 in Paris | **Bild** Der Komponist Luigi Cherubini auf einem Gemälde aus dem Jahre 1841.

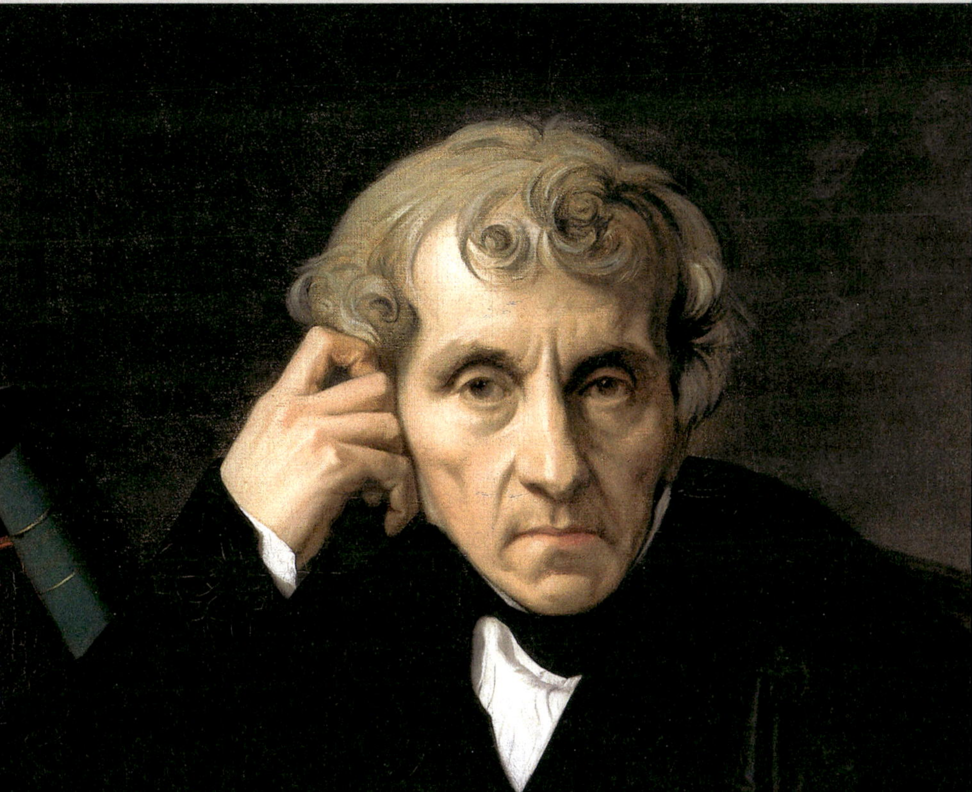

16 Poveri fiori

Ein verhängnisvoller Blumenstrauß

Überblickt man die Operntitel des 19. und frühen 20. Jahrhunderts, dann fällt vor allem eines auf: Eine überwältigende Anzahl davon besteht aus Frauennamen – was natürlich auf (meist tragische) Frauenschicksale verweist. Ob Norma, Carmen oder Medea, ob Aida, Wally, Tosca oder Madame Butterfly: Librettisten, Komponisten und natürlich das Publikum konnten nicht genug bekommen von den gesellschaftlich-amourösen Schieflagen, in die das angeblich »schwache Geschlecht« geraten konnte. Auch der Komponist Francesco Cilea verdankte diesem Konzept seinen einzigen großen Erfolg in einem Schaffen, das noch aus weiteren Opern sowie Instrumental- und Kirchenmusik besteht. Seinen Lebensunterhalt konnte Cilea als Komponist nicht bestreiten. Er arbeitete vor allem als Klavier- und Kompositionslehrer.

Die Titelheldin Adriana Lecouvreur ist eine historische Figur: Adrienne Lecouvreur, wie die Französin eigentlich hieß, war eine Schauspielerin, die am Beginn des 18. Jahrhunderts lebte, eine Fülle an Liebesaffären mit adligen Gönnern unterhielt und mit nur 37 Jahren starb. Da sie kurz vor ihrem Tod noch auf der Bühne gestanden hatte, verbreitete sich schnell das Gerücht, sie sei von einer Nebenbuhlerin vergiftet worden. In Frankreich war Adrienne Lecouvreur noch lange nach ihrem Tod berühmt und wurde zu einem Mythos.

Cilea bringt in seiner Oper die Atmosphäre des barocken französischen Theaterlebens auf die Bühne. Originell ist die Todesursache, die der Librettist Arturo Colautti ihr zugedacht hat: Adriana Lecouvreur stirbt am Duft eines vergifteten Veilchenstraußes, den ihr eine Rivalin geschickt hat – natürlich nicht sofort, sondern ganz nach Operntradition in einer längeren Szenenfolge.

Die »armen Blümchen« (»Poveri fiori«), die die Titelheldin besingt, können freilich nichts dafür, dass sie als Mordinstrument herhalten müssen.

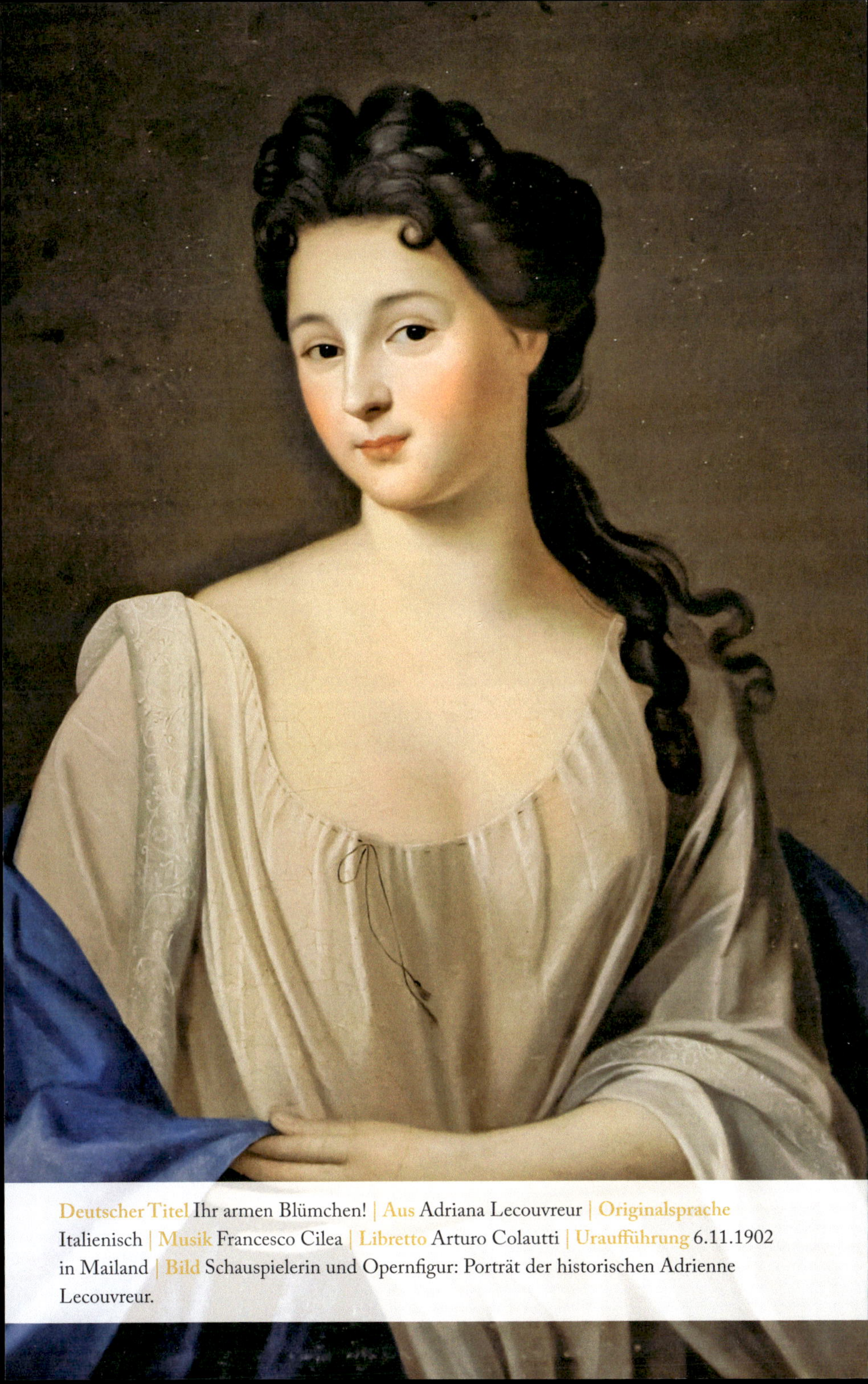

Deutscher Titel Ihr armen Blümchen! | Aus Adriana Lecouvreur | Originalsprache Italienisch | Musik Francesco Cilea | Libretto Arturo Colautti | Uraufführung 6.11.1902 in Mailand | Bild Schauspielerin und Opernfigur: Porträt der historischen Adrienne Lecouvreur.

17 Dôme épais le jasmin

Entscheidung im indischen Dschungel

Mit »Lakmé« folgte der Komponist Léo Delibes einem Trend, den schon Jahrzehnte zuvor sein Landsmann George Bizet gesetzt hatte: ein Opernszenario in exotischer Kulisse. Bizet hatte das Publikum in den »Perlenfischern« nach Ceylon (heute Sri Lanka) entführt. »Lakmé« spielt in Indien. Damit die Menschen in der Pariser Oper bei der Uraufführung eine perfekte Illusion geboten bekamen, setzte man auf beste Ausstattung, die den Rekordpreis von 80.000 Francs gekostet haben soll. Tatsächlich besteht die Verbindung in den fernen Subkontinent nur in dem Szenario und nicht in der Musik, die europäisch bleibt. Delibes erlebte einen Triumph, obwohl seine musikhistorische Bedeutung gar nicht auf dem Gebiet der Oper liegt, sondern eher beim Ballett mit Werken wie »Coppélia« oder »Sylvia«.

Die Handlung lebt von den Konflikten des Kolonialismus: Der englische Offizier Gérald liebt Lakmé, die Tochter eines Brahmanen. Die beiden fliehen vor dem väterlichen Zorn in den Dschungel, wo es eine Quelle mit dem Wasser der ewigen Liebe gibt. Als Géralds Kameraden den Fahnenflüchtigen zurückholen wollen, muss dieser sich entscheiden, ob er bei seiner Geliebten bleibt oder zurückkehrt. Lakmé, der die Welt der Engländer stets fremd geblieben ist, sieht die Aussichtlosigkeit der Lage und vergiftet sich.

Neben der »Glöckchenarie« ist vor allem das verträumte, die Natur preisende »Blumenduett« aus dieser Oper berühmt geworden, das Lakmé mit ihrer Freundin Mallika im ersten Akt singt. Die girlandenhaft geführte Melodie der beiden Frauenstimmen besitzt besonderen Reiz, dem sich auch die Produzenten von Fernsehwerbung nicht entziehen können. Es hat darüber hinaus seinen Weg in Spielfilmsoundtracks gefunden, unter anderem in einer Kampfszene von »Lara Croft: Tomb Raider – Die Wiege des Lebens« oder »Gesang der Meerjungfrauen« (eine nachvollziehbarere Assoziation).

Deutscher Titel Unter laub'gem Dach, wo Jasmin in Pracht (Blumenduett) | **Aus** Lakmé | **Originalsprache** Französisch | **Musik** Léo Delibes | **Libretto** Edmond Gondinet und Philippe Gille | **Uraufführung** 14.4.1883 in Paris | **Bild** Davon schwärmt das »Blumenduett«: eine Jasminblüte, botanisch »Jasminum officinale« genannt.

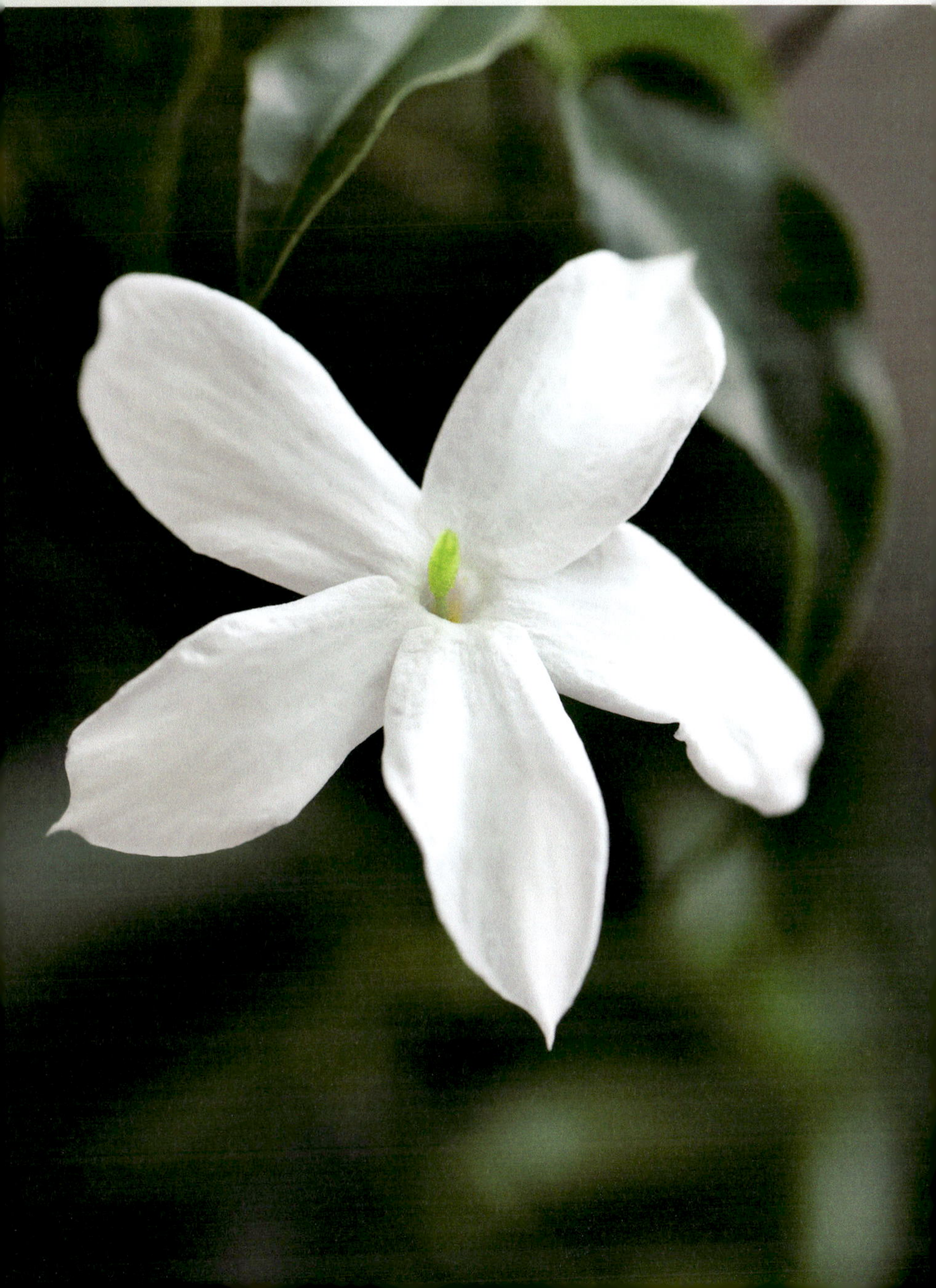

18 Una furtiva lagrima

Wein, der scheinbar Wunder wirkt

Der aus Bergamo stammende Gaetano Donizetti war 25 Jahre alt, als sein – heute vergessener – Opernerstling »Zoraida di Granata« die Uraufführung erlebte. Dieses Ereignis zog die Aufmerksamkeit eines Mannes auf sich, der in der damaligen Zeit im Operngeschäft an einem der längsten Hebel saß: Domenico Barbaja, der Impresario der bedeutenden Opernhäuser in Mailand, Neapel und Wien. Eines der besten Pferde in seinem Stall war der Starkompononist Gioacchino Rossini gewesen, der sich nach größten Erfolgen und finanziell bestens ausgestattet zur Ruhe gesetzt hatte. In dieser Situation schlug Donizettis Stunde, wenn auch nicht sogleich: Nach dem weiteren Erfolg mit »Anna Bolena« landete er an der Mailänder Scala erst einmal eine Bauchlandung, blieb aber am Ball und brachte in nur zwei Wochen zusammen mit dem Librettisten »L'elisir d'amore« aufs Papier. Dieses Werk sollte seinen Rang als Rossinis Nachfolger besiegeln.

Der im Titel angesprochene »Liebestrank« ist eine von einem angeblichen Wunderdoktor verkaufte Arznei, hinter der sich nichts als Wein verbirgt. Der Käufer ist der Bauer Nemorino, der damit die Gutsbesitzerin Adina erobern will. Seine Liebe beteuert er in der Arie »Una furtiva lagrima«, einer wahren Paradenummer für Tenöre, die übrigens mit einer besonderen Instrumentierung aufwartet: Gezupfte Streicher und Harfe begleiten, ein klagendes Fagott nimmt am Beginn die Gesangsmelodie vorweg und taucht so Nemorinos Seelenleid in ein besonderes Licht.

Leider nützt der Trank nichts. Nemorino glaubt trotzdem an dessen Kraft und will eine zweite Flasche kaufen. Um an das Geld dafür zu kommen, muss er sich als Soldat anwerben lassen. Dies wiederum erfährt Adina, und es rührt sie so sehr, dass sie ihn freikauft und erhört. Auch für den mit »Wundertränken« handelnden Scharlatan geht die Sache gut aus: Er kann sich mit dem Erfolg seiner angeblichen Medizin brüsten.

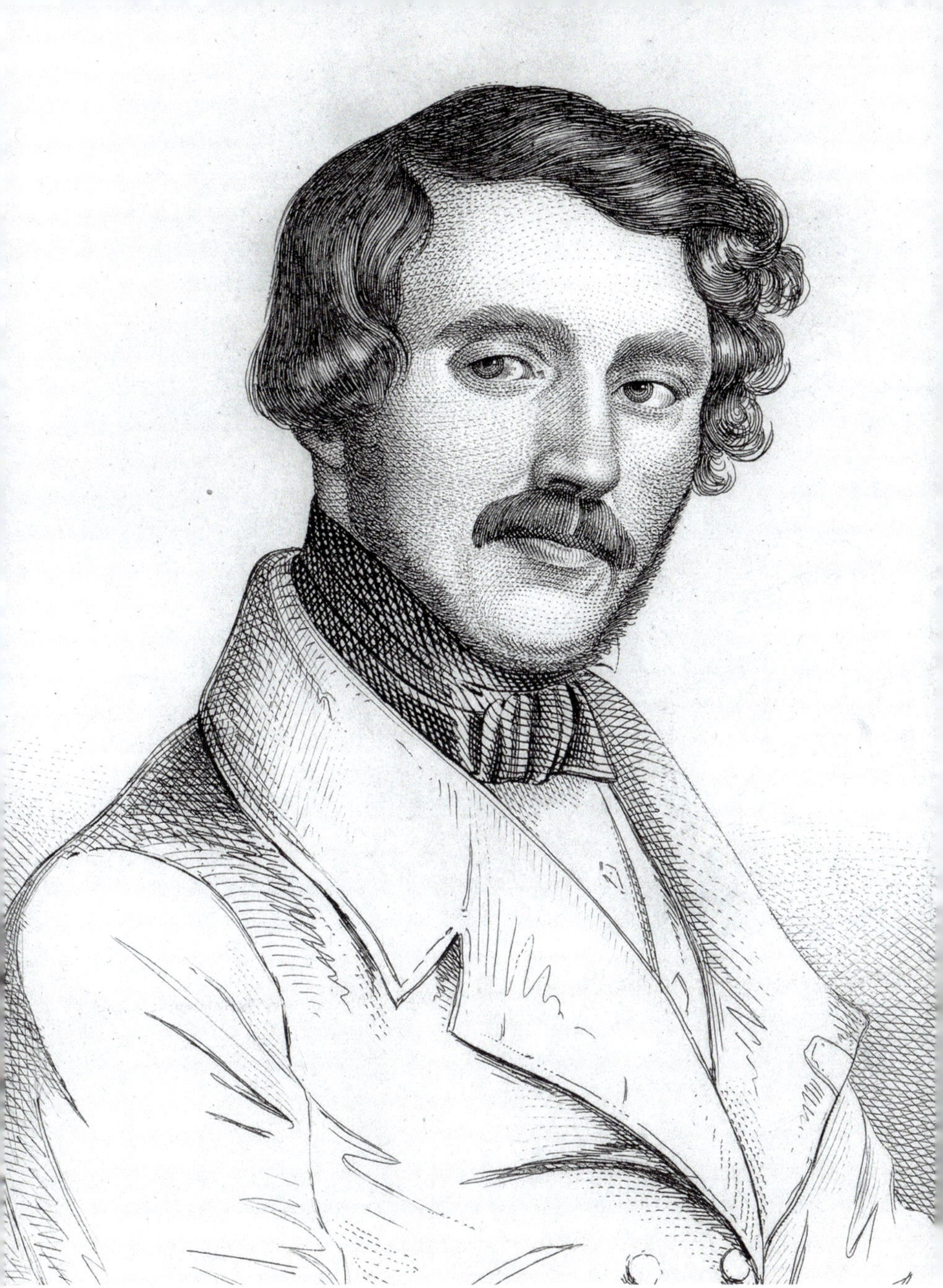

Deutscher Titel Eine verstohlene Träne | **Aus** L'elisir d'amore / Der Liebestrank | **Originalsprache** Italienisch | **Musik** Gaetano Donizetti | **Libretto** Felice Romani | **Uraufführung** 12.5.1832 in Mailand | **Bild** Zeichnung des Komponisten Gaetano Donizetti von Marie-Alexandre Adolphe.

19 Il dolce suono – Spargi d'amaro pianto

Blutiges Schauerdrama in Schottland

Donizettis »Liebestrank« gehört zum Genre der »Komischen Oper«, ist also eine Komödie. In »Lucia di Lammermoor« wandte sich der Komponist einem ganz anderen Stil zu: dem »Dramma tragico«, der großen Tragödie. Die Handlung basiert auf einem Buch von Sir Walter Scott, dessen historische Romane im frühen 19. Jahrhundert Bestseller waren. Sie führt das Publikum nach Schottland – ein Schauplatz wie geschaffen für schaurige Geschichten.

Den Kern bildet das oft wiederkehrende Motiv der erzwungenen Heirat. Lucia, Schwester des Lord Ashton, soll Lord Arturo Bucklaw zur Frau gegeben werden, liebt aber den Erzfeind ihres Bruders, der bei Donizetti ebenfalls italienisch-schottisch gemischt Edgardo di Ravenswood heißt. Um sie gefügig zu machen, fälscht Ashton einen Brief, der Lucia glauben lässt, Edgardo sei ihr untreu. Dieser verflucht die Geliebte, die daraufhin auf der Hochzeitsfeier ihren Bräutigam tötet, dem Wahnsinn verfällt und stirbt. Edgardo begeht Selbstmord in der Gruft seiner Ahnen. Neben der düsteren schottischen Kulisse bietet die Handlung auch Spukelemente wie zum Beispiel die musikalisch reizvoll gestaltete Erzählung über einen Ravenswood früherer Generationen, der einst seine Geliebte tötete und nun als Gespenst umgeht.

Einer der Höhepunkte ist Lucias »Wahnsinnsarie« (von denen es in der Operngeschichte nur so wimmelt): Die Heldin hat den Mord an Arturo begangen und verliert blutüberströmt vor den entsetzten Hochzeitsgästen den Verstand. Donizetti hat Lucias verzerrte Wahrnehmung der Hochzeitsglocke an einigen Stellen mit dem geisterhaften Klang einer Glasharfe illustriert, deren Ton durch angeriebene Glaskanten entsteht. Weil Spieler dieses Instruments rar waren, schrieb er auch eine Version mit Soloflöte, sodass man gelegentlich auch dieser begegnet.

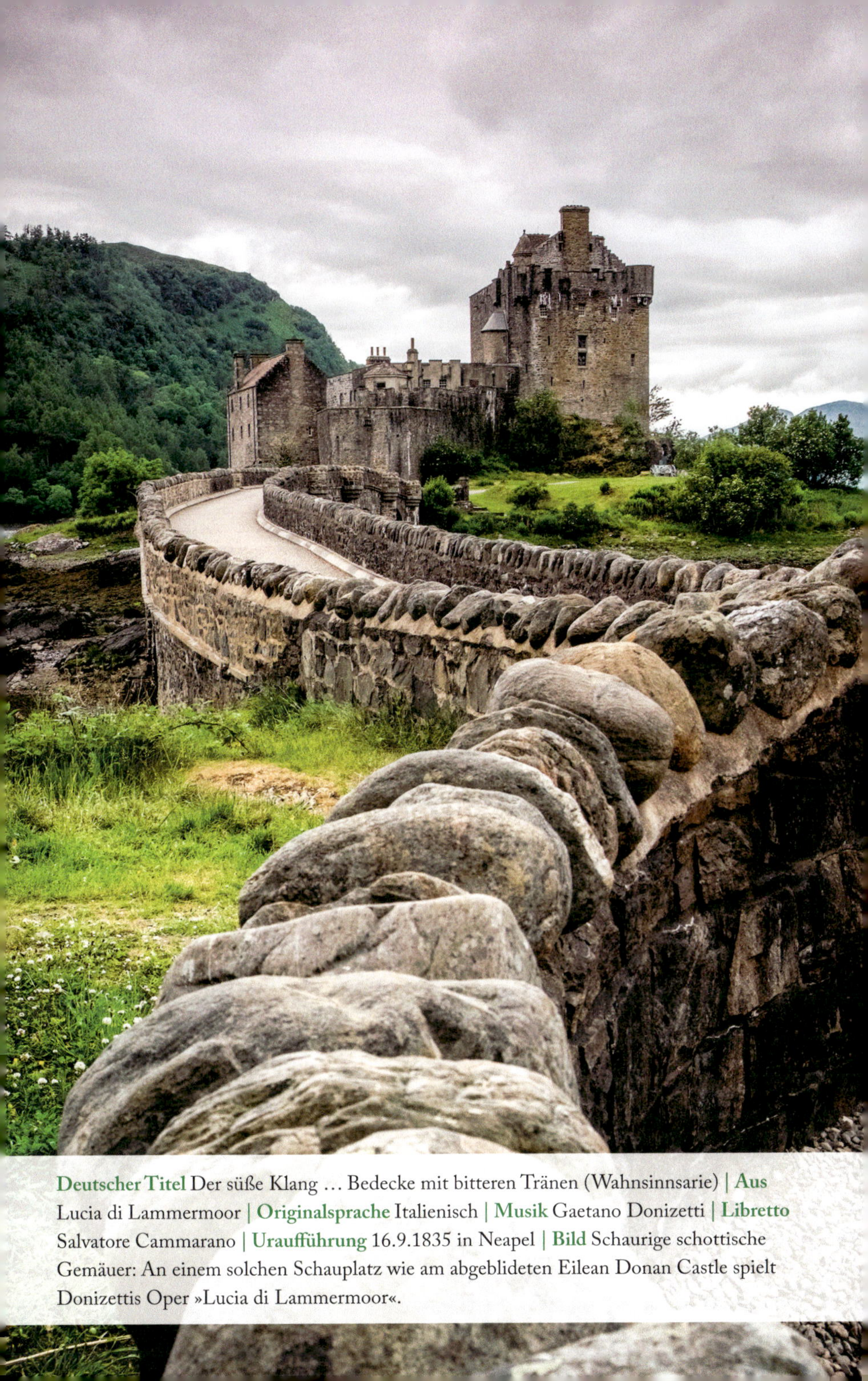

Deutscher Titel Der süße Klang … Bedecke mit bitteren Tränen (Wahnsinnsarie) | **Aus** Lucia di Lammermoor | **Originalsprache** Italienisch | **Musik** Gaetano Donizetti | **Libretto** Salvatore Cammarano | **Uraufführung** 16.9.1835 in Neapel | **Bild** Schaurige schottische Gemäuer: An einem solchen Schauplatz wie am abgeblideten Eilean Donan Castle spielt Donizettis Oper »Lucia di Lammermoor«.

20 Měsíčku na nebi hlubokém

Lied einer böhmischen Nixe

Seine Karriere führte ihn aus seiner böhmischen Heimat weit in die Ferne, nämlich bis in die Vereinigten Staaten – und doch ist der Komponist Antonín Dvořák musikalisch seinen Wurzeln immer treu geblieben. Selbst in der berühmten »Sinfonie aus der Neuen Welt«, die der Komponist als Direktor des New Yorker Konservatoriums schrieb, zeichnet er nicht nur die Bilder amerikanischer Landschaften. So mancher Forscher hat auch Böhmisches darin entdeckt.

Schon vor seinem Aufbruch über den Atlantik hatte Dvořák Opern geschrieben. Der ganz große Erfolg auf diesem Gebiet erwartete ihn jedoch erst nach seiner Rückkehr: 1901 erlebte »Rusalka« ihre Premiere, und seitdem hat sich das romantische Werk voller Nixenzauber und faszinierender Melodien seinen Platz in den Opernhäusern der Welt erobert. Eines der schönsten Stücke daraus ist das »Lied an den Mond« – die ergreifende Klage des Wasserwesens, das so gern ein Mensch wäre und nach der Erfüllung dieses Wunsches bitter enttäuscht wird.

Die Motive der Geschichte, die uns auch in dem etwa von Hans Christian Andersen erzählten Schicksal der »Kleinen Seejungfrau« begegnen, verweisen auf einen sehr alten Sagenschatz. Bereits seit dem 14. Jahrhundert hat es literarische Ausformungen der Stoffe um weibliche Wassergeister gegeben, die man Melusinen, Undinen, Nixen oder Rusalken nannte. Eine der wichtigsten vor Andersen war die »Undine«-Novelle von Friedrich de la Motte Fouqué, die Albert Lortzing schon 1845 in eine Oper verwandelt hatte. Der Librettist Jarsolav Kvapil schrieb das »Rusalka«-Textbuch übrigens auf gut Glück. Weihnachten 1899 las er in der Zeitung, dass Dvořák auf Stoffsuche für ein neues Opernprojekt war. Als der Komponist das »lyrische Märchen« gelesen hatte, entschloss er sich sofort zur Vertonung.

Am 21. April 1900 begann er mit der Arbeit, im November war die Partitur vollendet.

Deutscher Titel Silberner Mond (Lied an den Mond) | **Aus** Rusalka | **Originalsprache** Tschechisch | **Musik** Antonín Dvořák | **Libretto** Jarsolav Kvapil | **Uraufführung** 31.3.1901 in Prag | **Bild** Nixen, Undinen oder Rusalken bevölkern nicht nur das Meer, sondern auch Binnengewässer. Diese Statue steht am bayerischen Mummelsee.

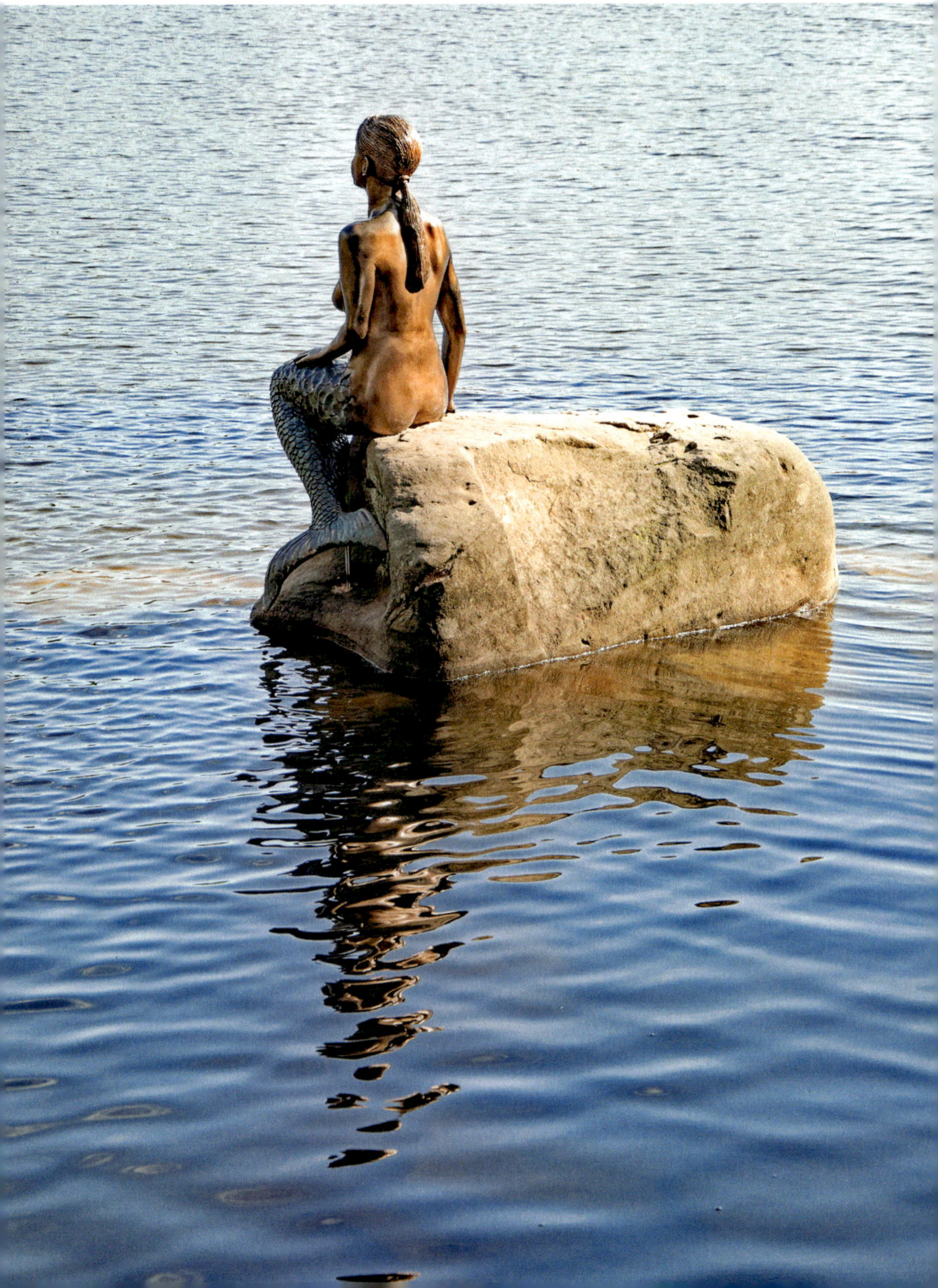

21 »Danza« aus »La vida breve«

Der Sound des echten Spanien

Der in Cádiz geborene Manuel de Falla ging nach Studien in Madrid nach Paris, um dort bei Ravel und Debussy die Finessen der Kompositionskunst kennenzulernen. In seinen von spanischen Traditionen geprägten Werken beschränkte er sich nicht auf vages »Nachempfinden«, wie man es in den »spanischen« Kompositionen aus Frankreich antrifft, sondern er schöpfte Inspirationen aus musikwissenschaftlichen Forschungen. Das Ergebnis ist eine plastische Musiksprache ohne »Postkartenromantik«. Heute zählt man de Falla neben Isaac Albéniz und Enrique Granados zu den bedeutendsten Komponisten des südeuropäischen Landes.

Die Oper »La vida breve« (»Das kurze Leben«) war das erste große Werk, in dem er seine Bemühungen um eine echte Musiksprache im Stil seines Heimatlandes umsetzen konnte. Anstoß war ein Kompositionswettbewerb – ausgeschrieben 1903 von der Akademie der Schönen Künste in Madrid, die ausdrücklich bestrebt war, mit diesem Wettbewerb die italienische Vorherrschaft der Opernhäuser durch neues Repertoire zu brechen. Gewünscht war ein einaktiges Werk, weshalb »La vida breve« nur eine gute Stunde dauert. Die Handlung des Werkes um eine junge Frau, die von ihrem Geliebten verlassen wird, spielt in Granada – dem andalusischen Sehnsuchtsort Spaniens, dessen Flair de Falla mit vielen musikalischen Details heraufbeschwört. So auch im Szenario eines Hochzeitsfestes – für den Komponisten eine wunderbare Gelegenheit, typische nationale Tänze unterzubringen. Obwohl die Oper den ersten Preis davontrug, kam es in Spanien erst einmal zu keiner Aufführung. Als de Falla in Paris weiterstudieren wollte, nahm er die Partitur mit und konnte die Premiere in Nizza realisieren. Damit begann die Erfolgsgeschichte, die auch für de Fallas internationalen Durchbruch sorgte.

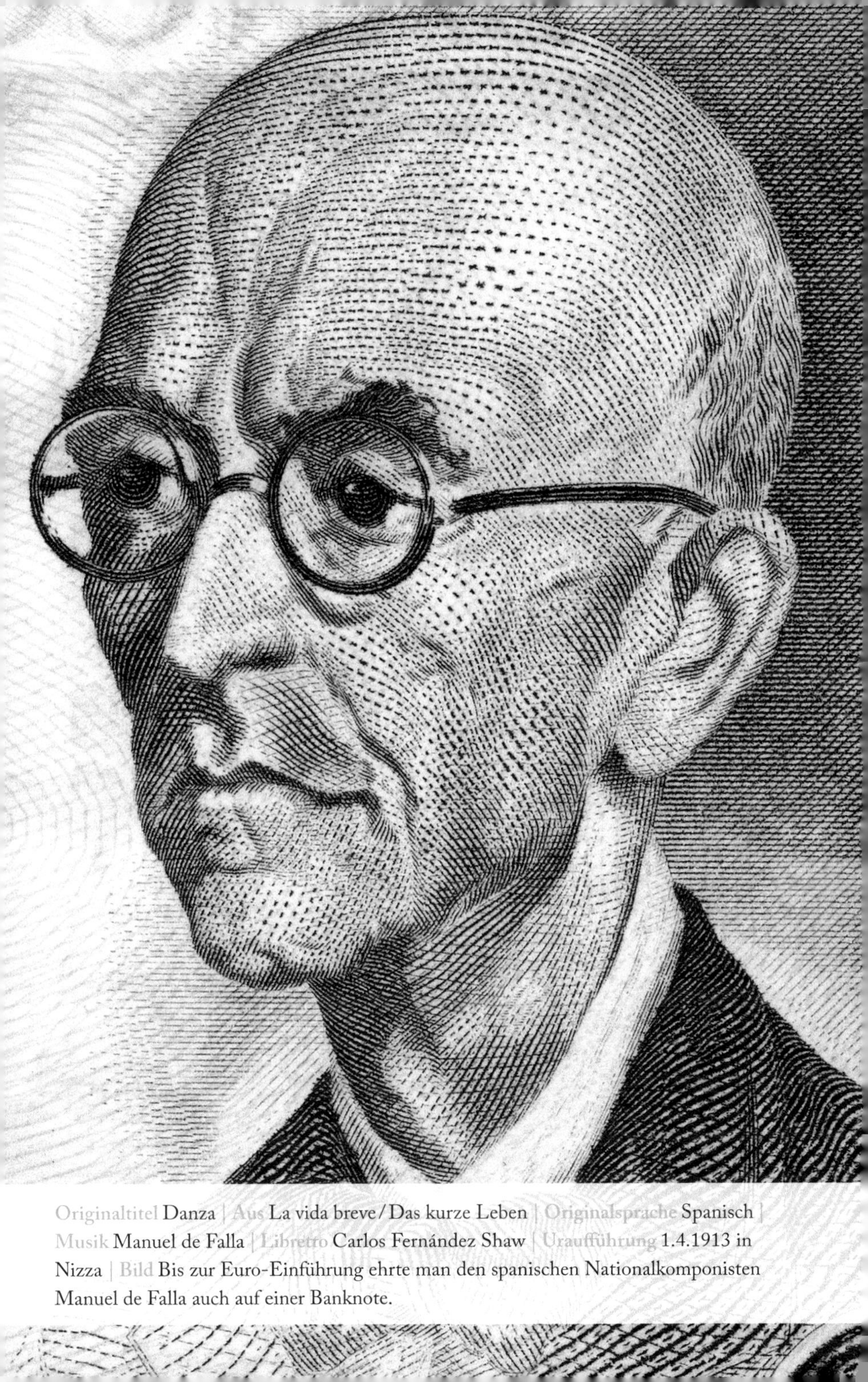

Originaltitel Danza | Aus La vida breve / Das kurze Leben | Originalsprache Spanisch | Musik Manuel de Falla | Libretto Carlos Fernández Shaw | Uraufführung 1.4.1913 in Nizza | Bild Bis zur Euro-Einführung ehrte man den spanischen Nationalkomponisten Manuel de Falla auch auf einer Banknote.

22 Letzte Rose

Ein Evergreen des Biedermeier

Im Jahre 1805 betrachtete der irische Dichter Thomas Moore in einem Park eine besonders schöne Rose und verlieh dieser Bewunderung in einem Gedicht Ausdruck, das er »The Last Rose of Summer« nannte. Der Versrhythmus dieses Werkes passte zu einer alten irischen Volksmelodie. Beides zusammen trat zu Beginn des 19. Jahrhunderts einen erfolgreichen Weg durch ganz Europa an. Das Lied taucht im Werk Ludwig van Beethovens auf, Felix Mendelssohn schrieb eine Klavierphantasie über die Melodie, und auch viele unbekanntere Komponisten ließen sie in die verschiedensten Werke einfließen. Bald war sie eine Art klingende irische Botschafterin, wobei man es mit der Nationalität nicht ganz so genau nahm. Manche betrachteten die »Letzte Rose« als »schottisch« oder einfach als »englisch«. Auch im 20. Jahrhundert lässt sich die Karriere des Liedes weiterverfolgen – bis Benjamin Britten und in die Popmusik hinein.

In der 1847 in Wien uraufgeführten Oper »Martha« betrat das Stück schließlich auch die Welt des Musiktheaters. Das Bühnenwerk stammt von Friedrich von Flotow, einem Baron aus mecklenburgischem Uradel, der es durch günstige Heirat zum Gutsbesitzer gebracht hatte und eigentlich nach dem Willen seines Vaters hätte Diplomat werden sollen. Doch dann durfte er doch in Paris Musik studieren. Unter seinen Kompositionen, zu denen nicht weniger als 14 Opern gehören, wurde »Martha« ein Welthit. Die im 18. Jahrhundert in Richmond (heute ein Londoner Vorort) spielende Geschichte um eine Hofdame und ihre Freundin, die sich als Mägde verkleiden und damit ein turbulentes Abenteuer auslösen, verband Flotow mit leichtem Flair, das er sich bei seinem Freund, dem französischen Operettenmeister Jacques Offenbach, abgelauscht hatte. Allerdings bietet das Stück auch viel Raum für romantisch-sentimentale Elemente wie eben im Lied von der »letzten Rose« im zweiten Akt.

Originaltitel Letzte Rose | **Aus** Martha oder Der Markt zu Richmond | **Originalsprache** Deutsch | **Musik** Friedrich von Flotow | **Libretto** Friedrich Wilhelm Riese | **Uraufführung** 25.11.1847 in Wien | **Bild** Eine Rose schreibt Literatur- und Musikgeschichte: Die hier abgebildete »Old Blush« inspirierte den Dichter Thomas Moore.

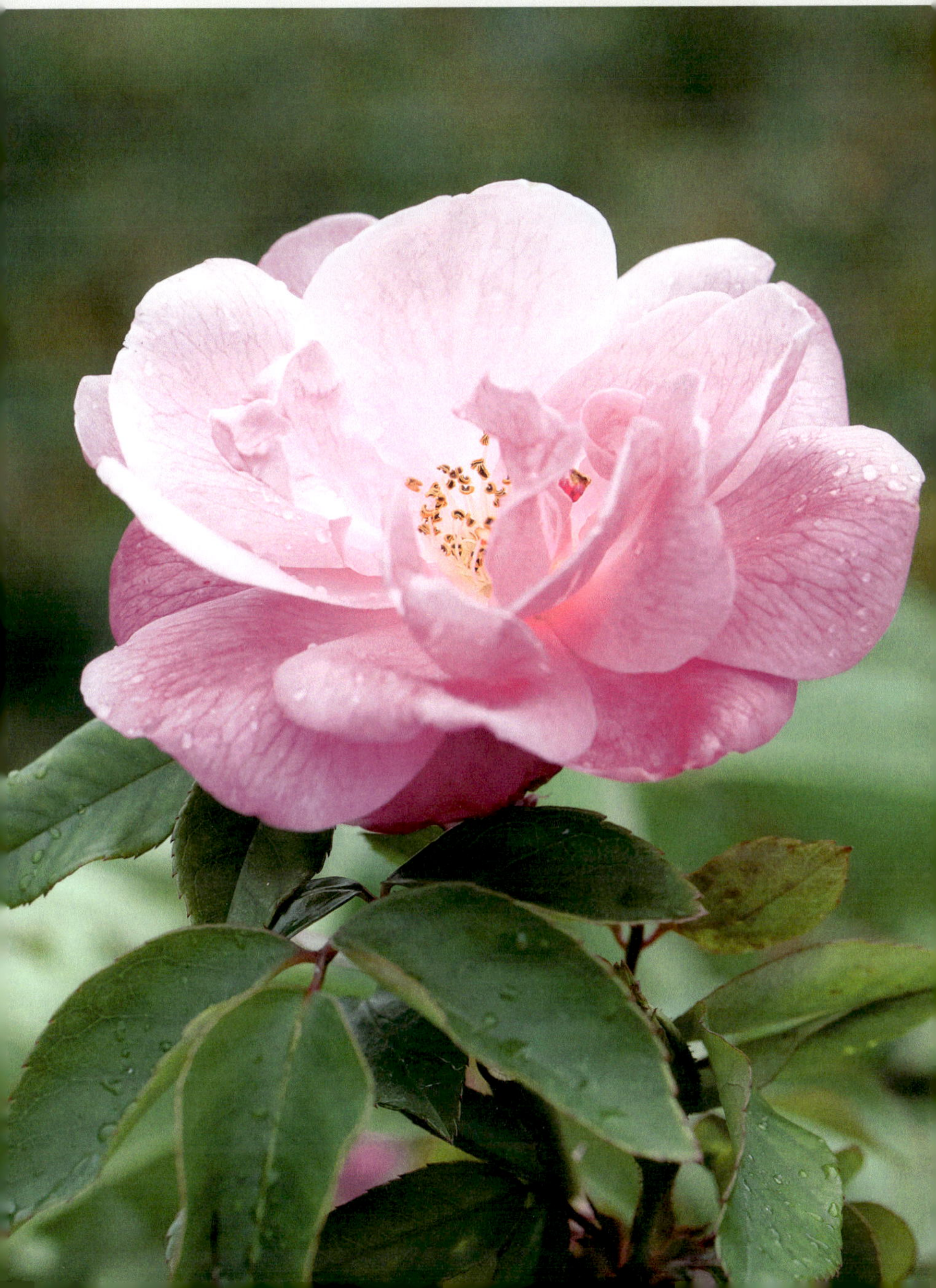

23 Summertime

Die erste Oper der Schwarzen

Um eine Oper zu schreiben, benötigt man Talent als Komponist, Durchsetzungsvermögen bei Textautoren, Verlegern und Operndirektoren, dazu eine Portion Glück. George Gershwin, der sich aus der Welt der Broadwayshows zum ersten amerikanischen Klassiker entwickeln sollte, brauchte für »Porgy and Bess« jedoch noch etwas anderes: Geduld.

1926, zwei Jahre nach seinem Durchbruch mit der Klassik und Jazz verbindenden »Rhapsody in blue«, stieß er auf den Roman »Porgy« von Edwin DuBose Heyward und fand darin alles für seinen neuen Weg der Oper. Der Stoff hatte das Potenzial, die Welt der Schwarzen erstmals ins Musiktheater zu bringen und dem Werk damit auf besonders authentische Weise echtes amerikanisches Flair zu verleihen. Sosehr auch der Romanautor davon begeistert war: Er hatte gerade eine Bühnenversion für das Sprechtheater erarbeitet, was weitere Versionen vertraglich verhinderte.

1934 bekam Gershwin die Zusage. Während eines Aufenthalts in Charleston, wo auch die Oper spielt, arbeitete er sich in die afroamerikanische Musik ein. Sie prägt schon den Beginn, an dem ein Stück erklingt, das als eigenständige Nummer große Karriere gemacht hat und auch zum Jazz-Standard wurde: das Wiegenlied »Summertime«, in der Oper gesungen am Abend in der heruntergekommenen Straße »Catfish Row«, die freilich zu den im Text angesprochenen Freuden des Sommers einen eher tristen Kontrast bietet.

Gershwin verfügte, dass »Porgy and Bess« nur mit schwarzen Darstellern aufgeführt werden durfte, was in Zeiten der Rassentrennung Aufführungen in traditionellen Opernhäusern verhinderte. Die Premiere erfolgte durch ein Tourneetheater abseits der großen Bühnen. Eine Voraufführung in Boston erntete Erfolg, die eigentliche Uraufführung in New York Kritik. Den völligen Durchbruch erlebte Gershwin nicht mehr. Er starb zwei Jahre später an einem Hirntumor.

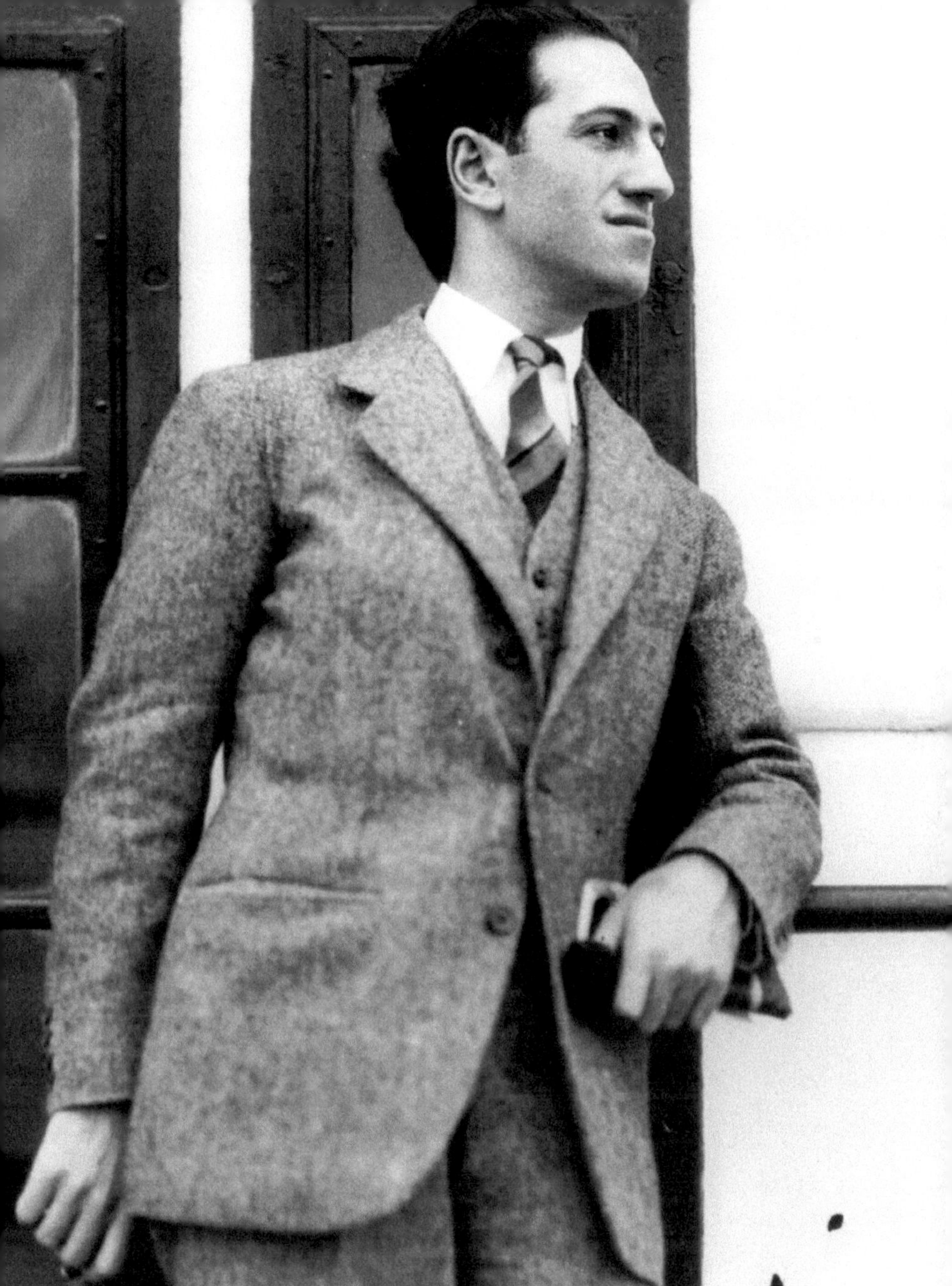

Deutscher Titel Sommerzeit | **Aus** Porgy and Bess/Porgy und Bess | **Originalsprache** Englisch | **Musik** George Gershwin | **Libretto** Edwin DuBose Heyward und Ira Gershwin | **Uraufführung** 10.10.1935 in New York | **Bild** Er schuf die erste Oper für schwarze Darsteller und mit »Summertime« einen Welthit: der Komponist George Gershwin.

24 Un dì all'azzurro spazio

In den Mühlen der Schreckensherrschaft

Ein Dichter sitzt im Kerker. Seine Lyrik hat ihn ins Gefängnis gebracht, aber er schreibt immer noch ein Gedicht nach dem anderen: Texte, in denen er satirisch die Politik bloßstellt. Er sorgt auch für die Veröffentlichung: Zusammen mit schmutziger Wäsche schmuggelt er die Blätter hinaus. Der Mann, der dieses Schicksal erlitt und am 25. Juli 1794 in Paris unter der Guillotine starb, hieß André Chénier. Er war ein Revolutionär, der selbst in die Mühlen der Schreckensherrschaft geriet. Umberto Giordano hat die historische Figur zu einem Opernhelden gemacht. Der Librettist Luigi Illica, der auch für Catalani und Puccini Textbücher verfasste, nannte die Hauptfigur italienisch »Andrea Chénier«.

Giordano schrieb seine erste Oper für einen Kompositionswettbewerb, bei dem nicht er, sondern Pietro Mascagni mit »Cavalleria rusticana« gewann. Immerhin war man von seiner Arbeit beeindruckt, sodass er einen Auftrag für eine weitere Oper bekam. Erfolg sollte erst »Andrea Chénier« bringen. Danach ging Giordanos Karrierekurve steil nach unten, sodass er nach den Arbeiten an seiner letzten, unvollendeten Oper »La festa del Nilo« das Komponieren aufgab.

Heute kennt man von ihm nur noch das Werk um den legendären Dichter aus revolutionären Zeiten, das wegen seines klaren politischen Inhalts und des historischen Bezugs zur damals modernen Opernströmung des »Verismo« gehört. In der Arie »Un dì all'azzurro spazio«, die im ersten der vier Bilder der Oper erklingt, provoziert Andrea Chénier in einem Salon mit einem Gedicht einen Eklat. Er preist erst ganz harmlos die Schönheit seines Heimatlandes. Doch dann, mit steigernden Effekten im Orchester, bringt er zur allgemeinen Entrüstung nach und nach die Missstände der Zeit zur Sprache: Adlige, die das Volk mit Steuern knechten, oder Priester, die sich lieber toten Gegenständen zuwenden, als den Armen zu helfen.

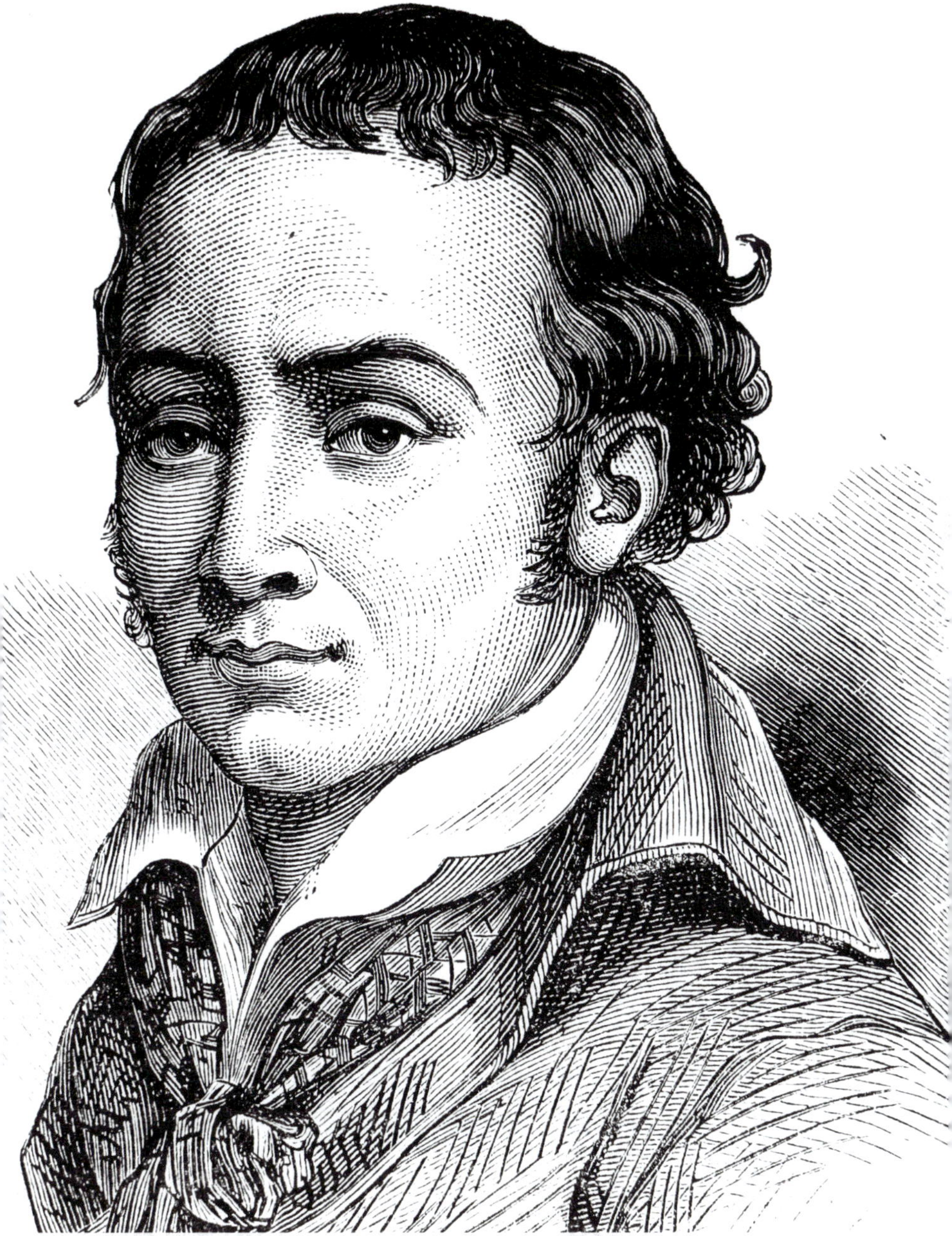

Deutscher Titel Einst blickt' ich auf zum Himmel | **Aus** Andrea Chénier | **Originalsprache** Italienisch | **Musik** Umberto Giordano | **Libretto** Luigi Illica | **Uraufführung** 28.3.1896 in Mailand | **Bild** Der revolutionäre Dichter André Chénier in einer zeitgenössischen Darstellung.

25 Spaceship

Minimalistisch durch Raum und Zeit

Als Philip Glass zu komponieren begann, stand die musikalische Avantgarde unter dem Einfluss der sogenannten »seriellen Technik«, die auf der Zwölftonmusik basiert. Arnold Schönberg hatte in den 20er Jahren des 20. Jahrhunderts eine Methode entwickelt, die die alte Lehre von den Tonarten ablösen sollte und deren Prinzipien sich im »Serialismus« nicht nur auf Reihung von Tonhöhen, sondern auch auf andere Elemente bezogen. Vielen war diese rationale Durchorganisation des Tonmaterials zu mathematisch. Auch Glass war auf der Suche nach einem neuen Weg und fand ihn, als er 1966 den indischen Sitar-Spieler Ravi Shankar kennenlernte und sich mit den im Vergleich zu europäischer Klassik hochkomplexen Rhythmen indischer und afrikanischer Musik befasste. Das Ergebnis war die Geburt der »Minimal Music«, die auf der Wiederholung kleinster Muster basiert, mit leichten Verschiebungen und Überlagerungen und einer geradezu hypnotischen Sogwirkung.

Nach einer Fülle von Instrumentalwerken wurde »Einstein on the Beach« von 1976 Philip Glass' erstes Opernprojekt im minimalistischen Stil. Der Welterfolg fand vom Uraufführungsort Avignon aus schnell seinen Weg in andere Opernhäuser. Dabei hat das avantgardistische, vier Stunden dauernde Werk keine Handlung im üblichen Sinne. Glass und sein Librettist Robert Wilson stellten zwar die historische Persönlichkeit Albert Einstein in den Mittelpunkt, nutzten die Figur aber nicht als »Helden«, sondern als Symbolgestalt für Phänomene des 20. Jahrhunderts, von atomarer Bedrohung über humanistisch-demokratischen Anspruch bis zur Raumfahrt. Der Text, zersplittert in Einzelsilben, wiederholten Zahlenreihen und eingestreuten Versdeklamationen, »erzählt« nichts, sondern wird selbst zum Teil der Musik. Der Abschnitt »Spaceship« gegen Ende des Werkes spielt auf Einsteins Theorien über die Einheit von Raum und Zeit an.

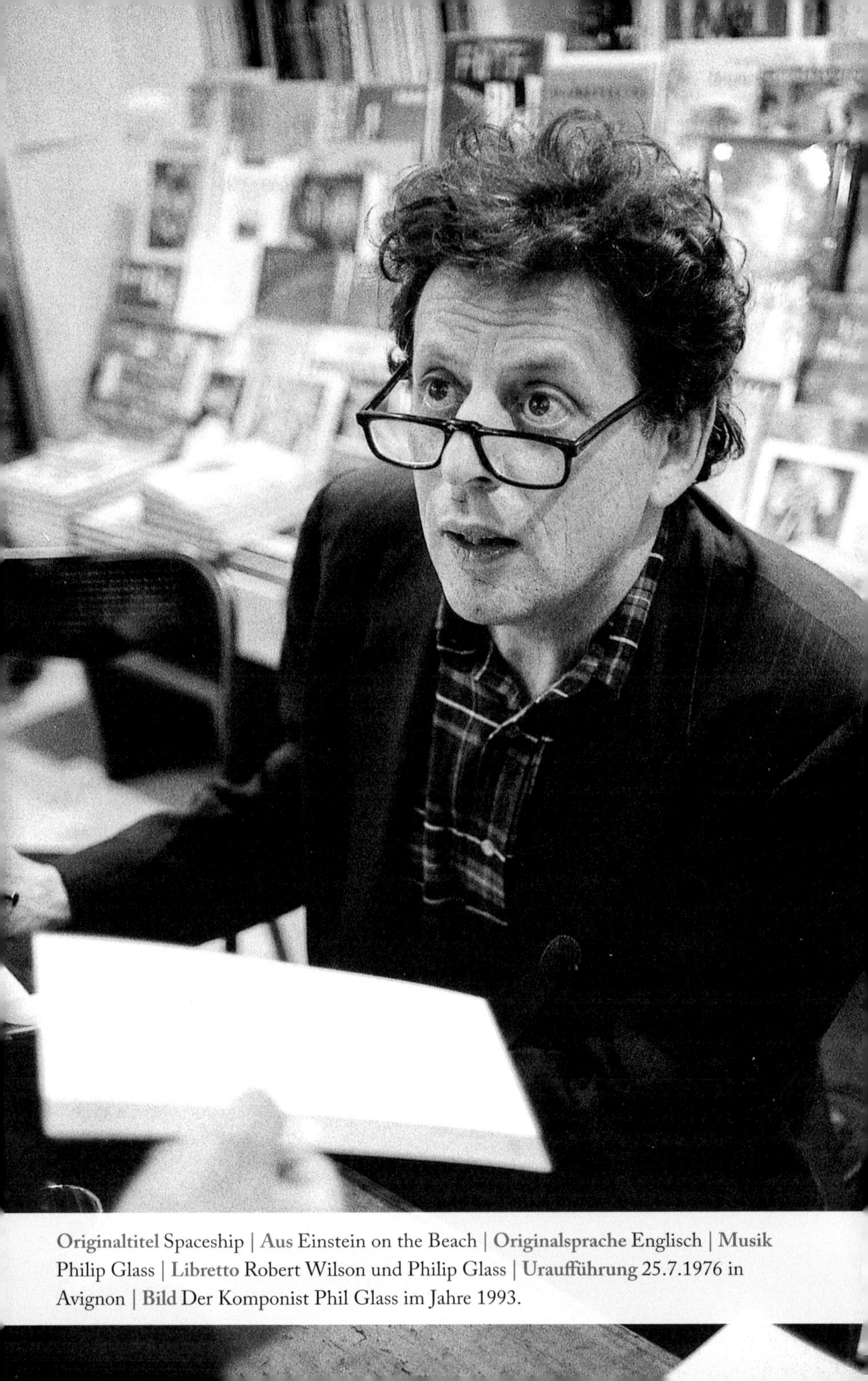

Originaltitel Spaceship | **Aus** Einstein on the Beach | **Originalsprache** Englisch | **Musik** Philip Glass | **Libretto** Robert Wilson und Philip Glass | **Uraufführung** 25.7.1976 in Avignon | **Bild** Der Komponist Phil Glass im Jahre 1993.

26 Ouvertüre zu »Ruslan und Ljudmila«

Die Geburt der russischen Nationaloper

Er war der große Nationaldichter Russlands: Alexander Puschkin, der in seinem Heimatland eine ähnlich große Bedeutung besitzt wie in Deutschland etwa sein Kollege Johann Wolfgang von Goethe. Er starb an den Folgen einer Verletzung, die er sich Anfang 1837 durch ein Duell zugezogen hatte. Die Geschichte, wie es dazu kam (ein Offizier hatte ein Auge auf Puschkins Ehefrau geworfen), hätte selbst das Zeug zu einem Opernstoff. Und sie sorgte dafür, dass der Komponist Michail Glinka ein von Puschkin versprochenes Opernlibretto nie erhielt: das Textbuch zu »Ruslan und Ljudmila«, das als Gedicht schon vorlag, nur eben nicht als Szenario für ein Musiktheaterwerk.

Glinka machte sich daran, den Stoff mit Hilfe zweier Helfer selbst zu dramatisieren. Bei der Uraufführung 1842 erlebte das Publikum ein Werk, das heute als erste russische Nationaloper gilt – und das nicht nur wegen der Handlung, sondern auch wegen der Musik, die Glinkas Nachfolger Modest Mussorgsky, Nikolai Rimsky-Korsakow, Alexander Borodin oder auch noch im 20. Jahrhundert Igor Strawinsky beeinflussen sollte. Das ganze Werk wird selten aufgeführt, allerdings begegnet man in Konzertprogrammen sehr häufig der mitreißenden Ouvertüre.

Die Geschichte von Ruslan und seiner Geliebten Ljudmila bringt eine Fülle von phantastischen Zaubermotiven auf die Bühne, in denen sich Elemente russischer Sagen verbinden: Ljudmila wird mitten in einem Festmahl ihres Vaters, des Großfürsten von Kiew, von einem Ungeheuer entführt. Ruslan, der sie zurückbringen will, hat nun eine Reihe von Aufgaben zu lösen: Er muss gegen das Ungeheuer kämpfen, die Zauberkräfte einer Hexe überwinden und am Ende Ljudmila aus einem magischen Schlaf erwecken – das alles mit Hilfe eines Zauberschwertes und eines besonderen Rings.

Aus Ruslan i Ljudmila / Ruslan und Ljudmila | **Originalsprache** Russisch | **Musik** Michail Iwanowitsch Glinka | **Libretto** Wladimir Schirkow und Michail Iwanowitsch Glinka | **Uraufführung** 9.12.1842 in St. Petersburg | **Bild** Michail Glinka scheinen die besten Ideen im Liegen gekommen zu sein. Das Gemälde von Ilja Repin entstand im Jahre 1887.

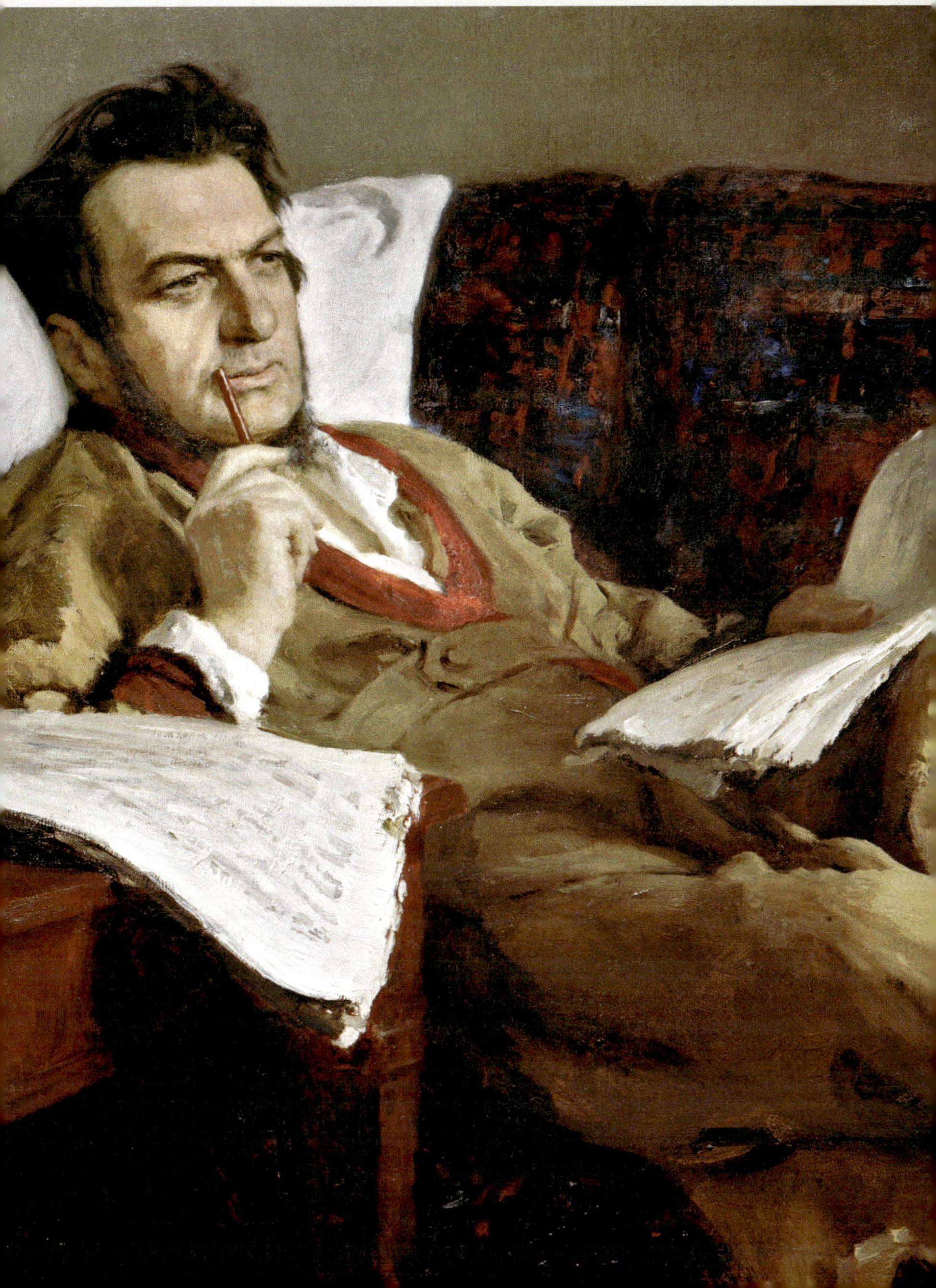

27 Che farò senza Euridice?

Neuer Anfang mit einem alten Stoff

Die Mitte des 18. Jahrhunderts war musikalisch eine Phase des Umbruchs. Die Epoche des Barock machte der Klassik Platz. Hatte man im zu Ende gehenden Zeitalter Musikwerke vor allem noch zur Unterhaltung des Adels, für Repräsentionsanlässe oder für die Kirche komponiert, begann man sich in stilistischen Strömungen des Übergangs wie der »Empfindsamkeit« oder des »Sturm und Drang« auf den direkten Ausdruck von individuellen Emotionen zu konzentrieren.

Der Komponist, der in dieser Weise die Oper grundlegend im Sinne einer Reform veränderte, war der aus der Oberpfalz stammende Christoph Willibald Ritter von Gluck (wie er mit vollem Namen hieß). Er befreite die von verwickelten Handlungen geprägte Barockoper von der starren, zuletzt nur noch für die Selbstdarstellung der Sängerstars gepflegten Abfolge einzelner Arien und konzentrierte das Geschehen auf einen einzigen Grundkonflikt, der so umso stärkere Wirkung entfalten konnte. So schuf er die stilistischen Voraussetzungen für die große klassische Oper etwa des jüngeren Wolfgang Amadeus Mozart, stellte aber auch schon die Weichen für die späteren Zeiten bis hin zu Richard Wagner, der Gluck sehr schätzte.

Dass ihm diese »Entschlackungskur« eines ganzen Genres mit dem alten Orpheus-Stoff gelang, hat geradezu symbolische Bedeutung: Die Geschichte des sagenhaften Sängers, der seine Geliebte Eurydike durch einen Schlangenbiss verliert, ihren Verlust beweint (»Ach, ich habe sie verloren«) und sie aus der Unterwelt zurückholen darf, hat schon die ersten Opernkomponisten inspiriert und bei der Erfindung der Gattung eine entscheidende Rolle gespielt. Mit Glucks »Orpheus« ist übrigens auch die Zeit der legendären Kastraten zu Ende. In der 14 Jahre nach der Wiener Uraufführung entstandenen französischen Version ist die Rolle des Titelhelden eine Tenor-Partie. Von nun an übernahmen Sänger dieser Stimmlage die Heldenrollen.

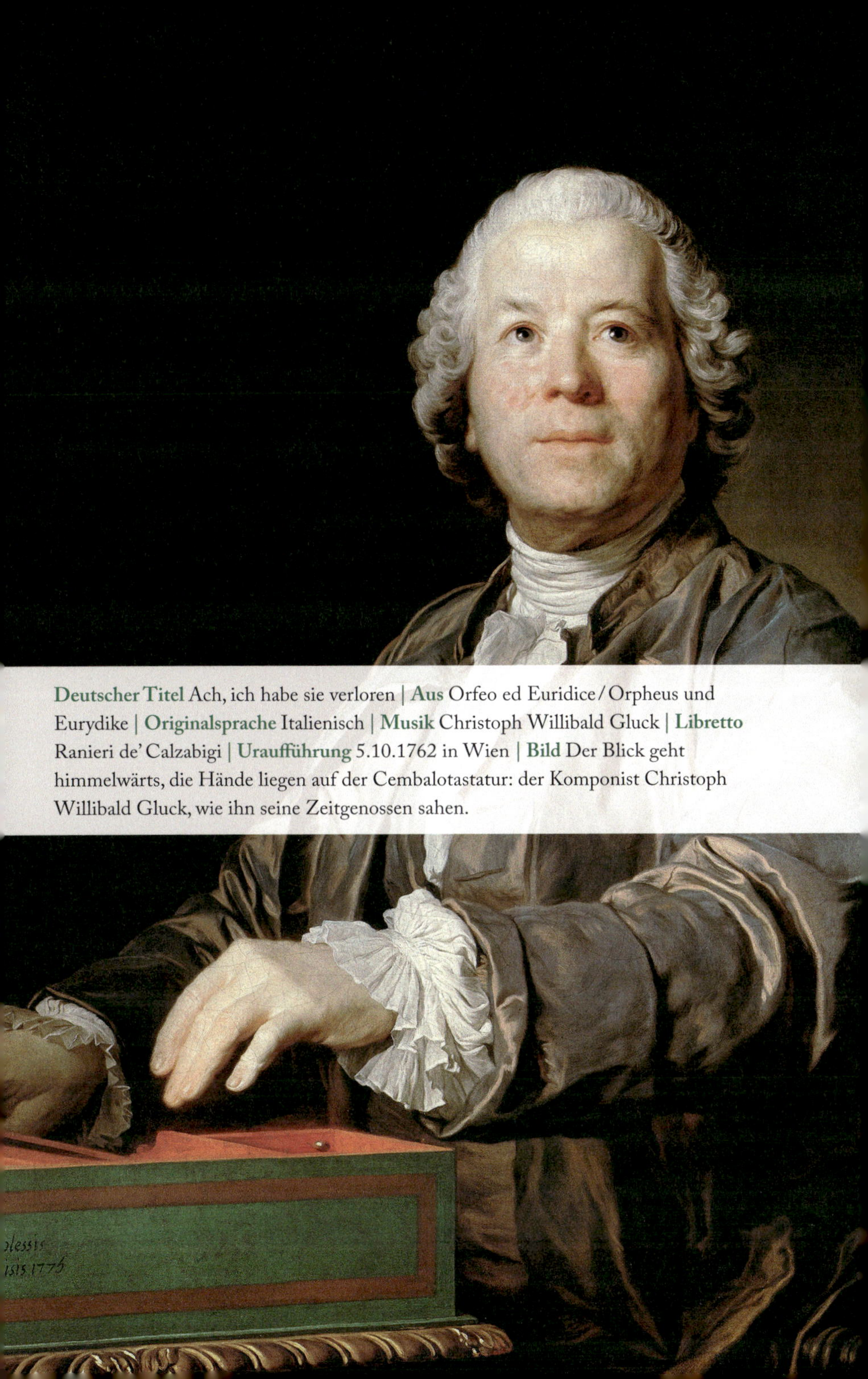

Deutscher Titel Ach, ich habe sie verloren | **Aus** Orfeo ed Euridice / Orpheus und Eurydike | **Originalsprache** Italienisch | **Musik** Christoph Willibald Gluck | **Libretto** Ranieri de' Calzabigi | **Uraufführung** 5.10.1762 in Wien | **Bild** Der Blick geht himmelwärts, die Hände liegen auf der Cembalotastatur: der Komponist Christoph Willibald Gluck, wie ihn seine Zeitgenossen sahen.

28 Cette nuit j'ai revu le palais

Nöte einer griechischen Priesterin

Trotz seiner in »Orpheus und Eurydike« erstmals umgesetzten Neuerungen des Operngenres blieb Christoph Willibald Gluck in einem Detail der alten Barockoper treu: Er bezog seine Stoffe aus dem Arsenal der klassischen Mythen. Allerdings gelang es ihm, den scheinbar so fernen Gestalten wirkliches Leben einzuhauchen und dem Publikum dessen emotionale Nöte und Konflikte zum Greifen nah erscheinen zu lassen.

Ein Musterbeispiel dafür ist »Iphigenie auf Tauris«, ein Spätwerk, das Gluck für die Oper in Paris komponierte. Hier hatte sich der Komponist nach Stationen in Italien und Wien 1774 niedergelassen, weil an der Seine seine neue Form der Operngattung mehr Zuspruch erntete als an der Donau.

Iphigenie ist die Tochter von Agamemnon, der die Griechen im berühmten Trojanischen Krieg angeführt hat. Die Göttin Diana bringt sie nach Tauris (womit wahrscheinlich die Krim gemeint ist), wo sie als Priesterin dienen soll. Aus Angst vor einer fremden Invasion lässt der dort herrschende König alle Neuankömmlinge den Opfertod sterben. Iphigenie weiß aus einem Traum, dass ihr Bruder Orest die Mutter Klytämnestra getötet hat, und ihr selbst wird geweissagt, dass sie den Bruder töten wird. Das Drama nimmt seinen Lauf, als Orest an der Küste von Tauris strandet.

Ein erster großer Moment, in dem Gluck die ganze Kraft seines Opernstils entfaltet, ist die Passage, in der Iphigenie den anderen Priesterinnen von ihrem Traum erzählt. Unter ihrer Deklamation zeichnet der Komponist die steigende Erregung seiner Hauptfigur im Moment der Erinnerung. Das Stück folgt ganz und gar den dramaturgischen Erfordernissen des Geschehens im Inneren der Figur und keiner musikalischen Form wie etwa einem Lied mit Refrain oder der alten, stets dreiteiligen barocken Arienform.

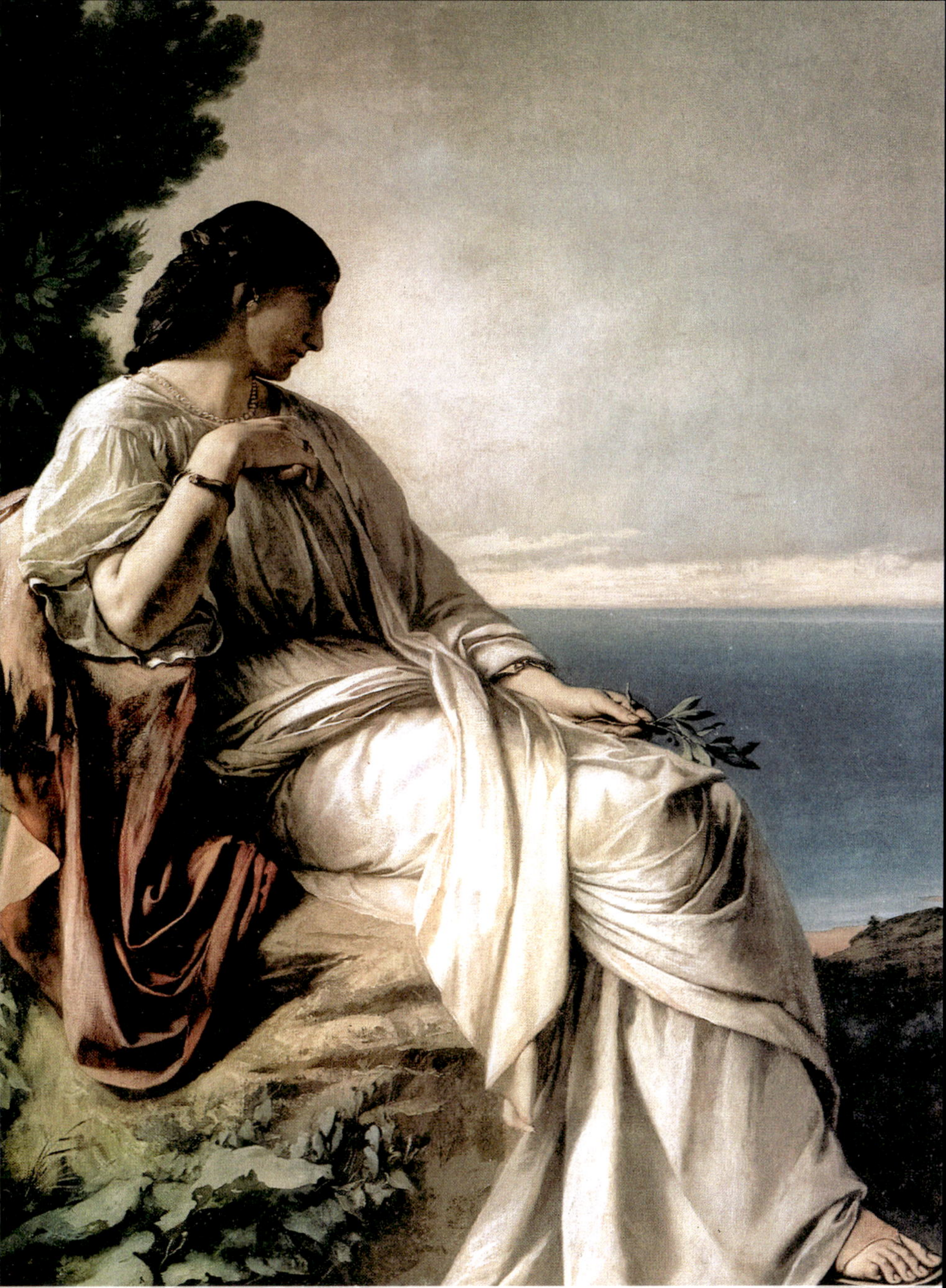

Deutscher Titel Ich sah in dieser Nacht | **Aus** Iphigénie en Tauride / Iphigenie auf Tauris | **Originalsprache** Französisch | **Musik** Christoph Willibald Gluck | **Libretto** François Guillard | **Uraufführung** 18.5.1779 in Paris | **Bild** Eine der berühmtesten Heldinnen der Antike: Iphigenie, hier gesehen vom Maler Anselm Feuerbach.

29 Walzer aus »Faust«

Erfolg mit einem deutschen Klassiker

Klassik-Liebhabern ist der Name von Charles Gounod vor allem wegen des berühmten »Ave Maria« bekannt – einer Melodie, die der Komponist als Oberstimme über ein Klavierpräludium von Johann Sebastian Bach legte. Tatsächlich hatte Gounod auch eine sehr religiöse Seite. Nach seinem Studium am Pariser Konservatorium ging er nach Rom, wo er sich für die alte katholische Kirchenmusik begeisterte. Doch lernte er in der »Ewigen Stadt« mit Paulina Garcia auch eine der berühmtesten Opernsängerinnen seiner Zeit kennen. Sie entfachte in dem jungen Mann die Faszination für das Musiktheater. Der Weg sollte sich als sehr steinig herausstellen. Nach ersten weniger erfolgreichen Werken konnte sich Gounod erst 1859, also als über 50-Jähriger, endlich mit der Vertonung von Goethes »Faust« einen Namen machen – und geriet damit zwischen die Fronten der zu seiner Zeit herrschenden nationalen Verblendung.

In Deutschland sah man es nicht gern, dass ein Franzose das bedeutendste deutsche klassische Drama zur Oper machte, zumal hierzulande entsprechende Versuche auch noch fehlgeschlagen waren. In Frankreich wiederum kreidete man Gounod an, er hätte sich auch eine französische literarische Vorlage suchen können. Trotzdem wurde das Werk (im Gegensatz zu Berlioz' Adaption) sehr beliebt, was sicher auch daran lag, dass Gounod eine besondere Sichtweise auf den Stoff einnahm. Ihn interessierte besonders die Liebesgeschichte zwischen Faust und Margarete (der Name der Heldin wird zum alternativen Operntitel), die der Komponist mit großartigen Melodien und auch tänzerischen Einfällen verknüpfte. Das bunte Volkstreiben vor einer Schenke, in dem Faust und sein teuflischer Begleiter Mephisto erscheinen, glänzt mit einer die Szene krönenden Walzerfolge. Heute hat sich diese Musik von der Opernhandlung gelöst und ist zu einem beliebten Orchesterwerk geworden.

Deutscher Titel Walzer aus »Faust« | **Aus** Faust / Marguerite | **Originalsprache** Französisch | **Musik** Charles Gounod | **Libretto** Jules Paul Barbier und Michel Florentin Carré | **Uraufführung** 19.3.1859 in Paris | **Bild** Faust in seiner Studierstube, gemalt von Georg Friedrich Kerstin im Jahre 1828.

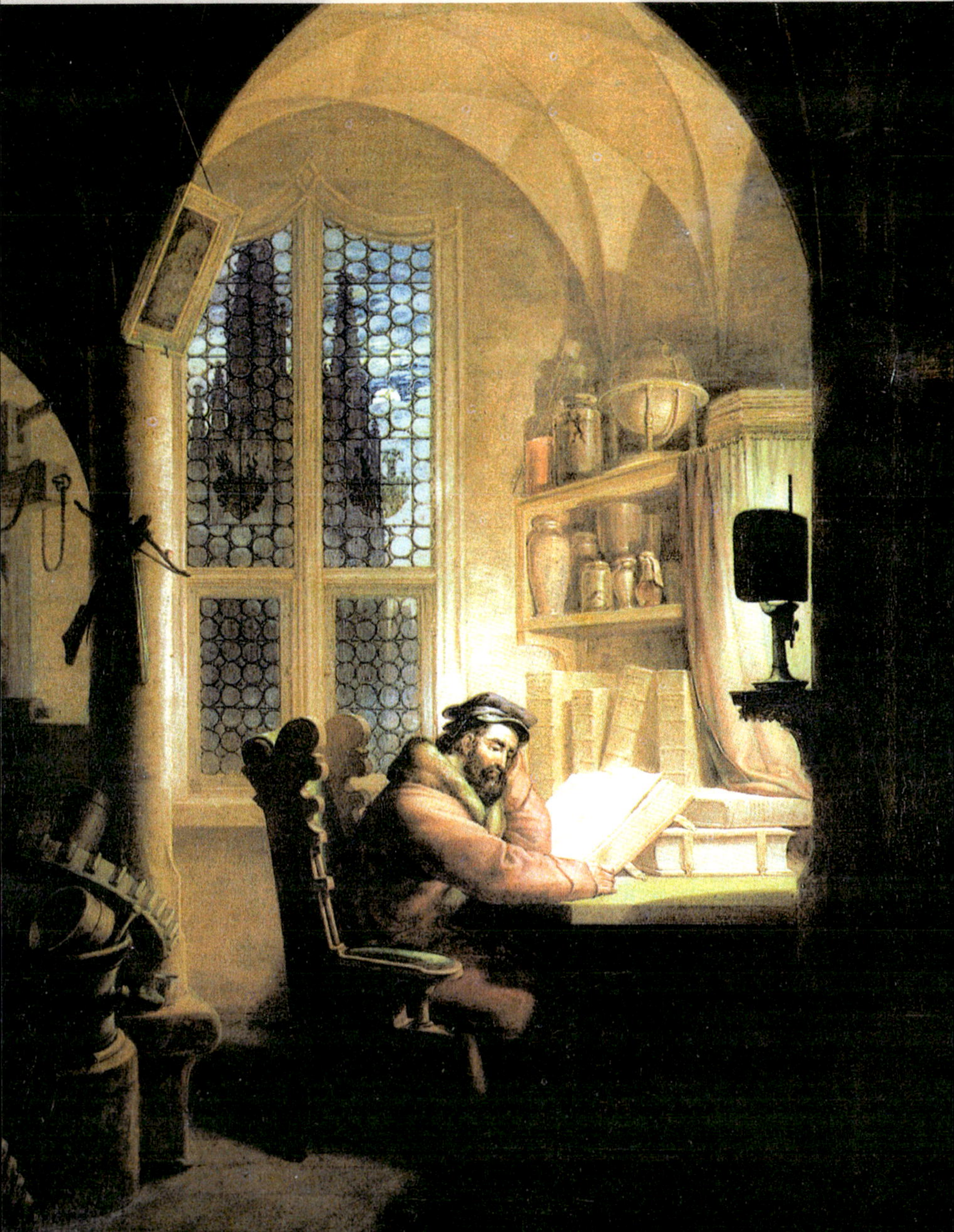

30 Les grands seigneurs – Ah, je ris de me voir si belle

Begeisterung über teuflische Juwelen

Gounods »Faust« folgt zwar der Handlung von Goethes Drama (ein an den Grenzen der Erkenntnisfähigkeit verzweifelnder Wissenschaftler lässt sich mit dem Teufel ein), doch der Schwerpunkt liegt auf Fausts Liebe zu Margarete. Sie hat Gounod zur eigentlichen Heldin des Werkes gemacht. Die Partie der jungen Frau, die am Ende nach der Niederkunft von Fausts Kind das Neugeborene tötet, im Kerker stirbt, dann aber in einer Szene an der Schwelle zum Jenseits himmlische Vergebung erlangt, entstand für die Pariser Primadonna Marie Miolhan-Carvalho. Sie konnte ihre Fähigkeiten schon bei der Uraufführung in einer Arie zeigen, die zu den großen Momenten des Werkes gehört: die »Juwelenarie«, in der sich Marguerite über den Inhalt eines Schmuckkästchens freut, das ihr Faust geschickt hat (aber natürlich von Mephisto stammt).

Nach einem Rezitativ, in dem sie noch zögert, das Kästchen zu öffnen, entfaltet das Stück eine unbekümmerte Stimmung, in der die Frau vor einem Spiegel ein Schmuckstück nach dem anderen anlegt und dabei in selbstvergessenes Staunen gerät angesichts der Veränderung, die sie erlebt. Es ist nicht mehr »Gretchen«, das ihr da entgegensieht, es ist – wie es im Text heißt – ein »Königskind«, ein »holdes Fräulein«. Bei aller Begeisterung mischen sich auch nachdenkliche Momente in die Arie (»Es ist, als ob eine schwere Last mich drücket!«), doch die wischt Marguerite einfach zur Seite.

Die Arie hat abseits von Musikprogrammen auch Eingang in ein Genre gefunden, das man eigentlich kaum mit der Oper in Verbindung bringt: in die Welt des Comics. In den Abenteuern von Tim und Struppi des Belgiers Hergé tritt immer wieder die (fiktive) Opernsängerin Bianca Castafiore auf, die mit genau dieser Arie glänzt (vor allem in »Die Juwelen der Sängerin«).

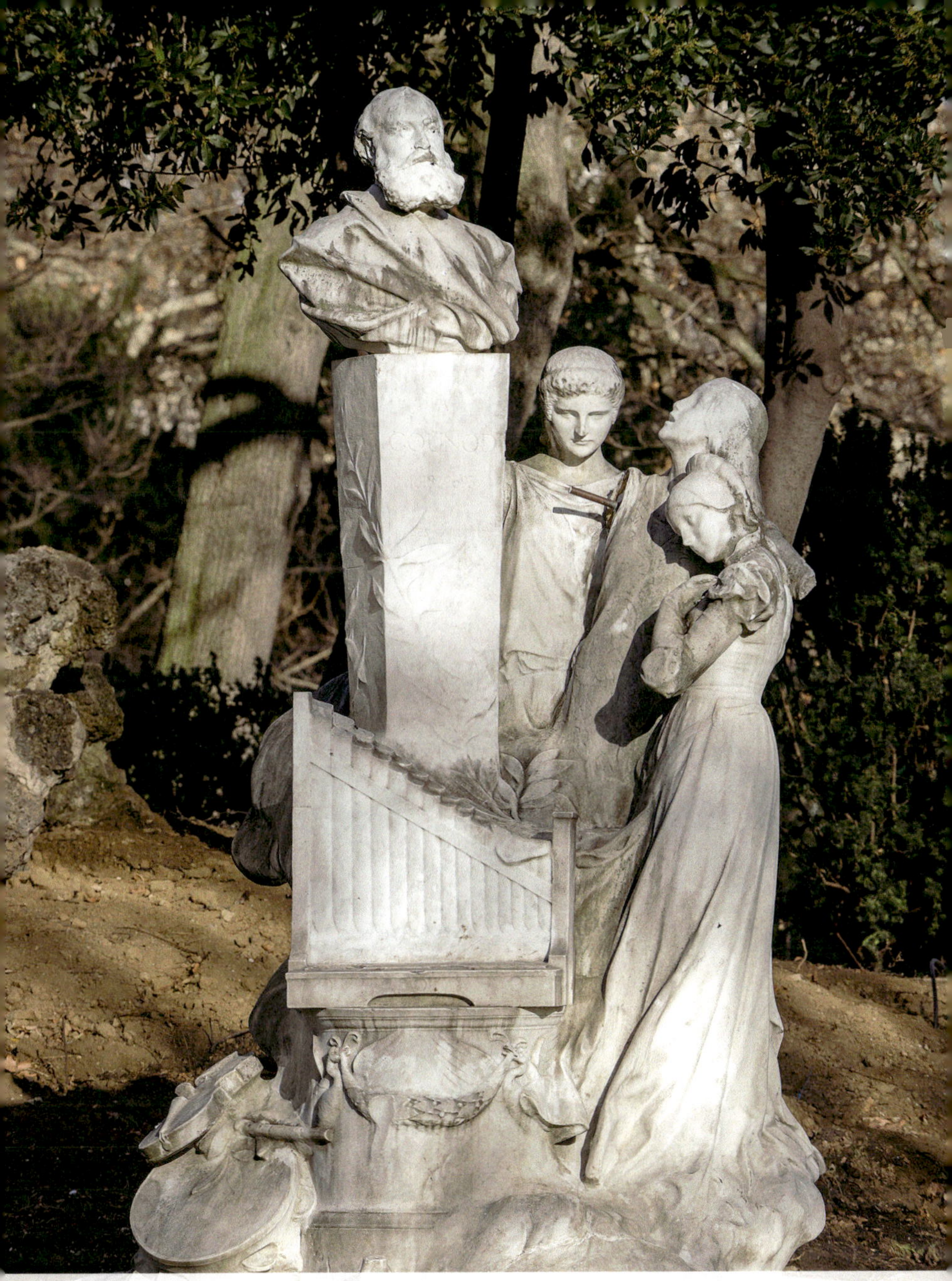

Deutscher Titel O Gott! Welch reicher Schmuck (Juwelenarie) | **Aus** Faust/Marguerite | **Originalsprache** Französisch | **Musik** Charles Gounod | **Libretto** Jules Paul Barbier und Michel Florentin Carré | **Uraufführung** 19.3.1859 in Paris | **Bild** Dieses Denkmal für Charles Gonoud von Antonin Mercié aus dem Jahre 1897 befindet sich im Parc Monceau in Paris.

31 Lascia ch'io pianga

Ein Meister der Mehrfachverwertung

1976 überraschte die Schauspielerin und Sängerin Barbra Streisand ihre Fangemeinde mit einem außergewöhnlichen Album: »Classical Barbra« enthielt Klassik-Titel, darunter die Arie »Lascia ch'io pianga« aus Händels Oper »Rinaldo« – ein Werk, das damals gerade für die Bühne wiederentdeckt worden war. Es war für den aus Halle stammenden Barockkomponisten ein Erfolgsmeilenstein: Als junger Mann war er nach der Zwischenstation Hamburg nach Italien, das Land der Oper schlechthin, gegangen, hatte dort sogar einheimische Komponisten übertrumpft und wandte sich nun, mit nur 25 Jahren und bestem Ruf ausgestattet, nach London, um dort Operngeschichte zu schreiben – und das gelang ihm mit großartiger Musik, aber auch mit einem Bühnenspektakel, das von »Special Effects« nur so strotzte.

Das phantastische Szenario, in dem der Ritter Rinaldo seine Geliebte aus den Fängen der Zauberin Armida befreien muss, enthielt Attraktionen wie einen Flug durch die Luft, eine Fahrt auf dem Ozean, das Niederstürzen ganzer Szenenbilder, das plötzliche Erscheinen oder Verschwinden von Personen durch Falltüren sowie Feuer, Rauch, Donner und Blitz. An einer Stelle ließ man sogar einen Schwarm lebender Spatzen auf der Bühne aufsteigen, die man vorher in den Londoner Straßen gefangen hatte.

Aber auch musikalisch enthält das Werk eine Fülle an klingenden Juwelen – so eben die Arie »Lascia ch'io pianga«, in der Rinaldos gefangene Geliebte ihr Schicksal beweint. Was das Londoner Publikum nicht wusste: Händel hatte die Melodie, in der sich in einem langsam dahinschreitenden Dreiertakt Trauer, aber auch der Wille, dem Schicksal entgegenzutreten, vereinen, bereits mehrmals zuvor verwendet – und zwar in einer Oper aus seiner Hamburger Zeit und in einem in Rom entstandenen Oratorium. Offenbar war sie damals schon sehr erfolgreich gewesen, und der Komponist – ganz und gar Theaterprofi – wollte das ausnutzen.

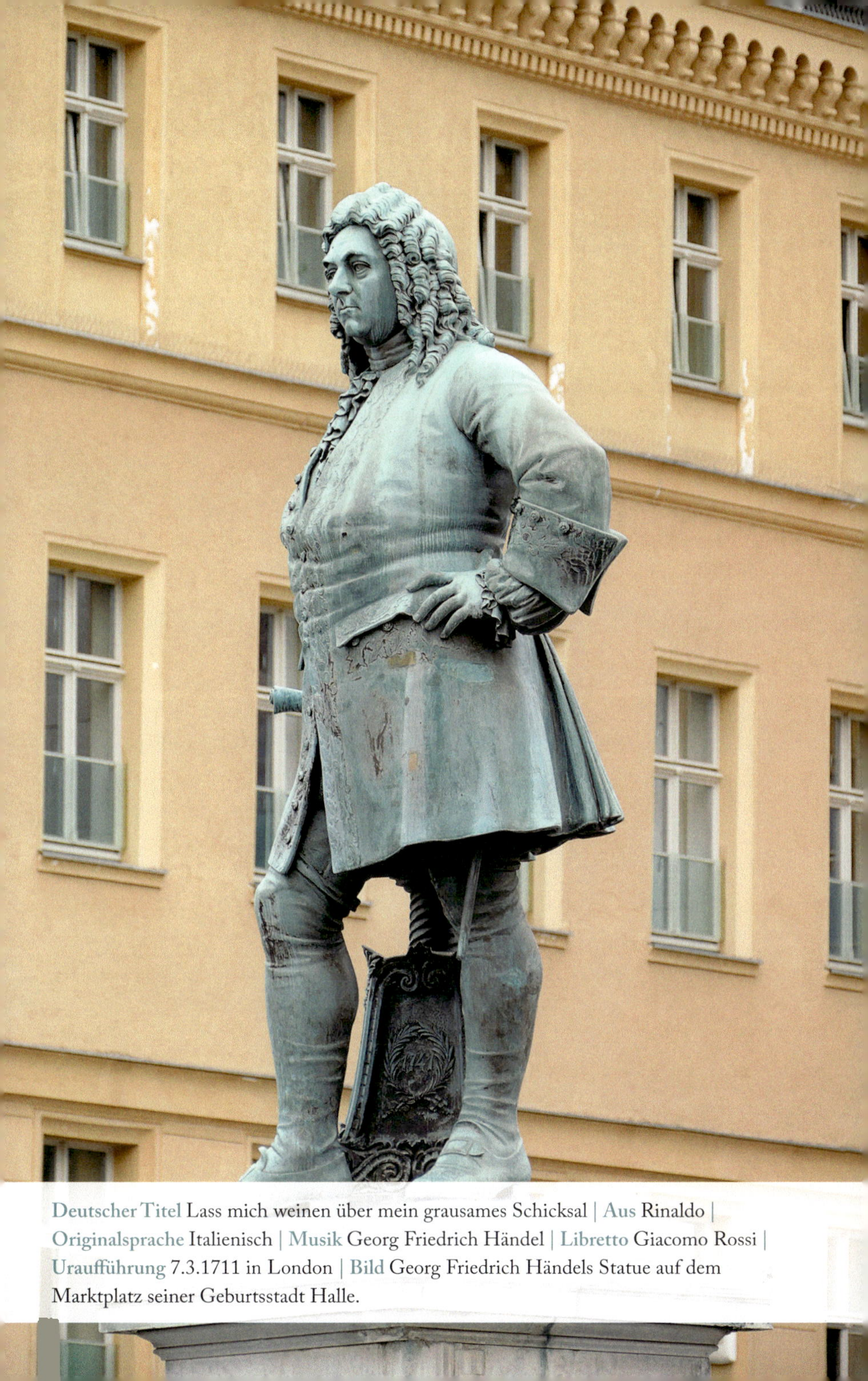

Deutscher Titel Lass mich weinen über mein grausames Schicksal | Aus Rinaldo | Originalsprache Italienisch | Musik Georg Friedrich Händel | Libretto Giacomo Rossi | Uraufführung 7.3.1711 in London | Bild Georg Friedrich Händels Statue auf dem Marktplatz seiner Geburtsstadt Halle.

32 Va tacito e nascosto

Der barocke Kassenschlager vom »Haymarket«

Der Erfolg der Oper »Rinaldo« zeigte dem jungen Georg Friedrich Händel, dass er mit der Idee, die italienische Oper nach London zu bringen, eine Marktlücke entdeckt hatte. Um sie zu füllen, zog er alle Register.

Händel war bei Weitem nicht nur Komponist, er war Impresario, Manager und Unternehmer. Als solcher tat er sich mit wichtigen Persönlichkeiten zusammen – dem etwa gleichaltrigen Aaron Hill, Betreiber des »Queen's Theatre« am Haymarket, und dessen aus der Schweiz stammendem reichen Geschäftspartner Johann Jacob Heidegger, der sich einen Namen als Organisator verschwenderisch ausgestatteter Maskenbälle gemacht hatte und angeblich sogar als Spion tätig gewesen sein soll. Das Theater im Londoner Westend besteht noch heute unter dem Namen »Her Majesty's Theatre«. Gezeigt werden vor allem Musicals.

Gemeinsam starteten die drei eine Erfolgsgeschichte, die erst nach etwa 18 Jahren Risse bekam und schließlich endete, als das Publikum der italienischen Oper überdrüssig geworden war. Händel war jedoch Musikprofi genug, um nicht aufzugeben. Er entdeckte die Gattung des Oratoriums für sich – unter anderem mit dem berühmten »Messias«, der zu einem seiner Hauptwerke wurde.

1724 lief die Erfolgswelle noch. Die Oper »Julius Cäsar in Ägypten« brachte die Geschichte des römischen Imperators und der ägyptischen Königin Kleopatra auf die Bühne, die den Feldherrn umgarnt, um offiziell von Rom anerkannte Herrscherin zu bleiben. Cäsar ist sich natürlich bewusst, von Ränkespielen umgeben zu sein, und besinnt sich in der Arie »Va tacito« auf sein taktisches Talent. Er vergleicht sich mit einem Jäger, der still und heimlich dem Wild nachschleicht, ohne seine Absicht erkennen zu lassen. Händel hat das dichterische Bild auf die Musik übertragen, indem er zur Solostimme als Duettpartner ein Solohorn, also das typische Instrument der Jagd, einsetzt.

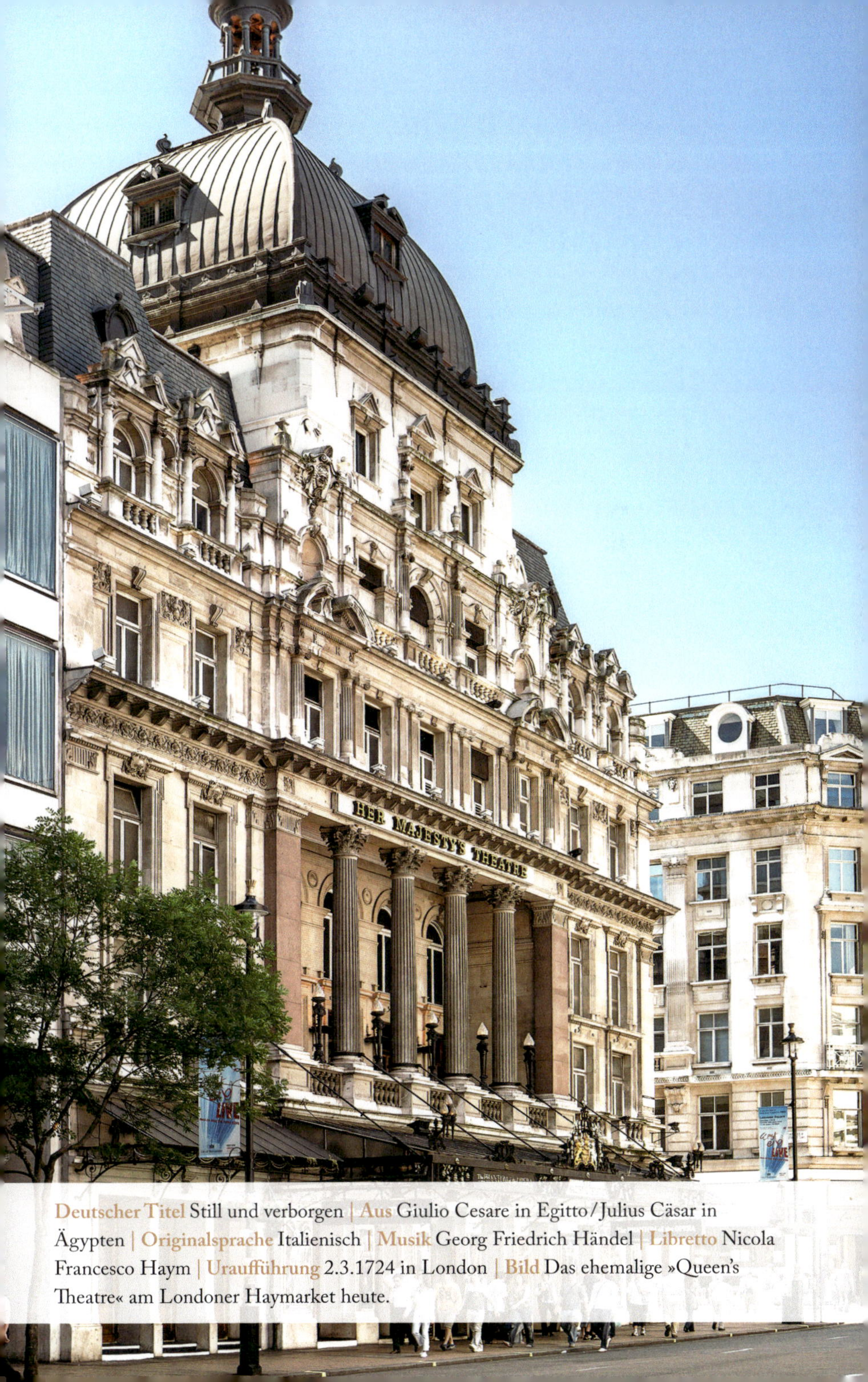

Deutscher Titel Still und verborgen | **Aus** Giulio Cesare in Egitto/Julius Cäsar in Ägypten | **Originalsprache** Italienisch | **Musik** Georg Friedrich Händel | **Libretto** Nicola Francesco Haym | **Uraufführung** 2.3.1724 in London | **Bild** Das ehemalige »Queen's Theatre« am Londoner Haymarket heute.

33 Ombra mai fù

Feierlicher Kastraten-Hit

Wenn im frühen 18. Jahrhundert ein Knabe in einem Kirchenchor mit einer besonders schönen Stimme auffiel, stand ihm unter Umständen eine gefährliche und schmerzhafte Erfahrung bevor: Man unterzog den Jungen einer medizinischen Prozedur, die den Stimmbruch verhinderte. Er wurde zwar erwachsen und bildete die Lungenkraft eines Mannes aus, behielt aber seine Sopran- oder Altstimme. Die Kastraten, wie diese mit hoher Stimme ausgestatteten Sänger hießen, konnten riesige Karrieren machen und dabei gewaltige Vermögen anhäufen. Nötig war eine Ausbildung, die langen stimmlichen Drill erforderte. Einer der berühmtesten Lehrer war der Komponist Nicola Porpora, der in Neapel eine wahre Schmiede solcher Talente unterhielt. Er bildete auch den 1710 geborenen Geatano Majorano aus, der sich den Namen »Caffarelli« zulegte und als Erster die Titelpartie in Händels Oper »Xerxes« übernahm.

Das Stück wurde ein Misserfolg, Händels Gunst beim Publikum schwand. Ironischerweise hatte Caffarellis Lehrer Porpora daran auch einen Anteil: Einige Jahre vor der Uraufführung war er ebenfalls nach London gekommen und hatte ein Opern-Konkurrenzunternehmen gegründet, das Händel mit seinen Projekten aus dem angestammten Haus am Haymarket vorübergehend vertrieb.

Die Oper um den persischen König »Xerxes« besitzt einen Händel-Hit, der lange vor der breiten Entdeckung der Barockoper in den letzten Jahrzehnten schon berühmt war: das sogenannte »Largo«, eigentlich die Arie »Ombra mai fù«. Das Stück spielt seine Evergreen-Qualitäten in verschiedensten Bearbeitungen bei allerlei festlichen Anlässen aus. Die Vokalversion verrät gleich zu Beginn, mit welchen Künsten die Kastraten ihr Publikum hinrissen. Nämlich nicht nur mit virtuosen Koloraturen, sondern auch mit der Fähigkeit, einen lange gehaltenen Ton auf einem Atem gewissermaßen aus dem Nichts herauszuholen.

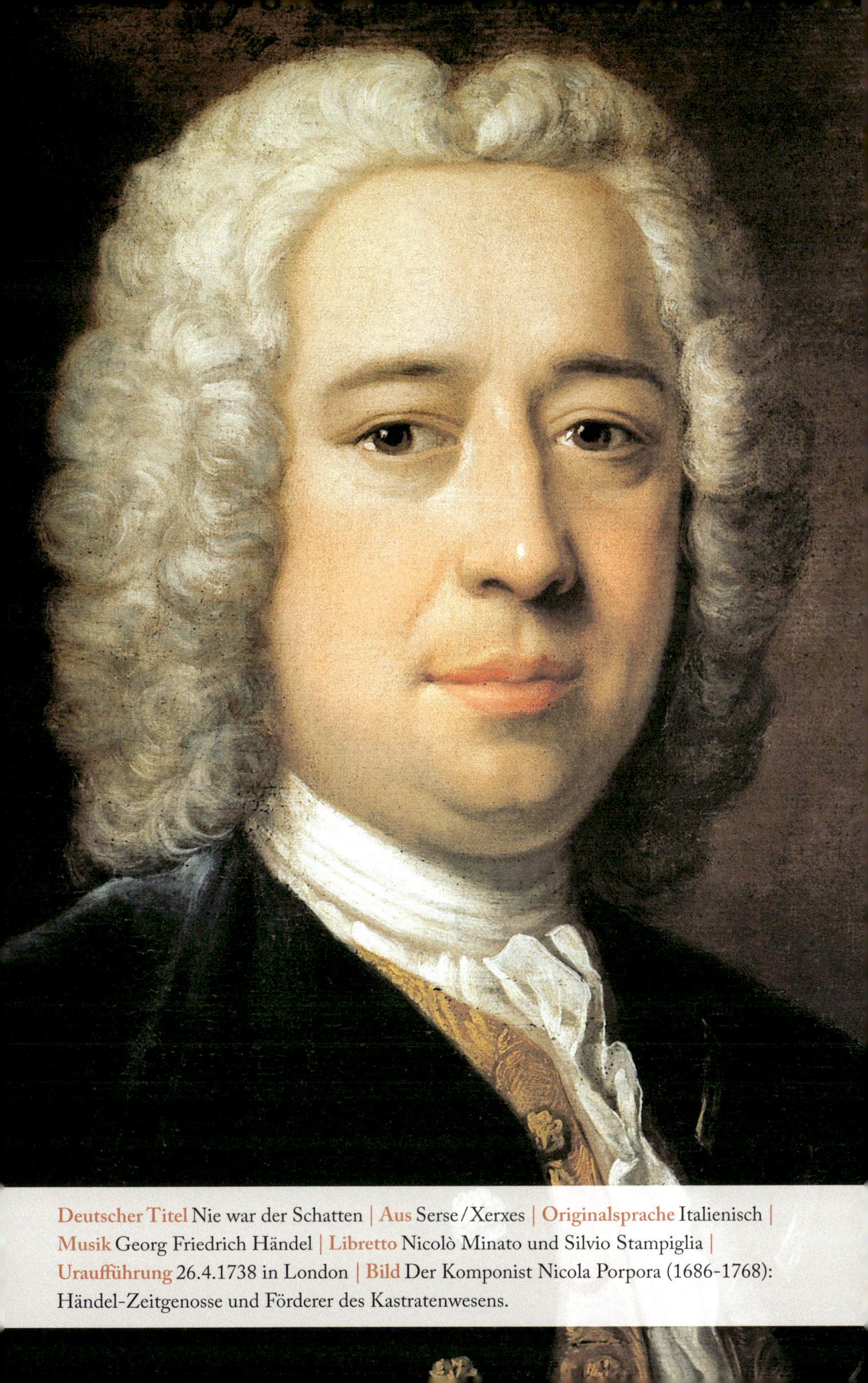

Deutscher Titel Nie war der Schatten | **Aus** Serse/Xerxes | **Originalsprache** Italienisch | **Musik** Georg Friedrich Händel | **Libretto** Nicolò Minato und Silvio Stampiglia | **Uraufführung** 26.4.1738 in London | **Bild** Der Komponist Nicola Porpora (1686-1768): Händel-Zeitgenosse und Förderer des Kastratenwesens.

34 Alte Märchen woben uns fromme Bilder

Fern und doch so nah

Hindemith war ein »Enfant terrible« der Moderne, aber zugleich knüpfte er an musikalische Traditionen an. Er zerbrach alte Regeln, bemühte sich jedoch gleichzeitig, sie zu erneuern. Aus dem hessischen Hanau stammend, begann seine Karriere als Geiger und Bratschist. 1915 bis 1923 war er Konzertmeister des Frankfurter Opernhausorchesters, in den 20er Jahren prägte er die damals entstehenden »Donaueschinger Musiktage« (noch heute das Mekka der Musik-Avantgarde) und setzte sich als Lehrer für den Nachwuchs ein. Von den Nationalsozialisten mit Aufführungsverbot belegt, emigrierte er in die Vereinigten Staaten, kehrte aber später nach Europa zurück und ließ sich am Genfer See nieder.

Die Verbindung von Modernität und Verwurzelung im Alten prägt auch seine Oper »Mathis, der Maler«, ein Künstlerdrama mit einer historischen Figur als Helden. Es ist der Maler Matthias Grünewald (um 1470–1528), Schöpfer des Isenheimer Altars. In der Oper gerät er als Hofmaler des Mainzer Erzbischofs in die Unruhen der Bauernkriege. Er droht seinen Posten zu verlieren, als man von ihm verlangt, sich nicht in die Politik einzumischen. Blickt man auf das Uraufführungsdatum 1938, wird klar, dass diese Fragen nur scheinbar im ausgehenden Mittelalter angesiedelt sind – zumal Handlungselemente wie eine Bücherverbrennung direkt auf die Gegenwart der Premiere verweisen. Hindemith pflegte in dem Werk eine moderne Tonsprache mit erweiterter Harmonik, er legte die einzelnen Abschnitte jedoch in der Form der Musik alter Meister an und nutzte auch mittelalterliche Melodien. Eine zentrale Stelle des Werkes ist das »Engelskonzert«, eine Erzählung, in der Mathis in der Vision musizierender Engel klar wird, dass er sich nicht von seinem Weg als Künstler abbringen lassen darf.

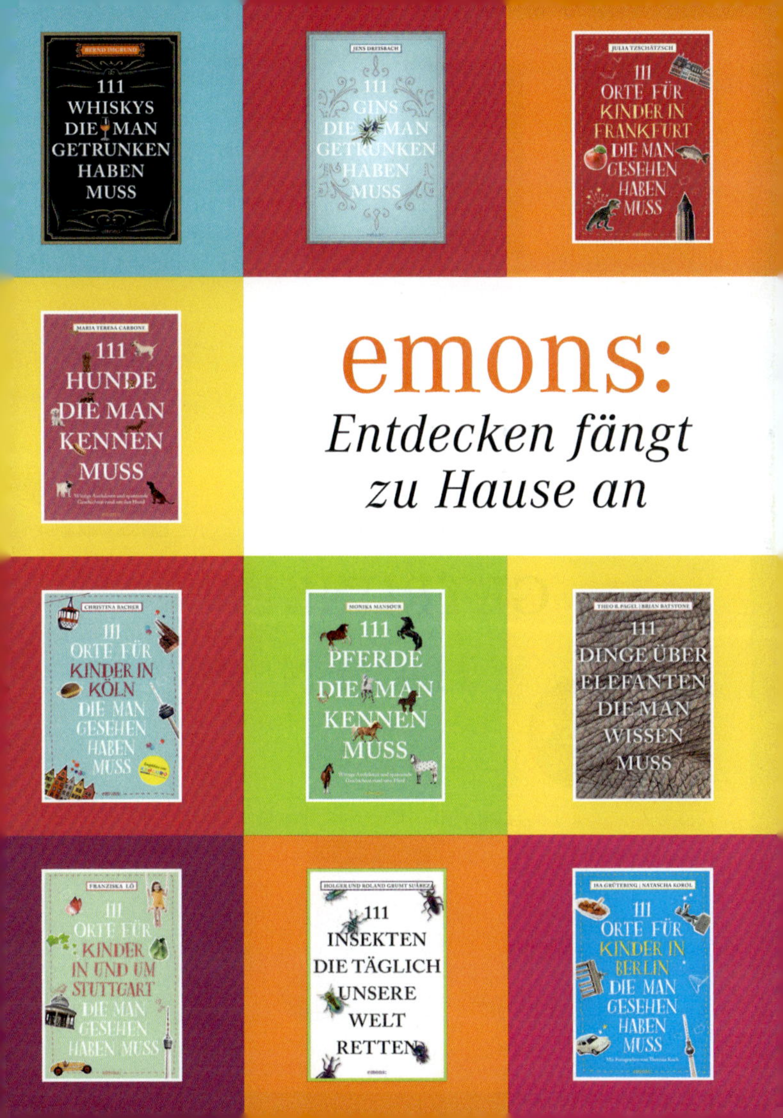
BERND IMGRUND
111 WHISKYS DIE MAN GETRUNKEN HABEN MUSS
JENS DREISBACH
111 GINS DIE MAN GETRUNKEN HABEN MUSS
JULIA TZSCHÄTZSCH
111 ORTE FÜR KINDER IN FRANKFURT DIE MAN GESEHEN HABEN MUSS
MARIA TERESA CARBONE
111 HUNDE DIE MAN KENNEN MUSS
emons:
Entdecken fängt zu Hause an
CHRISTINA BACHER
111 ORTE FÜR KINDER IN KÖLN DIE MAN GESEHEN HABEN MUSS
MONIKA MANSOUR
111 PFERDE DIE MAN KENNEN MUSS
THEO B. PAGEL | BRIAN BATSTONE
111 DINGE ÜBER ELEFANTEN DIE MAN WISSEN MUSS
FRANZISKA LÖ
111 ORTE FÜR KINDER IN UND UM STUTTGART DIE MAN GESEHEN HABEN MUSS
HOLGER UND ROLAND GRUMT SUÁREZ
111 INSEKTEN DIE TÄGLICH UNSERE WELT RETTEN
ISA GRÜTERING | NATASCHA KOROL
111 ORTE FÜR KINDER IN BERLIN DIE MAN GESEHEN HABEN MUSS

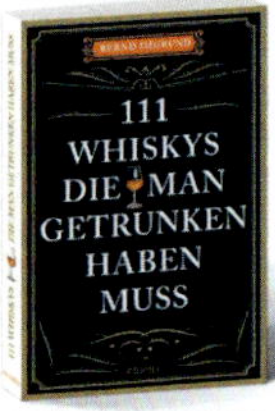

ISBN 978-3-7408-0242-4

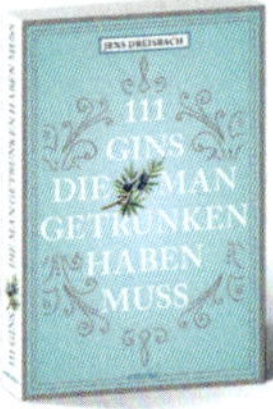

ISBN 978-3-7408-0571-5

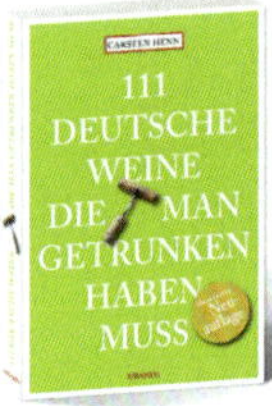

ISBN 978-3-95451-465-6

111 DRINKS DIE MAN GETRUNKEN HABEN MUSS

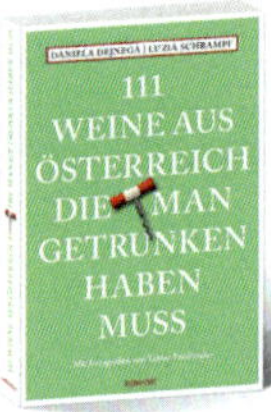

ISBN 978-3-7408-0618-7

FÜR 16,95 €
(A) 17,50 €

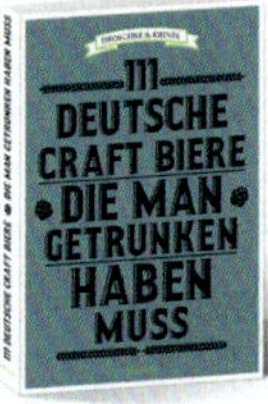

ISBN 978-3-7408-0338-4

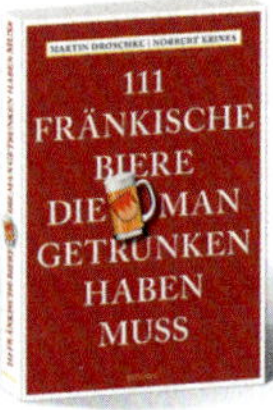

ISBN 978-3-95451-922-4

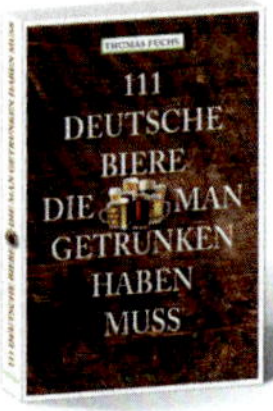

ISBN 978-3-95451-414-4

Originaltitel Alte Märchen woben uns fromme Bilder (Engelskonzert) | Aus Mathis, der Maler | Originalsprache Deutsch | Musik Paul Hindemith | Libretto Paul Hindemith | Uraufführung 28.5.1938 in Zürich | Bild Der Isenheimer Altar. Er ist zum Teil das Werk von Matthias Grünewald, dem Paul Hindemith in seiner Oper »Mathis, der Maler« ein klingendes Denkmal setzte.

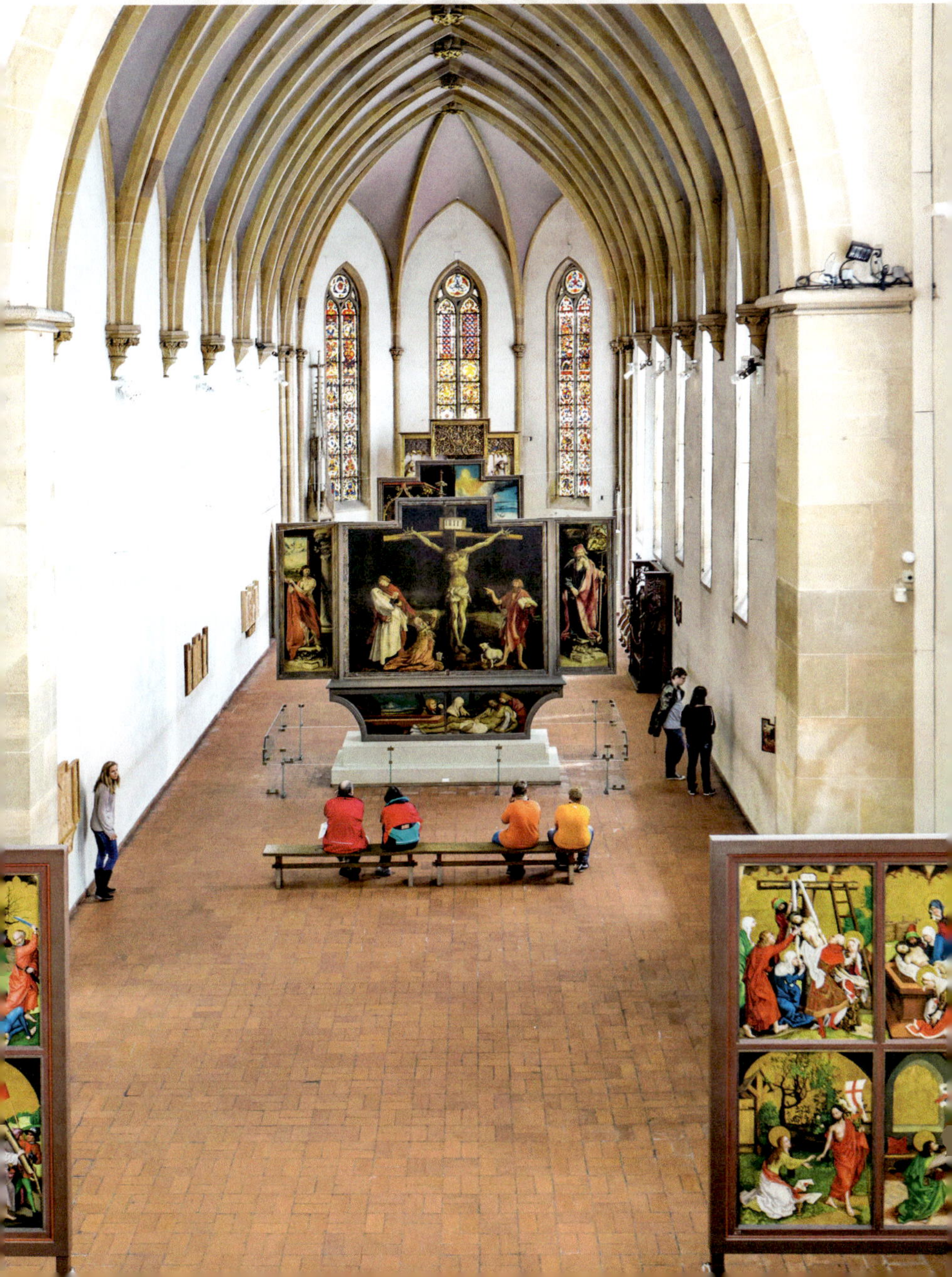

35 Abends will ich schlafen geh'n

Große Oper nicht nur für kleine Leute

Generationen von Kindern und Jugendlichen hat dieses Werk den Weg ins Opernhaus gebahnt: Humperdincks Märchenoper »Hänsel und Gretel«, die keineswegs mit »kindlich« sparsamem Instrumentarium besetzt und als einfache Abfolge von Liedern gehalten ist. Sie ist eine echte große Oper, die es stilistisch sogar mit Richard Wagner aufnimmt, dem modernsten Opernmeister aus Humperdincks Lehrzeit.

Humperdinck, Sohn eines Lehrers, fand zunächst den Weg aus seiner Geburtsstadt Siegburg ans Kölner Konservatorium. Von hier aus wechselte der Wagner-Verehrer nach München und bereiste Italien. Es war für ihn eine Schicksalsstunde, als er den Bayreuther Meister, der gerade an seinem »Parsifal« schrieb, in Neapel persönlich kennenlernte und dessen Assistent wurde. Als Wagner 1883 starb, begann eine unruhige Zeit, die Humperdinck vorübergehend wieder nach Köln brachte. Dort übernahm er die Stelle des Stadttheater-Kapellmeisters, aus der man ihn aber entließ. Wahrscheinlich war das Bekenntnis zum sehr modernen Wagner damals vielen ein Dorn im Auge. Schließlich fand er eine Anstellung an einem Konservatorium in Frankfurt.

Im Mai 1890 trat Humperdincks Schwester Adelheid an ihn heran und bat ihn, einige Lieder für ein »Märchenspiel« zu vertonen, deren Texte sie gedichtet hatte. Es wurde der Grundstein für die Oper »Hänsel und Gretel«, in der sich Kinderlieder (»Suse, liebe Suse« oder »Brüderchen, komm tanz mit mir«) mit der im Orchester dahinströmenden »unendlichen Melodie« und der Vereinheitlichung von Instrumentalpart und Gesang verbinden. Der als frommer Choral gestaltete »Abendsegen« bietet den im Wald verirrten Kindern Trost, als die Nacht hereinbricht. In der anschließenden sinfonischen »Traumpantomime« erscheinen 14 Engel, die sie beschützen.

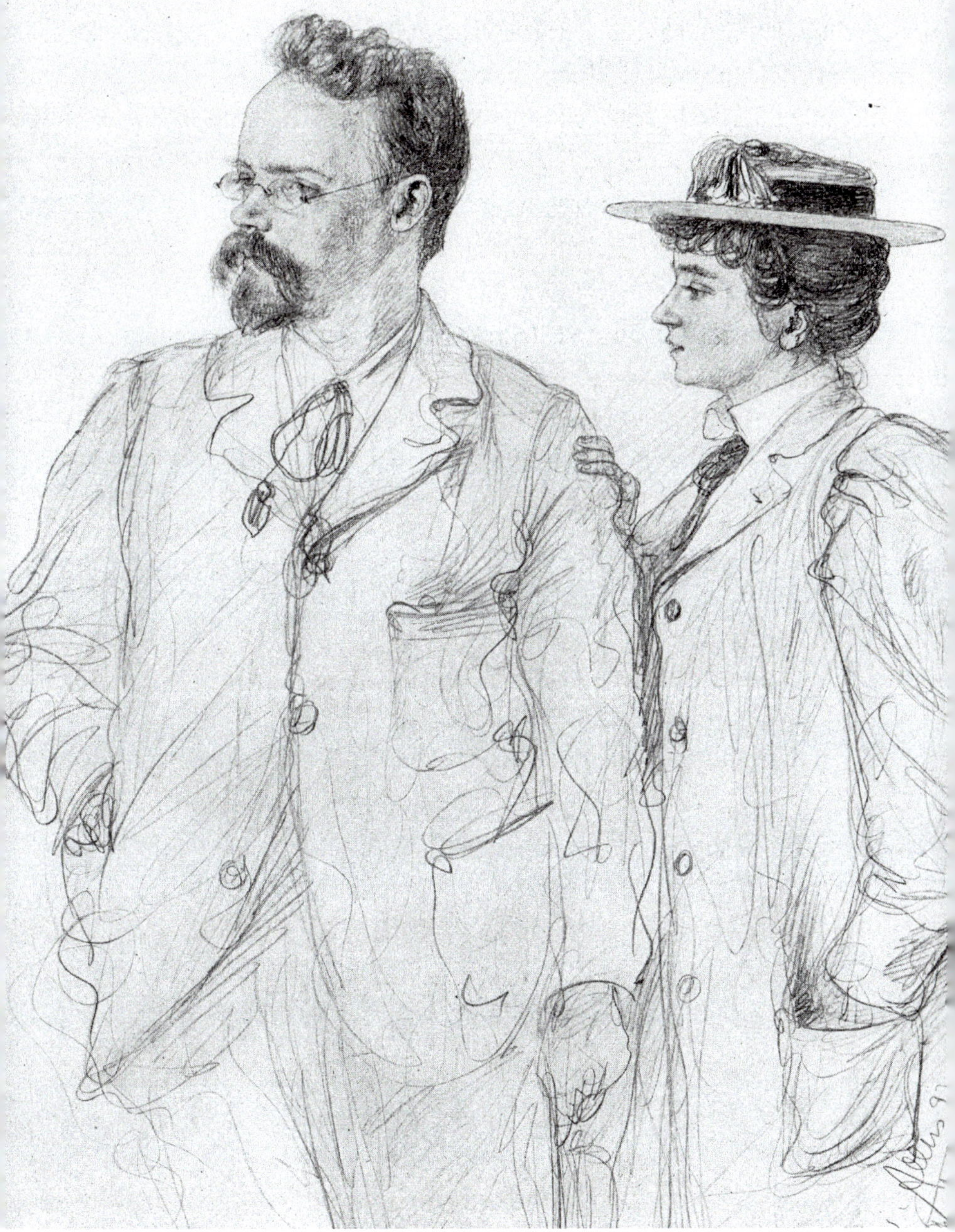

Originaltitel Abends will ich schlafen geh'n | **Aus** Hänsel und Gretel (Abendsegen) | **Originalsprache** Deutsch | **Musik** Engelbert Humperdinck | **Libretto** Adelheid Wette | **Uraufführung** 23.12.1893 in Weimar | **Bild** Der Komponist Engelbert Humperdinck und seine Frau auf einer 1895 veröffentlichten Zeichnung.

36 Glück, das mir verblieb

Von der Klassikbühne ins Filmgeschäft

Auch das 20. Jahrhundert hatte einen Mozart – ein Wunderkind, das seine Zeitgenossen zum Staunen brachte, scheinbar schon als »Insider« der musikalischen Kompositionstechnik auf die Welt gekommen war und in jungem Alter beherrschte, wofür so mancher »Alte« lange studieren musste. Sein Name war Erich Wolfgang Korngold – 1897 in Brünn geboren, Sohn eines Wiener Musikkritikers und aufgewachsen in der Donaumetropole, wo Anfang des 20. Jahrhunderts das Herz der Frühmoderne schlug. Mit neun Jahren wurde der junge Korngold dem Hofoperndirektor und Komponisten Gustav Mahler vorgestellt, der das Genie des jungen Kollegen sofort erkannte. 1913 spielte die Wiener Hofoper dann auch ein Werk des damals erst 16-Jährigen, der sich auch weiterhin als Opernkomponist profilierte.

1920 erlebte gleichzeitig in Köln und Hamburg »Die tote Stadt« die Uraufführung. Es ist das mysteriöse Drama eines jungen Mannes, der seine verstorbene Frau Marie betrauert und sich in die »tote Stadt« Brügge zurückgezogen hat. Dort begegnet er der Tänzerin Marietta, die Marie gleicht. Um ihn aus der Fixierung auf die Verstorbene zu lösen, singt sie ihm die berühmteste Arie aus der Oper vor (»Glück, das mir verblieb«). Es gelingt ihr nicht. Paul steigert sich so sehr in seine Obsessionen hinein, dass er Marietta am Ende erdrosselt.

Trotz vieler Erfolge, die auf eine glänzende Zukunft vorauszuweisen schienen, erfüllte sich Korngolds Schicksal nicht: Mit der Machtergreifung der Nationalsozialisten musste der Sohn einer jüdischen Familie in die USA emigrieren, wo er eine – wenn auch sehr erfolgreiche – zweite Karriere als Filmkomponist begann. Eine Rückkehr auf die klassischen Bühnen mit Werken wie seiner Fis-Dur-Sinfonie oder dem heute wieder beliebten Violinkonzert nach dem Zweiten Weltkrieg misslang. Korngolds spätromantischer Musikstil war dem Publikum zu rückständig geworden.

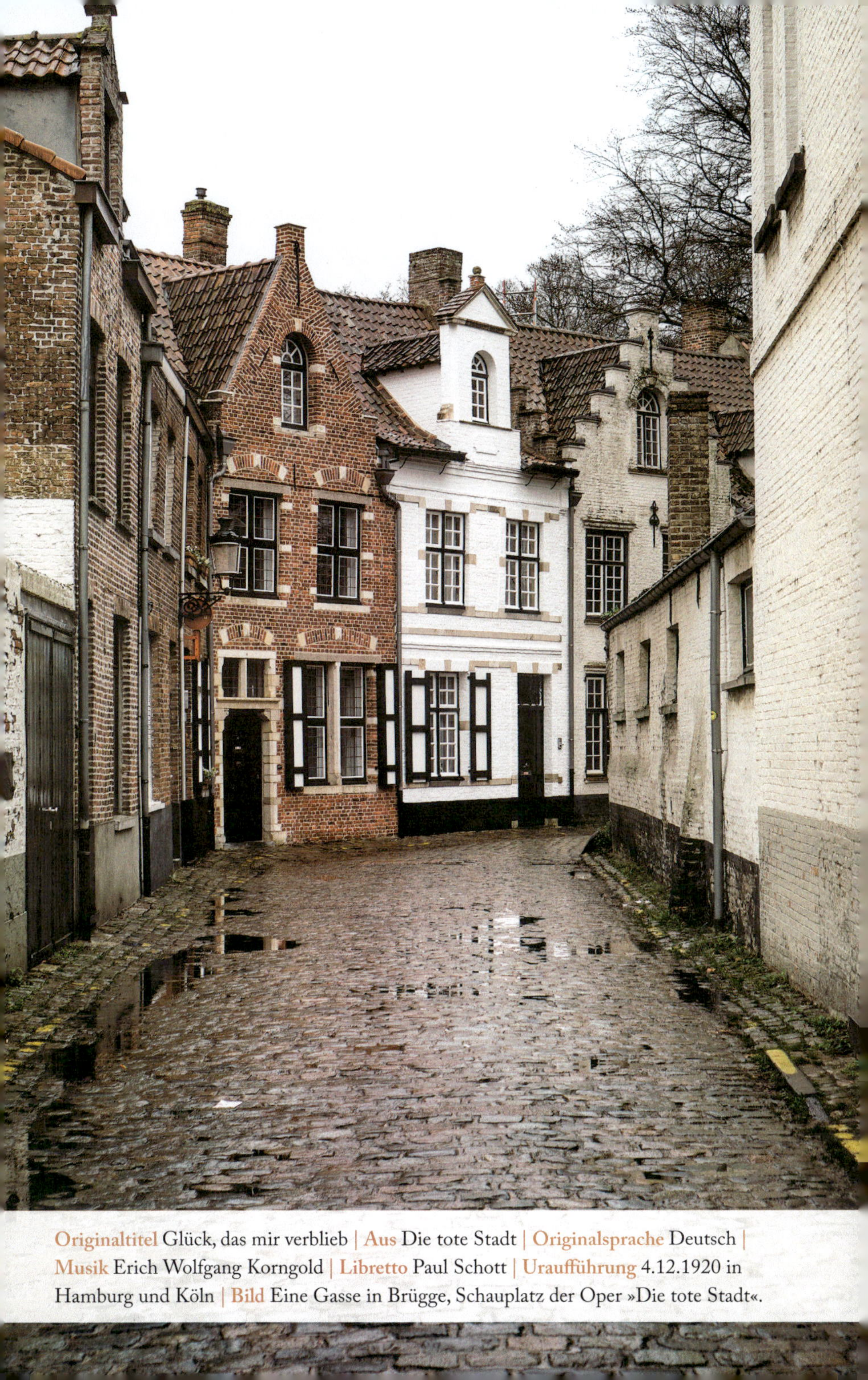

Originaltitel Glück, das mir verblieb | **Aus** Die tote Stadt | **Originalsprache** Deutsch | **Musik** Erich Wolfgang Korngold | **Libretto** Paul Schott | **Uraufführung** 4.12.1920 in Hamburg und Köln | **Bild** Eine Gasse in Brügge, Schauplatz der Oper »Die tote Stadt«.

37 Recitar! Vesti la giubba

Der Mensch hinter der Maske

»Was er wirklich sieht, schildere der Dichter, dann erringt er der Menschen Gunst.« Diese programmatischen Worte stehen am Beginn der Oper »I Pagliacci« (»Der Bajazzo«). Die Figur, die sie singt, ist der bucklige Tonio – Witzfigur einer umherziehenden Komödiantentruppe. Der Komponist Ruggero Leoncavallo lässt ihn dieses »Vorwort« vortragen, in dem die künstlerische Absicht des Werkes erklärt wird. Und diese Absicht, der sich die Autoren unterwerfen, ist, die Wirklichkeit, die Wahrheit abzubilden. Die italienische Bezeichnung dafür, »Verismo«, bezeichnet eine ganze Opernströmung, deren bekanntestes Werk »I Pagliacci« darstellt. Hier stehen echte gesellschaftliche Konflikte und wahres menschliches Leben im Mittelpunkt. Andere berühmte Beispiele für Verismo sind Mascagnis »Cavalleria rusticana« oder Umberto Giordanos »Andrea Chénier«.

Leoncavallos berühmteste Oper schlägt einen künstlerischen Haken und macht die am Beginn diskutierten Brüche zwischen Bühnenspiel und Realität zum Handlungsthema. Canio, Chef der Komödianten, ist von Eifersucht zerfressen. Dass der hässliche Tonio seiner schönen Frau Nedda nachstellt, tut er noch als Scherz ab. Aber als ihm zu Ohren kommt, einer der Bauern aus der Umgebung habe ein Verhältnis mit ihr, bricht sich das Gefühl vollends Bahn – zumal er gehört hat, der Nebenbuhler werde zur nächsten Vorstellung erscheinen. Und genau in diesem Auftritt entladen sich Canios Gefühle. Er fällt immer mehr aus der Rolle. Nedda hält alles für Spiel und weigert sich scherzhaft, den in Wirklichkeit gar nicht vorhandenen Geliebten zu nennen, woraufhin Canio – immer weniger Clown, immer mehr rasender Ehemann – sie auf offener Bühne tötet.

Das Bild des traurigen, melancholischen Spaßmachers hat in »I Pagliacci« sein Urbild erhalten. Seine Nöte bringt Canio in der Arie »Recitar! Vesti la giubba« zum Ausdruck – mit dem berühmten verzweifelten Lachen.

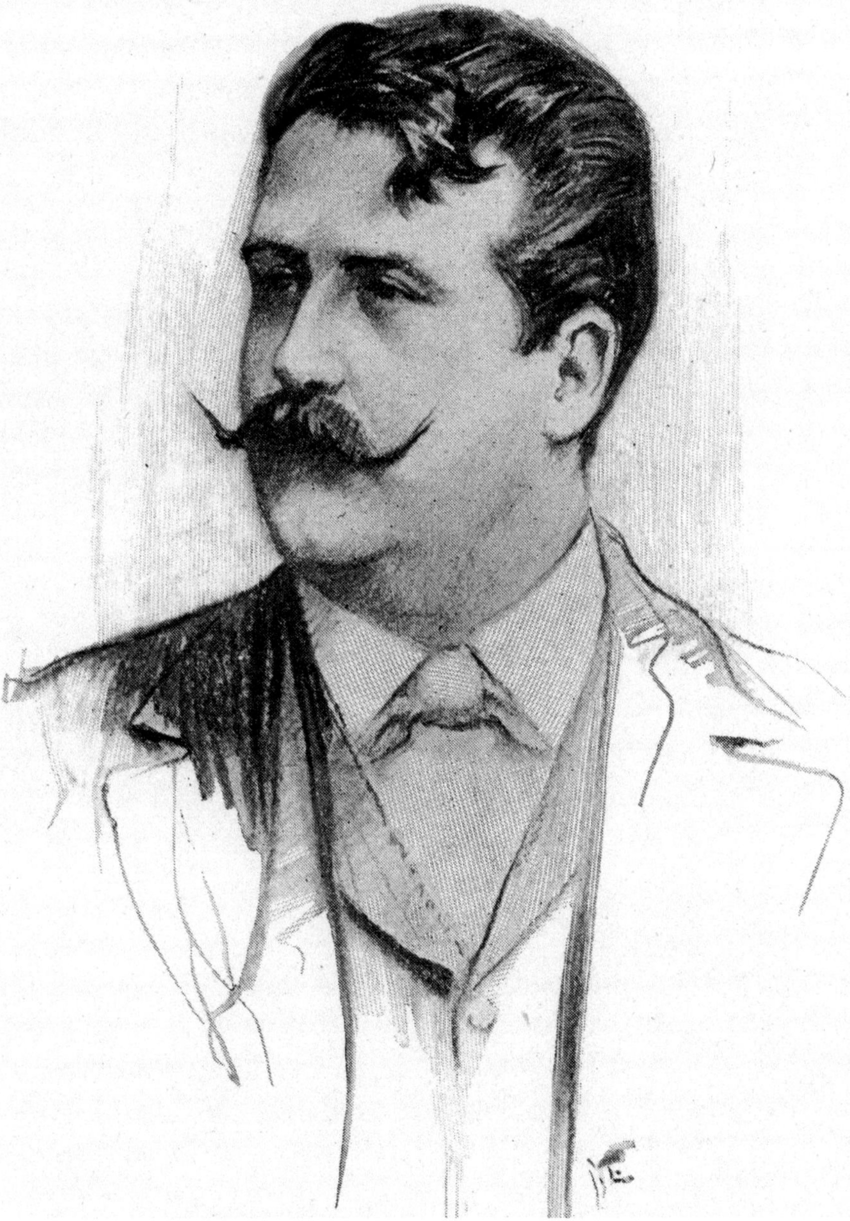

Deutscher Titel Jetzt spielen! Hüll dich in Tand nur | **Aus** I Pagliacci / Der Bajazzo | **Originalsprache** Italienisch | **Musik** Ruggero Leoncavallo | **Libretto** Ruggero Leoncavallo | **Uraufführung** 21.5.1892 in Mailand | **Bild** Ruggero Leoncavallo, Komponist und Mitbegründer der Opernrichtung »Verismo«.

38 Lebe wohl, mein flandrisch Mädchen

Tenor-Hit eines Multitalents

Opernkomponisten, die gleichzeitig die Hauptrolle in ihren eigenen Werken übernahmen, sind selten. Einer davon war Albert Lortzing, ein wahres Theatergenie.

Sein Vater war ein Lederhändler, der nach einem Bankrott mitsamt der Familie die Schauspielerei zum Beruf machte. So übernahm der kleine Albert Kinderrollen, entdeckte die Musik für sich und wurde als Komponist der bekannteste Repräsentant der heiteren deutschen Spieloper. Als er sich 1833 in Leipzig niederließ, konnte er aus dem Vollen schöpfen – als Textdichter, Schauspieler, Sänger, Komponist und Regisseur in einem. Wenn er nicht auf der Bühne stand, dirigierte er das Orchester.

Eines der berühmtesten Werke von Lortzing ist die Oper »Zar und Zimmermann«, deren Handlung eine wahre historische Begebenheit zugrunde liegt: Im Jahre 1698 kommt der russische Zar Peter inkognito in die Niederlande, um das Zimmermannshandwerk zu lernen. Der Hintergrund ist die Politik der Öffnung seines Reiches nach Westen samt Import von Handwerkskünsten. In Saardam, wo die Handlung spielt, arbeitet auch ein russischer Deserteur als Zimmermannsgeselle. Der Aufenthalt des Zaren bleibt nicht geheim. Diese Umstände, angereichert mit amourösen Verwicklungen, bilden die Grundlage für allerlei andere komische Situationen. Natürlich verwechseln eitle Honoratioren den Zaren mit dem Deserteur. In einer besonders reizvollen Szene erlebt das Publikum den wichtigtuerischen Bürgermeister, der mit den Bürgerinnen und Bürgern vergeblich versucht, ein selbst fabriziertes Willkommenslied zu Ehren des Zaren einzustudieren. Das ebenso schlichte wie ergreifende Lied »Lebe wohl, mein flandrisch Mädchen« aus der Partie des französischen Gesandten Marquis von Chateauneuf hat es zu einer beliebten Tenornummer gebracht.

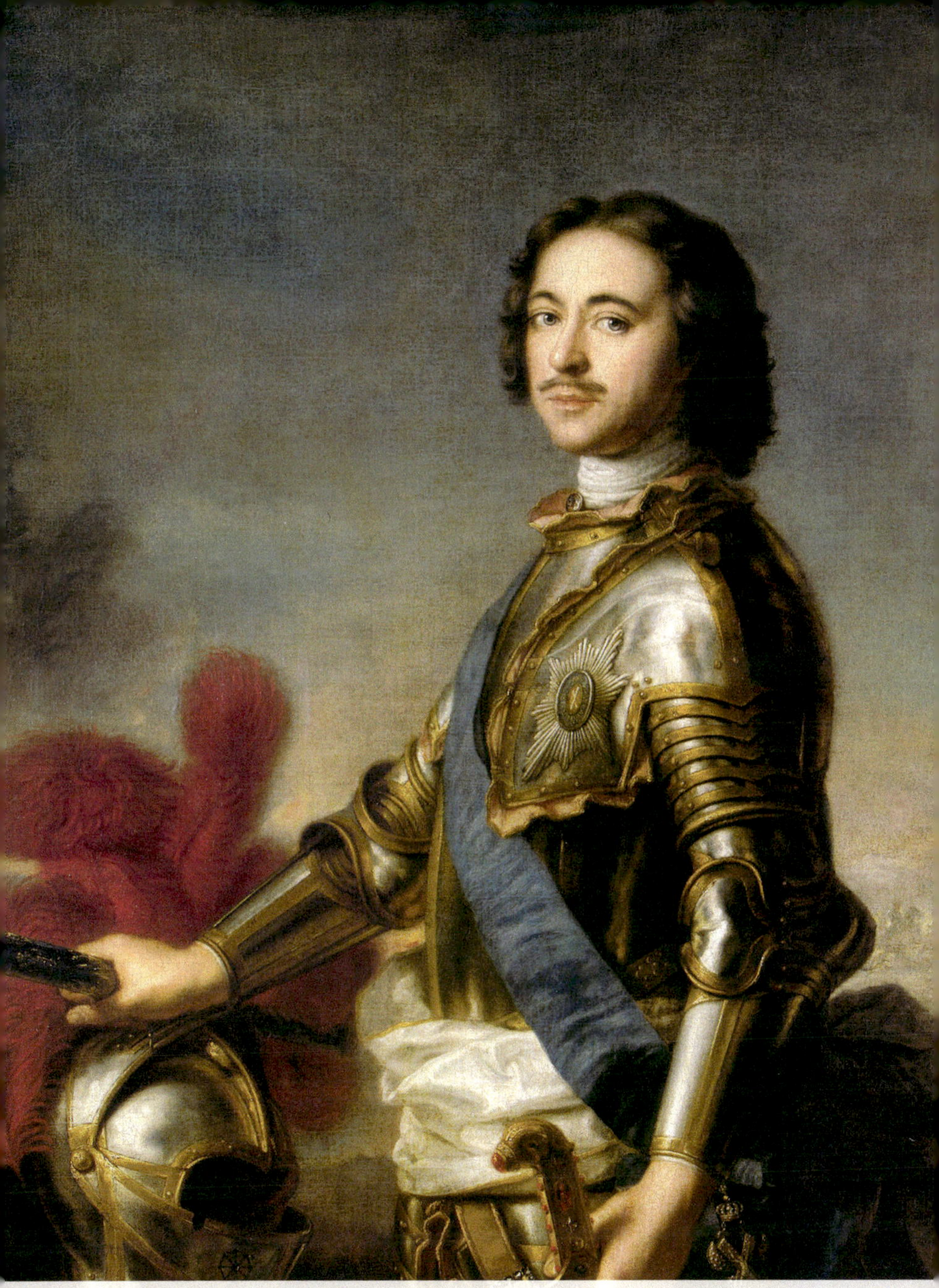

Originaltitel Lebe wohl, mein flandrisch Mädchen | **Aus** Zar und Zimmermann | **Originalsprache** Deutsch | **Musik** Albert Lortzing | **Libretto** Albert Lortzing | **Uraufführung** 22.12.1837 in Leipzig | **Bild** Zar Peter I., der in Albert Lortzings Oper »Zar und Zimmermann« inkognito die Niederlande bereist, in einer historischen Darstellung.

39 Intermezzo sinfonico

Ein Erstling als Welterfolg

Auch wenn Ruggero Leoncavallos Oper »I Pagliacci« als wohl berühmtestes Werk des Operngenres namens »Verismo« gilt, muss der Komponist diesen Rang als Pionier auf diesem Gebiet mit einem Kollegen teilen: Pietro Mascagnis »Cavalleria rusticana« hatte zwei Jahre früher als »I Pagliacci« Premiere und gehört ebenso deutlich dazu. Hier zeigt sich die für den Verismo bestimmende gesellschaftliche Wahrheit der Handlung in einem Drama unter sizilianischen Bauern. Es ist ein kurzes (nur etwa gut 70 Minuten dauerndes) Drama um Liebe, Ehebruch, Eifersucht und Ehrenrettung. Wegen der Kürze ist die Oper eine Verbindung mit Leoncavallos ebenfalls zeitlich knappem Werk »I Pagliacci« eingegangen. Die beiden Stücke werden gewöhnlich an einem Abend gegeben. Das Motiv der Eifersucht verbindet sie inhaltlich.

»Cavalleria rusticana« entstand aufgrund eines Kompositionswettbewerbs des seit 1874 florierenden Mailänder Musikverlages Sonzogno, an dem auch Umberto Giordano, der Komponist von »Andrea Chénier«, teilgenommen hatte, ohne allerdings einen Preis davonzutragen. Mascagni gewann. Der Bäckersohn, der in Mailand bei Amilcare Ponchielli studiert hatte, dann Orchesterkontrabassist und Dirigent geworden war, las von dem Wettbewerb zufällig in der Zeitung. Der 27-Jährige sollte einen Erfolg landen, der ihm Weltruhm einbrachte, aber auch das Schicksal des »Ein-Werk-Komponisten«. Alle anderen seiner etwa 15 Opern sind so gut wie vergessen.

»Es ist eine Schande«, soll der Komponist gesagt haben, »dass ich die ›Cavalleria‹ als Erstes geschrieben habe. So wurde ich gekrönt, bevor ich König werden konnte.« Eine der berühmtesten Stellen der Oper ist ein instrumentales Zwischenspiel – das »Intermezzo sinfonico« mit einer weitgespannten feierlichen Melodie. Die Gesanglichkeit des Themas brachte Mascagni dazu, es auch als »Ave Maria« für Sopran zu bearbeiten.

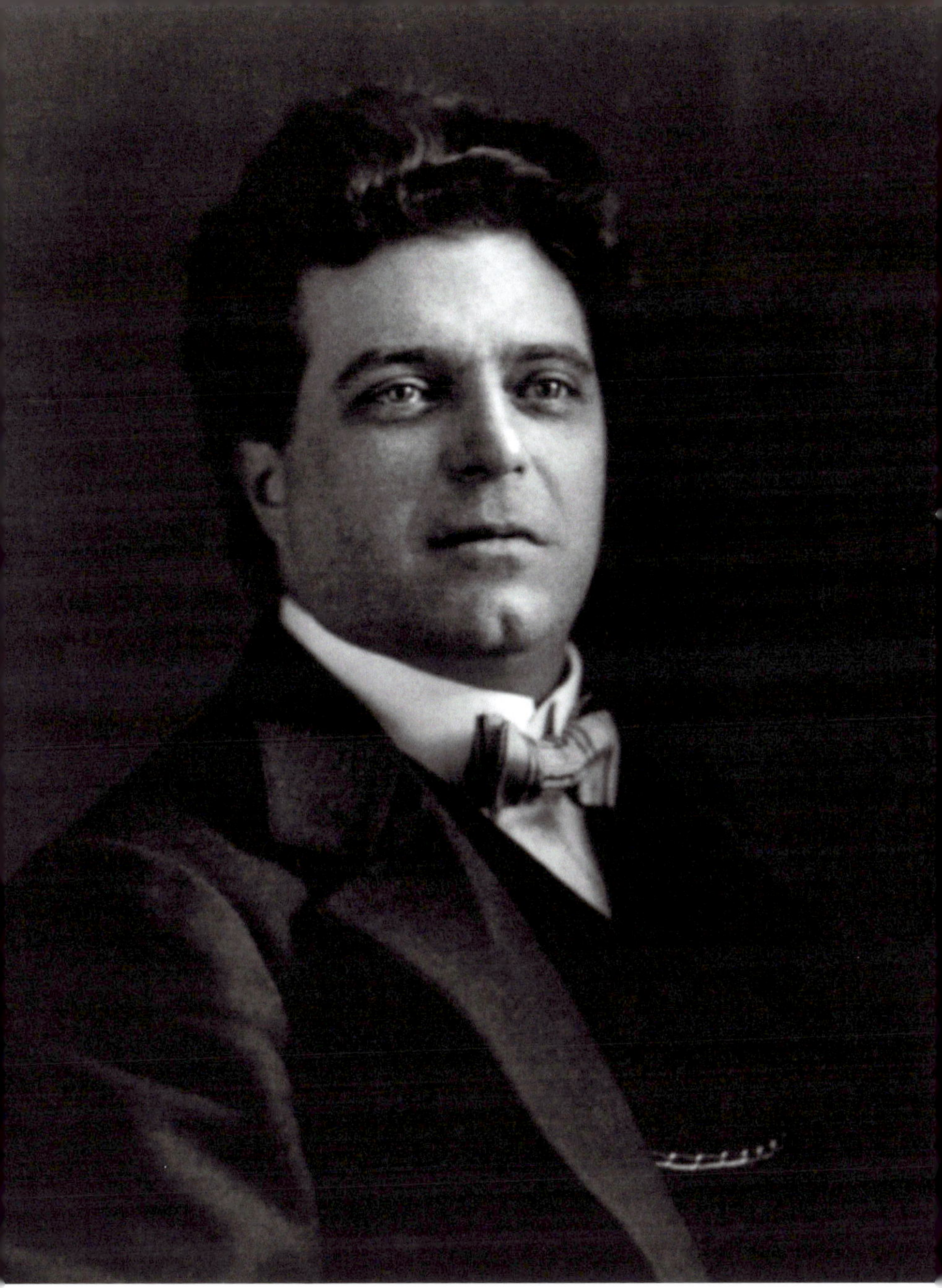

Originaltitel Intermezzo sinfonico | Aus Cavalleria rusticana / Sizilianische Bauernehre | Originalsprache Italienisch | Musik Pietro Mascagni | Libretto Giovanni Targioni-Tozzetti und Guido Menasci | Uraufführung 17.5.1890 in Rom | Bild Ein Porträt von Pietro Mascagni.

40 Mamma, quel vino è generoso

Ehre und Tod in Sizilien

»Cavalleria Rusticana« basiert auf einer Novelle von Giovanni Verga, der sich zur italienischen Variante der Stilrichtung des Naturalismus bekannte. Die Erzählung war erst zehn Jahre vor Mascagnis Oper veröffentlicht worden und stammt aus Vergas sogenannten »Dorfnovellen«, in denen der Dichter das Landleben fernab von romantischer Verklärung schilderte.

Der Kriegsdienst hat den jungen Turiddu von seiner geliebten Lola ferngehalten, die daraufhin den Fuhrmann Alfio heiratet. Turiddu, als Bauer gezwungen, eine Familie zu gründen, will Santuzza zur Frau nehmen. Doch die alte Liebe flackert wieder auf, was Turiddu Santuzza auch gesteht. Als sie voller Wut und tief verletzt Alfio davon berichtet, fordert der den Nebenbuhler zum Duell und tötet ihn.

Die ganze Handlung ereignet sich rund um das Osterfest. Das »Intermezzo sinfonico« beschwört die feierliche Stimmung des hohen Feiertages herauf – genau nach der Szene, in der die von Turdiddu abgelehnte Santuzza Rache geschworen hat. Die Arie »Mamma, quel vino è generoso«, ein Höhepunkt in Turiddus Partie, ist bereits von Todesahnungen durchsetzt. Der junge Bauer singt sie im Beisein seiner Mutter, wobei er bemerkt, er habe auf dem Osterfest zu viel Wein getrunken. Er bittet sie, im Falle seiner Niederlage im Kampf mit Alfio für Santuzza zu sorgen.

Dass man den Ehrbegriff, der in der Oper eine so große Rolle spielt, mit dem Ehrenkodex der sizilianischen Mafia in Verbindung bringen könnte, liegt nahe. Und tatsächlich hat der Regisseur Francis Ford Copolla im dritten Teil des Mafia-Filmepos »Der Pate« der Oper ein cinematografisches Denkmal gesetzt. In einer im Opernhaus von Palermo spielenden mörderischen Szene wird Mascagnis Werk gerade aufgeführt und spiegelt das Geschehen im Film.

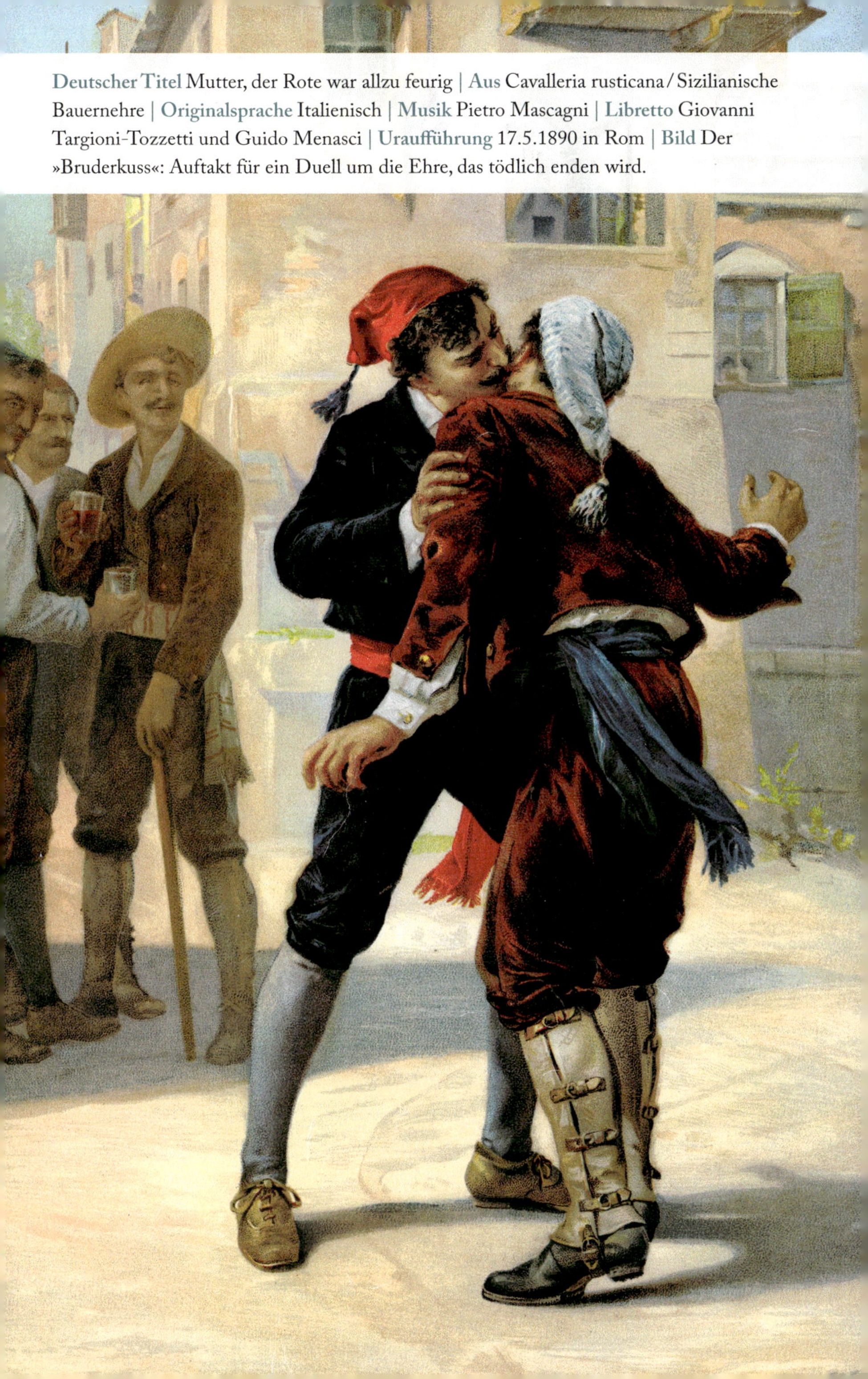

Deutscher Titel Mutter, der Rote war allzu feurig | **Aus** Cavalleria rusticana / Sizilianische Bauernehre | **Originalsprache** Italienisch | **Musik** Pietro Mascagni | **Libretto** Giovanni Targioni-Tozzetti und Guido Menasci | **Uraufführung** 17.5.1890 in Rom | **Bild** Der »Bruderkuss«: Auftakt für ein Duell um die Ehre, das tödlich enden wird.

41 Je suis seul! – Ah! fuyez, douce image

Jugendlicher Übermut mit Folgen

Jules Massenet stand beim renommierten italienischen Musikverlag Ricordi unter Vertrag. Seine ersten Opern wurden umjubelt, seine Karriere ging weiter nach oben, als er Kompositionsprofessor wurde. Doch dann das: Er musste seinem Librettisten Henri Meilhac ein Buch zurückgeben, weil es ihn nicht inspirierte. Die Sache war peinlich, denn Meilhac war bereits jahrzehntelang im Geschäft und hatte unter anderem mit Offenbach und Bizet zusammengearbeitet. In Meilhacs Wohnung soll Massenet ein damals bekannter Roman in die Hände gefallen sein: »Manon Lescaut« von Antoine-François Prévost, der eine Fülle von Bühnenbearbeitungen erlebte und auch mehrmals in Opern verwandelt wurde – außer von Massenet von Daniel-François-Esprit Auber und Giacomo Puccini.

Die lebenslustige Manon Lescaut soll ins Kloster gebracht werden, findet auf der Reise jedoch einen Verehrer in dem Chevalier Des Grieux. Von Manons Vetter (er hat die Verantwortung für die 16-Jährige übernommen) verfolgt, fliehen die beiden nach Paris. Des Grieux' Vater will in eine Heirat nicht einwilligen, weshalb Manon jetzt mit dem reichen Brétigny eine amouröse Verbindung eingeht. Nun will Des Grieux voller Verzweiflung in einen Mönchsorden eintreten. Manon hält ihn davon ab. Um für ihre luxuriösen Ansprüche an Geld zu kommen, wird er in Betrügereien verwickelt, Manon als Diebin festgenommen. Am Ende stirbt sie gezeichnet vom Leben in der Haft in Des Grieux' Armen.

Die Oper spielt zwischen Spätbarock und Rokoko, und das schlägt sich mit Anklängen an barocke Tänze auch in der Musik nieder. In den großen, als Seelengemälde fungierenden Momenten bleibt Massenet aber ganz im Stil seiner Zeit. So auch in der Arie »Je suis seul! – Ah! fuyez, douce image«, in der Des Grieux beschließt, ins Kloster zu gehen.

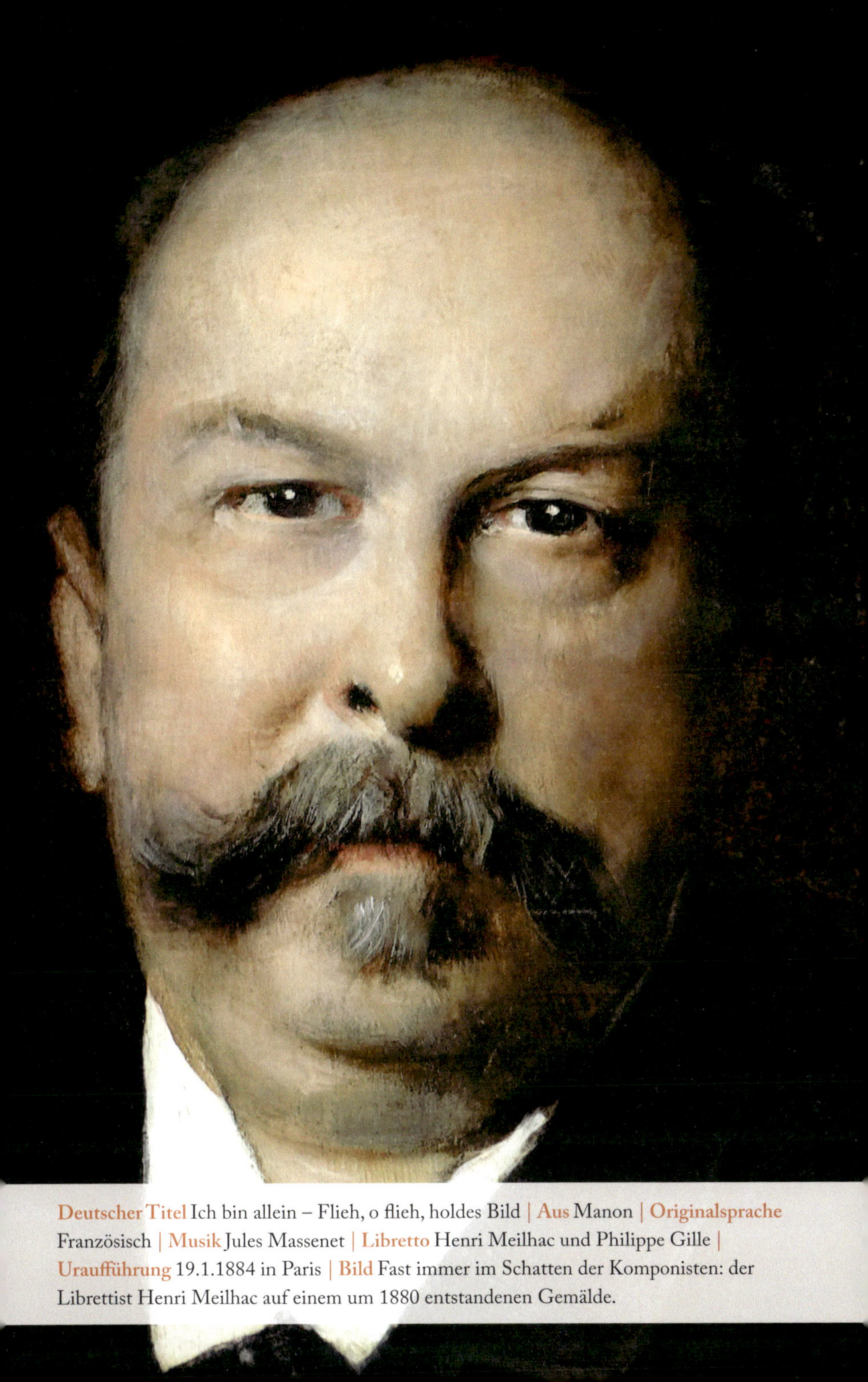

Deutscher Titel Ich bin allein – Flieh, o flieh, holdes Bild | Aus Manon | Originalsprache Französisch | Musik Jules Massenet | Libretto Henri Meilhac und Philippe Gille | Uraufführung 19.1.1884 in Paris | Bild Fast immer im Schatten der Komponisten: der Librettist Henri Meilhac auf einem um 1880 entstandenen Gemälde.

42 Pourquoi me réveiller

Ein Bestseller-Held auf der Opernbühne

Als Jules Massenet seine Oper »Werther« vorstellte, gefiel die Musik Publikum und Kritik durchaus, aber die Stoffwahl erschien vielen als Sakrileg. Schon Gounod hatte sich mit seinem »Faust« Ähnliches gefallen lassen müssen: Ein Goethewerk als Oper – und dann auch noch von einem Franzosen vertont? Hinter der Kritik war deutlich eine gute Portion des Ende des 19. Jahrhunderts grassierenden Nationalismus zu spüren. Sentimentale Opernmelodien nach Art der westlichen Nachbarn zu einem urdeutschen Werk wollte man nicht. In diese Kerbe schlug ein Rezensent, der vorschlug, man hätte die beiden Liebenden in der Oper doch einfach Jean und Jeanette nennen können – »Goethe wäre nicht entwürdigt, ein Ärgernis erspart geblieben«. Der Held in Goethes 1774 erschienenem und zum Bestseller der Zeit avancierten Briefroman »Die Leiden des jungen Werthers« ist ein junger Schwärmer, der gegen die Enge des bürgerlichen Lebens kämpft. Den Schönheiten der Natur und der Dichtung verbunden, verliebt er sich in Charlotte, die aber dem spießbürgerlichen Albert versprochen ist und diesen auch heiratet. Werther, dessen Versuche eines Lebens in ordentlicher Stellung erfolglos sind und mit Demütigungen enden, nimmt sich das Leben.

Es ist das zu allen Zeiten wiederkehrende Lebensgefühl der jungen Generation, das Goethe hier schilderte. Die nie nachlassende Aktualität des Stoffes war es wohl, worauf Massenet mit seinen Textbearbeitern setzte. Um das Buch wirkungsvoll zu dramatisieren, fügten die Librettisten Figuren hinzu und konzentrierten sich auf die innere Entwicklung von Charlotte, die sich im Laufe der Handlung innerlich immer mehr mit Werther verbindet. Auslöser dafür ist die Poesie: Am Weihnachtsabend trägt der Verliebte seiner Angebeteten Gedichte des zu Goethes Zeit populären legendären Dichters Ossian vor. Massenet gestaltet die Rezitation als große Arie.

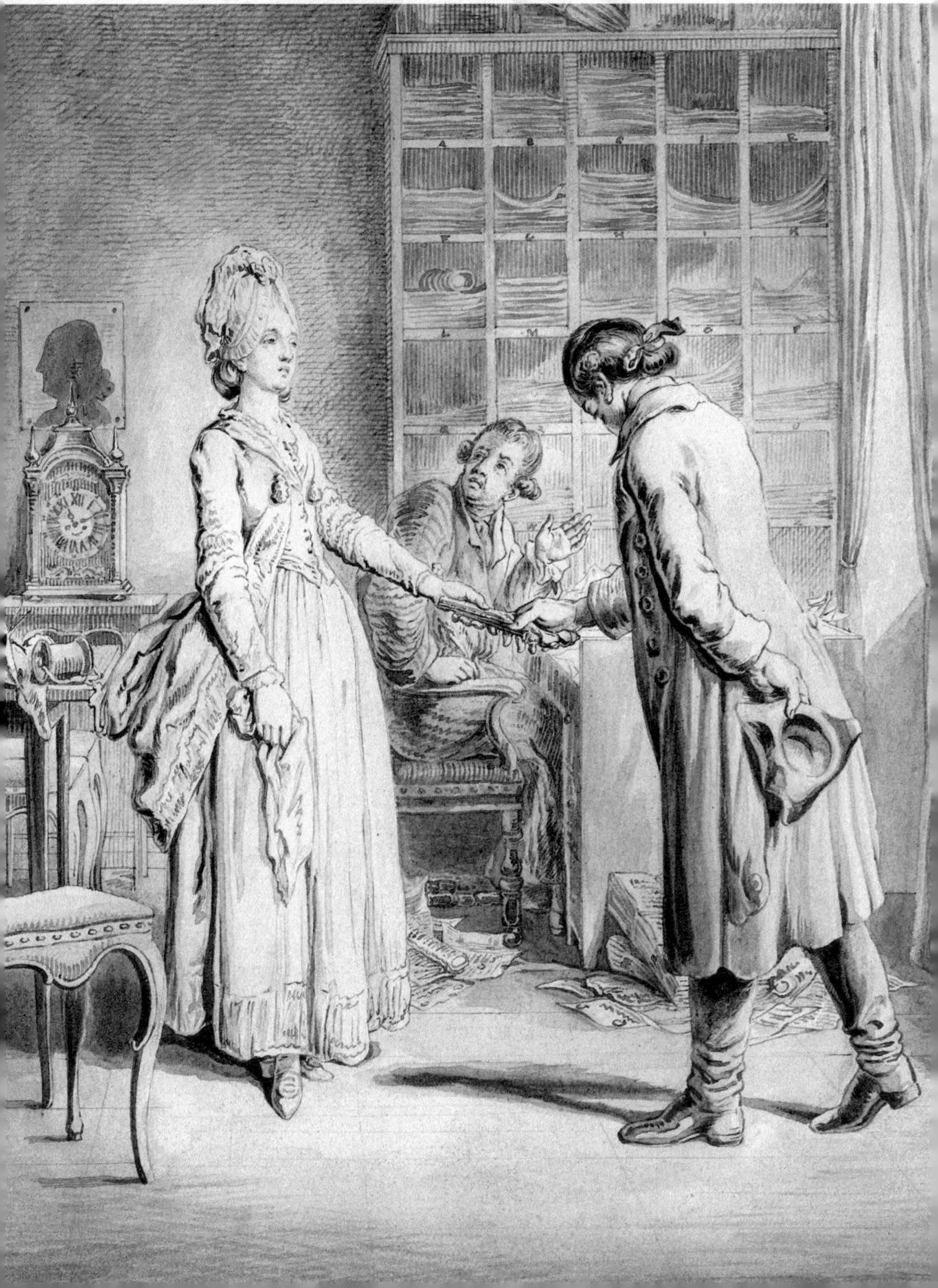

Deutscher Titel Was bin ich aufgewacht | Aus Werther | Originalsprache Französisch | Musik Jules Massenet | Libretto Edouard Blau, Paul Milliet und Georges Hartmann | Uraufführung 16.2.1892 in Wien | Bild Trauriges Ende einer unglücklichen Liebe: Charlotte übergibt einem Bediensteten Werthers Pistole nach dessen Selbstmord.

43 Méditation aus »Thaïs«

Innere Wandlung in einem Violinsolo

Die meisten von Jules Massenets an die 30 Bühnenwerke sind heute von den Spielplänen verschwunden. Auch die Oper »Thaïs« steht im Schatten solcher »Hits« wie »Manon« oder »Werther«. Populär geblieben ist jedoch eine Melodie daraus: die »Méditation«. Das Stück ist keine Arie, sondern eine Instrumentalnummer – geschrieben für Violine und Orchester.

Massenet hatte neben seinen klassisch-literarischen Stoff-Vorlieben auch ein Faible für historisierende Sujets. In der Oper »Thaïs« konnte er beides verbinden: Nur einige Jahre zuvor hatte der französische Schriftsteller Anatole France den gleichnamigen Roman herausgebracht. Er adaptierte darin einen uralten Stoff, der bereits die mittelalterliche Dramatikerin Roswitha von Gandersheim (um 935–973) inspiriert hatte, die als erste deutschsprachige Dichterin überhaupt gilt.

Die Handlung führt ins Ägypten des 4. nachchristlichen Jahrhunderts. Dem Mönch Athanaël ist das Leben der Kurtisane Thaïs in Alexandria ein Dorn im Auge. Er beschließt, sie zu einem Leben ohne Sünde zu bekehren. Dabei verliebt er sich selbst in sie, erkennt dies aber erst, als Thaïs aufgrund seiner eigenen Bemühungen zur Klosterfrau geworden ist und an den Entbehrungen, die dieses Leben mit sich bringt, stirbt.

Die »Méditation« hat viele Bearbeitungen erfahren und gehört in Versionen für die verschiedensten Melodieinstrumente zum großen Repertoire der Zugabenstücke. In der dreiaktigen Oper erklingt die weitgespannte, sich aber auch dramatisch aufschwingende Melodie in der Mitte des zweiten Aktes, dramaturgisch genau an der Stelle, in der sich in einem tiefen Gebet die Wandlung der Heldin ereignet. Wenn der letzte Ton des Stückes verklungen ist, hat sie ihre Entscheidung getroffen: Sie wird Athanaël folgen, ihr Hab und Gut verschenken und die beschwerliche Reise durch die Wüste ins Kloster antreten.

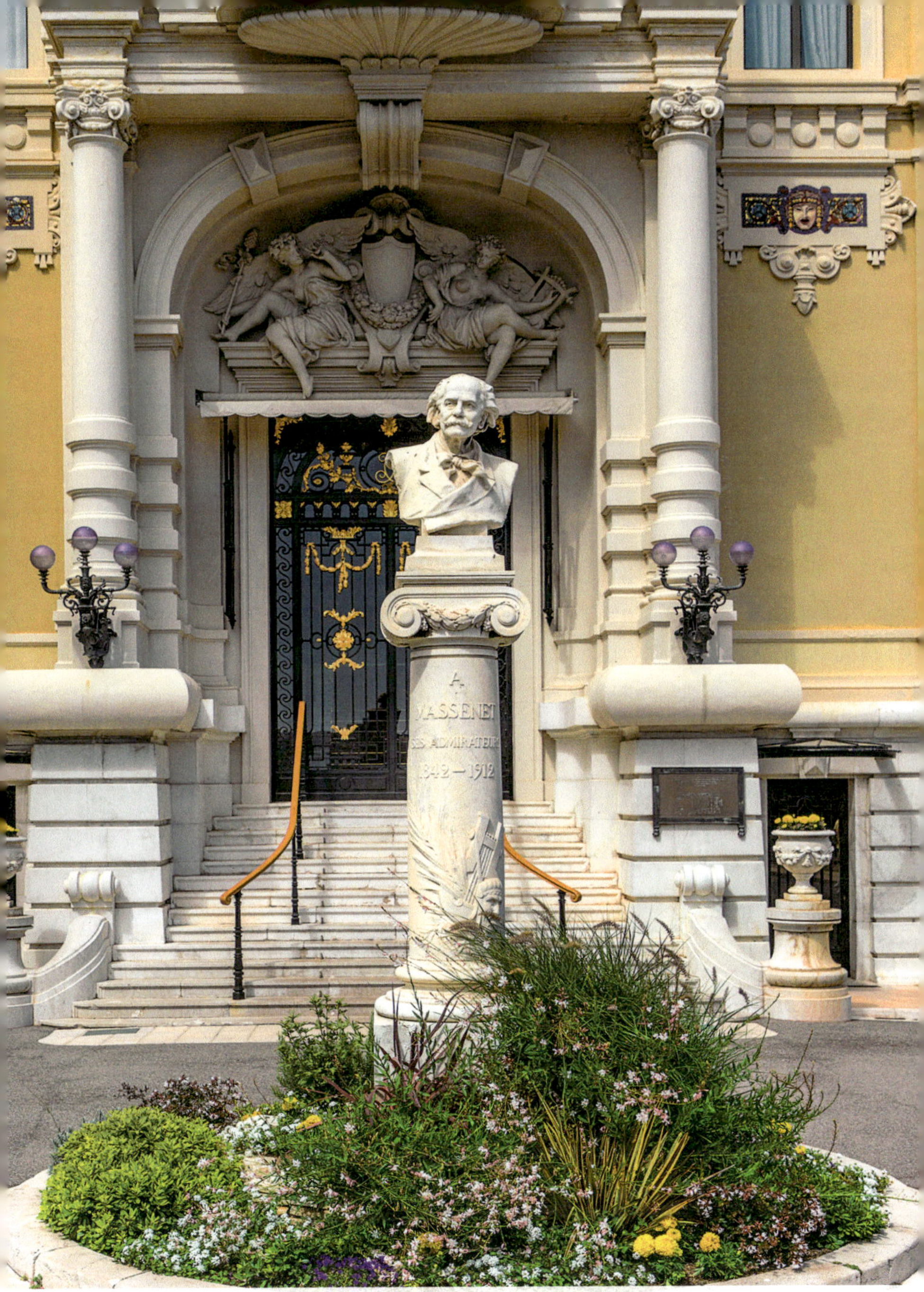

Originaltitel Méditation | **Aus** Thaïs | **Originalsprache** Französisch | **Musik** Jules Massenet | **Libretto** Louis Gallet | **Uraufführung** 16.3.1894 in Paris | **Bild** Die Büste des Komponisten Jules Massenet am Opernhaus in Monte Carlo.

44 O beau pays de la Touraine

Große Oper wie großes Kino

»Grand Opéra« – »Große Oper«: Das klingt nach Massenspektakel, nach Chören, Balletteinlagen, ausgedehnten Ensemble- und Soloszenen. Und genau das war es auch, was Giacomo Meyerbeer, berühmtester Repräsentant dieses Opernstils, seinem Publikum bot. Vieles von dem, womit später monumentale Hollywood-Kinoproduktionen glänzten, gab es bei ihm schon in der ersten Hälfte des 19. Jahrhunderts auf der Opernbühne. Wie in der Traumfabrik des Films boten sich hier historische Stoffe an, denn damit hatten Komponisten, Textdichter, Regisseure und ganz besonders die Bühnenbildner Gelegenheit, den Opernbesuch mit großem Ausstattungsreichtum zu einer wahren Zeitreise zu machen.

Herausragendes Beispiel dafür ist die Oper »Les Huguenots«. Sie handelt von der »Bartholomäusnacht« im August 1572, die man auch als »Pariser Bluthochzeit« bezeichnet. Eigentlich sollte die damals stattfindende Heirat des Protestanten Heinrich von Navarra und der katholischen Margarete von Valois die langen kriegerischen Auseinandersetzungen der Konfessionen beenden, die Frankreich in Atem hielten. Doch als zu dem Fest viele Hugenotten, also französische Protestanten, nach Paris kamen, schlug die Stimmung in Hass um. Die Folge war ein Blutbad, das sich über das ganze Land ausbreitete. In der schwärmerischen Arie »O beau pays de la Touraine« ist Margarete von Valois noch davon überzeugt, dass ihr Versöhnungsplan aufgeht.

Jakob Liebmann Meyer Beer wurde in der Nähe von Berlin geboren, machte zuerst Karriere als Pianist, entschied sich aber, Opernkomponist zu werden. Erste Erfolge konnte er in Italien verzeichnen, wo er seinen Namen italianisierte. Nach frühen Werken im Rossini-Stil wagte er nach einer schöpferischen Pause einen Neuanfang in Paris, wo sein neuer, großer Stil wie eine Bombe einschlug.

Deutscher Titel O schönes Land | **Aus** Les Huguenots / Die Hugenotten | **Originalsprache** Französisch | **Musik** Giacomo Meyerbeer | **Libretto** Eugène Scribe und Émile Deschamps | **Uraufführung** 29.2.1836 in Paris | **Bild** Eine dramatische Szene im Schlafzimmer der Margarete de Valois während der »Bartholomäusnacht«.

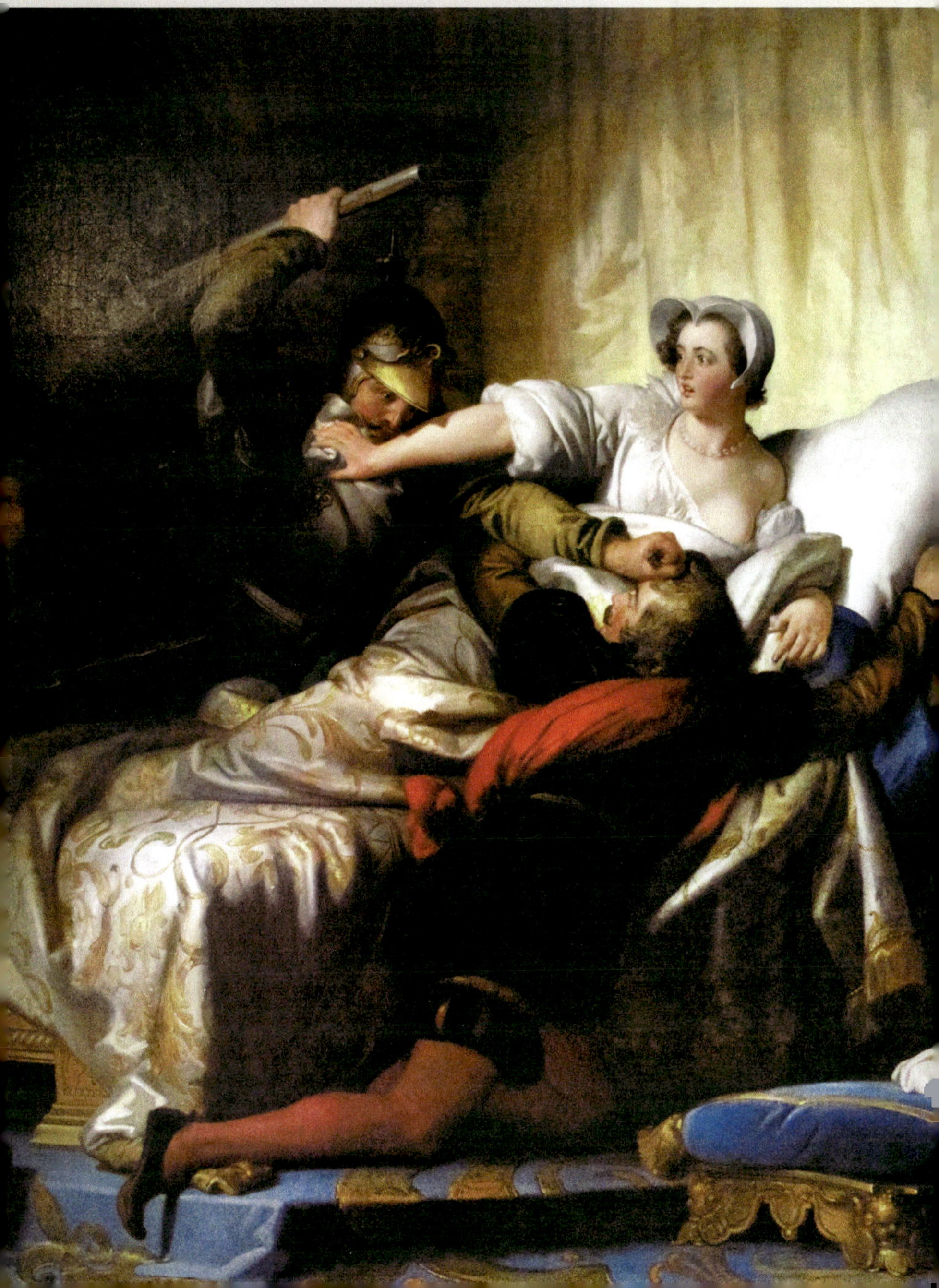

45 Orfeo io son

Das erste Opernmeisterwerk

Ende des 16. Jahrhunderts versammelte sich in Florenz ein Zirkel von Verehrern des antiken Theaters aus Philosophen, Dichtern und Musikern. Das Ziel dieser »Florentiner Camerata« war es, im Geist der Renaissance das antike Schauspiel wiederzubeleben, das man sich als eine Folge von Sprechgesängen zu begleitenden Instrumenten vorstellte. Die auf diese Weise erfundene Oper betrat im Jahre 1598 mit »La Dafne« die Bühne der Geschichte. Das Werk aus der Feder der Komponisten Jacobo Peri und Jacobo Corsi ist heute nur noch in Bruchstücken vorhanden.

Als erster bedeutender Opernmeister gilt Claudio Monteverdi. In seinem Erstling »L'Orfeo« wird kein Geringerer als der sagenhafte griechische Sänger Orpheus selbst zum Helden, und die Kraft des Gesangs wird zum Thema des Werkes. Orpheus erringt die Liebe der schönen Eurydike, die ihm jedoch durch deren frühen Tod genommen wird. Angesichts der wunderbaren Melodien des Künstlers erbarmen sich die Götter und erlauben Orpheus, die Geliebte aus der Welt der Toten zurückzuholen. Leider misslingt das Unternehmen. Orpheus kehrt allein zurück und gibt sich seinen Klageliedern hin. Wieder erwartet ihn ein göttliches Geschenk: Die Götter entrücken ihn zu den Sternen – zu sehen im Sternbild der Leier. Hier ist er mit Eurydike vereint.

Die Elemente, die Monteverdi und der Textdichter Alessandro Striggio für die Schilderung der Unterwelt nutzten, stammen aus mythologischen Erzählungen und Dantes »Göttlicher Komödie«. Obwohl das Publikum der Uraufführung mit diesen literarischen Quellen vertraut war, dürfte das Bühnengeschehen für Aufsehen gesorgt haben. So zum Beispiel Orpheus' Begegnung mit dem Fährmann Charon, der sich weigert, den Wanderer über den Totenfluss zu fahren. Mit seiner Arie »Orfeo io son« gelingt es Orpheus, ihn mit seiner Kunst in den Schlaf zu singen. So kann er dessen Boot nehmen.

Deutscher Titel Orpheus bin ich | **Aus** L'Orfeo / Orpheus | **Originalsprache** Italienisch | **Musik** Claudio Monteverdi | **Libretto** Alessandro Striggio | **Uraufführung** 24.2.1607 in Mantua | **Bild** Charon, der Fährmann zur Unterwelt: Auch ihm begegnet Orpheus auf seiner Reise zu den Toten.

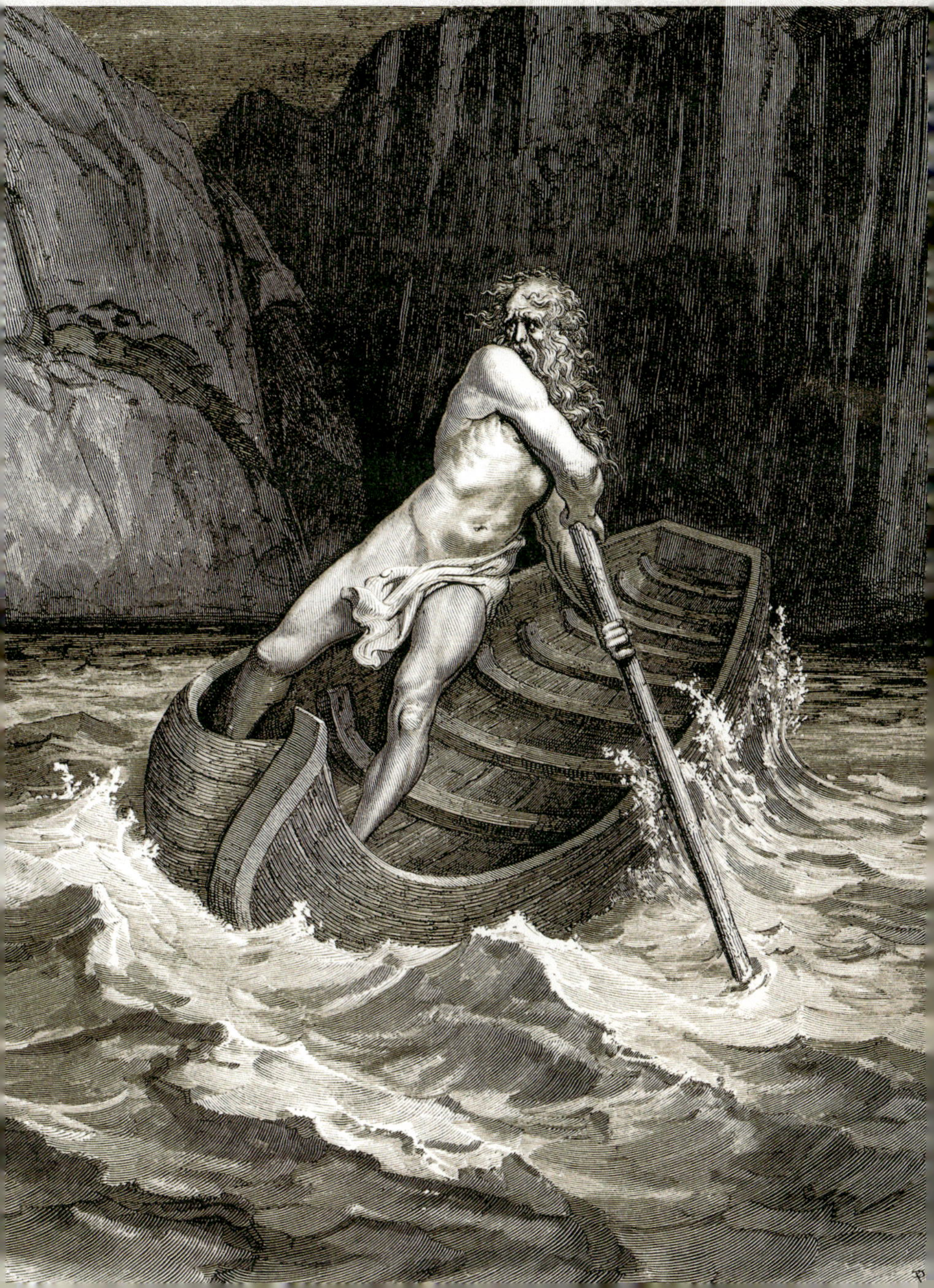

46 Lamento d'Arianna

Höhepunkt einer verschwundenen Oper

Claudio Monteverdi schuf seine ersten Opern ganz nach den Gepflogenheiten seiner Zeit in fürstlichen Diensten. »L'Orfeo« etwa entstand als Höhepunkt des Karnevals am Hof der Gonzaga in Mantua. Opern waren aber nicht nur Unterhaltung, sie dienten auch der Zurschaustellung von Pracht und hatten eine wichtige repräsentative Bedeutung. Das blieb trotz vieler Nebenentwicklungen bis zum Ende des 18. Jahrhunderts so.

Nach der Uraufführung des »Orpheus« folgte ein weiterer Auftrag. Den Karneval 1608 wollten die Gonzagas mit der Hochzeit des Thronfolgers Francesco mit Margherita von Savoyen verbinden. Erst im September davor erfuhr Monteverdi davon. Sicher wird er aufgeatmet haben, als er von der Verschiebung erfuhr. Das Werk, das dann im Mai 1608 erstmals erklang, ist leider verloren gegangen – bis auf ein besonders bedeutendes wie ergreifendes Einzelstück, das berühmte »Lamento d'Arianna«.

Ariadne (wie Arianna auf Deutsch heißt) wird von ihrem Geliebten König Theseus verlassen. Sie sucht den Tod im Meer, wird aber von einem Fischer gerettet. Sie fleht ihn an, sie sterben zu lassen. Monteverdi gestaltet die Szene als Klage, in der Ariadnes Emotionen zwischen Schmerz, Auflehnung und Erhebung wechseln. Das Stück dürfte ein Höhepunkt der verschollenen Oper gewesen sein. Es hat seine Wirkung nicht verfehlt, wie man aus dem Bericht eines Besuchers weiß: »Es war die Geschichte von Ariadne und Theseus, und sie brachte in ihrem Lamento in musica, das von Violen und Violinen begleitet wurde, mit ihrem Unglück viele zum Weinen.«

Neben »L'Orfeo« und »L'Arianna« schrieb Monteverdi noch weitere Opern, die jedoch nicht in Mantua, sondern in Venedig ihre Uraufführungen erlebten. Dort hatte sich der Komponist als Kapellmeister des Markusdomes 1613 niedergelassen – was ihm auch Gelegenheit gab, als Schöpfer von Sakralmusik Bedeutendes zu leisten.

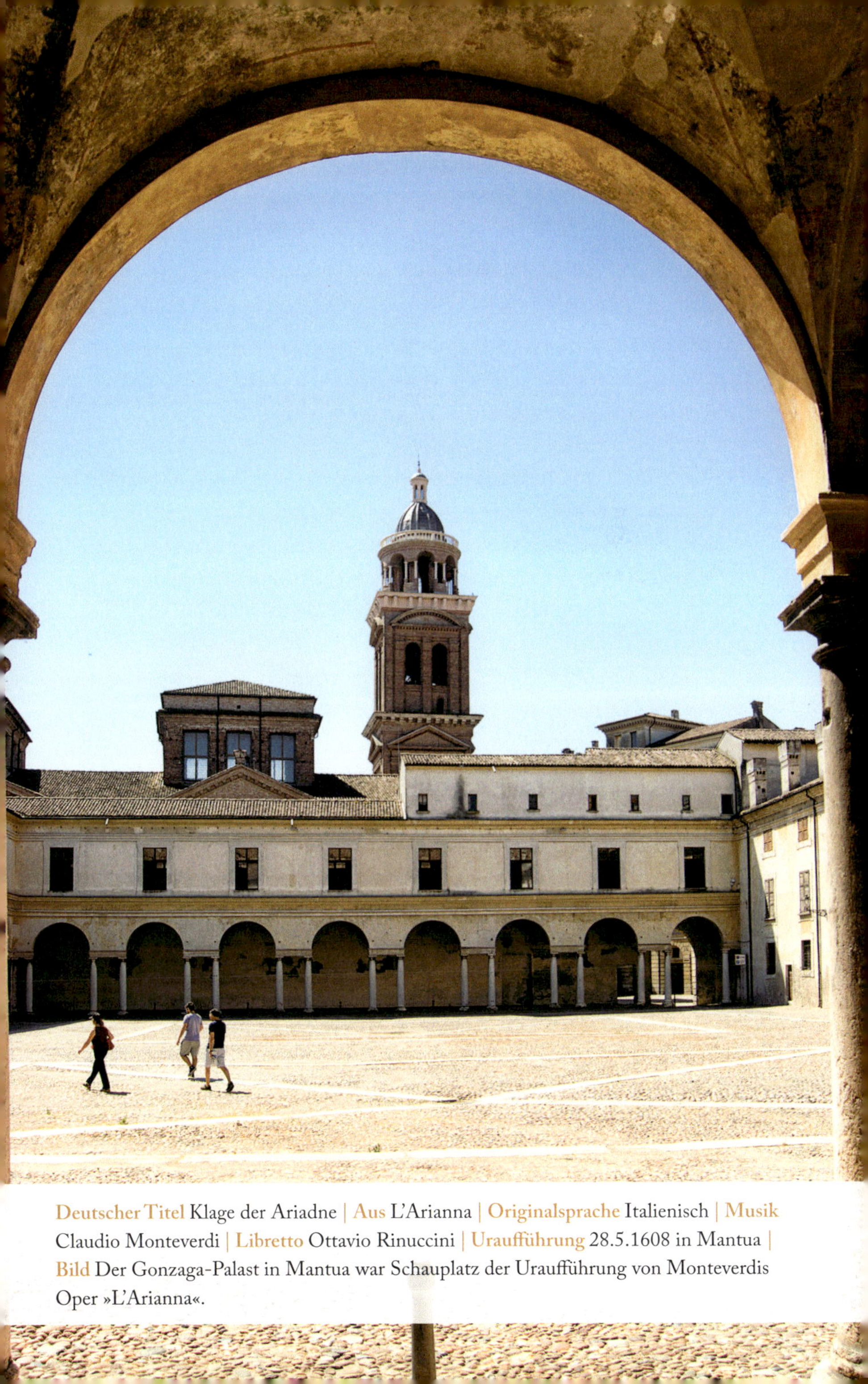

Deutscher Titel Klage der Ariadne | Aus L'Arianna | Originalsprache Italienisch | Musik Claudio Monteverdi | Libretto Ottavio Rinuccini | Uraufführung 28.5.1608 in Mantua | Bild Der Gonzaga-Palast in Mantua war Schauplatz der Uraufführung von Monteverdis Oper »L'Arianna«.

47 Martern aller Arten

Mozart erobert Wien

Eine der berühmtesten Anekdoten über Mozart betrifft einen Tritt in den Allerwertesten: Den soll der Komponist von einem Bediensteten des Salzburger Erzbischofs, Mozarts Dienstherrn, erhalten haben. In den Zeiten absolutistischer Herrscher konnte sich ein Hofmusiker keine Stellung nach Gutdünken suchen. Mozart wagte es trotzdem. Als er im Gefolge des Fürsten 1781 nach Wien kam, blieb er dort. Der Komponist lebte nun in der Kaiserstadt, einer damaligen Weltmetropole, die er »für mein Metier« als »besten Ort der Welt« pries. Damit meinte er nicht nur die Musik allgemein, sondern die Möglichkeit, Opern zu schreiben, die in seiner eher provinziellen Geburtsstadt Salzburg nicht gegeben gewesen war. Erste Erfolge auf diesem Gebiet hatte der extrem Talentierte schon gesammelt: Der Erstling »Bastien und Bastienne« des damals 12-Jährigen war schon in Wien erklungen, weitere Werke hatten ihn in Mailand und München als junges Genie bekannt gemacht.

Die erste erfolgreiche Oper der Wiener Reifezeit war »Die Entführung aus dem Serail« mit einem damals so beliebten türkischen Sujet, das hier als Gelegenheit dient, an die Menschlichkeit der Herrschenden zu appellieren, und Mozart auch dazu inspirierte, »türkische« (das hieß damals von Flöten und Schlagzeug bestimmte) Klänge einzusetzen. Konstanze, Geliebte des spanischen Edelmannes Belmonte, wurde von Piraten entführt und an den osmanischen Herrscher Bassa Selim verkauft. Belmonte will sie aus dem Serail (dem Harem) befreien. Die Flucht fliegt auf, und die Lage verschärft sich noch, als Bassa Selim in Belmonte den Sohn seines Erzfeindes erkennt. Trotzdem siegt in ihm der Edelmut, und er lässt das Paar ziehen. Ein Höhepunkt der Konstanze-Partie ist die große Arie »Martern aller Arten«, in denen sie sich – umspielt von einer Reihe von Soloinstrumenten – unbeugsam Bassa Selims Annäherung verweigert.

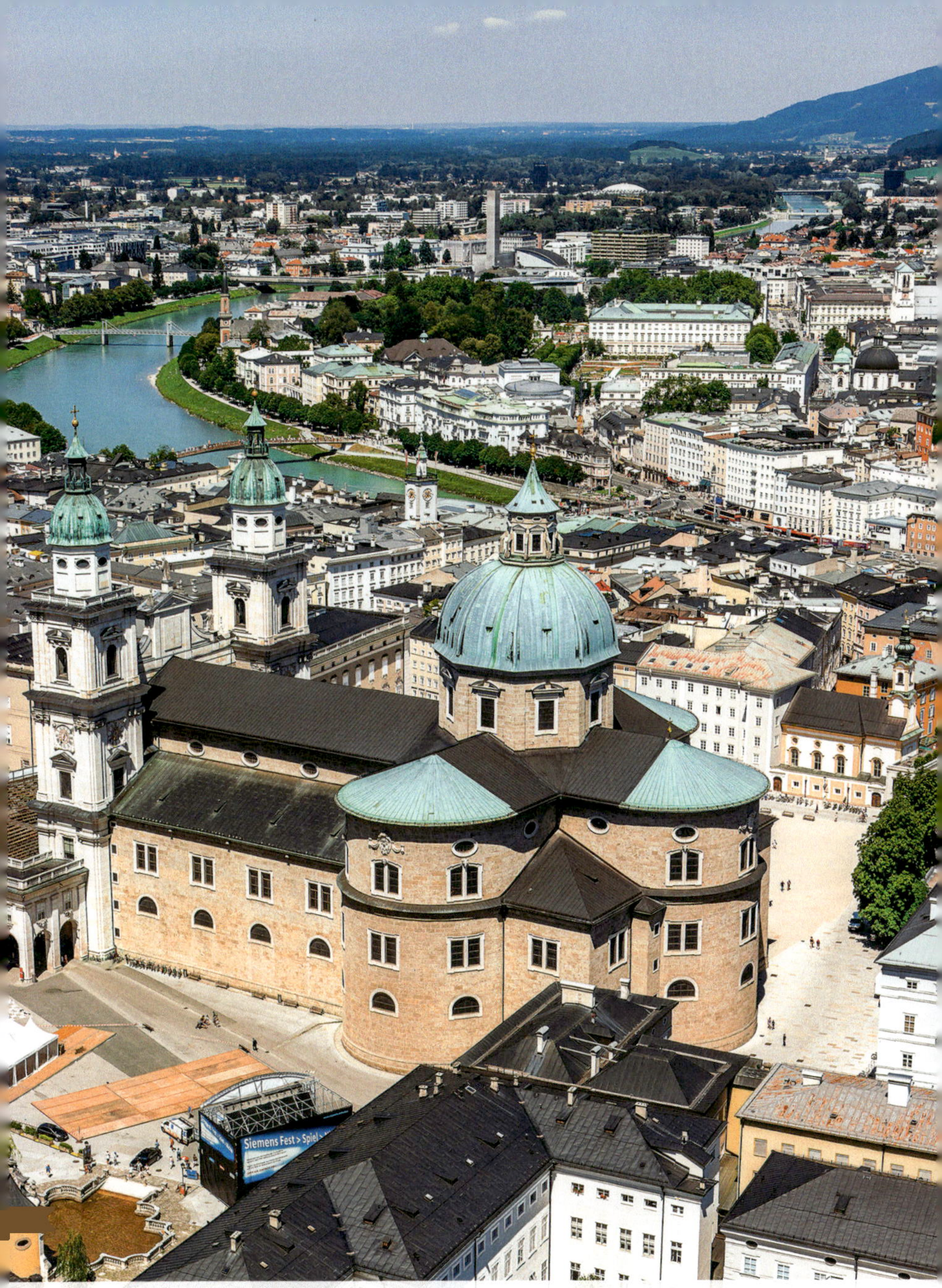

Originaltitel Martern aller Arten | Aus Die Entführung aus dem Serail | Originalsprache Deutsch | Musik Wolfgang Amadeus Mozart | Libretto Johann Gottlieb Stephanie der Jüngere | Uraufführung 16.7.1782 in Wien | Bild Wolfgang Amadeus Mozarts Geburtsstadt Salzburg, die der Komponist verließ, um in Wien mit Opern Karriere zu machen.

48 Porgi amor, qualche ristoro

Menschlicher Zug einer betrogenen Gräfin

Was in der »Entführung« bereits in Form der die Helden rettenden Milde eines Herrschers anklang, sollte immer deutlicher in Mozarts Opern zur Sprache kommen. Sie bekamen eine kaum zu überhörende politische Komponente, und dabei konnte sich der Komponist der Unterstützung eines der mächtigsten Männer seiner Zeit sicher sein: Kaiser Joseph II. von Habsburg. Den Ideen der Aufklärung verpflichtet, erlaubte er es sogar, dass Mozart ein Werk auf die Bühne brachte, das die Grenzen der geistigen Freiheit auf eine besonders harte Probe stellte: »Die Hochzeit des Figaro« nach einer französischen Komödie, in der für damalige Zeiten Unerhörtes geschieht. Diener (Figaro und seine Braut Susanna) triumphieren mit Witz und Wagemut über die Unmoral ihres Herrn. Der Graf wird als ehebrecherischer Draufgänger dargestellt. Er hat es auf Susanna abgesehen und verabredet sich mit ihr zu einem nächtlichen Stelldichein, zu dem aber aufgrund eines Intrigenspiels seine Gemahlin in Susannas Verkleidung erscheint.

Die verwickelte Handlung ist ein Verwirrspiel voller komischer Situationen, dessen Vorgeschichte der später geborene Kollege Rossini in seinem »Barbier von Sevilla« erzählt. Mozarts Verdienst liegt darin, neben dem turbulenten Geschehen seinen Figuren tief in die Seele zu blicken und ihre jeweilige Gefühlslage auf die Musik zu übertragen. So zeigt sich die betrogene Gräfin als in ihren Grundfesten erschütterte, verletzliche Ehefrau, die in ihrer Cavatine im zweiten Akt den »Gott der Liebe« heraufbeschwört und hofft, dass ihr Gemahl wieder zu ihr finden möge.

Auch mit diesem menschlichen Zug in einer Gesellschaft, in der adlige Verbindungen selten auf Liebe beruhten, und nicht einfach mit spottendem Witz lässt Mozart die Standesgrenzen verschwimmen.

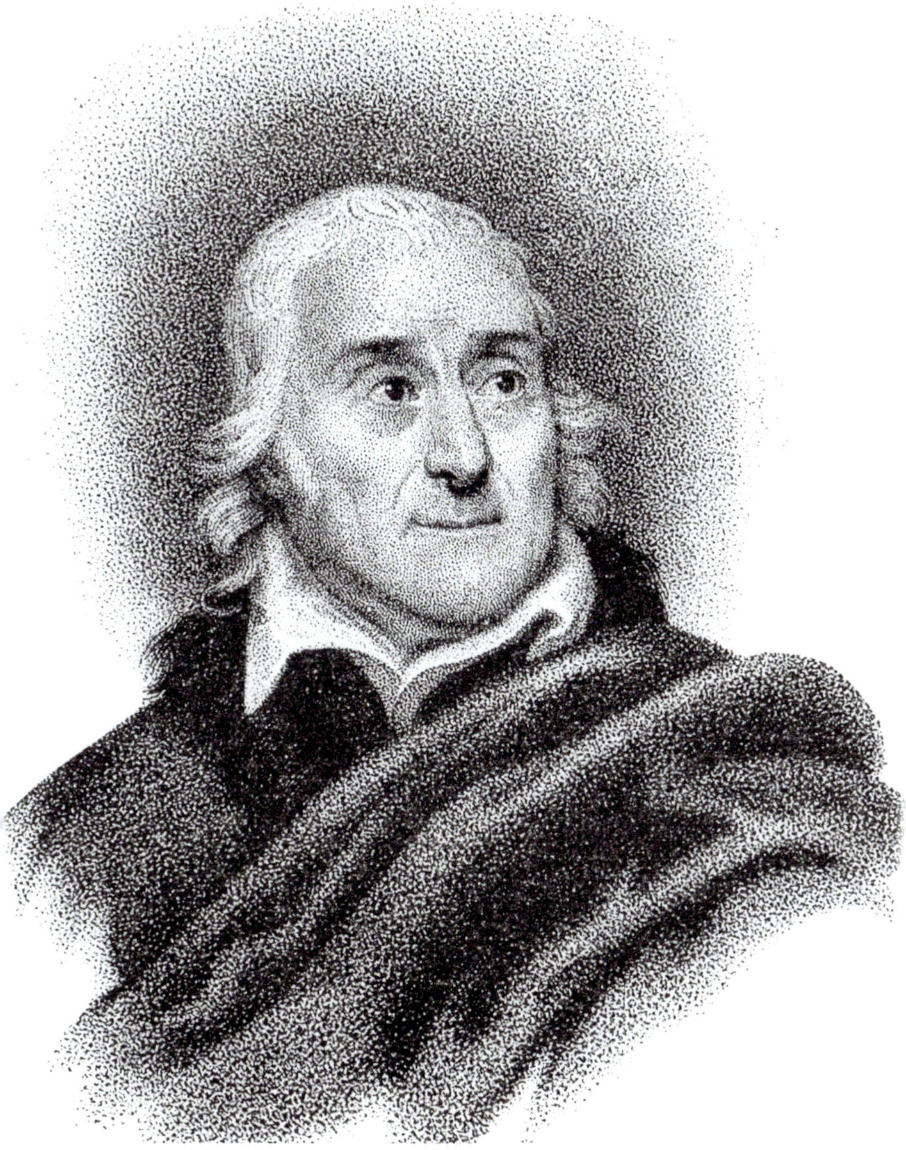

Deutscher Titel Hör mein Fleh'n, o Gott der Liebe | **Aus** Le Nozze di Figaro / Die Hochzeit des Figaro | **Originalsprache** Italienisch | **Musik** Wolfgang Amadeus Mozart | **Libretto** Lorenzo Da Ponte | **Uraufführung** 1.5.1786 in Wien | **Bild** Der Librettist Lorenzo da Ponte, Mozarts genialer Co-Autor.

49 Madamina, il catalogo è questo

Sorgfältig verbuchte Unmoral

Mozart hatte mit der Oper »Die Hochzeit des Figaro« in Wien verhältnismäßig geringen Erfolg. Ganz anders sah das in einer anderen musikalischen Hochburg aus – in Prag. Hier wurde das Werk gefeiert, und Mozart erhielt einen Folgeauftrag, den er zusammen mit seinem Librettisten Lorenzo Da Ponte sogleich in Angriff nahm: »Don Giovanni« – die Geschichte des Edelmannes, der als manischer Frauenheld gegen die Moral verstößt, dabei nicht vor roher Gewalt zurückschreckt und seine Opfer sogar verhöhnt. Darunter haben nicht nur die Damen, denen er nachstellt, zu leiden, sondern auch sein Diener Leporello. Immer wieder muss er den Kopf hinhalten, wenn etwa Don Giovanni den Zorn eines Nebenbuhlers auf sich zieht.

Einen seiner großen Auftritte in der Oper hat der Diener, als er einer der enttäuschten Amouren seines Herrn die Augen über dessen Treiben öffnet. Er hat ein »Register« dabei, eine Liste, in der Don Giovannis Liebschaften verzeichnet sind – Frauen in vielen Ländern, aller Altersgruppen und Stände. Allein in Spanien (wo die Handlung spielt), erklärt Leporello, seien es – wie es refrainartig heißt – 1.003. Mozart beweist kompositorische Raffinesse, indem er das Orchester wie eine handelnde Figur behandelt, die Leporello kommentiert: In einem sprudelnden Einwurf scheint es immer wieder in Gelächter auszubrechen. Am Ende freilich stellt sich Don Giovanni selbst ein Bein: Im Scherz lädt er die Grabfigur des Komturs (den er getötet hat, als der seine Tochter verteidigen wollte) zum Abendessen ein. Die Schreckensgestalt kommt tatsächlich – und holt den Missetäter zum Gang in die Hölle ab.

Ein vielfach gefaltetes Blatt wie das, auf dem Don Giovannis Diener sein Register führt und das oft für Werbematerial genutzt wird, nennt man heute wie diesen: Leporello.

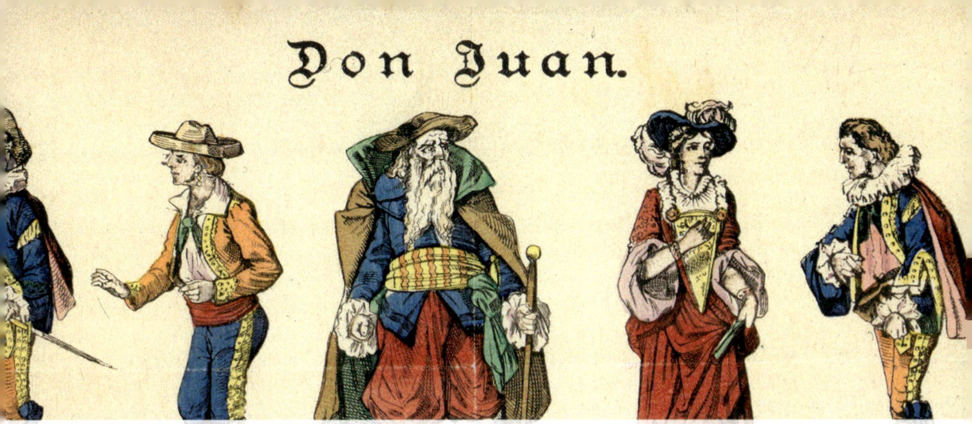

Deutscher Titel Schöne Donna, dies genaue Register (Registerarie) | **Aus** Don Giovanni | **Originalsprache** Italienisch | **Musik** Wolfgang Amadeus Mozart | **Libretto** Lorenzo Da Ponte | **Uraufführung** 29.10.1787 in Prag | **Bild** Das Personal der Oper »Don Giovanni« in einer Darstellung aus dem 19. Jahrhundert.

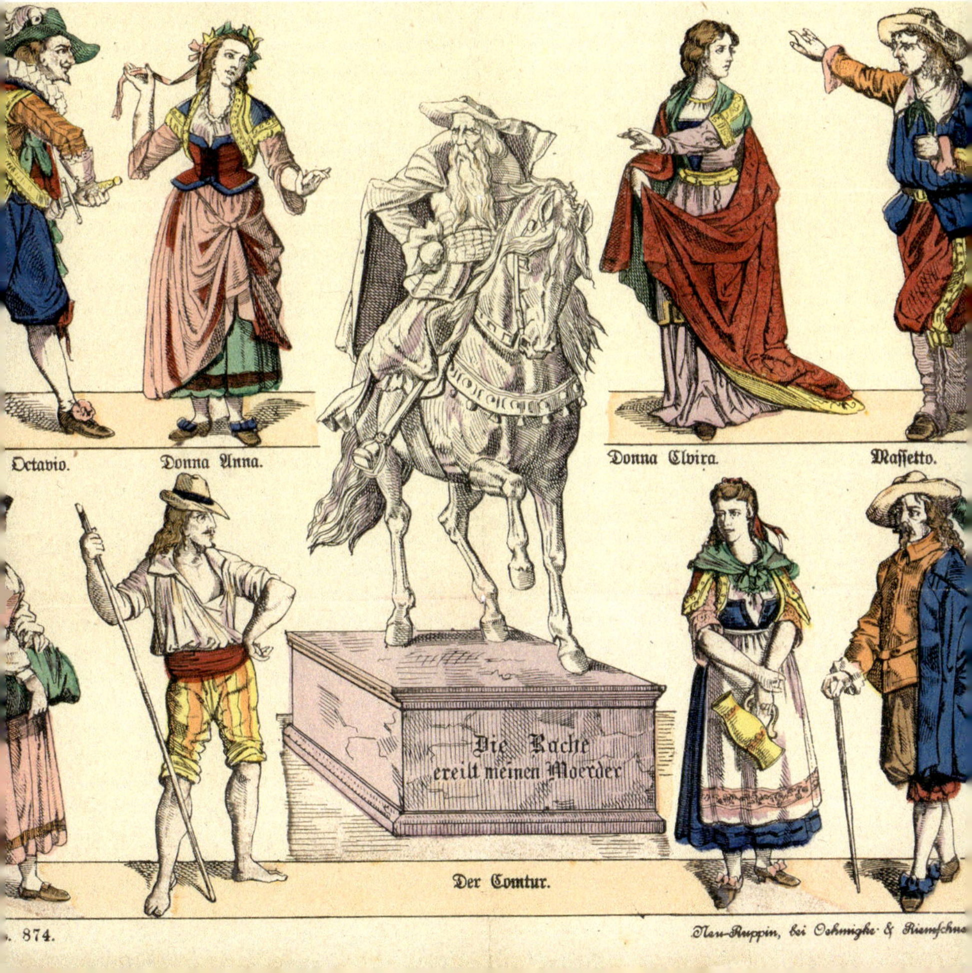

50 Là ci darem la mano

Verführungskunst auf offener Bühne

Am Beginn der Oper »Don Giovanni« erlebt das Publikum, wie der Titelheld in ein vornehmes Haus eindringt, sich Zutritt zu Donna Anna verschafft, von deren Vater überrascht wird und diesen im Degenkampf tötet. Nach diesem actiongeladenen Anfang trifft er auf der Flucht durch das nächtliche Sevilla auf die ehemalige Geliebte Donna Elvira, die ihm bittere Vorwürfe macht, woraufhin Don Giovanni wieder die Flucht ergreift. Während sich Donna Anna, ihr Verlobter Don Ottavio und Donna Elvira zusammentun, um den Wüstling seiner Strafe zuzuführen, bahnt sich eine neue Situation an: Don Giovanni trifft auf eine Bauernhochzeit und verspricht großzügig, die Feier auszurichten. Natürlich nicht ohne Grund: Er hat es auf die Braut abgesehen. Während sein Diener Bräutigam und Gäste ablenkt, ist zum ersten Mal auf der Bühne der Verführer als solcher in Aktion zu erleben – in Form eines der berühmtesten Opernduette.

Dieser dramaturgische Aufbau ist ein Meisterstück des genialen Librettisten Lorenzo Da Ponte, mit dem Mozart diese und zwei weitere Opern schrieb.

Im Duett gibt sich der Verführer weich und werbend. Mit einer in ihrer Schlichtheit entwaffnenden Melodie bittet er sie, ihm die Hand zu reichen, damit er sie auf sein Schloss führen kann. Die Braut Zerlina ist von der Art des Edelmannes fasziniert. Erst sträubt sie sich, dann fallen die Barrieren. Der Moment von Don Giovannis Erfolg zeigt sich in der Musik als Taktwechsel: Im wiegenden Rhythmus finden die beiden Stimmen zueinander; musikalisch vollzieht sich hier die von beiden gewünschte Vereinigung also bereits.

Da Ponte war der Ansicht, mit »Don Giovanni« die beste Zusammenarbeit mit Mozart geleistet zu haben. Nach dem Tod des Komponisten 1791 verlor er seine Stellung als Hofdichter. 1805 wanderte er nach Amerika aus, wo er 1826 für die erste Aufführung des »Don Giovanni« in der »Neuen Welt« sorgte.

Deutscher Titel Reich mir die Hand, mein Leben | **Aus** Don Giovanni | **Originalsprache** Italienisch | **Musik** Wolfgang Amadeus Mozart | **Libretto** Lorenzo Da Ponte | **Uraufführung** 29.10.1787 in Prag | **Bild** Das Ständetheater in Prag: Schauplatz der Uraufführung der Oper »Don Giovanni«.

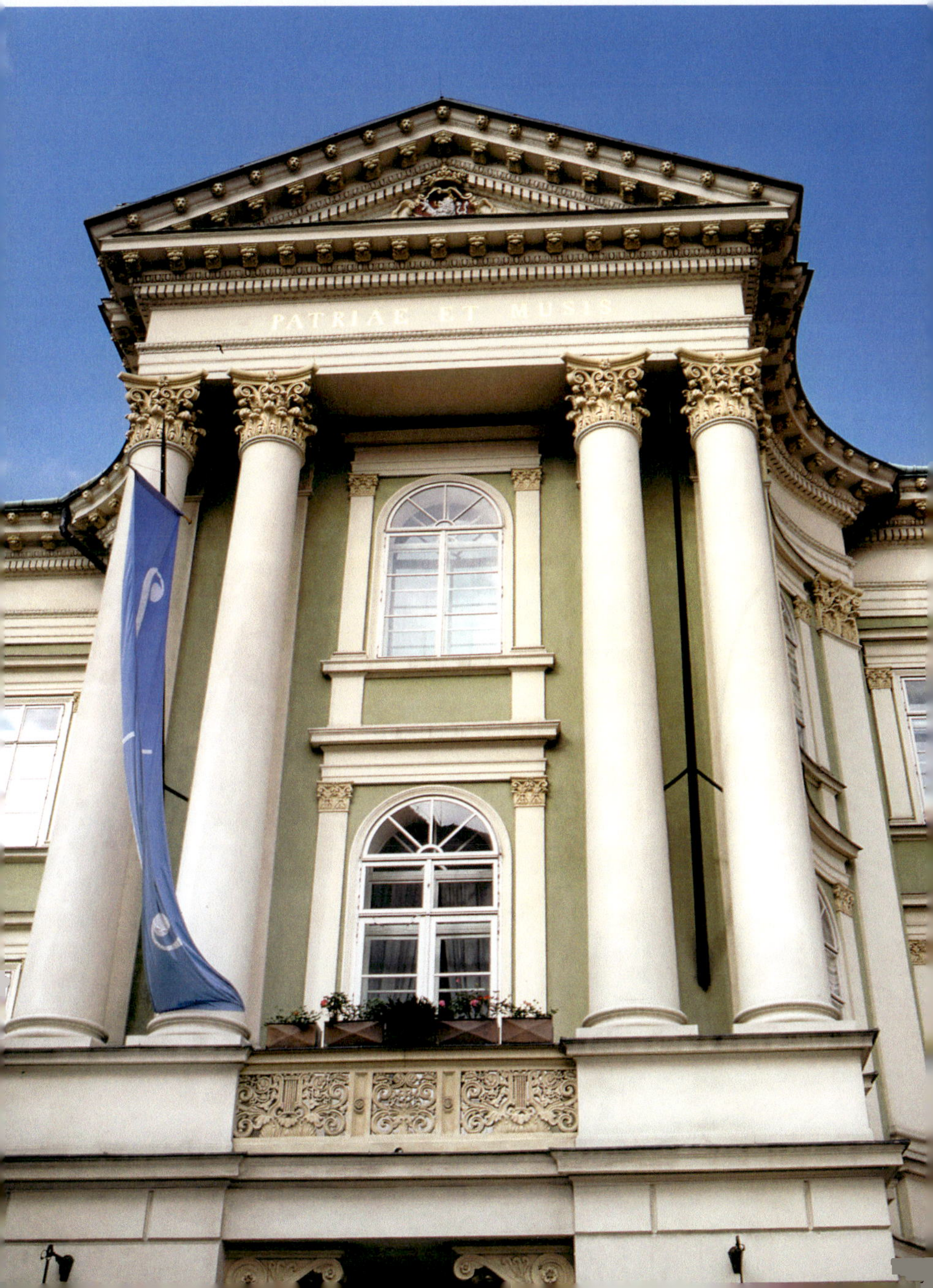

51 Dies Bildnis ist bezaubernd schön

Auf dem Weg zum guten Menschen

1790 starb der österreichische Kaiser Joseph II., der für Mozart ein wichtiger Förderer gewesen war. Der neue Herrscher Leopold II. erwies sich angesichts der revolutionären Ereignisse in Frankreich als weniger tolerant als Joseph. Mozarts finanzielle Lage wurde prekär. Da kam einer der wichtigsten Theatermänner Wiens auf ihn zu: Emanuel Schikaneder, ein Tausendsassa des damaligen »Showbusiness«. Er war Schauspieler, Theaterdirektor und Autor zugleich und besaß seit einem Jahr die Konzession für das Wiener Freihaustheater, einer Vorstadtbühne zur Unterhaltung des einfachen Volkes, für die Mozart die »Zauberflöte« komponierte.

Heute würde man die Handlung, die in einer nicht näher benannten Zeit im Orient spielt, in die Genreschublade »Fantasy« stecken: Prinz Tamino hat sich in einem fremden Reich verirrt und wird von drei geheimnisvollen Damen mit Zauberkräften vor einer Riesenschlange gerettet. Es sind Dienerinnen der »Königin der Nacht«, deren Tochter Pamina von ihrem Gegenspieler Sarastro entführt wurde. Tamino soll die Prinzessin befreien. Er folgt dem Auftrag nicht nur aus Dank für die Rettung, sondern weil er sich in Paminas Bild verliebt. Die Arie »Dies Bildnis ist bezaubernd schön« beschreibt diesen Moment.

Später in der Oper wird sich Sarastro als Herrscher über eine das Licht der Sonne anbetende Priestergruppe als der eigentlich »Gute« der Geschichte erweisen. Tamino wird ein Ritual durchlaufen, das ihn zu einem im humanen Sinne tugendhaften und verantwortungsbewussten Menschen macht. Die Ideen und Symbole der Oper ähneln denen der Freimaurer, denen Mozart angehörte. Als er recht jung kurz nach der Uraufführung starb, entstand das (unbewiesene) Gerücht, der Komponist sei von jemandem aus diesen Kreisen wegen Verrat ermordet worden.

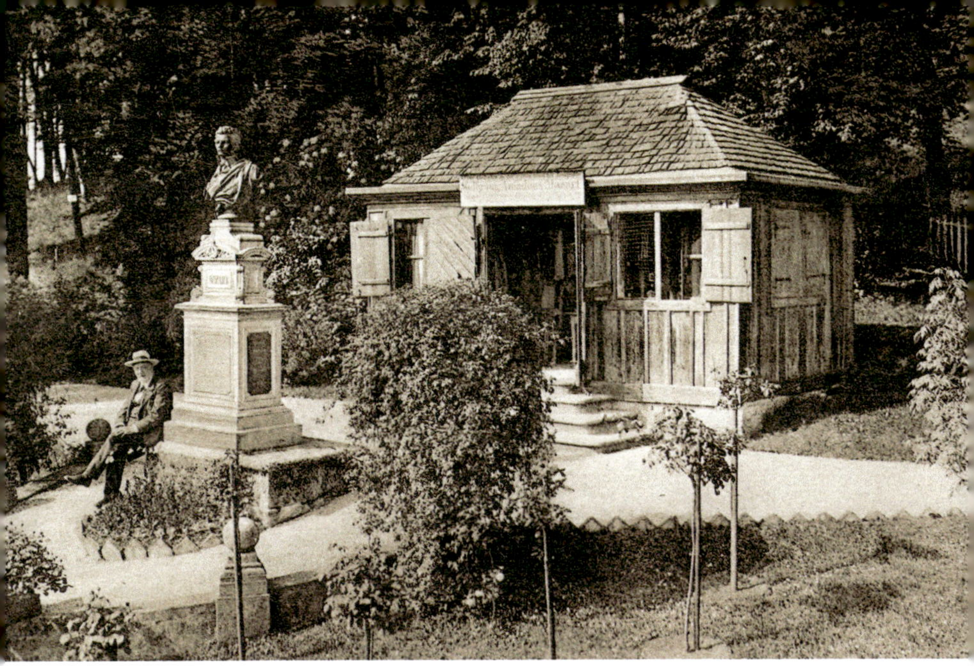

Originaltitel Dies Bildnis ist bezaubernd schön (Bildnisarie) | Aus Die Zauberflöte | Originalsprache Deutsch | Musik Wolfgang Amadeus Mozart | Libretto Emanuel Schikaneder | Uraufführung 30.9.1791 in Wien | Bild Das Häuschen, in dem Mozart seine Oper »Die Zauberflöte« komponiert haben soll, einst und jetzt. Es befand sich ursprünglich in Wien und steht heute auf der Pausenterrasse des Großen Saals der Stiftung Mozarteum in Salzburg.

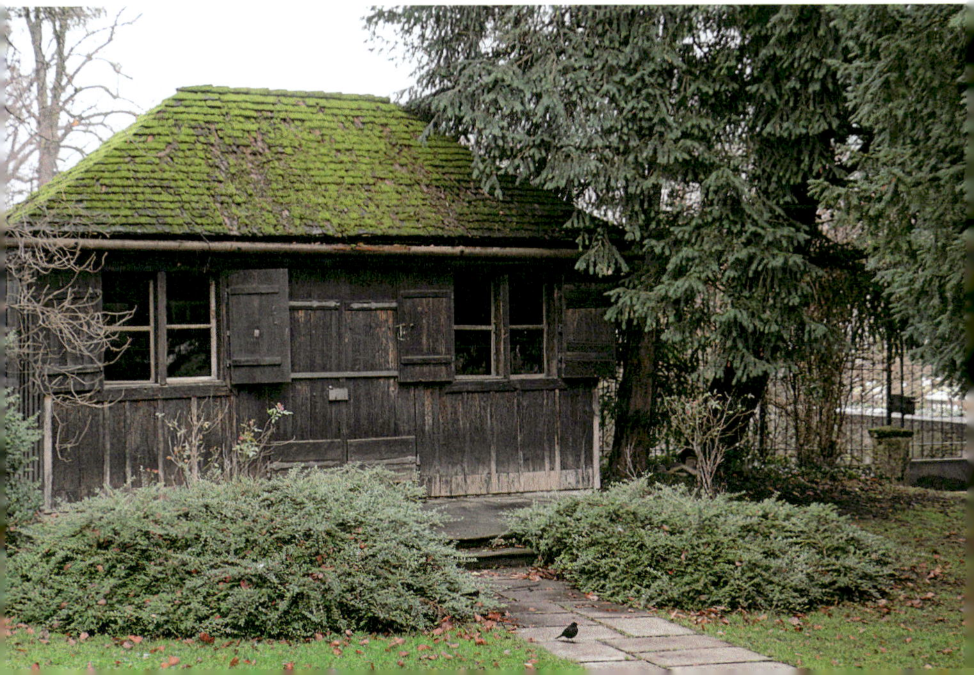

52 Der Hölle Rache

Eine Arie reist durchs Universum

Geschichten mit Märchenmotiven, verbunden mit volkstümlichen Elementen, waren Ende des 18. Jahrhunderts in Wien beliebt. Dem Textdichter Emanuel Schikaneder gelang es, in der »Zauberflöte« beides zu verbinden. Neben die phantastische Handlung um den Prinzen mit seinem Auftrag, die Prinzessin zu retten, hat er die Figur des spaßigen Vogelfängers Papageno gestellt, der mit den einfachen Dingen des Lebens zufrieden ist, dafür schon mal fünfe gerade sein lässt – und gelegentlich Strafen verbüßen muss.

Eine Figur wie die Königin der Nacht jedoch scheint aus der alten Barockoper zu stammen. Vor allem die virtuose Koloraturarie »Der Hölle Rache kocht in meinem Herzen« ähnelt den gesangsakrobatischen Auftritten der früheren Kastraten, denen das Publikum Generationen vor Mozart zujubelte.

Der Komponist legt in diesen rasenden Moment den Hass der dunklen Königin, die gerade erfahren hat, dass ihre Tochter im Kampf gegen den Gegenspieler Sarastro nicht mehr auf ihrer Seite ist. Kurz darauf zeigt sich, dass man in Sarastros Reich niedere Gefühle wie Rache gar nicht kennt. Die Königin der Nacht gehört also einer alten Zeit der Finsternis an. Sarastro mit seinem Sonnenkult steht für ein neues, an Humanität orientiertes Ideal. Mittelalter prallt auf Aufklärung.

Sollten jemals Außerirdische die seit 1977 durchs All reisende Raumkapsel Voyager II öffnen, werden sie auch diese Arie hören. Sie gehört zu den menschlichen Dokumenten, die man neben vielen anderen der Sonde mitgegeben hat. Interpretin ist übrigens die Sopranistin Edda Moser, die 1972 für eine der ganz großen Aufnahmen des Stückes sorgte. Die Interpretation soll ihr aus einem ganz bestimmten Grund so gut gelungen sein: Unmittelbar bevor sich die Mikrofone öffneten, bekam sie von dem Dirigenten Wolfgang Sawallisch eine Absage für ein Folgeprojekt. Die Wut, die man hört, ist also echt.

Originaltitel Der Hölle Rache kocht in meinem Herzen | Aus Die Zauberflöte | Originalsprache Deutsch | Musik Wolfgang Amadeus Mozart | Libretto Emanuel Schikaneder | Uraufführung 30.9.1791 in Wien | Bild Datenplatte der Raumkapsel Voyager II, in der Mozarts »Rachearie« in die Tiefen des Weltalls reist.

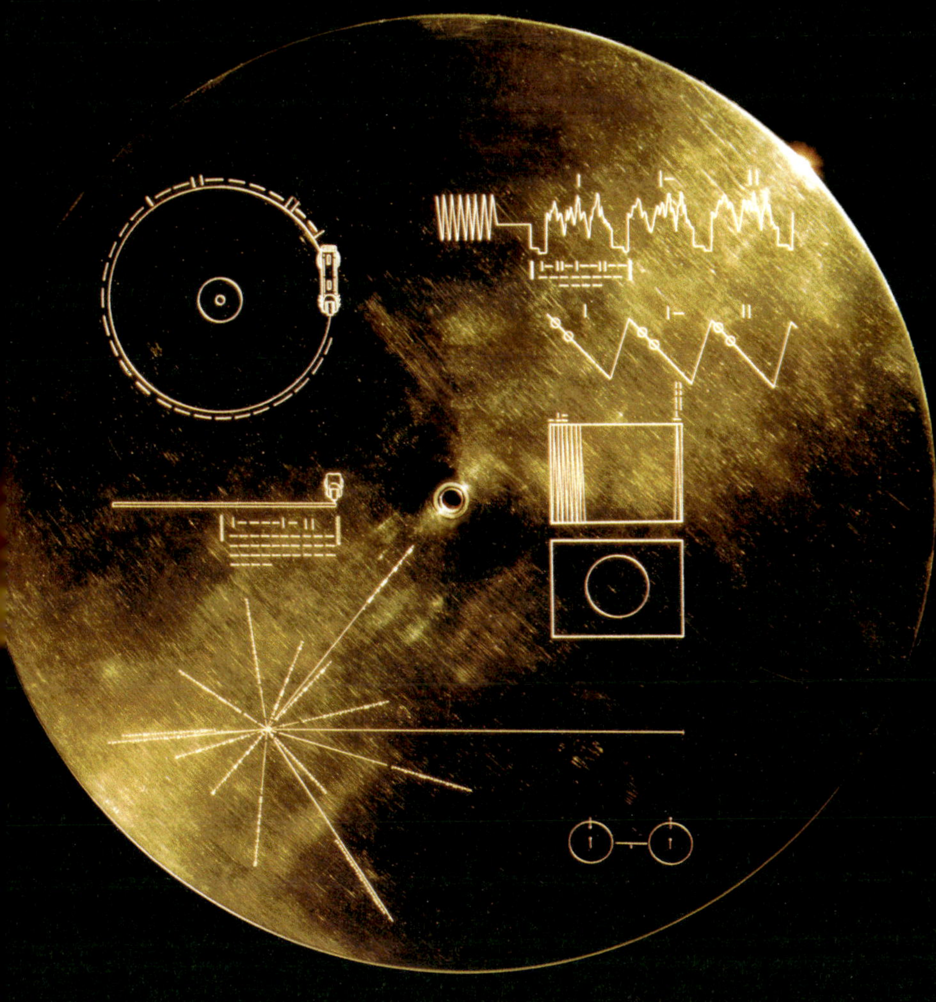

53 Proshcháy, moy syn

Ein falscher Zar verfällt dem Wahnsinn

Eine eher tragische Figur der russischen Musikgeschichte war Modest Mussorgsky: Als Sohn eines Gutsbesitzers wurde er Offizier in einem St. Petersburger Garderegiment, entschied sich dann aber für die Musik. Obwohl Mussorgsky eher dem Typ des »Originalgenies« entsprach und eine akademische Ausbildung ablehnte, standen die Zeichen für seine Pläne zunächst gut: Er tat sich mit anderen Vertretern der russischen nationalen Schule wie Nikolai Rimsky-Korsakow oder Alexander Borodin zusammen. Ihr Ziel war es, typische Elemente ihres Heimatlandes in die Musik einzubeziehen – in Instrumentalwerken in Form von Volksmelodien, in gesungenen Kompositionen mit Volkspoesie oder historischen Stoffen. Als 1861 in Russland die Leibeigenschaft abgeschafft wurde, verlor Mussorgsky jedoch sein Vermögen. Psychisch aus der Bahn geworfen, wurde er zum Alkoholiker. Zwei erste Opernversuche blieben Fragment, dann erlebte »Boris Godunow« 1874 die Uraufführung.

Die Quellen des Librettos entstammen der russischen Geschichte: Die Titelfigur ist ein Zar aus der Zeit um 1600. Er hat den rechtmäßigen Thronerben ermorden lassen, um selbst an die Macht zu kommen. Kaum hat er den Thron bestiegen, entsteht Widerstand. Der junge Mönch Grigori gibt sich als der tote Thronfolger Dimitri aus und kann in den polnischen Randgebieten des Reiches das Volk für sich gewinnen. Als Godunow diese Nachricht hört, zweifelt er daran, dass seine Helfer das Attentat an dem Zarewitsch tatsächlich begangen haben. Ihm bleibt nichts anderes übrig, als sich die Tat genau schildern zu lassen, was ihn in größte Gewissenskonflikte und letztlich in Wahnvorstellungen stürzt. Als er spürt, dass er bald sterben wird, übergibt er in einer großen Arie seinem Sohn Fjodor den Thron, während jedoch das Volk schon dem falschen Dimitri folgt und ein neues unrechtmäßiges Herrschertum droht.

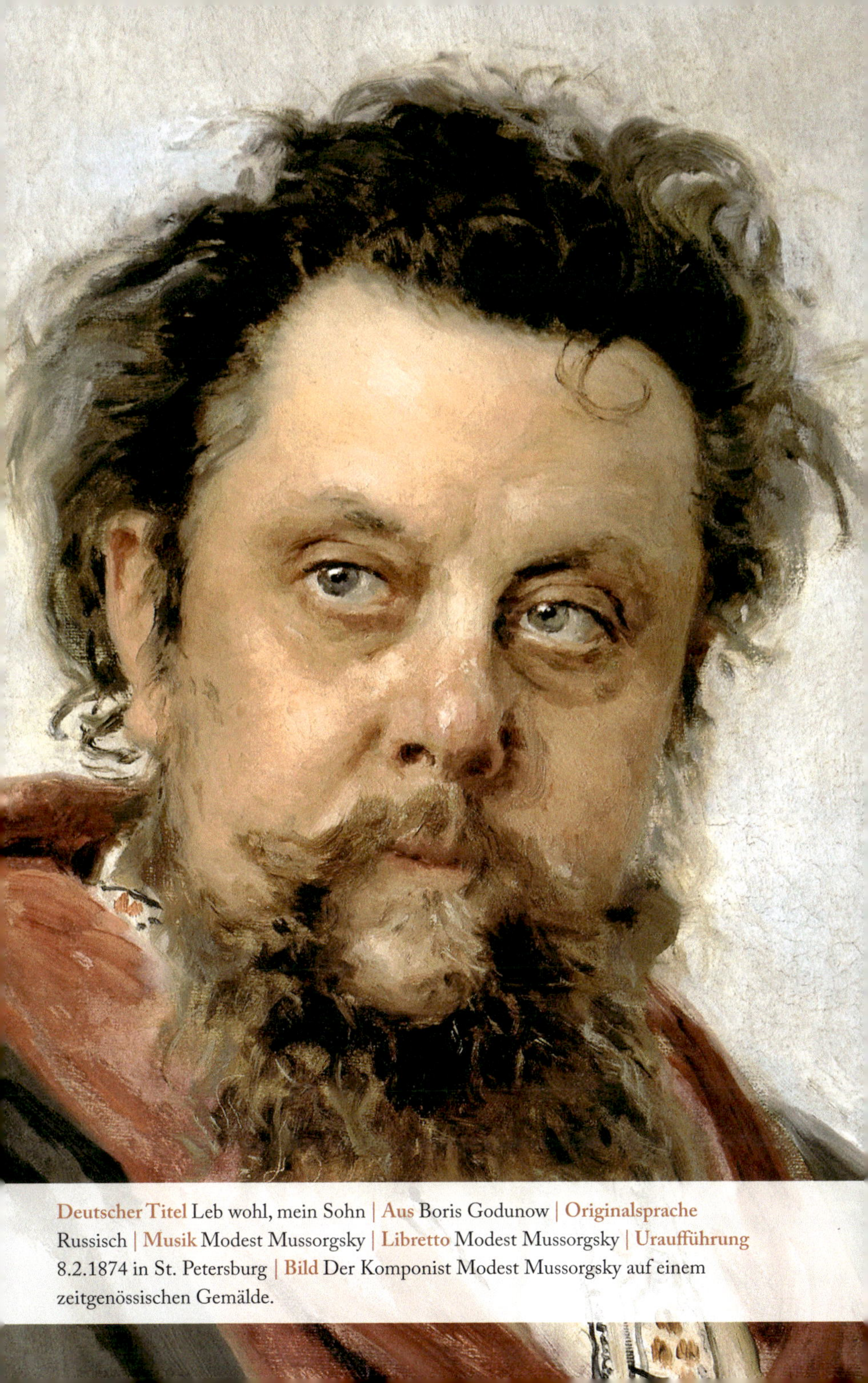

Deutscher Titel Leb wohl, mein Sohn | **Aus** Boris Godunow | **Originalsprache** Russisch | **Musik** Modest Mussorgsky | **Libretto** Modest Mussorgsky | **Uraufführung** 8.2.1874 in St. Petersburg | **Bild** Der Komponist Modest Mussorgsky auf einem zeitgenössischen Gemälde.

54 Ouvertüre zu »Die lustigen Weiber von Windsor«

Komische Rache an einem Heiratsschwindler

Am 28. März 1842 gab es in Wien eine besondere Premiere: Das Hofopernorchester spielte das erste in einer Reihe von regelmäßig geplanten Sinfoniekonzerten. Historiker sehen in diesem Moment die Geburtsstunde der Wiener Philharmoniker, die heute als einer der besten klassischen Klangkörper der Welt gelten. Am Dirigentenpult stand damals der 32-jährige Otto Nicolai, der schon eine bewegte Karriere hinter sich hatte. Sein Vater war Musiklehrer gewesen und hatte aus seinem Sohn ein Wunderkind machen wollen. Nicolai floh aus dem heimatlichen Königsberg, studierte in Berlin und bekam eine Organistenstelle in Rom. Dort hatte er Gelegenheit, die Musik der großen Opernmeister der Zeit zu studieren. Den italienischen Stil brachte er mit, als er 1837 Kapellmeister in Wien wurde und hier erste eigene Opern in italienischer Sprache aufführen konnte.

Sein einziges wirkliches Erfolgsstück besitzt jedoch einen deutschen Text. Es ist die Oper »Die lustigen Weiber von Windsor« – eine Komödie nach einem Stück von William Shakespeare, das fast ein halbes Jahrhundert nach Nicolai noch Giuseppe Verdi zu seiner Oper »Falstaff« inspirieren sollte. Dieser Sir John Falstaff ist ein alter Hagestolz, der den Mangel an äußerlicher Anziehungskraft mit Selbstüberschätzung wettmacht. Völlig von seiner Wirkung auf die Damenwelt überzeugt, schickt er auf der Jagd nach einer guten Mitgift zweimal denselben Liebesbrief an unterschiedliche Adressatinnen. Er ahnt nicht, dass die beiden Frauen sein Spiel durchschauen. Bald wird Falstaff Opfer ihrer Rache, die am Ende in einem inszenierten nächtlichen Geisterspuk im Wald gipfelt. Schon in der populären Ouvertüre erlebt man die für diese Oper typische Verbindung von italienischem Schmiss mit sentimental-romantischen Elementen.

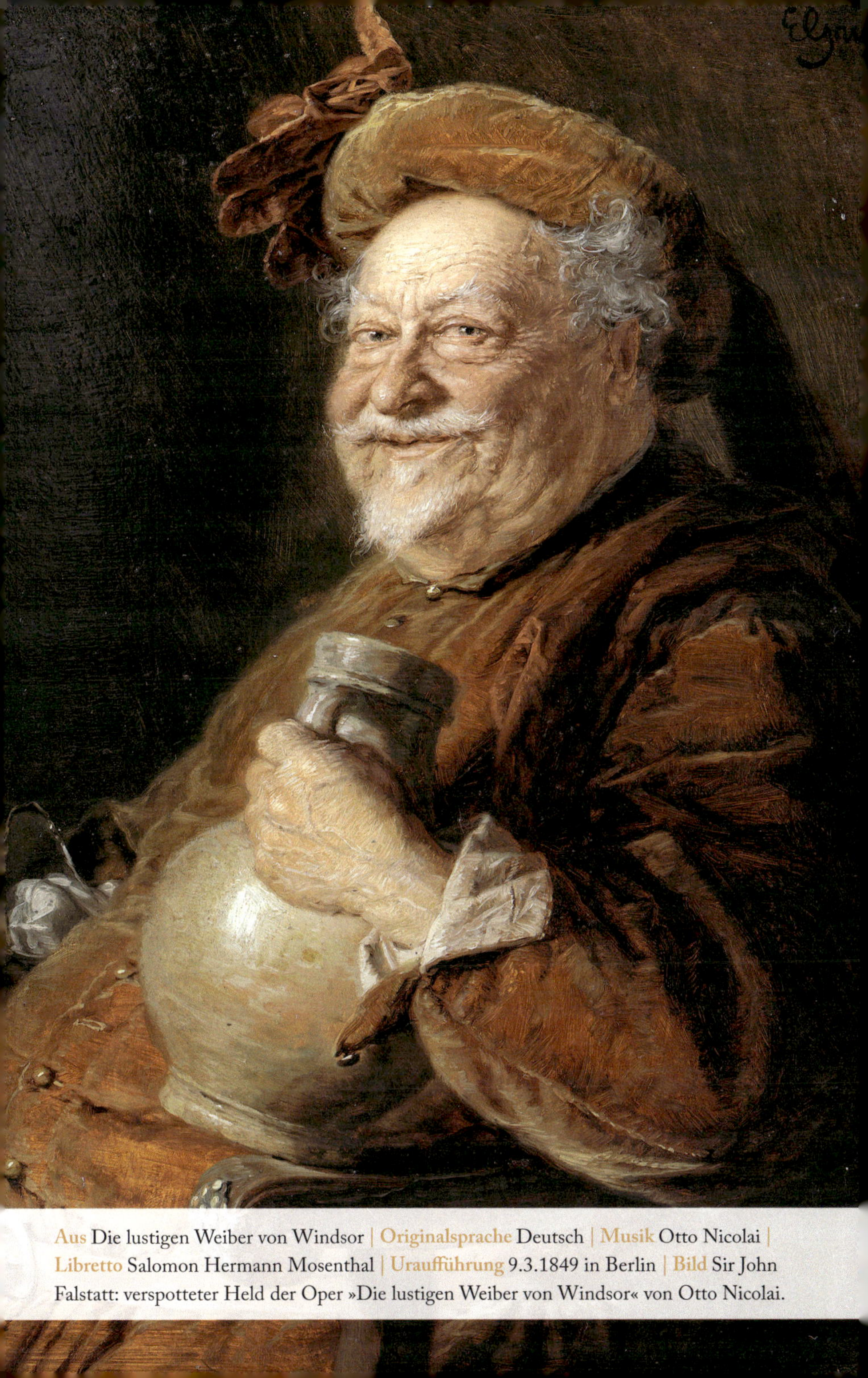

Aus Die lustigen Weiber von Windsor | Originalsprache Deutsch | Musik Otto Nicolai | Libretto Salomon Hermann Mosenthal | Uraufführung 9.3.1849 in Berlin | Bild Sir John Falstatt: verspotteter Held der Oper »Die lustigen Weiber von Windsor« von Otto Nicolai.

55 Belle nuit, ô nuit d'amour

Ein Gondellied vom Rhein

In der Glockengasse in Köln ist nicht nur das berühmte Duftwasser »Eau de Cologne« zu Hause, sondern gleich daneben befindet sich auch der Offenbachplatz mit der Kölner Oper, benannt nach Jacques (Jakob) Offenbach, einem berühmten Sohn der rheinischen Metropole. Schon mit 14 schickte man den Hochtalentierten nach Paris, wo er beim berühmten Luigi Cherubini das kompositorische Handwerk lernte. Offenbach eroberte zunächst als Cellovirtuose die Podien. Er galt als »Liszt des Cellos« und unternahm mit seinem Instrument Konzertreisen. In England trat er vor Königin Victoria auf.

Sein Weg sollte jedoch nicht der des konzertierenden Solisten sein: Nach Engagements in Theaterorchestern arbeitete er sich zum Kapellmeister hoch, schrieb zwischen 1850 und 1855 Bühnenmusiken zu einer unübersehbaren Anzahl von Stücken populärer französischer Autoren und eröffnete schließlich sein eigenes Haus, die »Bouffe-Parisiens«, wo er mit satirischen Operetten wie »Orpheus in der Unterwelt« die Pariser Gesellschaft aufs Korn nahm.

Offenbach träumte auch von der großen Oper. Nach mehreren Vorgängern nahm er 1878 »Hoffmanns Erzählungen« in Angriff. Das Werk, in dem er Geschichten des deutschen Romantikers Ernst Theodor Amadeus Hoffmann verband, beschäftigte ihn bis zum Ende seines Lebens. Hoffmann (1776–1822) ist darin Hauptfigur und Stofflieferant zugleich. Das Libretto besteht aus einem Konglomerat einzelner Motive, Personen und Handlungsfetzen. Der Erzähler entführt das Publikum unter anderem nach Venedig, wo ein typisches Gondellied erklingt – eine »Barcarole« im typischen wiegenden Rhythmus. Was nur wenige wissen: Offenbach hat die heute überaus berühmte Melodie aus einer seiner früheren Opern übernommen, den bei Bingen spielenden »Rheinnixen«.

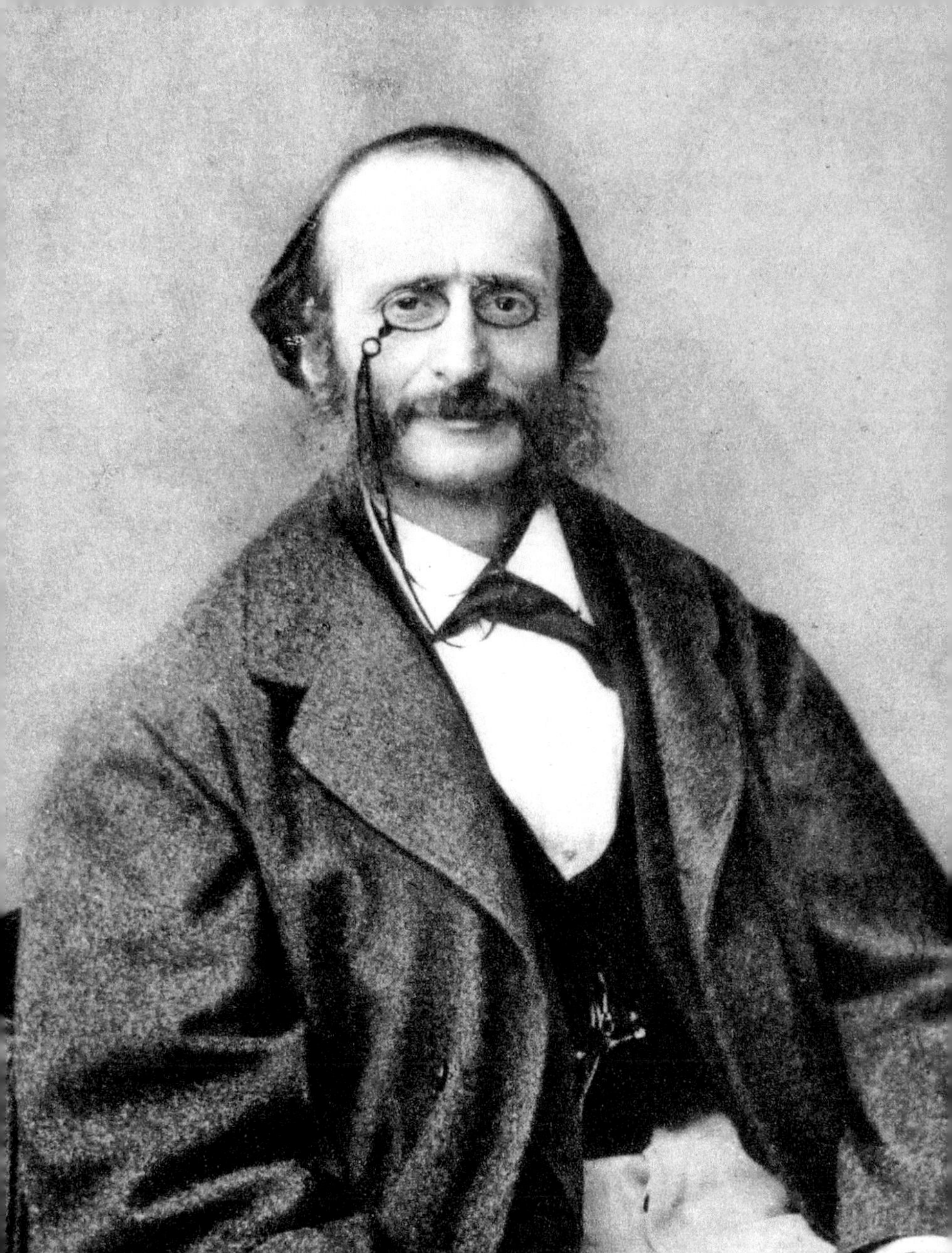

Deutscher Titel Schöne Nacht, du Liebesnacht (Barcarole) | **Aus** Les Contes d'Hoffmann/Hoffmanns Erzählungen | **Originalsprache** Französisch | **Musik** Jacques Offenbach | **Libretto** Jules Barbier | **Uraufführung** 10.2.1881 in Paris | **Bild** In Köln geboren, in Paris Welterfolge errungen: Der Komponist Jacques Offenbach auf einem Bild des Fotografiepioniers Nadar.

56_Oh, hätt' ich meiner Tochter nur geglaubt!

Märchenoper als Welttheater

Den Namen Carl Orff verbinden viele Menschen entweder mit der populären Kantate »Carmina Burana«, oder sie haben mit ihm im Bereich der Musikpädagogik Bekanntschaft gemacht. Auf Orff geht eine ganze Reformrichtung der musikalischen Früherziehung zurück, die auf einfachen rhythmischen, melodischen und klanglichen Elementen beruht und auch Sprache und Bewegung miteinbezieht. Dieses »Orff-Schulwerk« besteht aus aufeinander aufbauenden Musikstücken, zu spielen mit elementarem Instrumentarium auf der Basis von Schlaginstrumenten wie Xylofonen, Trommeln oder Gongs.

Das Elementare hat den Lehrer, aber auch den Komponisten Orff gereizt. Er verknüpfte es mit der allgemeinen Überzeitlichkeit einer Idee des »Welttheaters« – und das nicht nur in der »Carmina Burana«, die auf mittelalterlichen Texten basiert. Auch seine Opern, die sich auf Märchenstoffe stützen, folgen diesem Prinzip. Bekannt sind vor allem »Der Mond« (1939) und »Die Kluge« (1943).

Die Geschichte von der Bauerntochter, die ihren Vater mit Köpfchen vor dem unberechtigten Zorn des Königs rettet, steht schon bei den Gebrüdern Grimm. Ein Bauer hat beim Pflügen einen goldenen Mörser gefunden, ihn pflichtbewusst beim König abgeliefert – und wird (wie seine Tochter es vorausgesagt hat) verdächtigt, einen Teil des Fundes behalten zu haben, da der dazugehörige Stößel fehlt. »Oh, hätt' ich meiner Tochter nur geglaubt!«, ruft er verzweifelt im Kerker aus und schildert das Geschehen, das ihn hierhergebracht hat. Ab 1950 gab Orff seine Ideen auch als Lehrer an der Münchner Musikhochschule weiter. Unter seinen Schülern befand sich unter anderem der Liedermacher Konstantin Wecker. Orff hat sich auch mit der Wiederentdeckung älterer Musik befasst und rekonstruierte zum Beispiel Monteverdis »L'Orfeo«.

Originaltitel Oh, hätt' ich meiner Tochter nur geglaubt! | **Aus** Die Kluge | **Originalsprache** Deutsch | **Musik** Carl Orff | **Libretto** Carl Orff | **Uraufführung** 20.2.1943 in Frankfurt am Main | **Bild** Der Komponist Carl Orff in den 1970er Jahren.

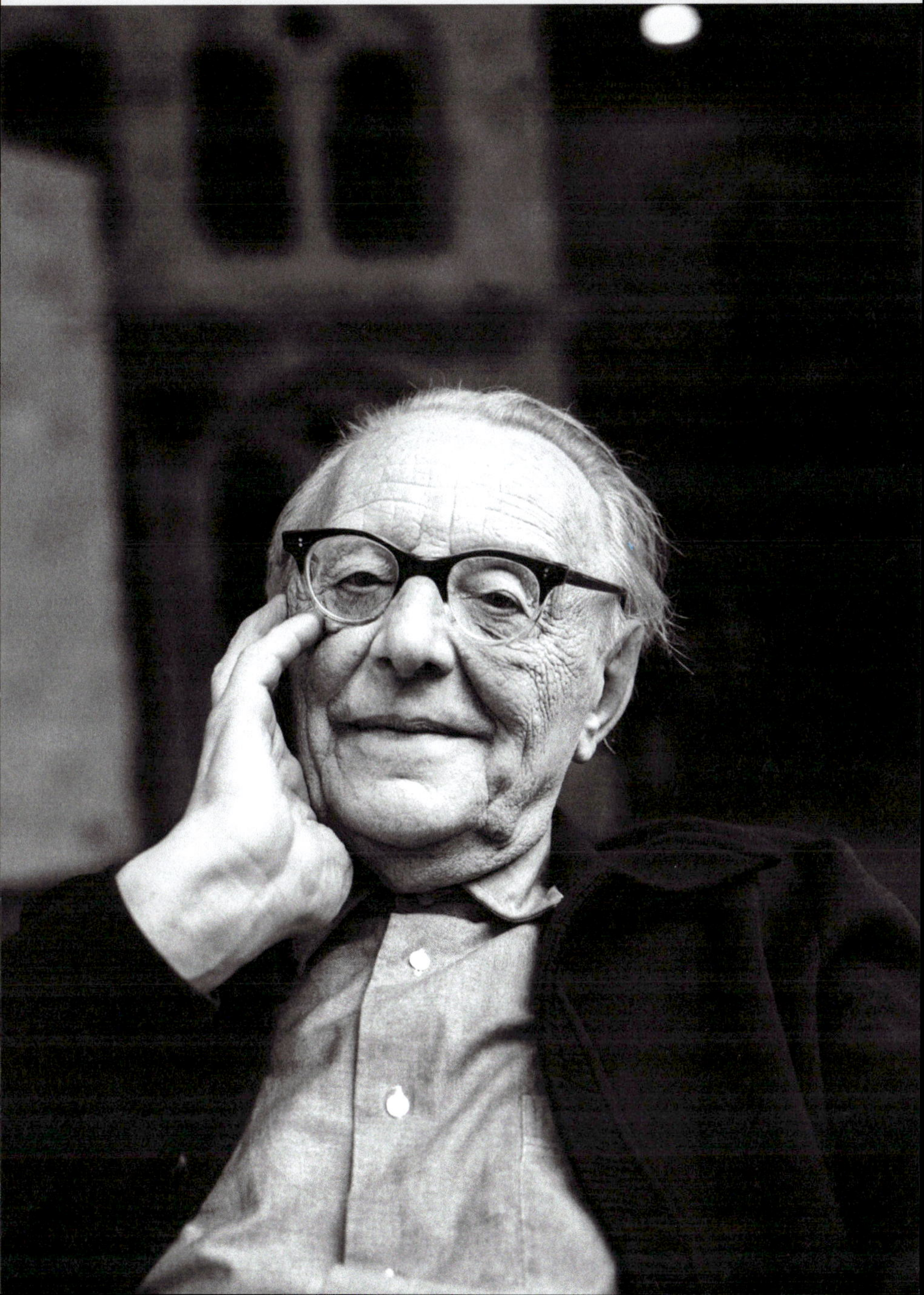

57__Stizzoso mio stizzoso

Als die Oper heiter wurde

Oper und Komik: Passt das zusammen? Ursprünglich nicht. Als um 1600 die ersten Opern erklangen, stand alles im Geist der antiken Tragödie. Die Geschichten behandelten erhabene Tugenden wie Treue, Liebe, Opferbereitschaft oder Freundschaft. Die Helden, die diesen Werten entsprechen wollten, durchlebten Situationen, die zur Prüfung gerieten – mit oft tödlichem Ausgang. Es waren meist Prominente antiker Sagen oder hohe Persönlichkeiten der Geschichte – Könige oder Königinnen.

Doch 1637 öffnete in Venedig das erste kommerzielle Opernhaus für zahlendes Publikum seine Türen. Die Gattung war nun nicht mehr nur Glanzstück fürstlicher Feste, sondern ein Geschäft. Damit kam auch die Komödie als »Opera buffa« auf die Bühne. Und mit ihr rangniederes Personal.

Als Pioniertat dieses heiteren Genres gilt »La serva padrona« (»Die Magd als Herrin«), komponiert von Giovanni Battista Pergolesi, der aus der Gegend von Ancona stammte und es früh zum Kapellmeister beim König von Neapel brachte. Ein Blick auf die Lebensdaten lässt staunen: Nur 26 Jahre alt wurde der oft kränkelnde Pergolesi, und doch hat er zehn Opern hinterlassen und darüber hinaus auch eine Fülle an Kirchenwerken und Instrumentalmusik. Berühmt und bis heute geschätzt ist sein »Stabat Mater«.

Erst der viel jüngere Mozart wagte es, Adlige in einer heiteren Oper auftreten zu lassen und sie so dem Gelächter preiszugeben. In Pergolesis »Magd als Herrin« bricht sich aber auch schon die später (etwa in Mozarts »Figaro«) anzutreffende Raffinesse einer Hausangestellten Bahn. Bei Pergolesi sagt sie ihrem Herrn voraus, dass er sie heiraten werde – und diesen Plan verwirklicht sie mit Hilfe von allerlei Intrigen. Die Geschichte der Magd Serpina (der Name bedeutet »kleine Schlange«) erlebte einen Siegeszug in alle europäischen Länder, der früh verstorbene Komponist wurde zum Mythos.

Deutscher Titel Ei seht doch, seht, der Herr wird böse | **Aus** La serva padrona / Die Magd als Herrin | **Originalsprache** Italienisch | **Musik** Giovanni Battista Pergolesi | **Libretto** Gennaro Antonio Federico | **Uraufführung** 28.8.1733 in Neapel | **Bild** Eine Szene der Oper »La Serva Padrona« in einer Inszenierung vom spanischen Festival »Quincena Musical«.

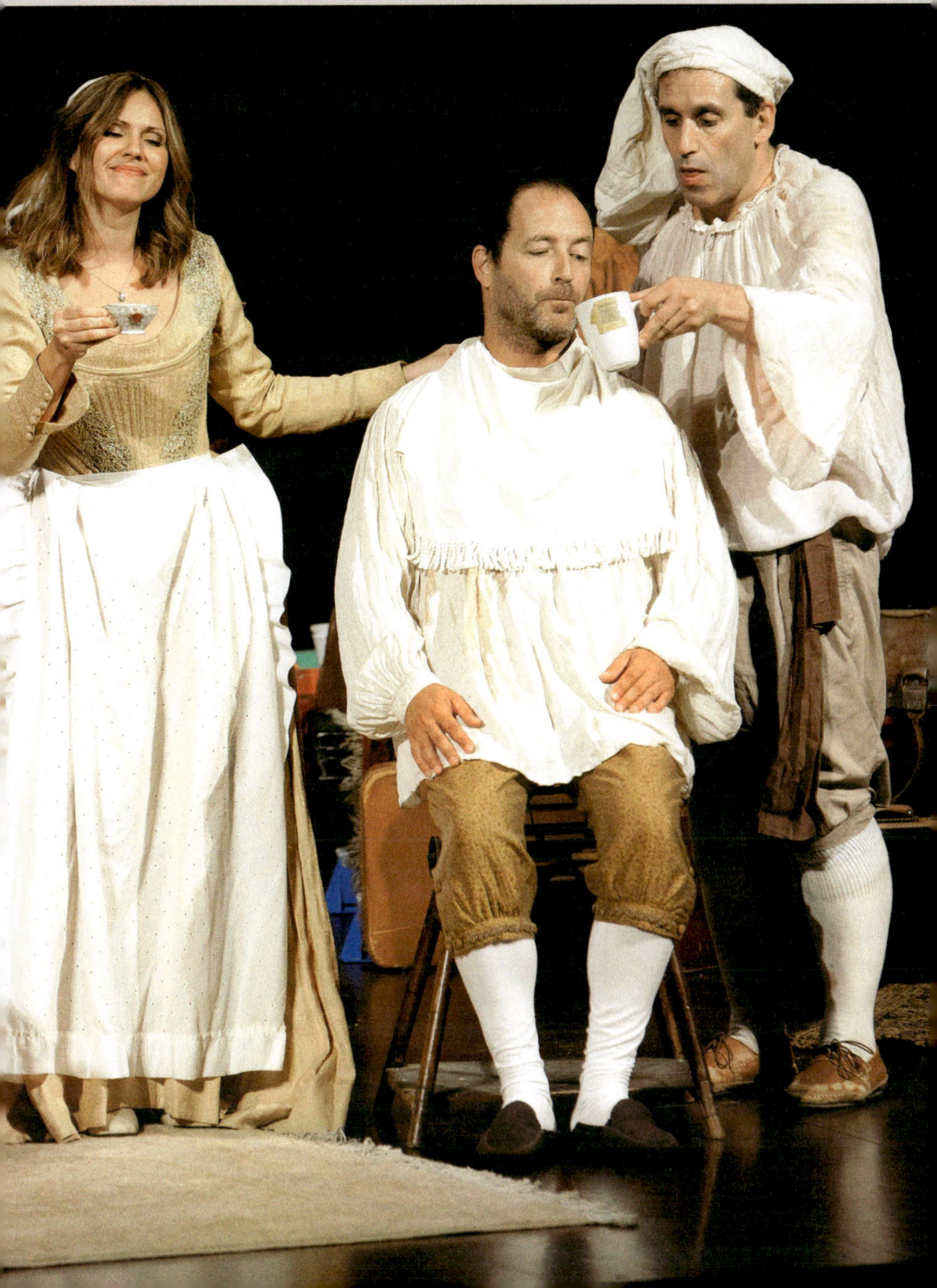

58 Tanz der Stunden

Ein Werbejingle von der Opernbühne

Wer statt über Streamingdienste über werbefinanzierte Privatsender fernsieht, dem begegnet immer wieder ein Spot, in dem tiefgefrorene Torten und andere Konditoreiprodukte angeboten werden. Akustisches Kennzeichen ist eine charakteristische hüpfende Melodie, die aus der klassischen Musik übernommen wurde. Sie stammt aus der bekanntesten Oper von Amilcare Ponchielli – allerdings nicht aus einem Gesangsstück, sondern aus einer Balletteinlage, die in den Opern in der zweiten Hälfte des 19. Jahrhunderts ebenso dazugehörte wie Arien oder orchestrale Zwischenspiele: der »Tanz der Stunden«, der auch losgelöst vom Bühnenwerk immer wieder in Konzerten erklingt.

Ponchielli kam schon als Neunjähriger an das Mailänder Konservatorium, wo er Musiktheorie, Kompositon und Klavier studierte. Zunächst brachte ihn seine Karriere nach Cremona, wo er als Organist und Theaterkapellmeister arbeitete und auch schon seine erste Oper zur Aufführung brachte. Der Durchbruch mit »La Gioconda« fast zwanzig Jahre später sorgte für beruflichen Aufstieg. Der Komponist wurde Professor in Mailand, wo er junge Meister der neuen Opernströmung des »Verismo« pädagogisch betreute. Einer seiner bekanntesten Schüler war Giacomo Puccini.

Das Werk bringt im Stil der »Grand Opéra« mit Massenszenen und großer Bühnenausstattung das Schauspiel »Angelo, Tyrann von Padua« von Victor Hugo auf die Opernbühne. Der Librettist Arrigo Boito verlegte die Handlung nach Venedig. In der effektvollen Kulisse von Lagunen, noblen Palazzi und Inseln wird in der Inquisitionszeit die Sängerin La Gioconda in ein Drama zwischen Liebe und Politik verwickelt. Der »Tanz der Stunden«, den Ponchielli übrigens erst bei allerletzten Umarbeitungen einbaute, erklingt in dem Werk als in die Handlung eingebettete Darbietung auf einem rauschenden Maskenball in einem prachtvollen venezianischen Palast.

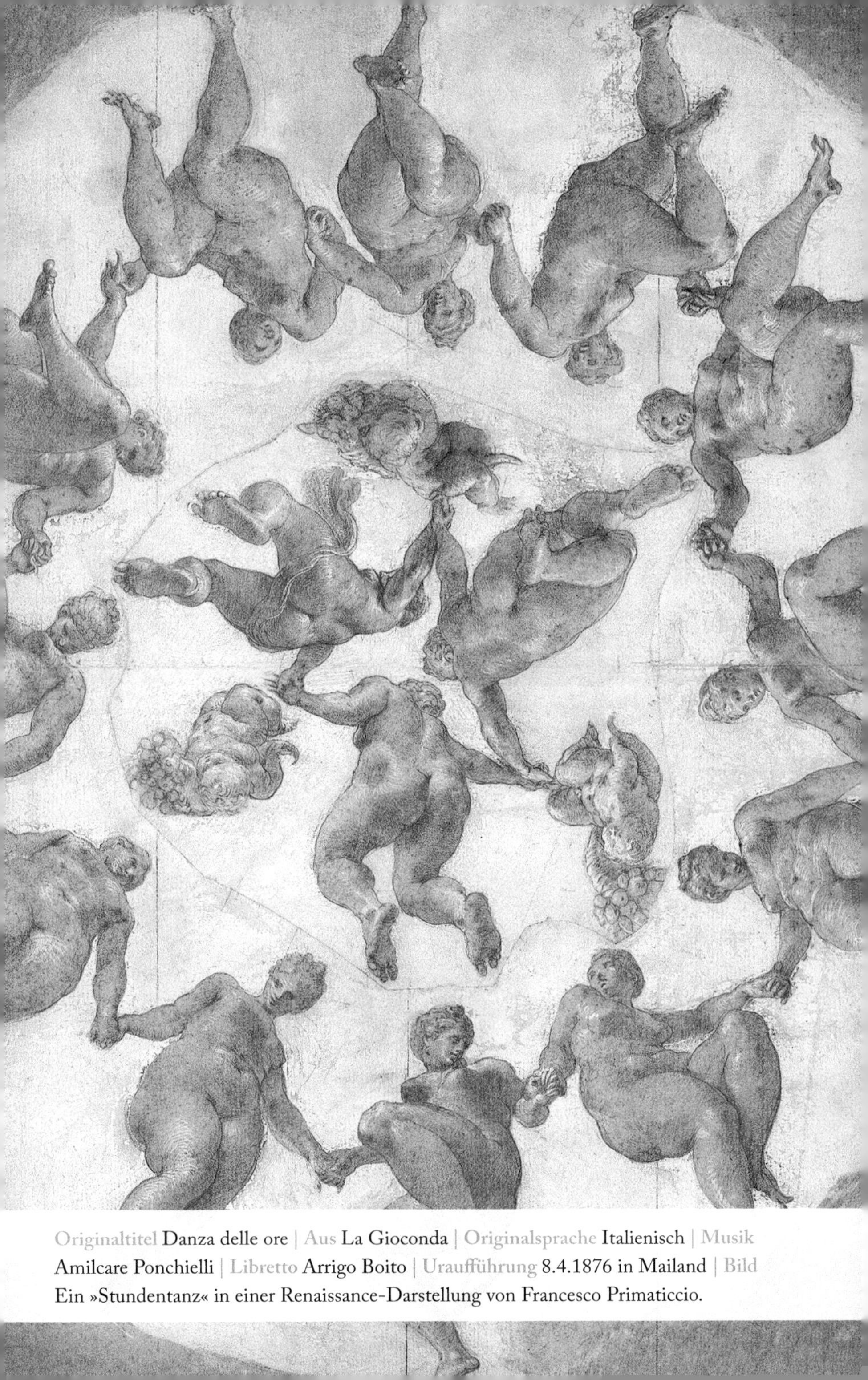

Originaltitel Danza delle ore | Aus La Gioconda | Originalsprache Italienisch | Musik Amilcare Ponchielli | Libretto Arrigo Boito | Uraufführung 8.4.1876 in Mailand | Bild Ein »Stundentanz« in einer Renaissance-Darstellung von Francesco Primaticcio.

59 Marsch aus »Die Liebe zu den drei Orangen«

Eine Oper wirbt für Südfrüchte

Sergei Prokofjew kam noch in der Zarenzeit zur Welt, entwickelte sich bald zu einem Revolutionär in der Musikszene des neuen Jahrhunderts – mit Kompositionen, die in deutlicher Opposition zum konservativen Musikgeschmack standen, und auch als wahrer Hexenmeister am Klavier. Die Oktoberrevolution trieb ihn in die Emigration. Im Dezember 1918 sorgte er für Furore bei einem legendären Auftritt in der New Yorker Carnegie Hall. Dabei lernte er die Sängerin Carolina Codina kennen, begann eine Beziehung mit ihr und heiratete sie einige Jahre später.

Für Lina, wie sie sich nannte, komponierte er eine Hauptrolle in »Die Liebe zu den drei Orangen« – ein surrealistisch und grotesk anmutendes Stück über einen schwermütigen Prinzen, der sich durch einen Fluch in drei Orangen verliebt. Hinter den Früchten verbergen sich verwandelte Prinzessinnen, von denen der Prinz eine zur Frau nimmt. Die Vorlage lieferte eine alte italienische Komödie voller Märchenmotive, deren quirlige Leichtigkeit der Komponist mit einer grell-modernen, aber durchaus verständlichen Tonsprache mit viel Humor ins 20. Jahrhundert herüberbrachte. Eigenständige Beliebtheit als Konzertstück (auch in vielen Arrangements) hat der »Königsmarsch« erlangt.

Die Oper verdankte ihre Finanzierung einem Sponsor aus der amerikanischen Großindustrie, dessen Konzern die Uraufführung mit einer Werbekampagne verband. So wurde das Publikum am 30. Dezember 1921 im Foyer des Opernhauses von Chicago von einem Stand mit kostenlosen Florida-Orangen begrüßt. Prokofjew wurde die Verquickung von Werbung und Sponsoring mit seiner Kunst bald zuwider. 1936 kehrte er in seine Heimat zurück. Dass er sich hier den Kontrollen der sowjetischen Kulturpolitik ausgesetzt sah, schien ihn weniger zu stören.

Deutscher Titel Marsch aus »Die Liebe zu den drei Orangen« | **Aus** L'Amour des trois oranges / Die Liebe zu den drei Orangen | **Originalsprache** Französisch | **Musik** Sergei Prokofjew | **Libretto** Sergei Prokofjew | **Uraufführung** 30.12.1921 in Chicago | **Bild** Früchte, die sich in Prokofjews Oper in Prinzessinen verwandeln: Orangen an einem Baum.

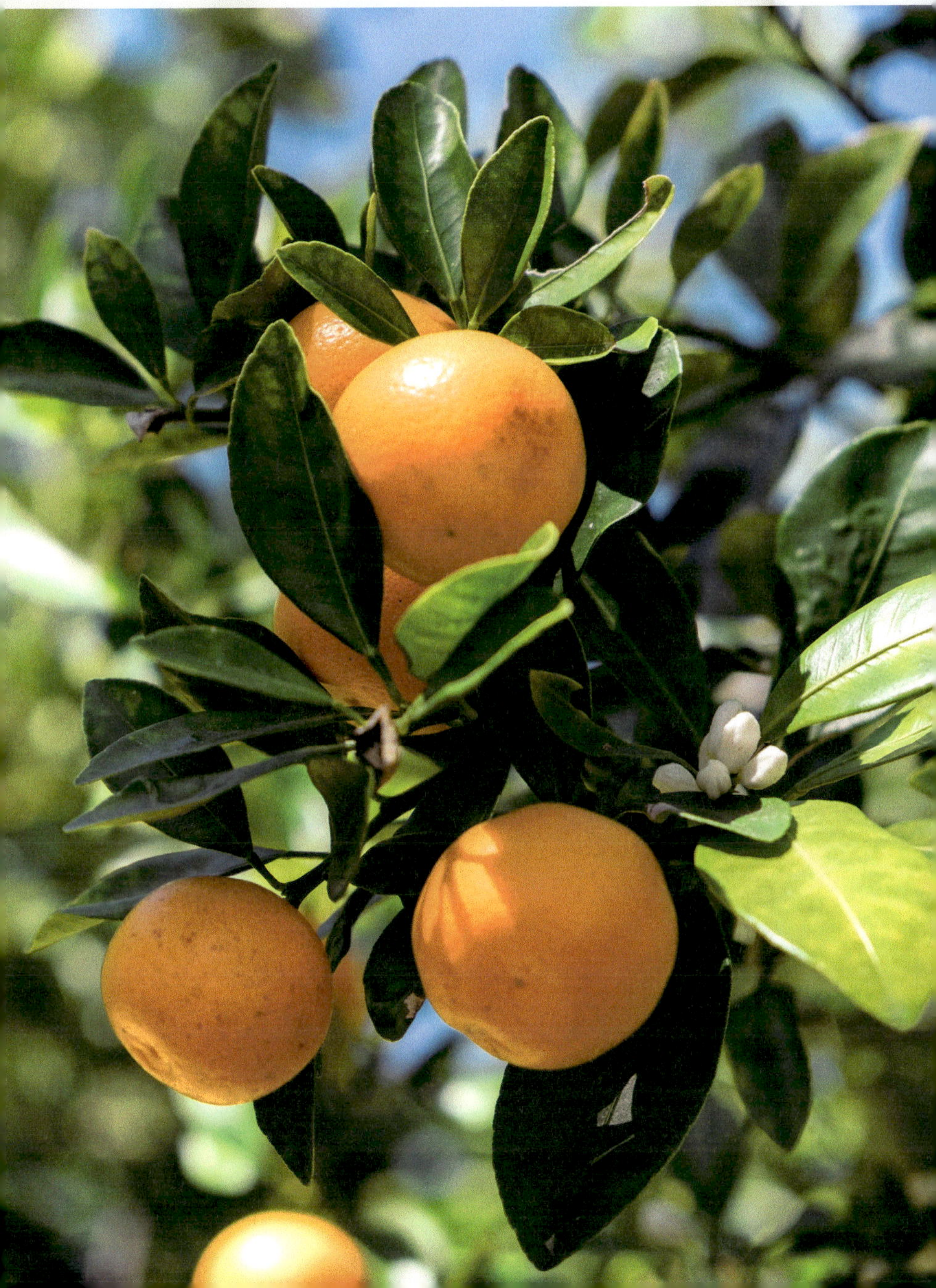

60_Che gelida manina

Liebe in der kalten Dachkammer

Am Anfang von Giacomo Puccinis Oper »La Bohème« stand ein Fortsetzungsroman: In der französischen Zeitschrift »Le Corsaire Satan« konnten die Leserinnen und Leser zwischen 1845 und 1848 die von Henri Murger verfasste Geschichte »Scènes de la vie de Bohème« lesen. Die »Szenen« zeigten ein Bild vom Pariser Künstlermilieu mit Dichtern, Malern und Musikern, die kaum Geld für Papier, Tinte, Farben oder gar Musikinstrumente hatten, dafür aber unverdrossen abseits vom bürgerlichen Leben ihren Idealen und ihrer Kunst nachhingen.

Puccini, zu dieser Zeit bereits als Opernmeister etabliert, war die Musik schon familiär in die Wiege gelegt worden. Der aus Lucca stammende Komponist gehörte zur vierten Generation von Komponisten und Organisten. Schon sein Erstling »Le Villi« von 1884 wurde so erfolgreich, dass ihn Italiens bedeutender Verleger Ricordi unter Vertrag nahm. Einen weiteren Erfolg hatte er mit »Manon Lescaut« (1893). Mit diesem Stoff kam Puccini Jules Massenet zuvor, der ein Jahr später seine »Manon« herausbrachte.

Die kommerzielle Bedeutung der Oper im 19. Jahrhundert sorgte für so manches Wettrennen, und das betraf auch »La Bohème«: Als Puccini erfuhr, dass sein Kollege und Freund Ruggero Leoncavallo ebenfalls an dieser Geschichte arbeitete, stürzte er sich erst recht in die Arbeit und wurde wieder Erster. Mit der Freundschaft war es aus. Leoncavallos »Bohème« ist vergessen.

Im Mittelpunkt von Puccinis Werk steht die Liebe des jungen Dichters Rodolfo zur armen Näherin Mimì, die mit dem Tod der Geliebten in einer kalten Dachkammer ein zu Tränen rührendes Ende findet. Rodolfos Arie »Che gelida manina« (»Wie eiskalt ist dies Händchen«) ist eine Paradenummer für Tenöre. Sie folgt unmittelbar auf das Kennenlernen der beiden: Mimì wohnt im selben Haus wie Rodolfo. Sie klopft an dessen Tür und bittet um Feuer, weil ihre Kerze erloschen ist.

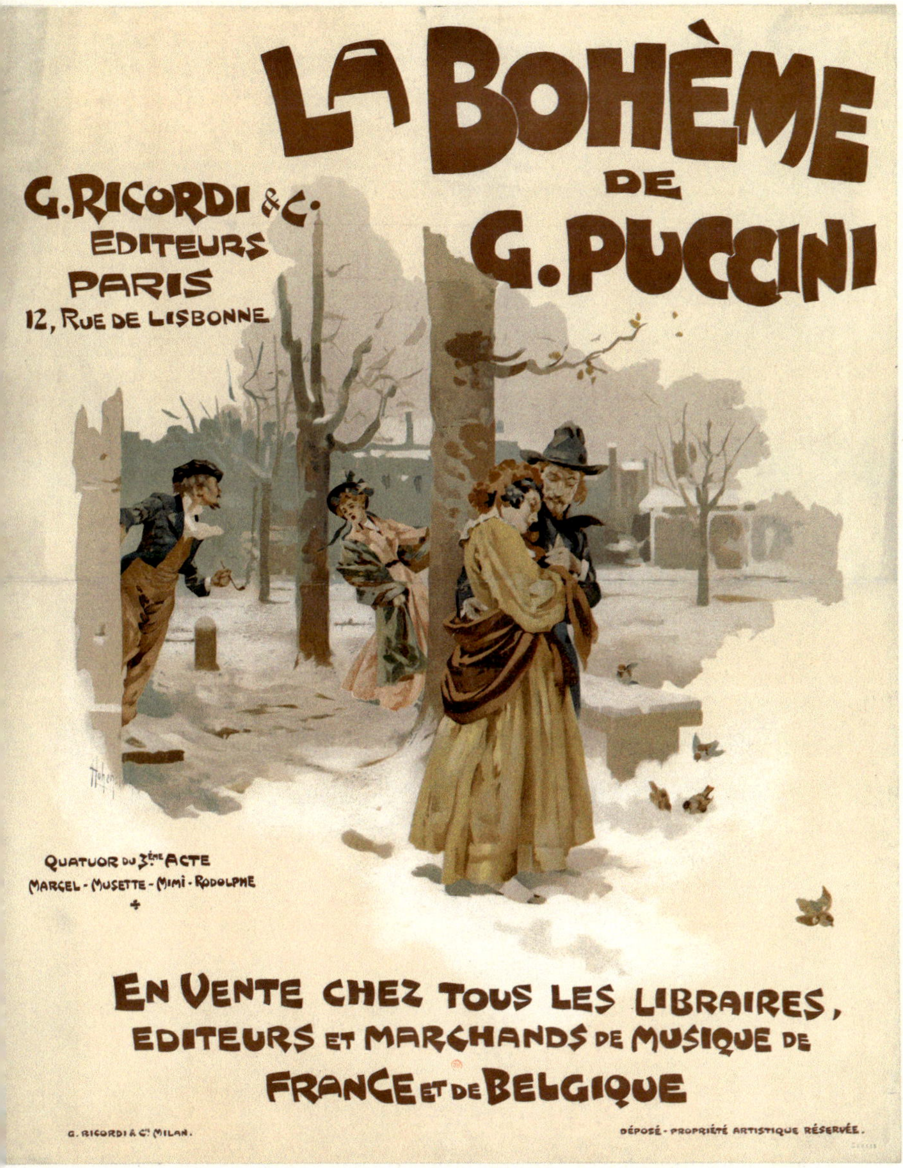

Deutscher Titel Wie eiskalt ist dies Händchen | Aus La Bohème / Die Bohème | Originalsprache Italienisch | Musik Giacomo Puccini | Libretto Giuseppe Giacosa und Luigi Illica | Uraufführung 1.2.1896 in Turin | Bild Werbeannconce und gemaltes Szenenbild in einem: ein Bild aus dem dritten Akt von Giacomo Puccinis Oper »La Bohème«.

61 Sì, mi chiamano Mimì

Die Poesie der Blumen

Das Zusammentreffen des jungen Dichters Rodolfo und der armen Näherin Mimì im ärmlichen Dachstuhl eines Pariser Hauses gestaltete Puccini auf klassische Weise: Er ordnet den beiden Hauptfiguren jeweils eine große Arie zu, in der sie sich gegenseitig vorstellen. Auf Rodolfos berühmtes »Che gelida manina« folgt die Passage der jungen Frau (»Sì, mi chiamano Mimì« – »Man nennt mich nur Mimì«), in der sie von den schönen Seiten ihrer Arbeit erzählt: »Mich freuen diese Dinge, die solchen süßen Zauber besitzen, die von der Liebe sprechen und vom Frühling; die mir von Träumen sprechen und von Chimären, diese Dinge, die Poesie heißen.« Damit trifft sie besonders das Herz des Dichters. Auf die beiden Arien folgt ein großes Liebesduett.

Die Besonderheit von »La Bohème« liegt darin, dass der Komponist auf viele Elemente verzichtet, die zuvor Garant eines Opernerfolgs waren: Massenszenen, große Ausstattung, Intrigenspiele gefährlicher Gegner. Hier ist es allein die Krankheit, die die Liebe zerstört. Zuerst will sich Rodolfo, der wegen seiner Armut keine finanzielle Verantwortung übernehmen kann, von der tödlich erkrankten Mimì trennen.

Rodolfo gibt vor, eifersüchtig zu sein. Dies wird ausgeräumt, bald gestehen sie sich erneut ihre Liebe und freuen sich auf den Frühling, die Zeit der Blumen, die Mimì schon in ihrer Auftrittsarie besungen hat. So lange wollen sie zusammenbleiben, doch dann holt der Tod die junge Frau ein.

Obwohl »La Bohème« heute zu Puccinis beliebtesten Opern gehört, tat sich das Uraufführungspublikum mit der Mischung aus innerer Dramatik und Sentiment schwer. Legendär sind die Urteile der Kritiker: »So wie die ›Bohème‹ keinen tiefen Eindruck auf das Gemüt der Zuhörer hinterlässt, so wird sie auch keine große Spur in der Geschichte unseres Operntheaters hinterlassen«, lautet etwa die Fehleinschätzung der Zeitung »La Stampa«.

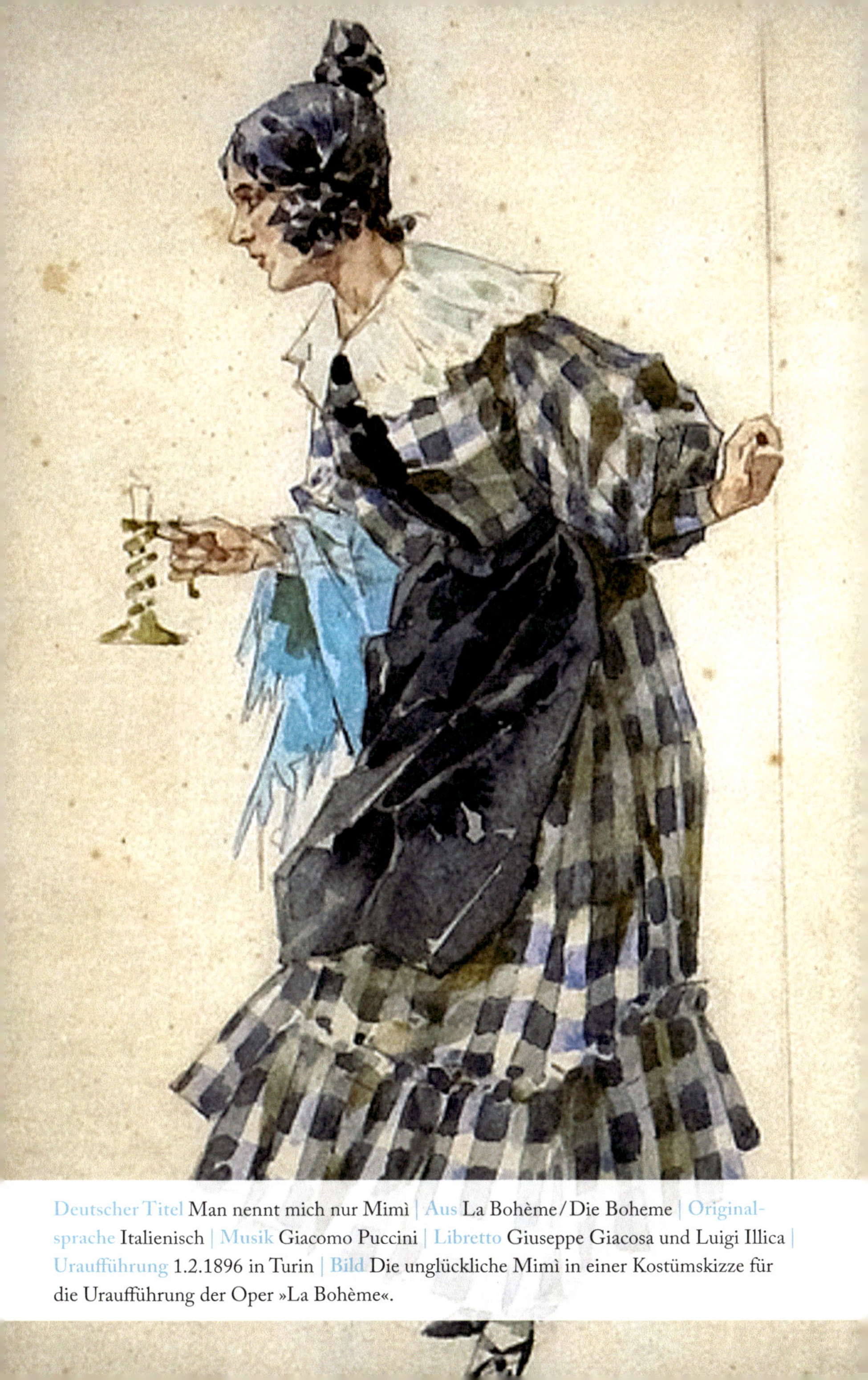

Deutscher Titel Man nennt mich nur Mimì | Aus La Bohème/Die Boheme | Originalsprache Italienisch | Musik Giacomo Puccini | Libretto Giuseppe Giacosa und Luigi Illica | Uraufführung 1.2.1896 in Turin | Bild Die unglückliche Mimì in einer Kostümskizze für die Uraufführung der Oper »La Bohème«.

62 Vissi d'arte

Bombendrohung im Opernhaus

Man fährt in freudiger Stimmung zum Opernhaus und muss dort erleben, dass man vor dem Zutritt einer Leibesvisitation unterzogen wird. So erging es dem Publikum im Januar 1900 bei der Uraufführung von Puccinis »Tosca« in Rom. Es hatte gegen das Theater eine Bombendrohung gegeben. Die Polizei suchte nach dem Sprengsatz und rief gerade dadurch noch empörtere Proteste hervor. Unruhe entstand im Zuschauerraum, die sich nicht legte, als die Vorstellung begonnen hatte. Um das Publikum zu beruhigen, griff der Dirigent zu einem damals wohl probaten Mittel: Er ließ das Orchester die Nationalhymne spielen.

»Tosca« erlebte ihre Uraufführung in politisch hochbrisanter Zeit. Auch in der Handlung, die in der Stadt der Uraufführung spielt, stehen sich Revolutionäre (Anhänger Napoleons) und Königstreue gegenüber.

Der einstige Konsul Angelotti flieht in eine Kirche, in der sein Freund, der Maler Mario Cavaradossi, gerade an einem Altarbild arbeitet. Cavaradossi, ein revolutionärer Republikaner, hilft Angelotti, im Brunnen einer Villa ein Versteck zu finden. Damit gerät der Maler selbst ins Visier des Polizeichefs Scarpia, der auch noch ein Auge auf Cavaradossis Geliebte, die Sängerin Floria Tosca, geworfen hat. Scarpia lässt Cavaradossi festnehmen, und Tosca muss im Beisein des Polizeichefs ertragen, dass ihr Geliebter im Nebenraum gefoltert wird. Schließlich gibt sie Angelottis Versteck, das sie auch kennt, preis. Der grausame Scarpia verfügt dennoch Cavaradossis Hinrichtung und bietet Tosca an, sich ihm hinzugeben, um ihn doch noch zu retten.

In diese Situation stellt Puccini die Arie »Vissi d'arte, vissi d'amore«, die Tosca im Moment resignierter Verzweiflung zeigt. Scarpia, ihrer Einwilligung sicher, verfügt, dass Carvaradossi nur zum Schein hingerichtet werden soll. Kaum hat er die entsprechenden Dokumente unterzeichnet, stößt sie ihm ein Messer ins Herz.

Deutscher Titel Nur der Schönheit weiht' ich mein Leben | **Aus** Tosca | **Originalsprache** Italienisch | **Musik** Giacomo Puccini | **Libretto** Giuseppe Giacosa und Luigi Illica | **Uraufführung** 14.1.1900 in Rom | **Bild** Man nennt sie auch die »Tosca-Kirche«: die Basilika Sant Andrea della Valle in Rom, einer der Schauplätze von Puccinis Oper.

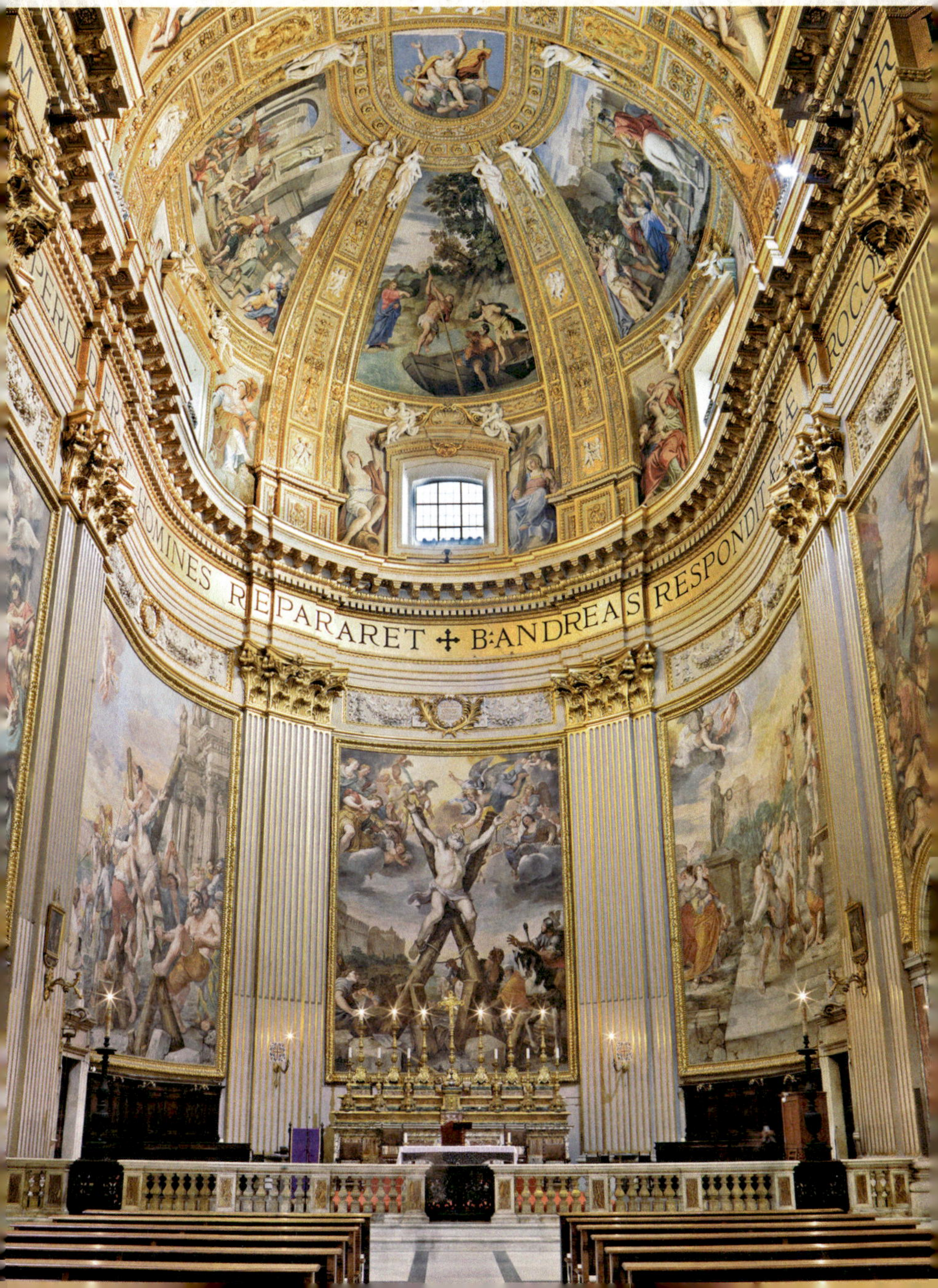

63 E lucevan le stelle

Mit dem Helden stirbt die Hoffnung

Die Sängerin Floria Tosca rettet sich mit der Ermordung des korrupten königlichen Polizeichefs Scarpia vor der Vergewaltigung (siehe Kapitel 62).

Sie glaubt, gleichzeitig ihren Geliebten, den republikanisch-revolutionären Maler Mario Cavaradossi, vor der Hinrichtung bewahrt zu haben. Vor seinem Tod hat Scarpia – fest überzeugt, die schutzlose Frau in der Hand zu haben – einen Geleitbrief für Tosca und Cavaradossi ausgestellt und verfügt, dass die Soldaten der Exekutionsmannschaft nur Platzpatronen laden. Es soll eine Scheinhinrichtung werden, wie sie – um äußerlich dem Gesetz Genüge zu tun – in den napoleonischen Zeiten, in denen die Oper spielt, tatsächlich vorkam.

Der letzte Akt des Werkes spielt nun in der Morgendämmerung am Hinrichtungsort, auf der Engelsburg in Rom. Hier schreibt Cavaradossi einen letzten Brief an Tosca. Darin lässt er – als Arie »E lucevan le stelle« (»Und es blitzten die Sterne«) – die schöne gemeinsame Vergangenheit noch einmal an sich vorbeiziehen. Er findet sich gerade mit dem bevorstehenden Tod ab, da erscheint die Geliebte. Sie berichtet ihm, was geschehen ist und dass sie gerettet werden. Sie erklärt ihm, dass er möglichst überzeugend nach den wirkungslosen Schüssen fallen soll, dann warte die Freiheit.

Die Dramatik und die Atemlosigkeit der Oper haben viele darauf gebracht, das Werk mit einem Kriminalroman zu vergleichen. Dazu passt auch der überraschende Showdown, der allerdings anders als in den meisten Krimis zu keinem Happy End führt. Scarpia hat nämlich Tosca ein weiteres Mal getäuscht. Schon sein Versprechen, Cavaradossi zu schonen, wenn Tosca ihm das Versteck eines Staatsfeindes verrät, war eine Lüge. Und der Plan der Scheinhinrichtung ebenso: Die Soldaten schießen, Cavaradossi bricht zusammen, Tosca stellt entsetzt seinen Tod fest und stürzt sich voller Verzweiflung von der Engelsburg in die Tiefe.

Deutscher Titel Und es blitzten die Sterne | **Aus** Tosca | **Originalsprache** Italienisch | **Musik** Giacomo Puccini | **Libretto** Giuseppe Giacosa und Luigi Illica | **Uraufführung** 14.1.1900 in Rom | **Bild** Von diesen Mauern stürzt sich Tosca verzweifelt am Ende der Oper: das Hadrian-Mausoleum, auch bekannt als Engelsburg, in Rom.

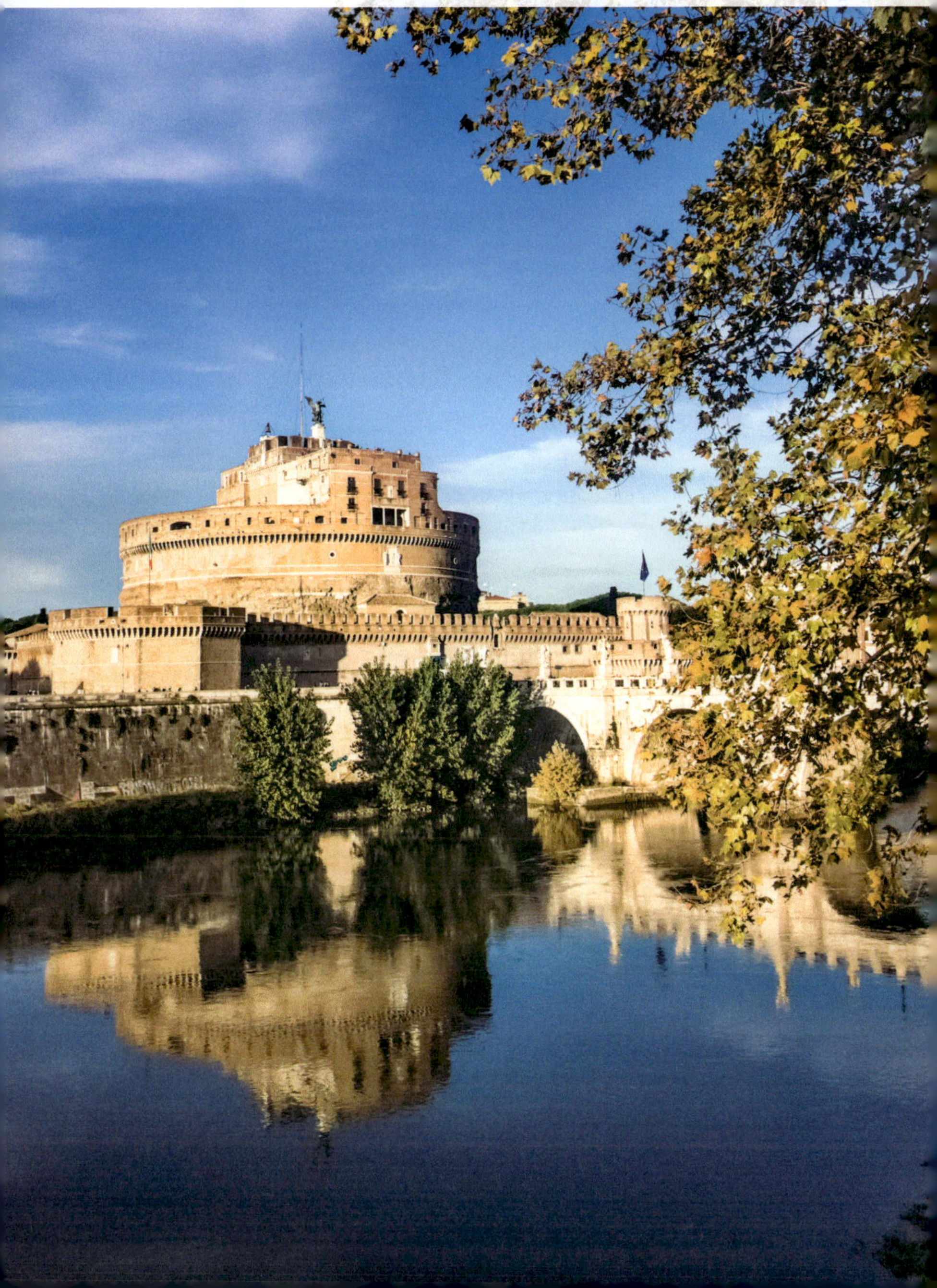

64 Un bel dì vedremo

Eine verratene Liebe in Japan

Spätestens nach »Tosca« genoss Giacomo Puccini nicht nur hohes künstlerisches Ansehen, sondern auch ein von immensem Reichtum geprägtes Leben. Er lebte hochherrschaftlich in Viareggio, baute sich aber im nahe gelegenen Torre del Lago noch einen Sommersitz, wo er nicht nur ungestört an seinen Opern arbeitete, sondern auch den Leidenschaften frönte, die nichts mit Musik zu tun hatten. Wer das Haus, heute ein Museum, besichtigt, kann unter anderem die riesigen Gewehre bestaunen, mit denen Puccini am nahen See auf die Jagd nach Wasservögeln ging. Fotos dokumentieren ihn als einen der ersten Autofahrer, der 1903 bei einem schweren Unfall fast sein Leben verlor. Seine Ehe war immer wieder von Seitensprüngen überschattet. Als Puccinis Frau eine junge Hausangestellte bezichtigte, ein Verhältnis mit ihrem Mann zu haben, beging das Mädchen aus dem Dorf Selbstmord, was Puccinis Ansehen dort belastete. Heute ist der Ort freilich Schauplatz eines Festivals, das dem Komponisten gewidmet ist.

Für die Arbeit an der Oper »Madame Butterfly« kaufte Puccini sogar eine weitere, in den Apeninnen gelegene Villa. Die Geschichte, die er hier zum großen Teil vertonte, handelte von der Geisha Cio-Cio-San, die sich in den amerikanischen Marineoffizier Pinkerton verliebt. Es ist der aus dem Zusammentreffen unterschiedlicher Kulturen entstehende Konflikt, den auch schon die Komponisten des »Exotismus« wie zum Beispiel Leo Delibes in »Lakmé« beschäftigt haben.

Nachdem Pinkerton zurück in die Heimat beordert wurde, bringt Cio-Cio-San ein Kind von ihm zur Welt, wartet drei Jahre auf ihn und muss erfahren, dass er in der Ferne eine Amerikanerin geheiratet hat. Am Ende erdolcht sie sich. Das Bild der geduldig wartenden Japanerin ist eng mit der Arie »Un bel dì vedremo« verknüpft, in der Cio-Cio-San ihre Zuversicht auf Pinkertons Rückkehr besingt.

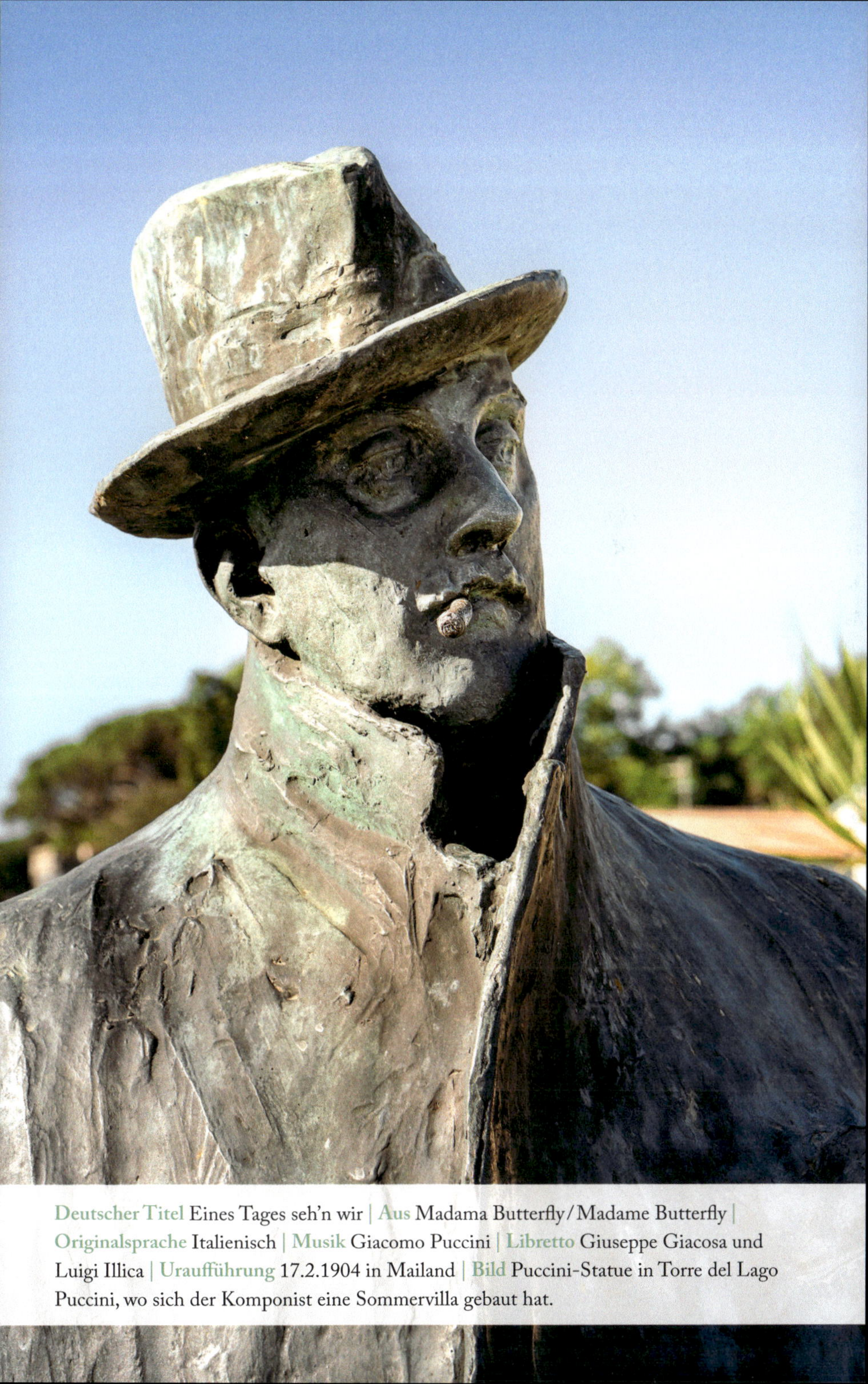

Deutscher Titel Eines Tages seh'n wir | Aus Madama Butterfly / Madame Butterfly | Originalsprache Italienisch | Musik Giacomo Puccini | Libretto Giuseppe Giacosa und Luigi Illica | Uraufführung 17.2.1904 in Mailand | Bild Puccini-Statue in Torre del Lago Puccini, wo sich der Komponist eine Sommervilla gebaut hat.

65_O mio babbino caro

Betrug aus Vaterliebe

Um 1910 kam Puccini auf die Idee, das Prinzip, dass man einen Opernabend nur einem einzigen Werk widmet, zu durchbrechen. Ganz neu war das nicht: Schon Mascagni und Leoncavallo hatten mit kürzeren Opern experimentiert. Was Puccini vorschwebte, war eine Verbindung dreier Werke zu einem Triptychon (italienisch »trittico«).

Das Ergebnis sind die drei Opern »Il tabarro« (»Der Mantel«), »Suor Angelica« (»Schwester Angelica«) und »Gianni Schicchi« – die erste ein dramatisches Schauerstück unter Pariser Fluss-Schiffern, die zweite ein Drama um eine in moralische Verstrickungen gefangene Nonne, die dritte eine Komödie um ein falsches Testament. Als Puccini das »Trittico« beendet hatte, befand sich Europa im Ersten Weltkrieg. Viele Opernhäuser in Italien hatten geschlossen, Musiker waren eingezogen worden. So nutzte Puccini seine internationalen Verbindungen und brachte das »Trittico« nach New York.

Die dritte der Kurzopern enthält eine der berühmtesten Sopranarien aus Puccinis Feder: »O mio babbino caro« (»Väterchen, teures, höre«). Gesungen wird sie von Lauretta, der Tochter des wegen seiner Schläue bekannten Titelhelden Gianni Schicchi, der um 1300 in Florenz tatsächlich für diesen raffinierten Betrug gesorgt haben soll: Er wird in das Haus der Donatis gerufen, wo gerade der reiche Buoso Donati gestorben ist, der sein Erbe leider nicht den Verwandten, sondern einem Kloster vermacht hat. Schicchi, von dem man sich Rat erhofft, kann an dem Testament nicht rütteln. Seine Tochter, die einen jungen Mann aus der Donati-Familie heiraten will, bittet ihn in ihrer Arie, sich etwas einfallen zu lassen. Die Idee: Man tut so, als lebe der Verstorbene noch. Schicchi spielt dessen Rolle auf dem Totenbett, und im Beisein des herbeigerufenen Notars diktiert er ein anderes Testament, in dem er als Buoso Donati »meinem Freund Gianni Schicchi« alles vermacht.

Deutscher Titel Väterchen, teures, höre | **Aus** Gianni Schicchi (Il trittico) | **Originalsprache** Italienisch | **Musik** Giacomo Puccini | **Libretto** Giovacchino Forzano | **Uraufführung** 14.12.1918 in New York | **Bild** Die Ponte Vecchio in Florenz. Die Stadt ist Schauplatz von Puccinis Oper »Gianni Schicchi«.

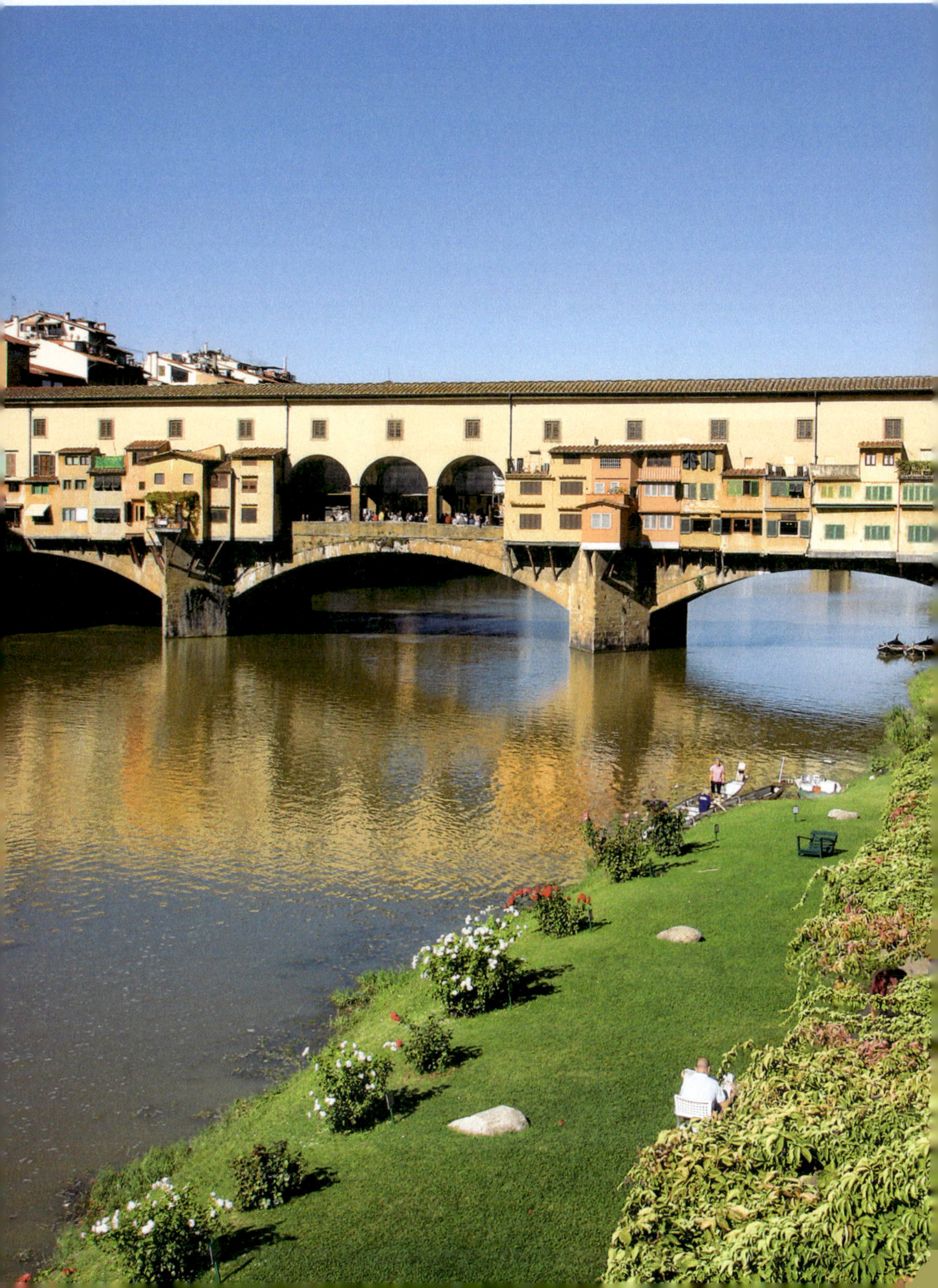

66_Nessun dorma

Die »Unvollendete« unter den Opern

Auf vielen Bildern, die wir von Giacomo Puccini kennen, sehen wir sie: die Zigarette, die den Komponisten stets begleitete – in der Freizeit und in den langen Stunden, in denen er nachts an seinen Partituren schrieb. Er litt schon lange immer wieder an Halsschmerzen und Husten, und er dachte sich nichts dabei, als diese Beschwerden Ende 1923 plötzlich besonders schlimm wurden.

Puccini hatte gerade ein neues Opernprojekt auf dem Tisch: »Turandot« – eine Geschichte nach einem in China spielenden Märchen. Die Titelfigur ist eine Prinzessin, deren Hand nur der erringen kann, der drei Rätsel löst. Wer scheitert, wird getötet. Dem Helden Kalaf gelingt es, aber die eiskalte Turandot sperrt sich weiterhin. So lässt Kalaf nun sie etwas erraten: seinen Namen. Er ist als Fremder nach Peking gekommen, niemand kennt ihn hier. Die Prinzessin befiehlt, dass niemand in der Stadt schlafen darf, bis die Lösung gefunden ist. In der Arie »Nessun dorma« (»Keiner schlafe«) nimmt Kalaf diese Worte auf und malt sich aus, wie er das Herz Turandots erringt.

Gerade die Schlussszene, in der die beiden inmitten des Lichts der aufgehenden Sonne in einem riesigen Duett zueinanderfinden und dann vom Volk gefeiert werden, konnte Puccini nicht mehr vollenden. Nach einer Ärzte-Odyssee entdeckte man ein Geschwulst an seinem Kehlkopf. Puccini reiste zu einer Klinik nach Brüssel, wo er nach einer schmerzhaften Operation an deren Folgen starb.

Bei der bereits geplanten Uraufführung brach man die Vorstellung an der Stelle ab, an der Puccini nicht weitergekommen war. Danach verwendete man für den Schluss eine Rekonstruktion, die der Komponist Franco Alfano anhand von Puccinis Skizzenmaterial geschrieben hatte. »Nessun dorma« wurde zum Welthit – unter anderem in der Interpretation des englischen Sängers Paul Potts, der damit 2007 in einer englischen Castingshow gewann.

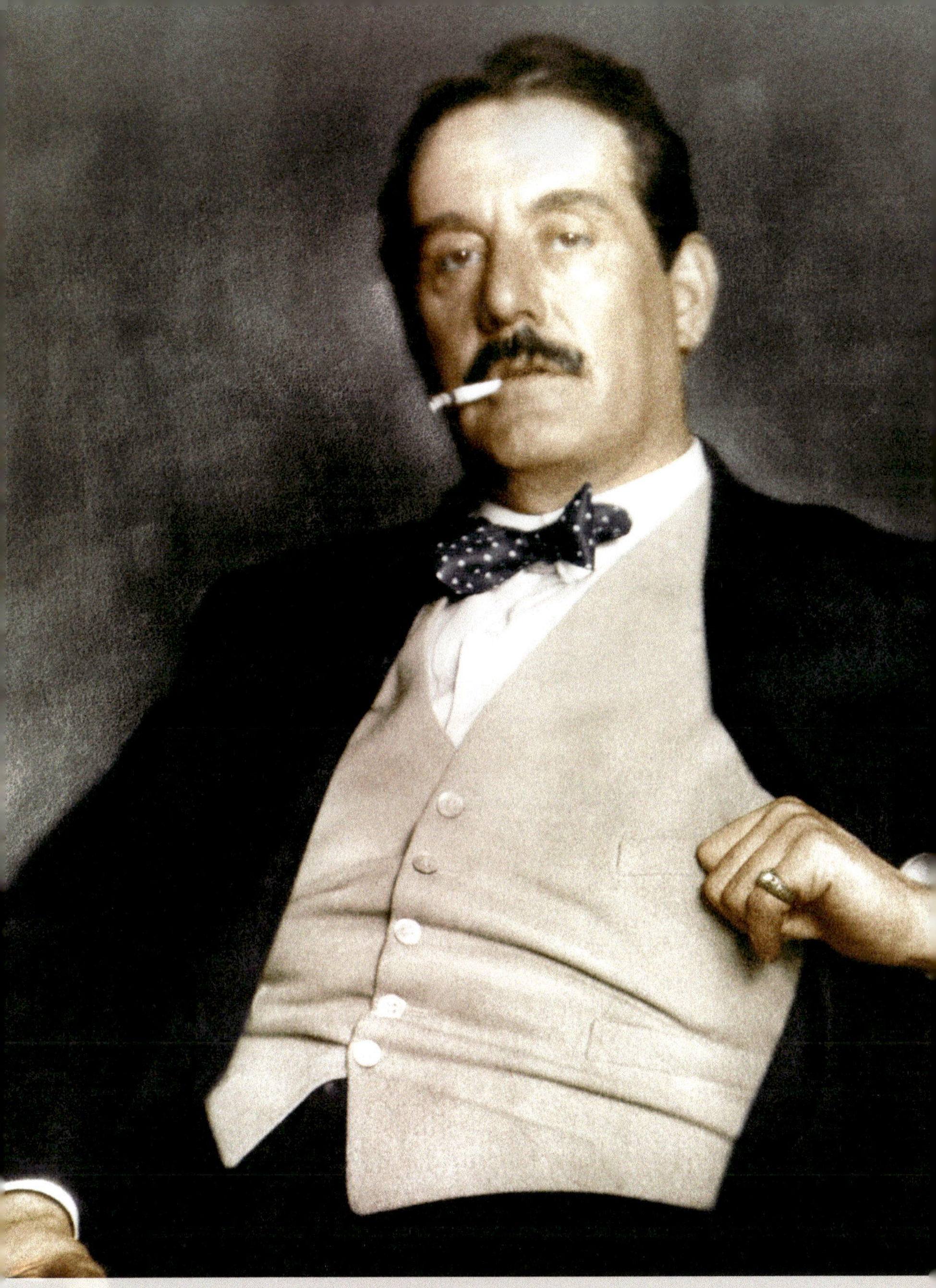

Deutscher Titel Keiner schlafe | **Aus** Turandot | **Originalsprache** Italienisch | **Musik** Giacomo Puccini | **Libretto** Giuseppe Adami und Renato Simoni | **Uraufführung** 25.4.1926 in Mailand | **Bild** Der Komponist mit Zigarette. Dieses Foto von Giacomo Puccini entstand 1913.

67 When I Am Laid In Earth

Ein Finale voller Verzweiflung

»Orpheus britannicus« – »Britischer Orpheus«: So nannte man den englischen Komponisten Henry Purcell, der den Stil seiner Zeit – den Barock – jenseits des Ärmelkanals zu höchsten Höhen führte. Eine größere Ehre, als ihn mit dem legendären Sänger der griechischen Sagenwelt gleichzusetzen, konnte man ihm kaum zuteilwerden lassen. Purcell war Schöpfer der ersten englischen Nationaloper »Dido and Aeneas«, mit der er eine Entwicklung nachholte, die woanders bereits in vollem Gange war. Der Grund für die Verspätung war die politische Entwicklung: Der fanatisch religiöse Lordprotektor Oliver Cromwell hatte mit seiner puritanischen Regierung das Theater- und Musikleben eingedämmt. Als nach seinem Tod mit Charles II. wieder ein König regierte, änderte sich dies. Die Oper kam nach England.

Purcells Werk führt in die Welt des Trojanischen Krieges, der in Homers »Ilias« beschrieben wird: Aeneas, einer der Helden, ist bei Dido, der Königin von Karthago, zu Gast. Dido liebt ihn, zögert aber, ihn zu heiraten, weil sie ihrem verstorbenen Gatten einst versprochen hatte, nach dessen Tod keine zweite Ehe einzugehen. Didos Gegnerin ist eine von Neid zerfressene Zauberin, die zusammen mit einer Gruppe von Hexen einen Plan spinnt: Sie will Aeneas mit einer List von Karthago fortlocken. Es gelingt, und Dido bleibt in dem Glauben zurück, betrogen worden zu sein. Voller Verzweiflung begeht sie nach Aeneas' Aufbruch Selbstmord und singt sterbend ihre berühmte Klage »When I Am Laid In Earth« (»Wenn ich in die Erde gebettet werde«). Die expressive Kraft dieses Lamentos entsteht durch eine besondere Kompositionstechnik: Der Bass wiederholt ständig eine Tonfolge in absteigenden, engen Halbtonschritten, über der sich die Gesangsmelodie entfaltet. Diese Technik des »Ostinatobasses« war im Barock sehr beliebt und sorgt in dieser Arie für das beklemmende Gefühl der Ausweglosigkeit.

Deutscher Titel Wenn ich in die Erde gebettet werde (Didos Klage) | Aus Dido and Aeneas / Dido und Aeneas | Originalsprache Englisch | Musik Henry Purcell | Libretto Nahum Tate | Uraufführung 5.10.1689 in London-Chelsea | Bild Im Todesjahr 1695 Henry Purcells entstand dieses Porträt des Komponisten, gemalt von John Closterman.

68 What Power Art Thou

Der Hit, der aus der Kälte kam

Ende der 1970er Jahre machte in der New Yorker Musikszene ein Exot von sich reden. Der wie eine Mischung aus Clown und Roboter kostümierte kleine Mann brachte in den Clubs nicht nur mit seinem Aussehen das Publikum zum Staunen, sondern auch mit seiner Stimme: Er sang Opernarien – aber mit hellem Sopran. Der Sänger war der Deutsche Klaus Sperber, der sich Klaus Nomi nannte und zu einem Countertenor hatte ausbilden lassen. Was heute ein übliches Gesangsfach geworden ist, war noch unbekannt, vor allem in der Pop-Szene. Nomi entdeckte bald das Barockrepertoire für sich – die eigentliche Domäne der Countertenöre, die heute die einstigen Kastraten ersetzen.

1982 machte er eine Arie von Henry Purcell auch in Europa populär: den »Cold Song« aus »King Arthur« – einer sogenannten »Semi-Opera«, wie sie zu Purcells Zeit in England beliebt war. Typisch für dieses Genre ist eine phantastische Handlung mit möglichst vielen religiösen, amourösen, göttlichen, magischen oder festlichen Inhalten, die Möglichkeiten für verschwenderische Ausstattungen und Musikeinlagen boten. In »King Arthur« kämpft der legendäre britische König gegen die Sachsen, und dabei spielen auch Zauberkräfte eine Rolle, so etwa in der vom »Genius der Kälte« gesungenen Arie. Die Welt scheint in Eis zu erstarren – mit »kalten« Streicherakkorden, die später bei Vivaldi in dessen »Jahreszeiten«-Konzert »Der Winter« wiederkehren.

Klaus Nomi, der unter anderem auch mit David Bowie zusammenarbeitete, konnte an seine ersten großen Erfolge nicht anknüpfen: Er starb 1983 als eines der ersten prominenten Aids-Opfer. Die in der Arie heraufbeschworene Kälte wurde übrigens Purcell zum Verhängnis: Er starb mit 36 Jahren, nachdem er in einer Herbstnacht von seiner erbosten Frau ausgesperrt worden war. Mit einem Staatsbegräbnis in Westminster Abbey bewiesen seine Landsleute ihm ihre Wertschätzung.

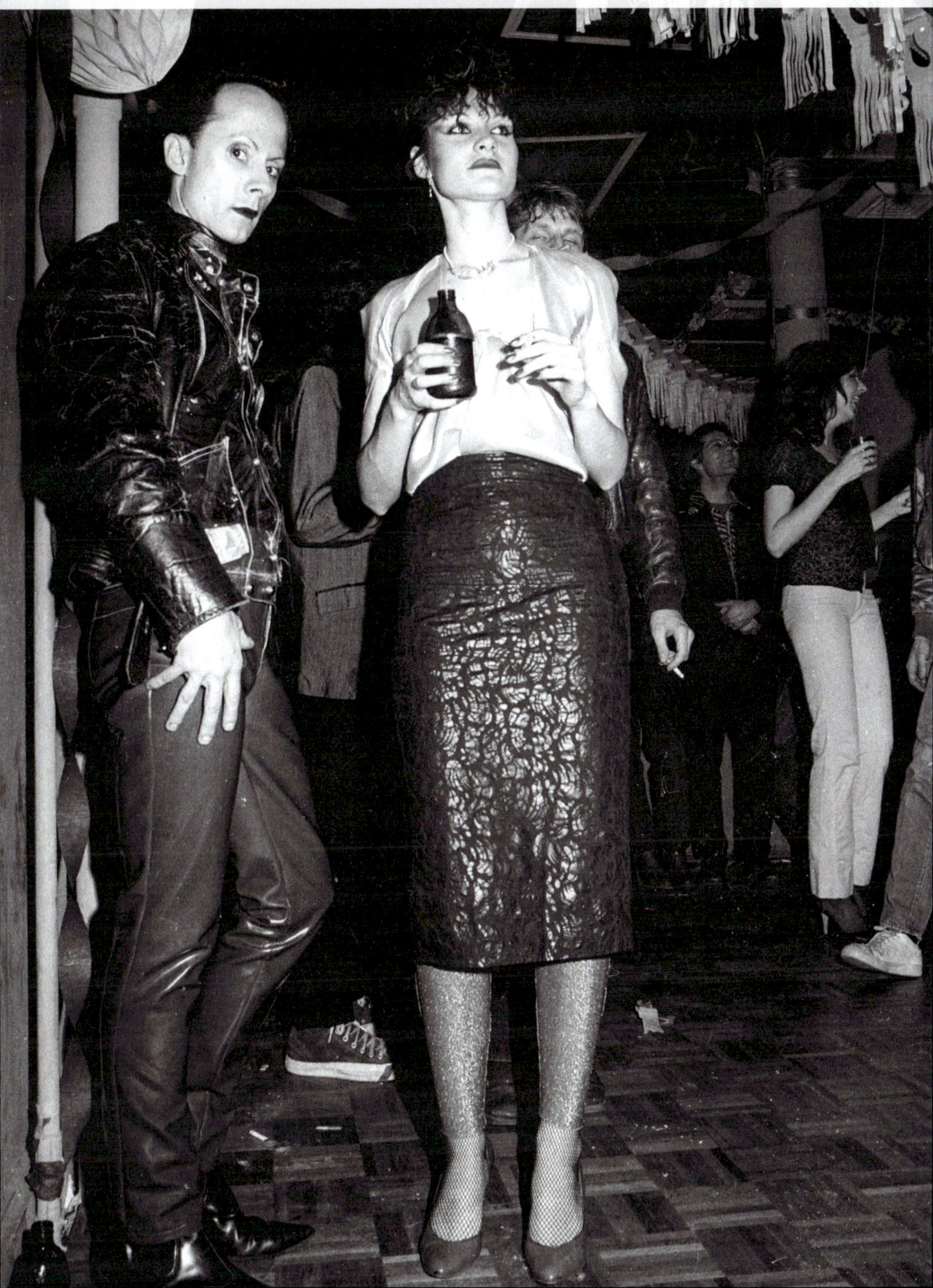

Deutscher Titel Welche Macht bist Du? (Cold Song) | **Aus** King Arthur, or The British Worthy / König Arthur | **Originalsprache** Englisch | **Musik** Henry Purcell | **Libretto** John Dryden | **Uraufführung** 1691 in London | **Bild** Er brachte den Countertenor-Gesang in amerikanische Clubs: Der Sänger Klaus Nomi mit Kollegin Karin Luner 1978 in New York.

69 Suite aus »Dardanus«

Theoretiker und Spätentwickler

Als in Italien um 1600 die Gattung der Oper ihren Siegeszug begann und in der Frühphase vor allem dazu diente, fürstliche Feste zu verschönern, dauerte es nicht lange, bis auch andere Länder nachzogen – vor allem Frankreich, wo der »Sonnenkönig« Ludwig XIV. mit seinem Hof in Versailles der barocken Prachtentfaltung einen neuen Maßstab gegeben hatte. An seinem Hof wirkte mit dem in Italien geborenen Jean-Baptiste Lully (1632–1687) die erste Lichtgestalt der Oper in Frankreich. In dessen Tradition sah sich auch noch sein jüngerer Kollege Jean-Philippe Rameau, der seine Ausbildung in Italien erhalten hatte und dann als Organist nach Paris ging. Rameau hat nicht nur als Komponist, sondern auch als Theoretiker Spuren in der Musikgeschichte hinterlassen und verfasste die erste moderne Harmonielehre. Zur Oper kam er erst spät. Seine über 20 Werke dieser Gattung folgen traditionsgemäß Stoffen der antiken Mythologie. »Dardanus« handelt von der Liebe der phrygischen Prinzessin Iphise zum Titelhelden, der jedoch der Feind ihres Vaters ist.

Rameau, dem man zu Lebzeiten vorwarf, zu konservativ zu sein, unterzog die Oper nach der Premiere noch drei Umarbeitungen, die sich über Jahre hinzogen. Dabei wandelte sich das Stück von einem Phantastik-Spektakel, wie es im Hochbarock typisch war, zu einem wirklichen Drama, in dem menschliche Schicksale im Mittelpunkt stehen. Das Werk gehört zur typisch französischen Form der »Tragédie lyrique«, in der nicht nur der Gesang eine große Rolle spielt, sondern auch der Tanz. Ballettmusik machte etwa ein Drittel der Vorstellung aus. Parallel zur Uraufführung wurden die Instrumentalnummern aus den Opern, in Suiten zusammengefasst, veröffentlicht und errangen damit auch losgelöst vom Bühnengeschehen Popularität. So steht auch die (in letzter Fassung) 16 Sätze umfassende Suite aus »Dardanus« auf den Programmen vieler Konzerthäuser.

Deutscher Titel Suite aus »Dardanus« | **Aus** Dardanus | **Originalsprache** Französisch | **Musik** Jean-Philippe Rameau | **Libretto** Charles-Antoine le Clerq de la Bruyére | **Uraufführung** 19.11.1739 in Paris | **Bild** Der Komponist Jean-Philippe Rameau auf einer zeitgenössischen Radierung.

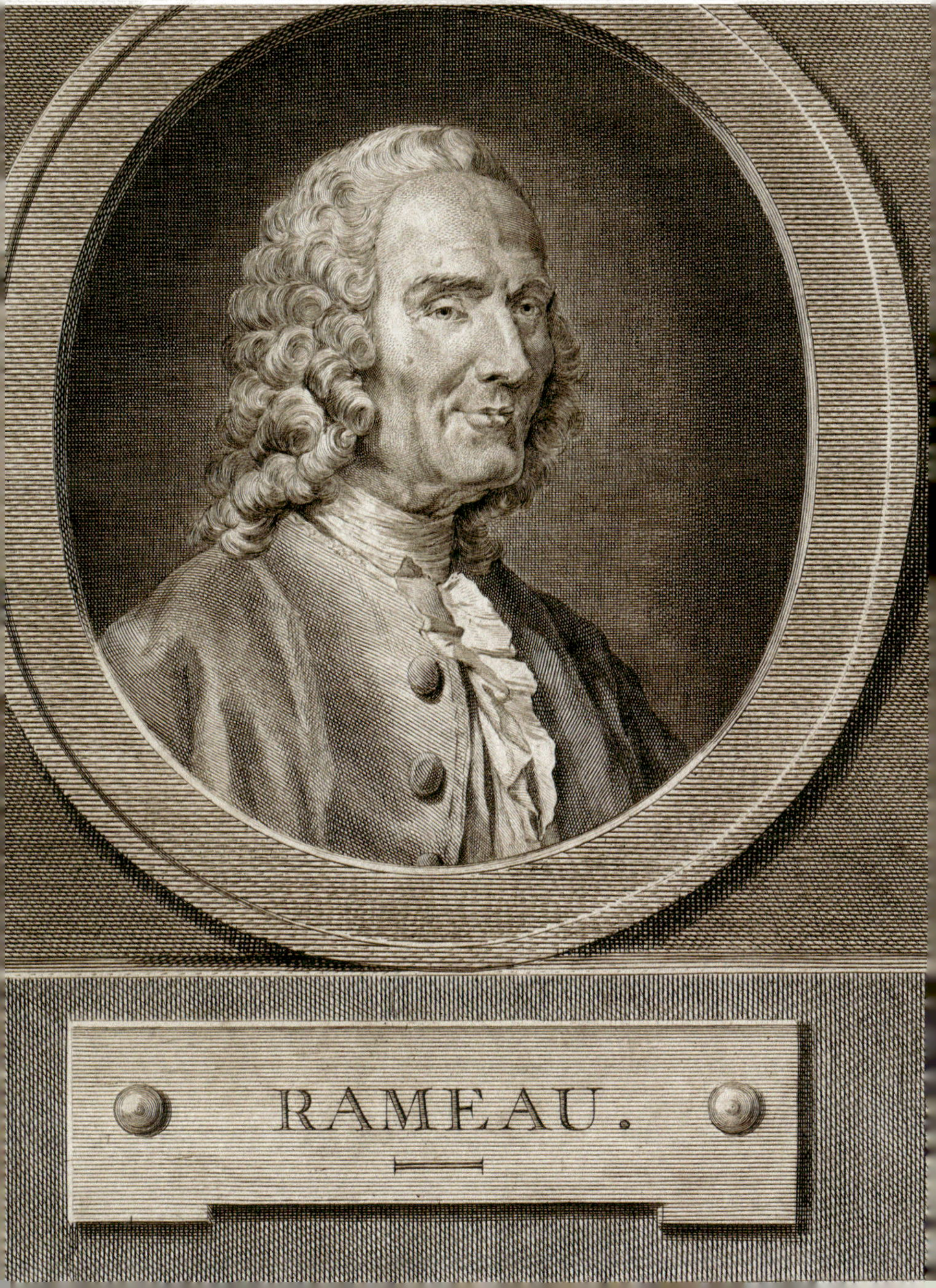

70 Ouvertüre zu »Donna Diana«

Vom ZDF wiederentdeckt

Wer zwischen 1969 und 1985 die Fernseh-Ratesendung »Erkennen Sie die Melodie?« verfolgte, konnte sich an einem Kunstgriff findiger Redakteure erfreuen. Der Titel dieser Sendung passte silbengenau als Gesangstext auf das Motiv einer mitreißenden, quirligen Orchestermusik, die als musikalische Einleitung der Sendung diente. Das Stück, aus dem sie stammte, war selbst eine Ouvertüre. Sie gehört zu der heute vergessenen, aber zur Zeit ihrer Uraufführung erfolgreichen Oper »Donna Diana«, komponiert von dem böhmisch-habsburgischen Baron Emil Nikolaus von Rezniček.

Am Hof des Grafen von Barcelona kann der Ritter Don Cesar seinen Platz im Finale eines Turniers erringen. Er wünscht sich das Herz der schönen Grafentochter Donna Diana. Leider begegnet sie ihm jedoch mit abweisender Kühle. Der Hofnarr hat einen Rat für Don Cesar. Er empfiehlt, es ihr einfach gleichzutun! Diese Strategie mündet in ein von Verwechslungen und anderen Turbulenzen geprägtes Spiel auf dem folgenden Turnier und einem anschließenden Maskenball, auf dem die beiden zueinanderfinden.

Rezniček gehörte neben Richard Strauss zu den erfolgreichsten Opernkomponisten der um 1860 geborenen Generation. Ein vom Vater verordnetes Jurastudium mit dem Ziel einer Diplomatenkarriere beendete er, indem er absichtlich durch die Prüfung fiel. Schließlich erhielt er die Erlaubnis zu einer musikalischen Laufbahn, die ihn als Kapellmeister über Zürich, Stettin, Jena, Bochum und Berlin schließlich nach Prag führte. Hier sollte Rezniček mit »Donna Diana« endlich auch seinen Ruhm als Komponist begründen. Das Werk, das zum Genre der »komischen Oper« gehört, war sein fünftes Bühnenstück. 20 weitere gehören ebenso zu seinem Gesamtwerk wie eine Fülle an Orchester-, Klavier- und Chorwerken sowie Kammermusik.

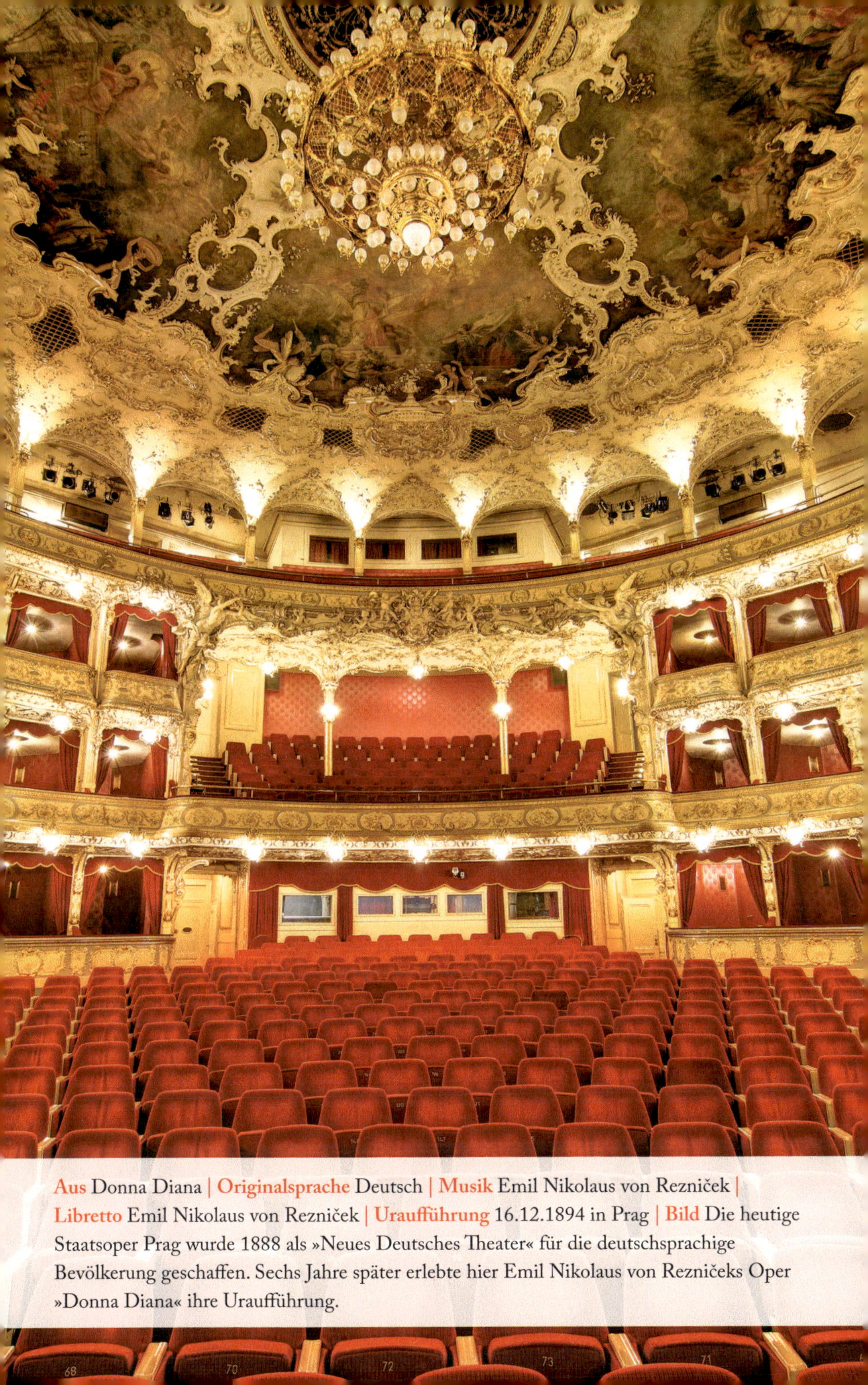

Aus Donna Diana | **Originalsprache** Deutsch | **Musik** Emil Nikolaus von Rezniček | **Libretto** Emil Nikolaus von Rezniček | **Uraufführung** 16.12.1894 in Prag | **Bild** Die heutige Staatsoper Prag wurde 1888 als »Neues Deutsches Theater« für die deutschsprachige Bevölkerung geschaffen. Sechs Jahre später erlebte hier Emil Nikolaus von Rezničeks Oper »Donna Diana« ihre Uraufführung.

71 Hummelflug

Wenn ein Rekord an seine Grenzen kommt

Wer ist der Schnellste? Zuerst war es Stargeiger David Garrett (65,25 Sekunden), dann brach Ben Lee den Rekord (64,21 Sekunden). 2017, als die Ehre an einen gewissen Eric Speed aus Kanada weitergereicht werden sollte, meldete die Redaktion des »Guinnessbuchs der Rekorde«: Die Kategorie ist geschlossen! Es sei, so steht es auf der offiziellen Webseite, technisch nicht mehr möglich, zu überprüfen, ob in dem rasanten Tempo auch wirklich alle Noten des Stückes erklungen seien. Auch nicht, wenn man das Ergebnis langsam abspielt.

Der russische Komponist hätte sich bestimmt nie träumen lassen, dass sein »Hummelflug«, im Original eine Instrumentaleinlage aus der Oper »Das Mädchen vom Zaren Saltan«, einmal zum Kampfobjekt um den Preis des schnellsten Geigenspiels der Welt werden würde. Neben Modest Mussorgsky oder Alexander Borodin gehörte Rimsky-Korsakow zu den Vertretern der russischen nationalen Schule. Viele seiner Werke prägen Motive der russischen Märchenwelt, es finden sich (etwa in seinem berühmten Orchesterwerk »Scheherazade«) auch orientalische Stoffe. Rimsky-Korsakow hinterließ nicht nur als Tonschöpfer seine Spuren in der Musikgeschichte, sondern auch als Lehrer – zum Beispiel von Igor Strawinsky oder Sergeij Prokofjew.

»Das Märchen vom Zaren Saltan«, vom russischen Nationaldichter Alexander Puschkin in ein Versdrama verwandelt, erzählt die Geschichte eines Zarensohns, der – vom Vater verstoßen – ein fernes Reich gründet und sich dann mit dem Zaren versöhnt. In einer Szene in dieser von Zauber und Magie geprägten Welt wird er in eine Hummel verwandelt. Dies ist die thematische Vorlage für das virtuose Orchesterstück, das später zur Solonummer wurde, mit der Instrumentalisten ihr Können zeigen. Es gibt Versionen für die verschiedensten Instrumente, zum Teil mit komischer Wirkung – etwa wenn eine Tuba den »Hummelflug« anstimmt.

Deutscher Titel Hummelflug | Aus Skaska o zarje Saltane / Das Märchen vom Zaren Saltan | Originalsprache Russisch | Musik Nikolai Rimsky-Korsakow | Libretto Wladimir Belski | Uraufführung 3.11.1900 in Moskau | Bild Ihr Flug trieb Virtuosen zu höchstem Tempo an: eine Hummel.

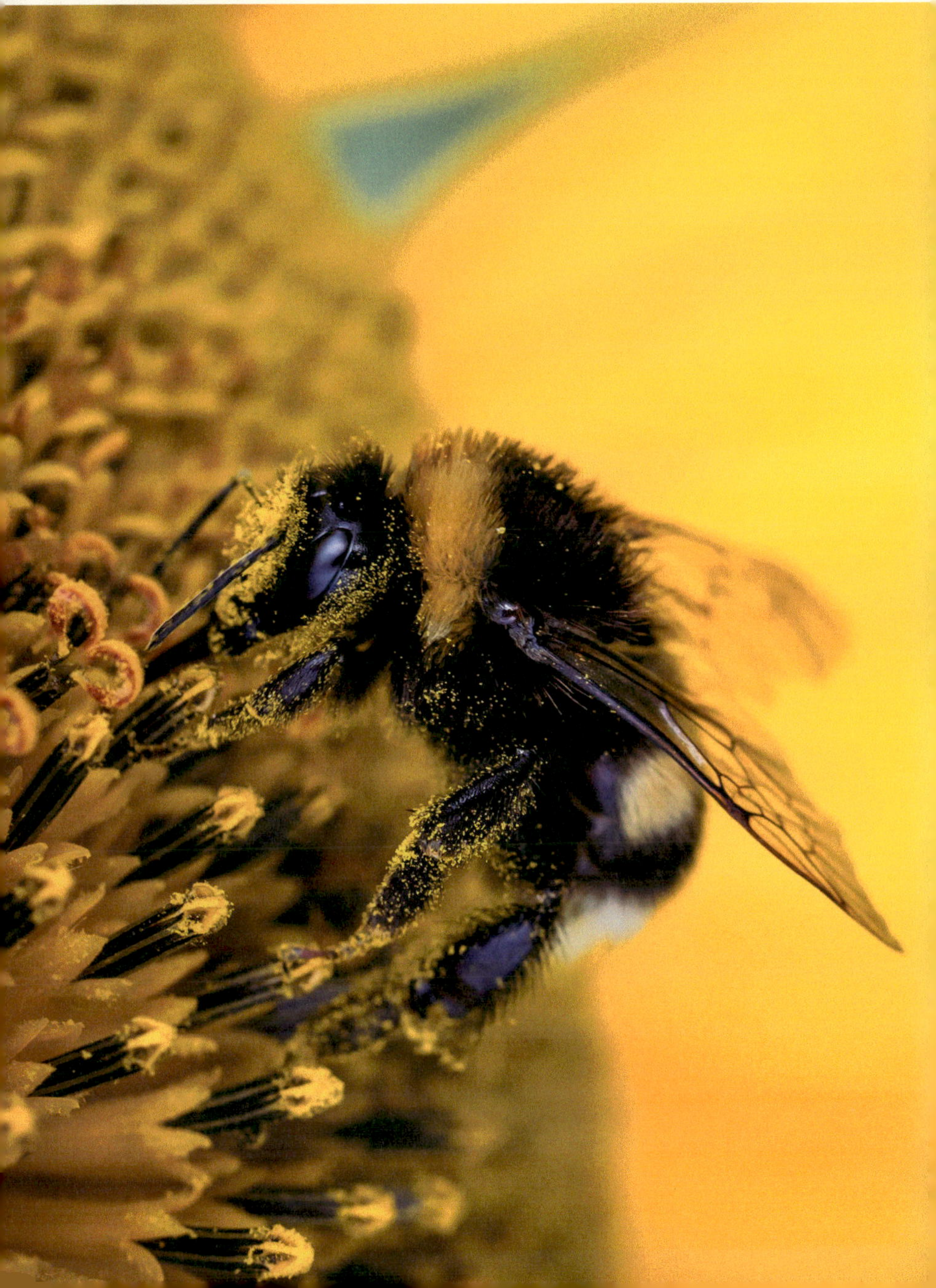

72 Largo al factotum

Ein Friseur, der Weichen stellt

Rossini war gerade einmal 20 Jahre alt, als er den Erfolg feiern konnte, der ihn in ganz Europa berühmt machte: Es war die Oper »Tancredi«, ein ernstes Werk aus der Gattung der »Opera seria«, von dem ausgehend man überall in Europa bald von einem »Rossini-Fieber« sprechen sollte. Und dann gelang dem Komponisten gleich noch eine weitere Steigerung – diesmal mit einer Schöpfung aus dem Bereich der »Opera buffa«, also der »komischen Oper«: »Der Barbier von Sevilla«, uraufgeführt 1816, sollte Rossinis berühmtestes Werk werden.

Zunächst ahnte das sicher niemand, zumal bei der Premiere so manches schiefging: Ein Darsteller stürzte und sang mit blutender Nase weiter. Eine verirrte Katze tauchte auf der Bühne auf, nahm gemütlich Platz, starrte ins Publikum und begann zu miauen. Als ein Darsteller das Tier mit einem Tritt in den Zuschauerraum beförderte und daraufhin jemand aus dem Publikum die Katze wieder auf die Bühne warf, war es mit der Aufmerksamkeit völlig aus. Doch bereits nach der zweiten Vorstellung trat der »Barbier« seinen Siegeszug an.

Das Werk hängt thematisch mit Mozarts »Hochzeit des Figaro« zusammen. Rossinis Oper, obwohl viel später entstanden, erzählt deren Vorgeschichte: Der alte Doktor Bartolo will die junge Rosina heiraten, und das nicht, weil er sie liebt, sondern wegen deren Mitgift. Er hat jedoch den jungen Grafen Almaviva zum Konkurrenten, der Rosina gegenüber wahre Gefühle hegt. Dass es zum glücklichen Ende kommt, ist zum großen Teil das Verdienst des Barbiers Figaro, der wegen seines Berufs (er geht zum Rasieren und Frisieren seiner Kundschaft von Haus zu Haus) viele Verbindungen besitzt, so manchen Trick auf Lager hat und im Hintergrund die Weichen stellt. In der Cavatine »Largo al factotum« stellt er sich mitreißend dem Publikum vor – als Faktotum der schönen Welt, die er mit Raffinesse noch schöner zu machen weiß.

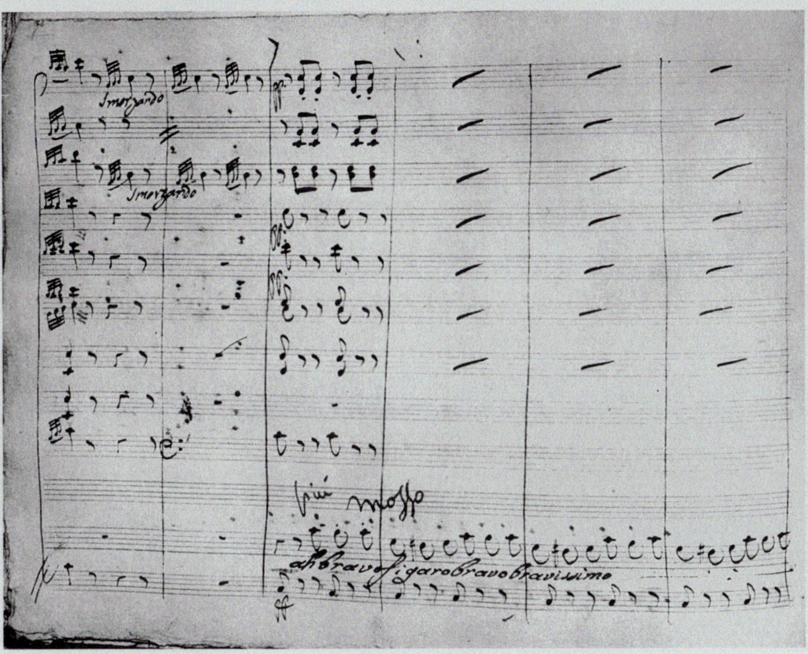

Deutscher Titel Ich bin das Faktotum | **Aus** Il barbiere di Siviglia / Der Barbier von Sevilla | **Originalsprache** Italienisch | **Musik** Gioacchino Rossini | **Libretto** Cesare Sterbini | **Uraufführung** 20.2.1816 in Rom | **Bild** Oben: Eine Seite aus dem »Largo al factotum« in der Handschrift des Komponisten. Unten: Die Figuren der Oper »Der Barbier von Sevilla« mit Figaro in der Mitte der oberen Reihe.

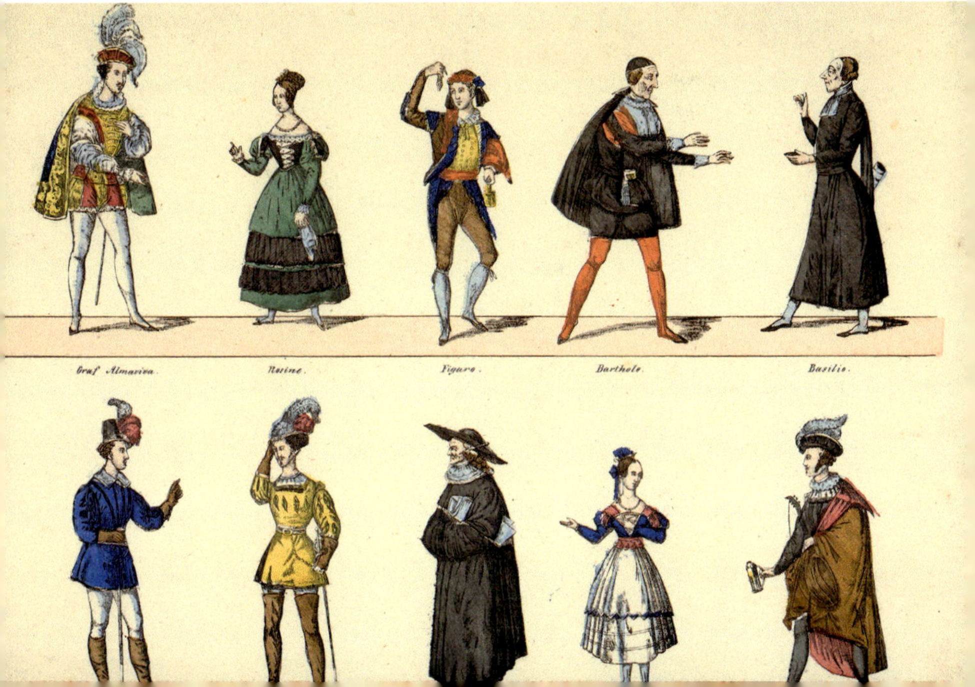

73 Una voce poco fa

Das Erbe Mozarts

Die Oper »Der Barbier von Sevilla« ist nicht nur thematisch mit Mozarts »Figaros Hochzeit« verbunden. Der Komponist Gioacchino Rossini verdankt dem berühmten, fast vier Jahrzehnte älteren Klassiker auch viel, was seinen musikalischen Stil betrifft. Was Rossinis Inbegriff der »Opera buffa« ausmacht, hat Mozart entwickelt und kehrt bei dem italienischen Kollegen nun in einer leichteren Version wieder: Brillante Arien und rasante Ensembleszenen (vor allem am Ende der Akte) haben ihre Wurzeln in der Musiksprache des 18. Jahrhunderts, die zu Rossinis Zeit eigentlich schon unmodern war – immerhin war er ein Zeitgenosse von Beethoven oder Schubert und traf sogar mit dem jungen Richard Wagner zusammen.

Neben so packenden Nummern wie der Auftrittsarie des Figaro »Largo al factotum« widmete sich Rossini jedoch auch stilleren, emotionaleren Momenten. So zum Beispiel in der Cavatine der Rosina »Una voce poco fa« (»Frag' ich mein beklommnes Herz«). Es ist der erste große Auftritt der weiblichen Hauptfigur, die im Hause ihres Vormunds Doktor Bartolo lebt und diesen eigentlich heiraten soll. Aber nun schickt sich ein gewisser »Lindoro« an, ihr Herz zu erobern. Er hat ihr (gleich am Beginn der Oper) frühmorgens ein Ständchen unter ihrem Fenster gebracht und ihr auch seinen Namen verraten – einen falschen freilich, denn er ist niemand anderer als ein Graf, was er aber noch für sich behalten will. Seine Werbung hat Erfolg. Rosina schreibt nun einen Brief an ihn, muss dies aber natürlich vor dem Vormund verheimlichen, der bereits zu ahnen beginnt, dass ein Nebenbuhler auf den Plan getreten ist. Im Laufe der Cavatine (einer in einfacher Form gehaltenen Arie) entwickelt sich ihre Haltung von ängstlicher Verwirrung zur mutigen Entschlossenheit. Dabei hat die Sängerin, die Rosina verkörpert, gegen Ende hin Gelegenheit, große stimmliche Virtuosität zu beweisen.

Deutscher Titel Frag' ich mein beklommnes Herz | Aus Il barbiere di Siviglia / Der Barbier von Sevilla | Originalsprache Italienisch | Musik Gioacchino Rossini | Libretto Cesare Sterbini | Uraufführung 20.2.1816 in Rom | Bild Die zu ihrer Zeit berühmte Sopranistin Henriette Sontag in der Rolle der Rosina.

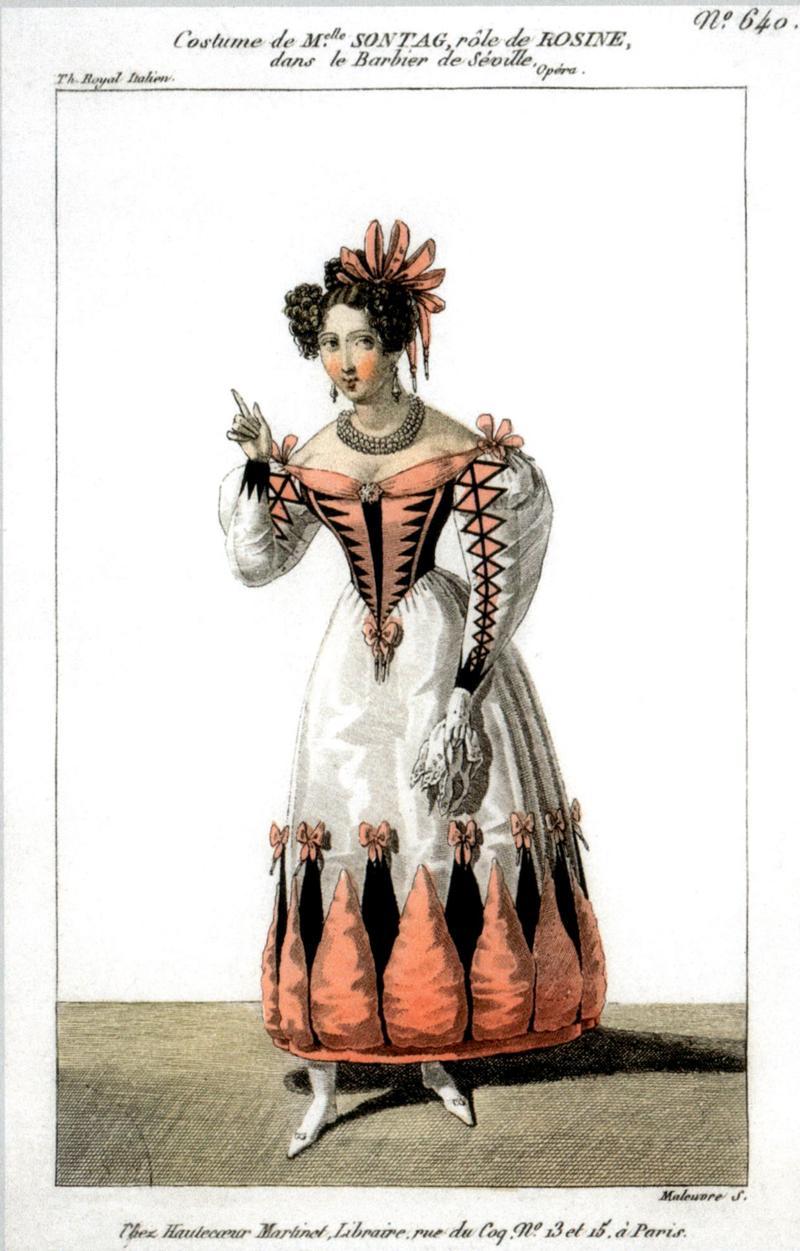

74__Ouvertüre zu »Wilhelm Tell«

Klingende Postkarte aus der Schweiz

Rossini war Theatermensch durch und durch und Teil eines großen kommerziellen Systems. Dazu gehörte ein immenser Schaffensdruck. Karikaturen zeigen seine »Musikfabrik«, in der er mit der einen Hand Noten schreibt, mit der anderen die noch tintenfeuchten Blätter Kopisten zum Abschreiben reicht, während die Musik woanders bereits geprobt wird. Seine Erfolgsoper, der »Barbier«, soll innerhalb von nur knapp drei Wochen entstanden sein, und dabei schreckte Rossini auch nicht vor der Notlösung zurück, hier und da sich selbst zu bestehlen. So hat er der Oper in aller Eile eine bereits vorher verwendete Ouvertüre vorangestellt.

Die kreative Hetzjagd schloss mit Rossinis letzter Oper nach Schillers Drama »Wilhelm Tell«. Nach der Uraufführung 1829 in Paris setzte sich der Komponist zur Ruhe und genoss seinen Wohlstand als 37-jähriger »Rentner«. Die übrigen gut drei Jahrzehnte seines Lebens verbrachte er in Paris, wo er sich unter anderem seiner zweiten Leidenschaft, dem Kochen, widmete, aber auch zum eigenen Vergnügen noch komponierte.

Anders als im »Barbier« oder in anderen Rossini-Opern ist die »Wilhelm-Tell-Ouvertüre« eng mit dem folgenden Werk verbunden. Der Komponist ließ sich hier von der schweizerischen Bergwelt inspirieren und schuf so etwas wie eine klingende Postkarte: Der Beginn schildert in einem mit fünf Solocelli außergewöhnlich besetzten Einleitungsteil die Naturidylle, auf die ein Sturm folgt. Die wieder einziehende Ruhe ist von Jodlermotiven der sich gegenseitig »zurufenden« Holzbläser geprägt – darunter das damals recht selten im Orchester anzutreffende Englischhorn. Der abschließende Reitermarsch gehört zu den berühmtesten Rossini-Melodien überhaupt und hat auch in unzähligen Zeichentrickfilmen seine Spuren hinterlassen.

Aus Guillaume Tell/Wilhelm Tell | **Originalsprache** Französisch | **Musik** Gioacchino Rossini | **Libretto** Victor-Joseph Étienne de Jouy und Hippolyte Louis Florent Bis | **Uraufführung** 3.8.1829 in Paris | **Bild** Die schweizer Bergwelt, der Rossini in seiner Oper »Wilhelm Tell« ein musikalisches Denkmal setzte.

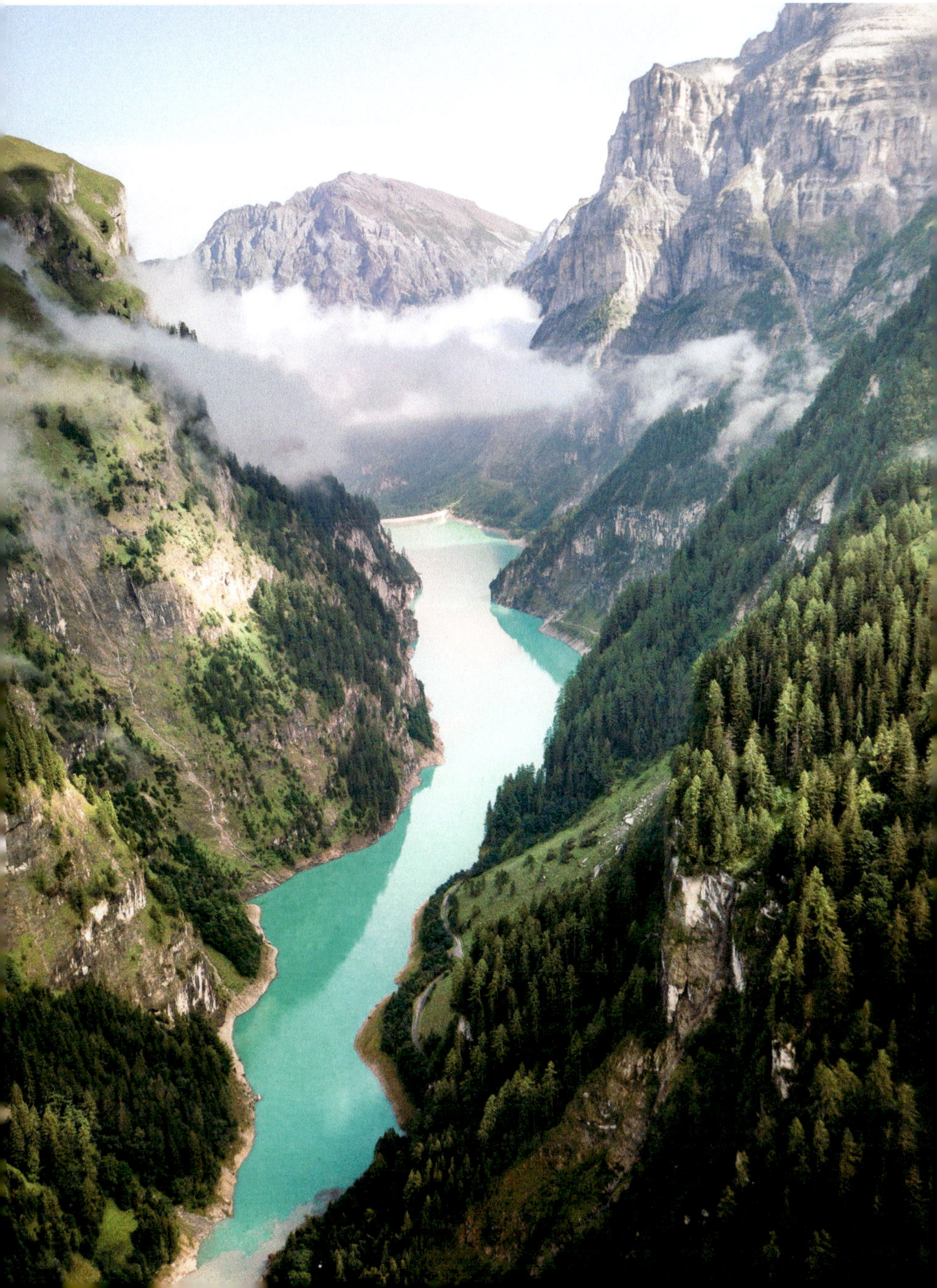

75 Mon coeur s'ouvre à ta voix

Weibliche Verführung in biblischer Kulisse

Camille Saint-Saëns spielte nicht nur mit zwei Jahren schon Klavier und begann bereits mit drei seine fruchtbare Komponistenlaufbahn, er lernte schon als Siebenjähriger Latein, beschäftigte sich wenig später mit Mathematik, Astronomie und Archäologie, schrieb Theaterstücke sowie formvollendete Gedichte. Sein ästhetisches Bewusstsein war dabei nicht nur auf Literatur und Musik beschränkt: Wenn Camille Saint-Saëns Briefe schrieb, gestaltete er sie in den schönsten Künsten der Kalligrafie, mit eindrucksvollen Initialen und hervorstechenden Überschriften.

Neben großen Klassik-Hits wie »Der Karneval der Tiere« oder »Danse macabre« hat Saint-Saëns eine Fülle an Konzerten, Orchesterwerken, geistlichen Kompositionen und Kammermusikwerken hinterlassen. Außerdem komponierte er nicht weniger als zehn Opern, von denen das alttestamentarische Drama »Samson et Dalila« die berühmteste ist. Die Geschichte findet sich im biblischen »Buch der Richter«: Um 1100 vor Christus kämpft Samson gegen die Philister, die das jüdische Volk unterdrücken. Er siegt, doch Dalila, die Priesterin der Feinde, gibt nicht auf. Die Arie »Mon coeur s'ouvre à ta voix« singend, betört sie Samson mit ihren weiblichen Reizen. Dabei gelingt es ihr, ihm das Geheimnis seiner legendären Kraft zu entlocken: Es ist sein Haar. Schneidet man es ab, ist er besiegt. Die Feinde können ihn so in den Kerker bringen. Ein göttliches Wunder gibt ihm seine Stärke zurück, und am Ende stirbt er in den Mauern, die er mit seinen Kräften selbst zum Einsturz gebracht hatte.

Camille Saint-Saëns hatte zunächst gar nicht vor, aus dem Stoff eine Oper zu machen. Doch sein Kollege Franz Liszt, Direktor des Hoftheaters in Weimar, überredete ihn schließlich dazu und brachte das Werk dann in Thüringen zur Uraufführung.

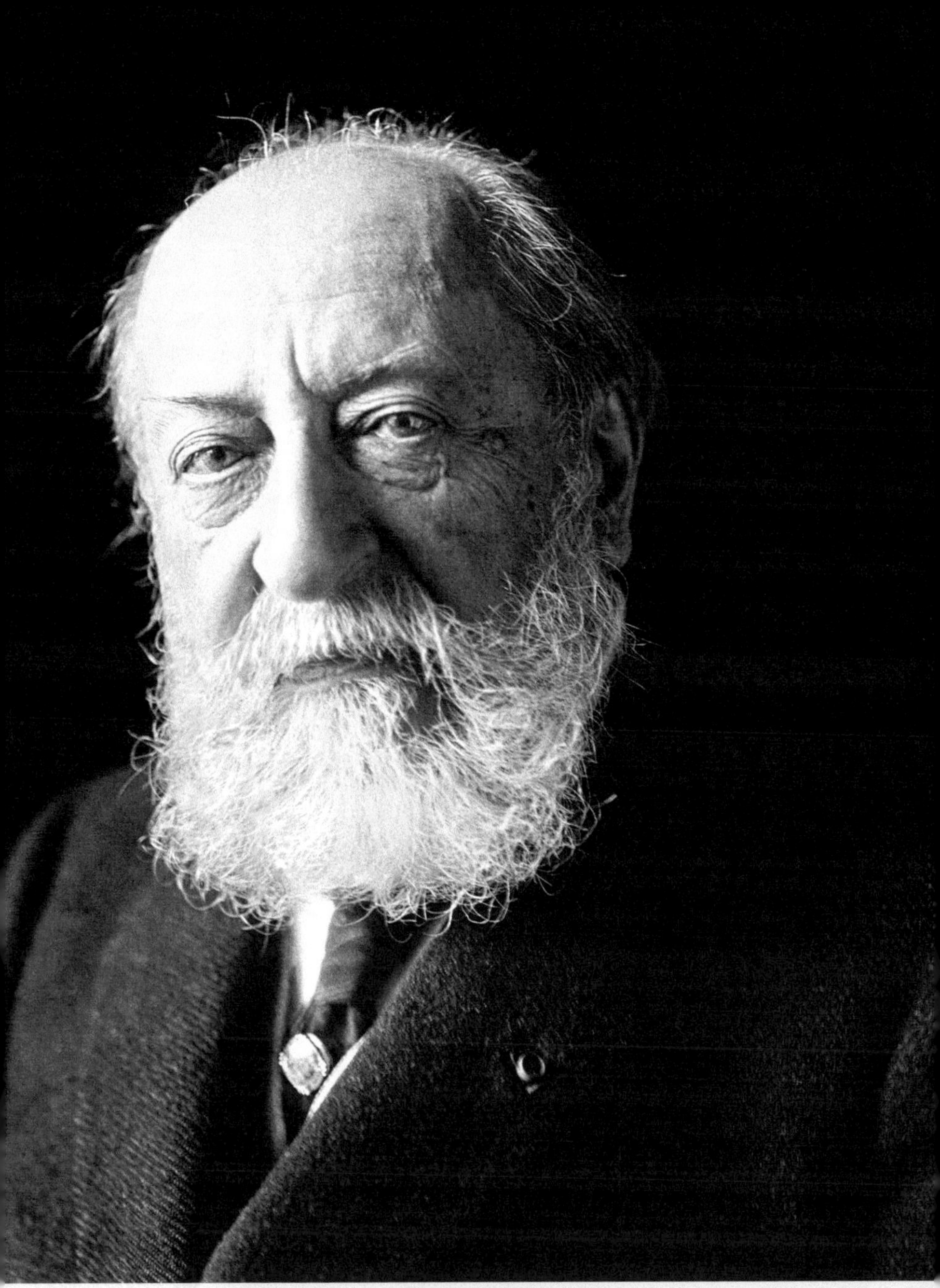

Deutscher Titel Mein Herz öffnet sich dir | Aus Samson et Dalila / Samson und Dalila | Originalsprache Französisch | Musik Camille Saint-Saëns | Libretto Ferdinand Lemaire | Uraufführung 2.12.1877 in Weimar | Bild Der Komponist Camille Saint-Saëns auf einem Foto aus dem Jahre 1921.

76 Ouvertüre zu »Prima la musica, poi le parole«

Ein Opernwettstreit in Schönbrunn

1824 machte in Wien ein bizarres Gerücht die Runde: Antonio Salieri behauptete, Mozart vergiftet zu haben. So schrieb es ein Gesprächspartner dem tauben Beethoven in eines von dessen »Konversationsheften«.

Mozart war zu dieser Zeit Jahrzehnte tot, Salieri alt, krank und geistig umnachtet. Man könnte das Geständnis als Aussage eines Dementen abtun, aber es ist Teil der Legende geworden, Salieri sei Mozarts Rivale gewesen. Die Geschichte zieht sich in vielen Variationen durch die Literatur bis hin zu Peter Shaffers Schauspiel »Amadeus« und dessen berühmter Verfilmung. In Wirklichkeit haben sich Salieri und Mozart geschätzt. Der Italiener, der als Teenager nach Wien gekommen war, hat es am Kaiserhof zu höchsten Ehren gebracht. Er unterrichtete honorarfrei die nächste Generation der Klassiker. Schubert, Beethoven und Mozarts Sohn Franz Xaver zählten zu seinen Schülern.

Wenn man nach einer Episode sucht, in der so etwas wie Rivalität aufscheint, dann wird man mit einem Ereignis im Jahre 1786 fündig: Kaiser Joseph II. veranlasste die Uraufführung von zwei kleinen Opern der beiden Komponisten in der Orangerie des Schlosses Schönbrunn. Die Stücke sollten den Theateralltag komödiantisch aufs Korn nehmen und waren tatsächlich so etwas wie ein Wettstreit. Mozart lieferte die deutschsprachige kleine Oper »Der Schauspieldirektor«, Salieri eine italienische namens »Prima la musica, poi le parole« (»Erst die Musik, dann die Worte«), was auf die in der Operngeschichte oft diskutierte Frage anspielt, welche der Künste hier den Vorrang hat: Dichtung oder Komposition. Sie erzählt, wie ein Dichter und ein Komponist in vier Tagen eine Oper zusammenzimmern – nicht nur vom Zeitdruck getrieben, sondern auch von den Erwartungen eitler Primadonnen.

Aus Prima la musica, poi le parole / Erst die Musik, dann die Worte | **Originalsprache** Italienisch | **Musik** Antonio Salieri | **Libretto** Giambattista Casti | **Uraufführung** 7.2.1786 in Wien | **Bild** Die Orangerie im Park des Wiener Schlosses Schönbrunn: Uraufführungsort der Oper »Erst die Musik, dann die Worte«.

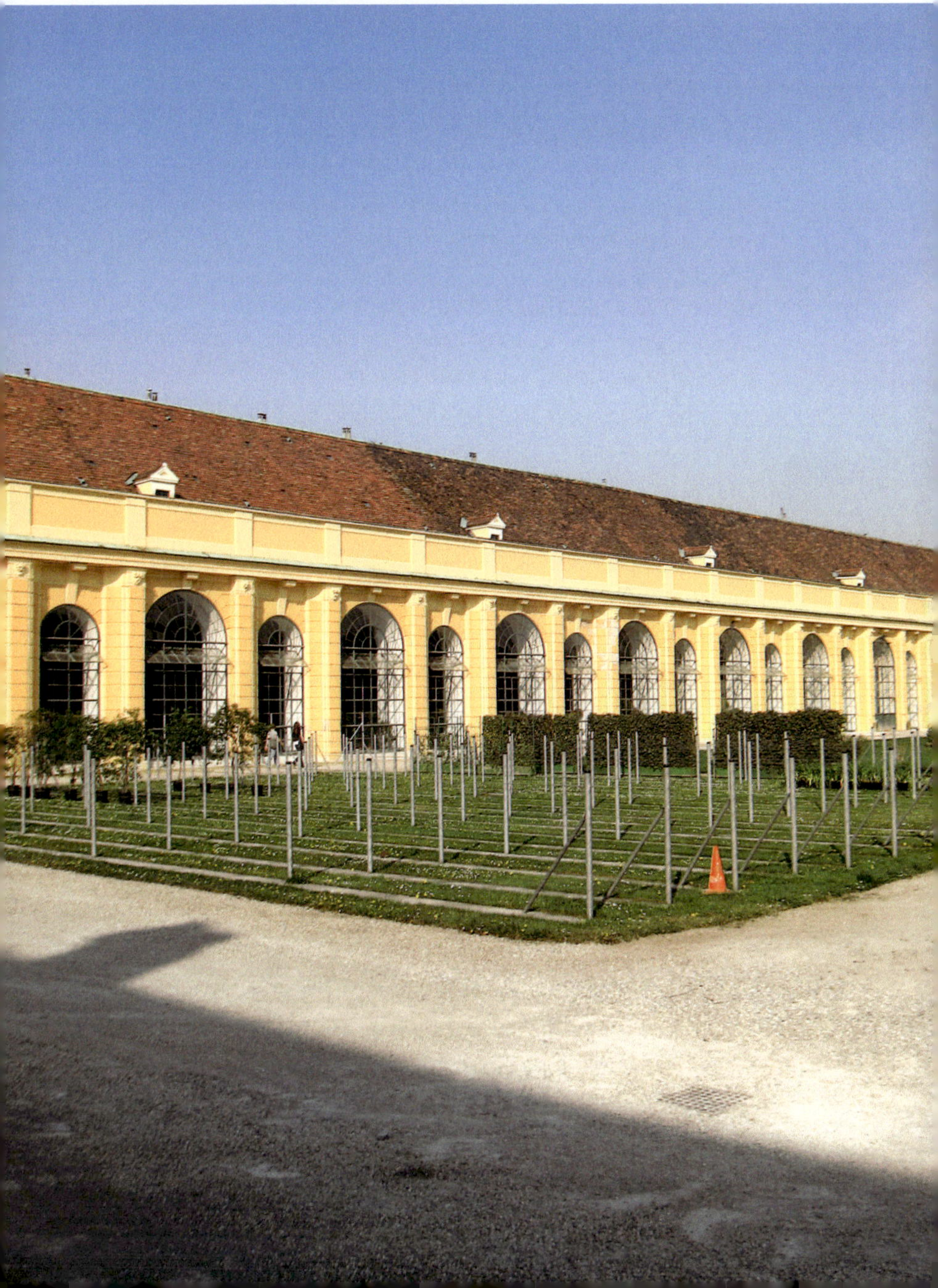

77 Intermezzo aus »Notre Dame«

Quasimodo auf der Opernbühne

Victor Hugos Roman »Der Glöckner von Notre-Dame« hat viele Spuren hinterlassen – als Verfilmung, als Schauspiel, als Oper oder Musical. Der Komponist Franz Schmidt, der im Jahre 1914 eine Opernadaption des Stoffes in Wien herausbrachte, war beileibe nicht der Erste. Ihm war sogar schon eine weibliche Kollegin vorangegangen: Louise-Angélique Bertin, deren Oper »La Esmeralda« (benannt nach der weiblichen Heldin der Geschichte) schon 1836 uraufgeführt worden war.

1874 im damaligen Pressburg geboren, kam Schmidt als Kind nach Wien und wurde zunächst Cellist bei den Wiener Philharmonikern, dann im Hofopernorchester unter Gustav Mahler. Schmidt entwickelte sich zu einer umfassenden musikalischen Koryphäe. So erhielt er 1914 eine Professur an der Wiener Musikakademie, wo er Klavier, Cello, Komposition und Kontrapunkt lehrte und in den 20er und 30er Jahren sogar zum Direktor aufstieg. Bei all diesen Erfolgen war Schmidts Leben von vielen Schicksalsschlägen geprägt: Seine erste Frau wurde geisteskrank und lebte ab 1919 in einer Wiener Heilanstalt, bevor sie nach Schmidts Tod im Rahmen der nationalsozialistischen Praxis der Euthanasie ermordet wurde. Tochter Emma starb überraschend, nachdem sie ein Kind zur Welt gebracht hatte.

Schmidts Werke – darunter ein Oratorium über die Apokalypse – sind kaum bekannt. Allein das Intermezzo aus der Oper »Notre Dame« hat es zu Berühmtheit gebracht. Das Stück war lange ein Spitzenreiter in der Rangliste klassischer Wunschkonzerte und steht als gutes Beispiel für Schmidts Stil, der auch andere Orchesterwerke aus seiner Feder (etwa seine vier Sinfonien) prägt: große sinfonische Opulenz auf dem Boden der Spätromantik, was ihn zu einem österreichischen Pendant zu seinem Zeitgenossen Richard Strauss macht.

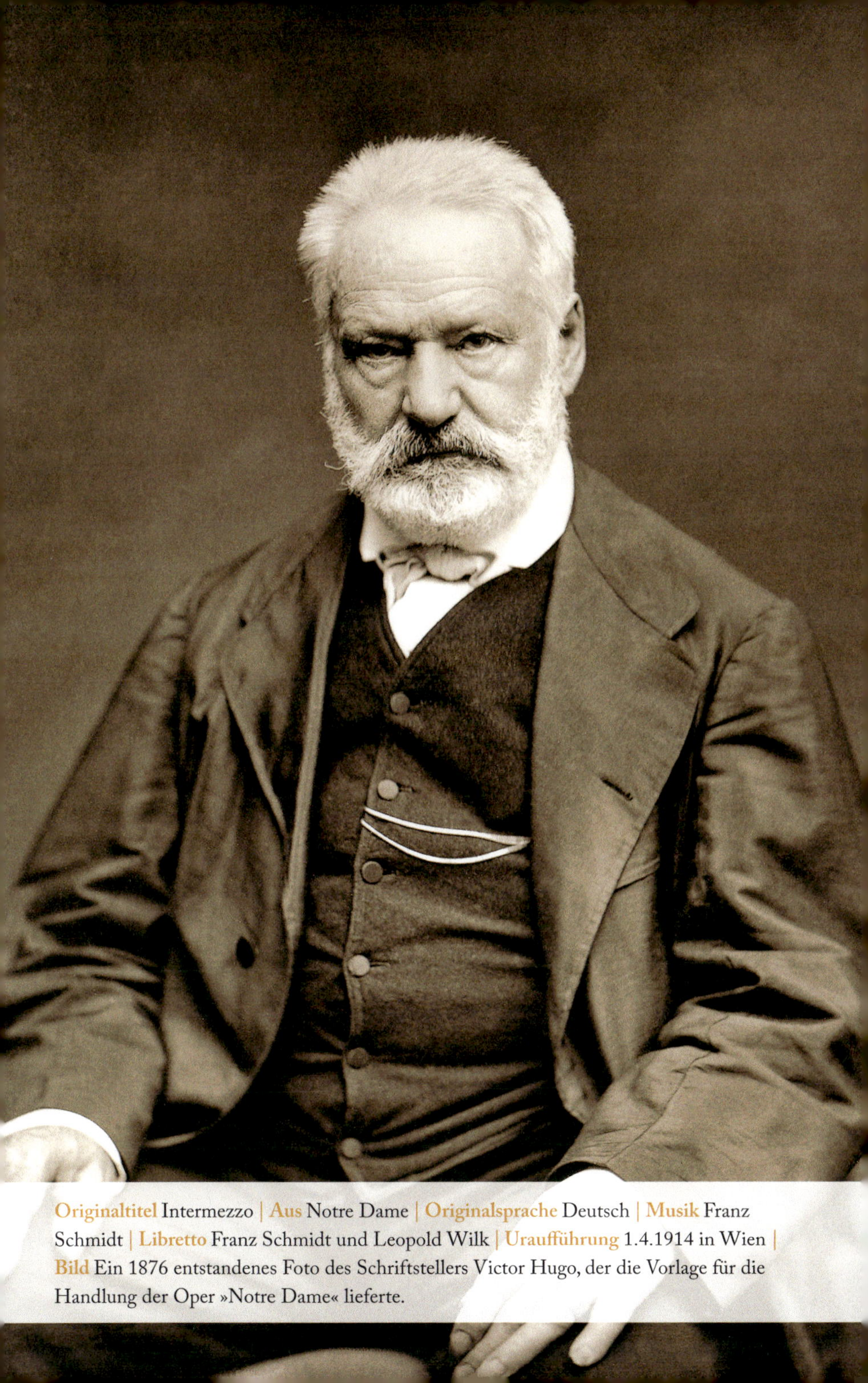

Originaltitel Intermezzo | **Aus** Notre Dame | **Originalsprache** Deutsch | **Musik** Franz Schmidt | **Libretto** Franz Schmidt und Leopold Wilk | **Uraufführung** 1.4.1914 in Wien | **Bild** Ein 1876 entstandenes Foto des Schriftstellers Victor Hugo, der die Vorlage für die Handlung der Oper »Notre Dame« lieferte.

78 Ach, ich hab in meinem Herzen

Die Erfolgsoper des Lili-Marleen-Schöpfers

1938 schlug ein junger Komponist ein Gedichtbändchen auf und fand Zeilen, die bald um die Welt gehen sollten: das Lied »Lili Marleen« nach einem Text von Hans Leip. Zuerst beachtete die einfache Weise um eine Soldatenbraut, die von ihren Erlebnissen »vor der Kaserne, vor dem großen Tor« erzählt, niemand. Als jedoch zwei Jahre nach Kriegsausbruch der deutsche Soldatensender Belgrad sein Radioprogramm mehrmals mit der Nummer schloss, wurde sie zum Hit. Der Komponist war Norbert Schultze, der zu diesem Zeitpunkt bereits seine Oper »Schwarzer Peter« zur Uraufführung gebracht hatte. Schon in diesem Werk »für kleine und große Leute« hatte er seine Kunst bewiesen, einfache, aber eindrucksvolle Melodien zu schreiben.

Der gebürtige Braunschweiger hatte in Köln studiert und verbrachte die Zeit des Nationalsozialismus als Mitläufer. Er schrieb nicht nur Lieder wie »Lili Marleen« oder »Nimm mich mit, Kapitän, auf die Reise«, sondern erfüllte auch Aufträge des Propagandaministeriums. Diese Arbeiten hießen dann »Von Finnland bis zum Schwarzen Meer« oder »Bomben auf Engelland«. Nach dem Krieg blieb er weiter im Musikgeschäft, schrieb Filmmusik und übernahm Aufgaben bei der GEMA.

Aus seiner Oper »Schwarzer Peter« ist vor allem das Duett »Ach, ich hab in meinem Herzen« berühmt. Es ist eng mit der Interpretation des Tenors Rudolf Schock verbunden, der das Stück zu einem Nachkriegshit machte und in einen Heimatfilm von 1955 mitnahm: »Der fröhliche Wanderer«, die Geschichte eines Sängers. »Schwarzer Peter« ist ein Märchen von zwei Königen, die in Streit geraten, deren Kinder aber als Paar zueinanderfinden. Norbert Schultze lebte bis 2002. Die Tantiemen seiner von 1933 bis 1945 entstandenen Werke vermachte er testamentarisch dem Deutschen Roten Kreuz.

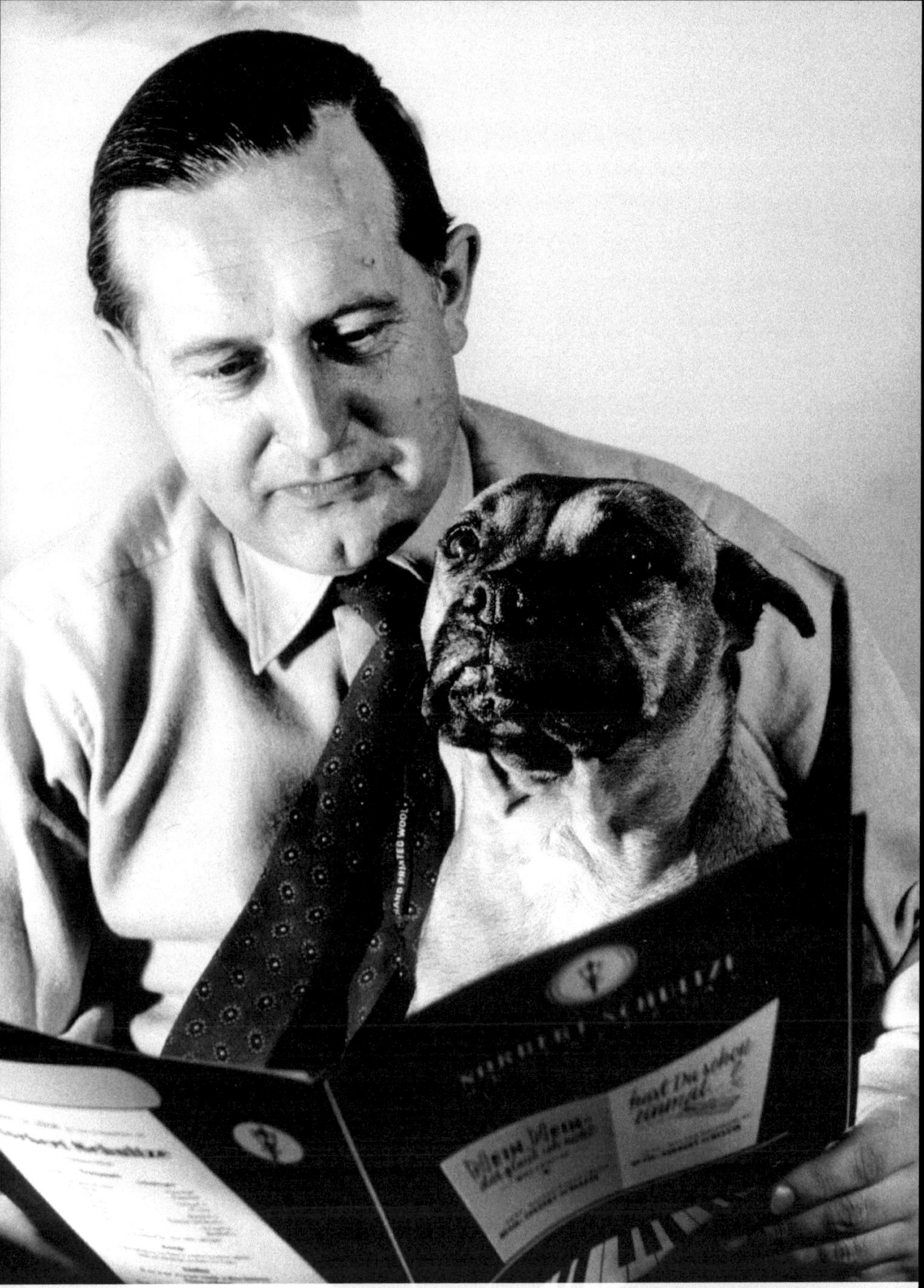

Originaltitel Ach, ich hab in meinem Herzen | **Aus** Schwarzer Peter | **Originalsprache** Deutsch | **Musik** Norbert Schultze | **Libretto** Walter Lieck | **Uraufführung** 6.12.1936 in Hamburg | **Bild** Der Komponist Norbert Schultze mit Noten und Hund.

79_Proč bychom se netěšili

Bilder aus böhmischen Dörfern

Aus Böhmen kommt die Musik: Das wusste schon Wolfgang Amadeus Mozart, der in Prag ein viel treueres Publikum fand als in der Kaiserstadt Wien. Auch die Generationen nach ihm haben von der Musikbegeisterung der (heutigen) Tschechen immer wieder profitiert – nicht zuletzt die dort heimischen Komponisten. Es waren vor allem Antonín Dvořák und Bedřich Smetana, die sich ihren Ruf als Pioniere der tschechischen Nationalschule erkomponierten. Smetana, deutlich älter als sein Kollege, hatte es da etwas schwerer – musste er doch die echte Pionierarbeit leisten.

»Die verkaufte Braut« war das erste böhmische Werk seiner Gattung, das über die Grenzen des Entstehungslandes hinaus populär wurde.

Eine bis dahin nie da gewesene Synthese aus tschechischer Musik mit den damals modernen Möglichkeiten des Musiktheaters prägen das Werk ebenso wie eine charakteristische Handlung, die im wahrsten Sinne des Wortes auf »böhmische Dörfer« führt: Hier liebt Hans seine Marie, doch das Mädchen soll den Grundbesitzersohn Wenzel heiraten.

Dem schlauen Heiratsvermittler Kezal gelingt es, Hans zum Verzicht auf Marie zu bewegen und sogar einen entsprechenden Vertrag zu unterschreiben, der Marie allein einem Sohn des Grundbesitzers vorbehält. Hans, dessen Herkunft niemand kannte, entpuppt sich dann als Wenzels verschollener Bruder. Der Weg zu Marie ist juristisch frei.

Smetana hat diese Geschichte in ein buntes Gemisch aus Tänzen und eingängigen Arien gepackt. Nach der mitreißenden Ouvertüre, die es auch losgelöst zu großer Beliebtheit gebracht hat, öffnet sich der Vorhang vor einer bunten Szene mit turbulentem Dorfleben auf einem Kirchweihfest – musikalisch dargestellt durch den mitreißenden tänzerischen Chor »Seht am Strauch die Knospen springen«.

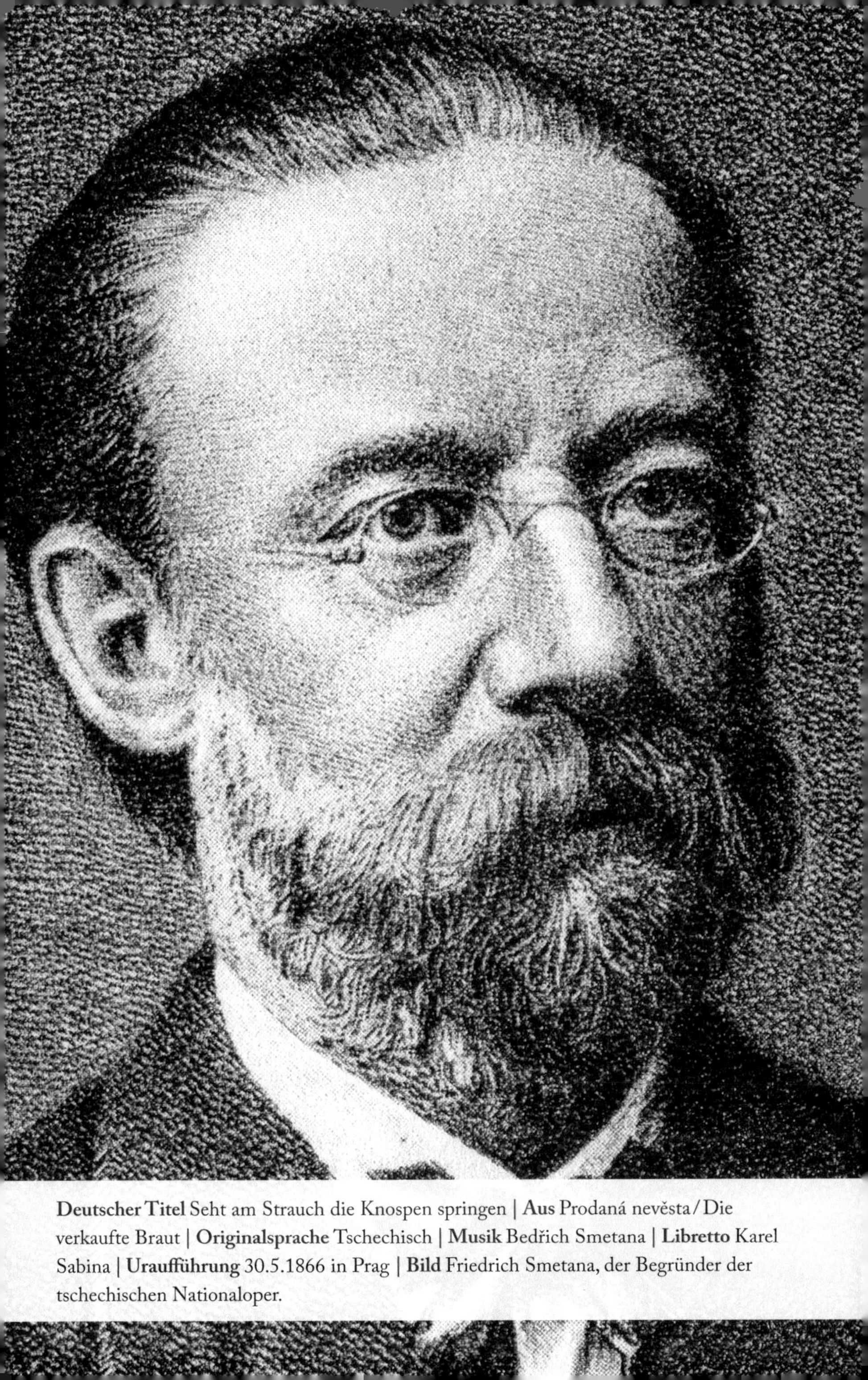

Deutscher Titel Seht am Strauch die Knospen springen | **Aus** Prodaná nevěsta / Die verkaufte Braut | **Originalsprache** Tschechisch | **Musik** Bedřich Smetana | **Libretto** Karel Sabina | **Uraufführung** 30.5.1866 in Prag | **Bild** Friedrich Smetana, der Begründer der tschechischen Nationaloper.

80 Michaels Reise um die Erde

Mystik und Science-Fiction

Es scheinen auf den ersten Blick unvereinbare Elemente zu sein: Musikkonstruktion auf der Basis von mathematischen Berechnungen, Spiritualität und religiöse Bezüge, eine Mischung aus Klängen »echter« Instrumente und als Ergebnis komplexer Klangforschungen im Elektronikstudio. Dazu die Vermischung von Musik mit anderen Künsten wie dem Tanz und der Sprache sowie mit Philosophie und Esoterik. Dies alles prägt das Werk des Komponisten Karlheinz Stockhausen. In den 50er Jahren des 20. Jahrhunderts wurde er zum Vorreiter der seriellen Kompositionstechnik, in der alle Eigenschaften eines Klanges von der Tonhöhe, der Dauer bis zur Lautstärke und Klangfarbe mathematischen Prinzipien unterworfen wurden. 1977 nahm der Plan eines Werkes Gestalt an, aus dem der Opernzyklus »Licht« werden sollte.

Jeder der sieben Teile erhielt den Namen eines Wochentages, der in Verbindung mit bestimmten Farben, mit Elementen und Sinneswahrnehmungen steht. Die Handlung – soweit man davon sprechen kann – vollzieht sich in einem phantastischen Kosmos mit Szenerien der biblischen Mythologie, der Urzeit oder einer Science-Fiction-artigen Welt. Stockhausen, der immer wieder mit exzentrischen Äußerungen von sich reden machte und von sich sagte, »auf Sirius ausgebildet worden zu sein«, vollendete »Licht« 2003. Jeder Teil wurde über große zeitliche Abstände hinweg als Einzelwerk uraufgeführt. Die das Projekt durchziehenden drei Hauptfiguren sind die symbolisch für bestimmte Prinzipien stehende Eva (Mutter), Luzifer (die Macht des Bösen) und Michael (die Macht des Guten). Letzterem widmet sich Stockhausen im Donnerstag aus »Licht«: Michael lebt im Kreise der Familie, reist dann um die Welt, um nach Prüfungen zum Musiker zu werden und sich gegen Luzifer zu behaupten.

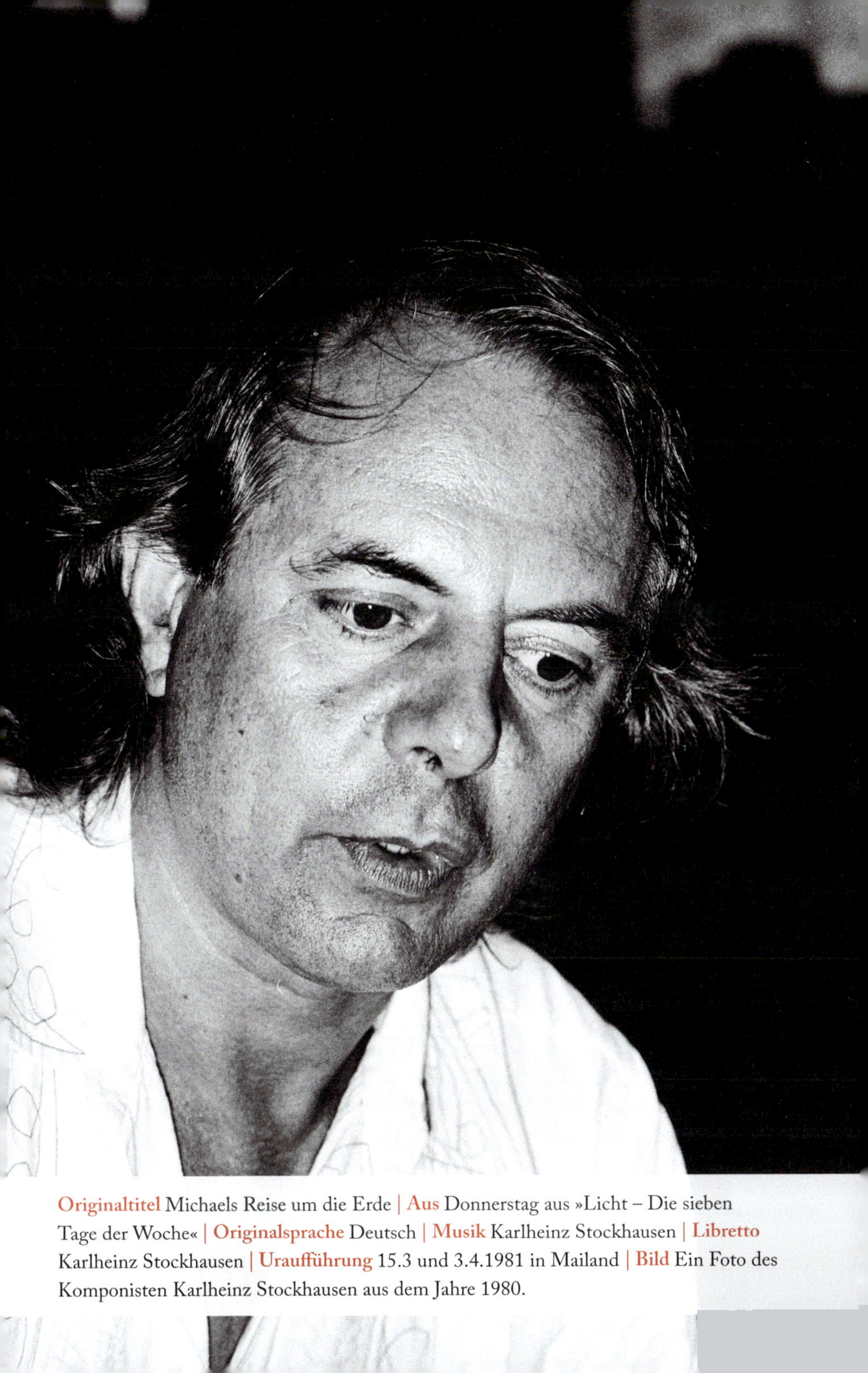

Originaltitel Michaels Reise um die Erde | **Aus** Donnerstag aus »Licht – Die sieben Tage der Woche« | **Originalsprache** Deutsch | **Musik** Karlheinz Stockhausen | **Libretto** Karlheinz Stockhausen | **Uraufführung** 15.3 und 3.4.1981 in Mailand | **Bild** Ein Foto des Komponisten Karlheinz Stockhausen aus dem Jahre 1980.

81 Tanz der sieben Schleier

Ein Kuss auf tote Lippen

»Ich bin eine anständige Frau!« Mit diesen klaren Worten lehnte es die königlich-sächsische Kammersängerin Marie Wittrich ab, die Titelrolle in der Oper »Salome« von Richard Strauss zu übernehmen – eine Partie, die am Beginn des 20. Jahrhunderts in mehrfacher Hinsicht skandalträchtig war. Teil der Rolle ist der »Tanz der sieben Schleier« (salopp gesagt ein Striptease), den die Stieftochter des judäischen Königs Herodes vorführt. In der biblischen Geschichte bringt die Königstochter ihren lüsternen Stiefvater mit dem Auftritt dazu, ihr einen Wunsch zu erfüllen. Was sie nach der lasziven Aktion fordert, ist der Kopf des eingekerkerten Propheten Jochanaan. Dahinter steckt Rache für Zurückweisung: Salome fühlt sich von dem Gefangenen körperlich angezogen. Der jedoch verflucht die Laster an Herodes' Hof. Die Szene, in der das Haupt des Propheten auf die Bühne gebracht wird, ist sicher eine der grausigsten der Operngeschichte. Zumal (und hier lauert der zweite Skandal) noch eine Steigerung folgt: Salome küsst die toten Lippen des Hingerichteten.

Für die Bearbeitung des biblischen Stoffes hatten Schriftsteller wie Gustave Flaubert und Oscar Wilde die Vorarbeit geliefert. Strauss besuchte eine Aufführung von Wildes Theaterfassung in Berlin und kam sofort auf den Gedanken, daraus eine Oper zu machen. Nachdem er im Juni 1905 die Partitur vollendet hatte, sollte die Premiere in Dresden stattfinden, wo Strauss auf Widerstände bei den Mitwirkenden stieß. Erst die Drohung, die Premiere nach Wien zu verlegen, änderte die Haltung an der Elbe. Schon wenige Wochen später regnete es weitere Verträge. Ein wahrer Siegeszug folgte, freilich begleitet auch von weiterer Empörung, vor allem aus Kirchenkreisen. In Chicago wollte man die Starsopranistin Mary Garden in der Oper erleben, aber ohne die Schlussszene. Daraufhin kam vom Verlag ein knappes Telegramm: »No head, no Garden«.

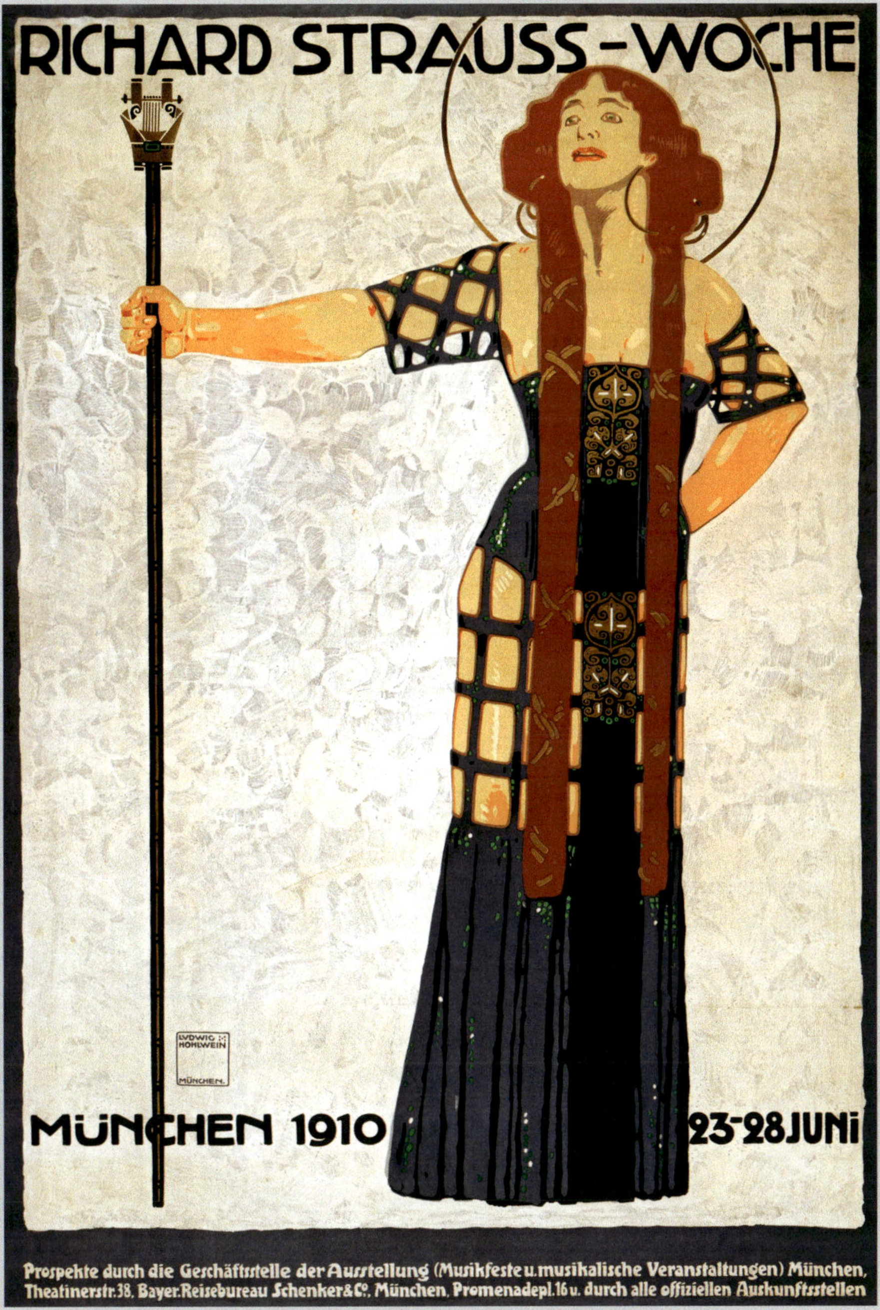

Originaltitel Tanz der sieben Schleier | Aus Salome | Originalsprache Deutsch | Musik Richard Strauss | Libretto Hedwig Lachmann | Uraufführung 9.12.1905 in Dresden | Bild Werbeposter für ein Richard-Strauss-Festival aus dem Jahre 1910 mit der Salome-Figur.

82 Ob ich nicht höre?

Tod im Siegestaumel

Mit den ersten beiden seiner 15 Opern folgte Richard Strauss noch dem Vorbild Richard Wagner – und das musikalisch, aber auch in der Stoffwahl: Der Erstling »Guntram« (1894) spielt im Mittelalter und kreist inhaltlich um einen Ritterbund. »Feuersnot« (1910) basiert auf einer in märchenhafter Vorzeit spielenden Sage. Mit »Salome« entwickelte Strauss ein Konzept der »Literaturoper« mit klarer Verbindung zu einem bereits existierenden Theaterstück, gleichzeitig erweiterte er die Modernität seines Stils, ohne jedoch wirklich zum radikalen Avantgardisten zu werden. Diesen Weg setzte er mit »Elektra« fort, der ersten Zusammenarbeit mit dem Dichter Hugo von Hofmannsthal, die Strauss' Karriere als Opernkomponist in den nächsten Projekten prägen sollte.

Hofmannsthals Drama »Elektra« führt in die Welt des antiken Trojanischen Krieges und dessen Folgen: Der griechische Heerführer Agamemnon wurde nach seiner Rückkehr zum Opfer eines Mordes. Seine Frau Klytämnestra und deren Geliebter Ägisth töten ihn. Die Tochter Elektra (die Schwester von Iphigenie, deren Schicksal Strauss' Kollege Gluck vertont hat) führt ein trostloses Leben. Nur der Gedanke an Rache hält sie aufrecht. Ihre Hoffnung ist der tot geglaubte Bruder Orest, der zurückkehrt und Klytämnestra und Ägisth tötet.

Das Blutbad wird nicht auf der Bühne gezeigt. An dessen Stelle tritt Elektra selbst, die den Mord mit anhört und sich in der letzten Szene (»Ob ich nicht höre?«) in einen jubelnden Rachetanz hineinsteigert. Am Ende des ekstatischen Taumels, der allen Beteiligten von der Solistin bis zu den Orchestermusikern viel abverlangt, bricht sie tot zusammen.

Am Beginn der Arbeit hatte Strauss Befürchtungen gehabt, die Oper sei »Salome« zu ähnlich, doch der Austausch mit Hofmannsthal brachte den Komponisten dazu, diese Bedenken zu überwinden. Trotzdem blieb der Erfolg hinter dem der Vorgängerin zurück.

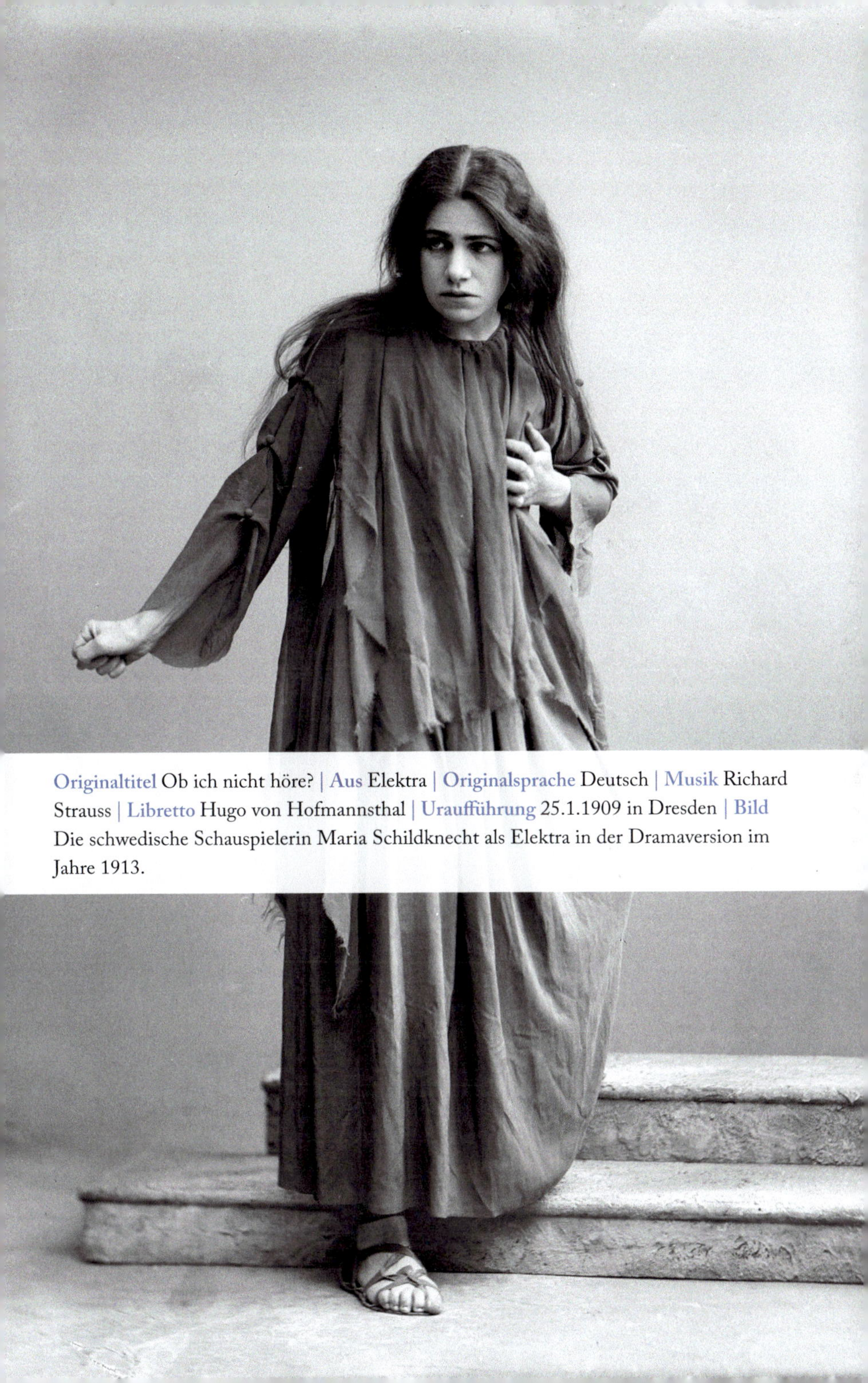

Originaltitel Ob ich nicht höre? | Aus Elektra | Originalsprache Deutsch | Musik Richard Strauss | Libretto Hugo von Hofmannsthal | Uraufführung 25.1.1909 in Dresden | Bild Die schwedische Schauspielerin Maria Schildknecht als Elektra in der Dramaversion im Jahre 1913.

83 Mir ist die Ehre widerfahren

Großer Moment einer »Hosenrolle«

Mit der Oper »Elektra« war Richard Strauss einen Schritt in Richtung »Zukunftsmusik« gegangen – mit modernen Dissonanzballungen und Polytonalität, bei der in verschiedenen Stimmen mehrere Tonarten gleichzeitig erklingen. Letztlich jedoch ist der Komponist immer ein Spätromantiker geblieben, der mit einem Auge stets die Bewahrung der Traditionen im Blick behielt. In der komödiantischen Oper »Der Rosenkavalier« bewies er dies besonders deutlich. Er beschwor inhaltlich das Wien des 18. Jahrhunderts herauf – eine Welt, in der Meister wie Wolfgang Amadeus Mozart wirkten. Strauss sah sich selbst als geistigen Nachkommen des Klassikers, und er assoziierte seine Zusammenarbeit mit Hugo von Hofmannsthal durchaus mit der von Mozart und dessen kongenialem Librettisten Lorenzo Da Ponte.

Wie diese in der »Hochzeit des Figaro« hatten auch Strauss und von Hofmannsthal mit der Bearbeitung eines Theaterstückes begonnen (bei Strauss »Elektra«) und machten dann mit einem Originallibretto weiter.

Im »Rosenkavalier« hat sich die Fürstin Werdenberg, Gattin eines Feldmarschalls, mit ihrer langweiligen Ehe arrangiert, die sie sich mit dem jugendlichen Octavian versüßt. Als der Liebhaber für den schwerfälligen Baron von Ochs der jungen Adligen Sophie als Brautwerber (mit »Mir ist die Ehre widerfahren«) eine silberne Rose überreichen soll, verlieben sich die beiden jungen Leute. Zum Happy End führt eine Falle: Octavian verkleidet sich als Zofe, die den Baron bezirzt und in eine so unmoralische Situation bringt, dass Sophies Vater ihn als Bräutigam zum Teufel schickt. Besonderen Reiz erhält die Partie des Octavian dadurch, dass er als »Hosenrolle« von einer Sängerin verkörpert wird. Als Zofe ist er eine als Mann verkleidete Frau, die sich als Frau verkleidet hat.

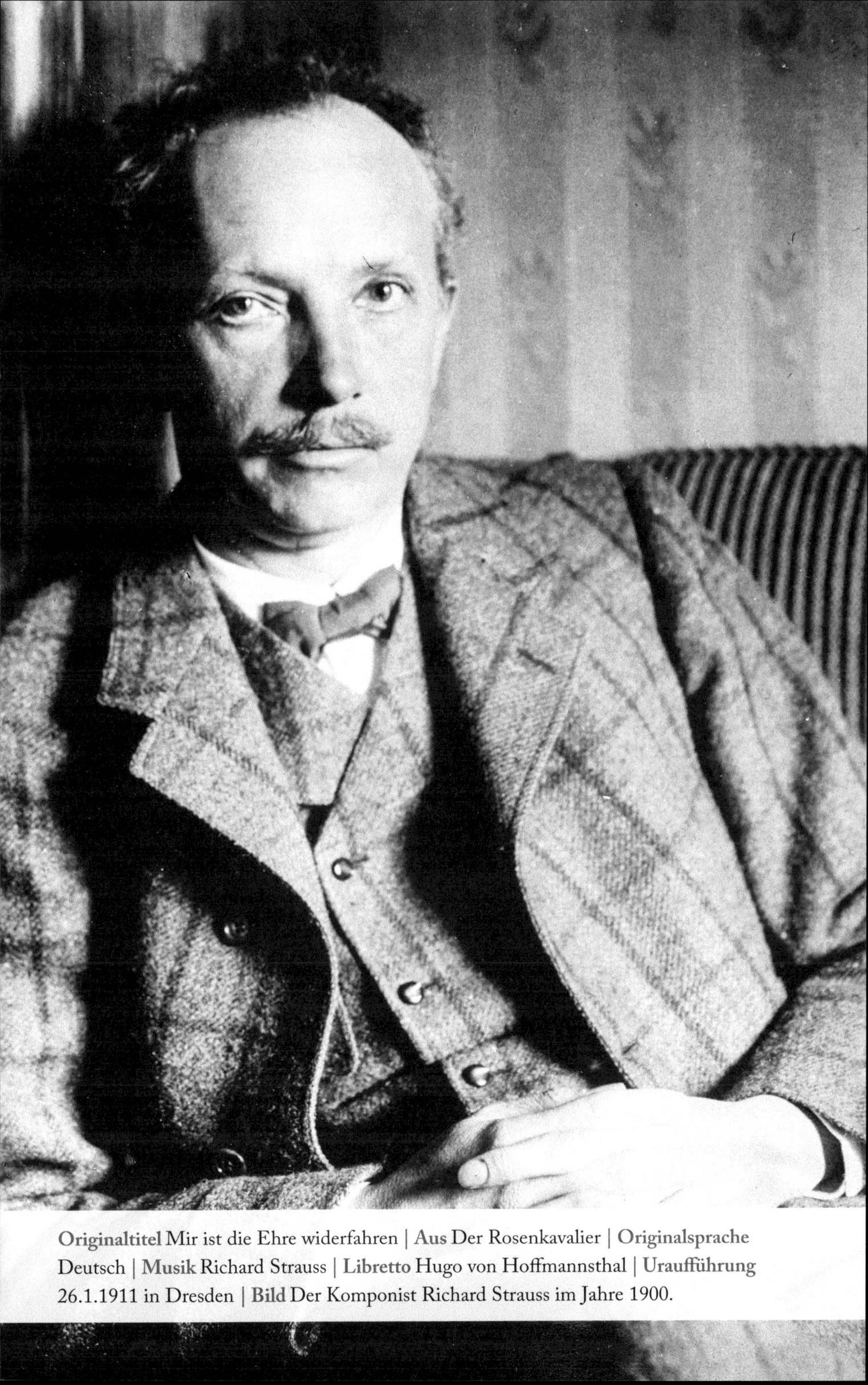

Originaltitel Mir ist die Ehre widerfahren | **Aus** Der Rosenkavalier | **Originalsprache** Deutsch | **Musik** Richard Strauss | **Libretto** Hugo von Hoffmannsthal | **Uraufführung** 26.1.1911 in Dresden | **Bild** Der Komponist Richard Strauss im Jahre 1900.

84 Sextett aus »Capriccio«

Kunstgespräche fern vom Weltgeschehen

Richard Strauss ist als Opernkomponist und als Schöpfer sinfonischer Tondichtungen (wie »Also sprach Zarathustra«) bekannt, doch sein Œuvre beschränkt sich keineswegs auf diese beiden Gattungen. Der hochbegabte Sohn eines Münchner Hornvirtuosen schuf auch eine Fülle an Liedern, dazu Konzerte, Chorwerke und Kammermusik. Die Kunst, für kleine Besetzungen zu komponieren, bewies er auch in der Oper »Capriccio«. Hier überrascht er das Publikum gleich zu Beginn des Stückes, wo als Ouvertüre kein – wie man es vielleicht erwarten würde – gewaltiges Orchesterwerk, sondern ein Sextett für Streicher erklingt. Wie im »Rosenkavalier« entführt Strauss das Publikum ins 18. Jahrhundert. Im Salon einer Gräfin ringen der Dichter Olivier und der Musiker Flamand um die Gunst der wohlhabenden Muse. Ihre Rivalität behandelt die schon zu Mozarts Zeiten diskutierte Frage, ob in einer Oper Text oder Musik den Vorrang haben.

Vor dem Hintergrund der Uraufführung im Kriegsjahr 1942 wirkt die Oper wie ein Stück weltfremder Realitätsflucht. Nur vier Wochen später sollten die ersten britischen Bomben auf die deutsche Hauptstadt niedergehen. In Russland stand die Schlacht von Stalingrad kurz bevor. Die Vernichtungsmaschinerie in Auschwitz war in vollem Gange. Strauss' Verhältnis zur Nazidiktatur war zwiegespalten: 1933 wurde er zum Präsidenten der Reichsmusikkammer ernannt, geriet jedoch mit den Machthabern aneinander, trat zurück, distanzierte sich jedoch nur, wenn er die eigene künstlerische Arbeit gefährdet sah. So weigerte er sich, die 1935 uraufgeführte Oper »Die schweigsame Frau« zurückzuziehen, deren Libretto der von Strauss sehr geschätzte, aber als »entartet« gebrandmarkte Dichter Stefan Zweig geschrieben hatte.

Der Uraufführung waren führende Nazi-Funktionäre demonstrativ ferngeblieben. Nach der zweiten Vorstellung wurde das Werk in Deutschland verboten.

Originaltitel Sextett aus »Capriccio« | **Aus** Capriccio | **Originalsprache** Deutsch | **Musik** Richard Strauss | **Libretto** Clemens Krauss und Richard Strauss | **Uraufführung** 28.10.1942 in München | **Bild** Lisa della Casa und Ernst Haefliger 1968 in der Oper »Capriccio«.

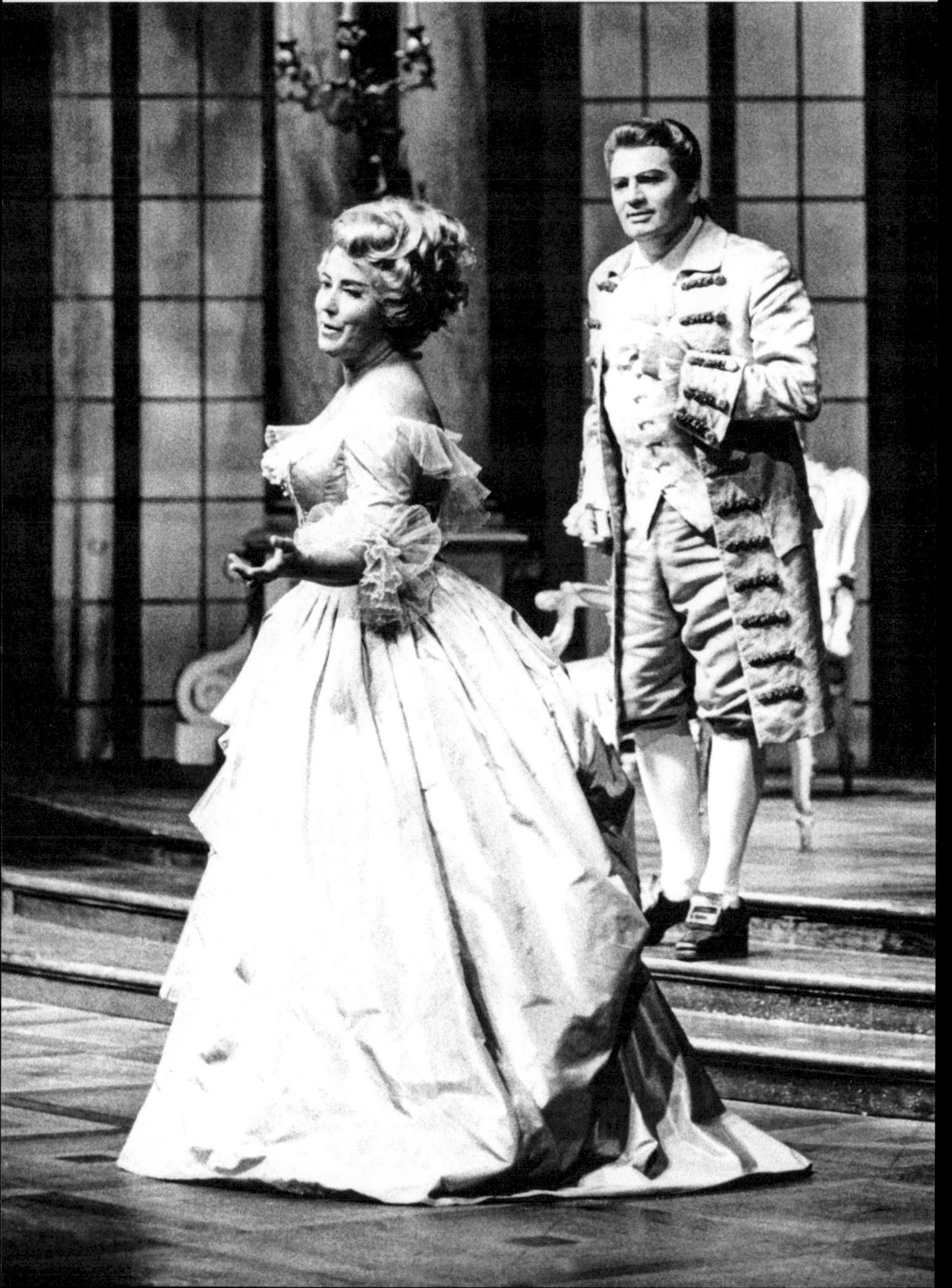

85 Where are thou, Venus?

Ende eines verführten Wüstlings

Wer den Stilen der beginnenden Moderne in der Musik des 20. Jahrhunderts folgen will, dem kann das Œuvre von Igor Strawinsky als roter Faden dienen: Der Schüler von Nikolai Rimsky-Korsakow lernte alle musikalischen Techniken des ausgehenden 19. Jahrhunderts kennen, bevor er mit dem Skandalwerk »Le Sacre du Printemps« das 20. Jahrhundert mit einer grellen Dissonanz eröffnete. Von nun an suchte Strawinsky in vielen Bereichen neue Wege des musikalischen Gestaltens. So folgte er auch der Richtung des »Neoklassizismus«: Um die Klangbäder der Romantik zu überwinden, aber auch um der Beliebigkeit einer regelbefreiten Kunst zu entfliehen, entdeckte man die klaren Strukturen aus Barock und Klassik neu. Dieser Stil prägte Strawinskys Oper »The Rake's Progress«. Der Komponist versuchte, die klassische Oper eines Mozart in die Moderne zu übersetzen. So beschränkte er sich auf die deutlich kleinere Orchesterbesetzung, wie sie in der Klassik üblich war, und er folgte dem alten Wechsel von Gesangsnummern und dazwischenliegenden, vom Cembalo begleiteten Sprechgesängen, den Rezitativen. Natürlich erscheint das alles in einem dissonanteren Licht. Es lag Strawinsky nicht daran, Mozarts Stil genau zu kopieren.

»The Rake's Progress« spielt 1750, also in dem Jahrhundert, dem sich Strawinsky hier auch musikalisch zuwendet. Tom Rakewell ist ein Lebemann, der nach Reichtum strebt und auf die Verführung seines teuflischen Freundes Nick Shadow hereinfällt: Shadow sorgt für plötzlichen Reichtum, woraufhin Tom seine Verlobte verlässt, den Verlockungen der Londoner Halbwelt erliegt, sein Geld verliert und am Ende im Irrenhaus landet. Dort besucht ihn seine Verlobte Anne noch einmal und gibt sich dem Verrückten gegenüber als Liebesgöttin Venus aus. Als sie gegangen ist, sucht Tom sie verzweifelt, bevor er stirbt: »Where are thou, Venus?« – »Wo bist du, Venus?«

Deutscher Titel Wo bist du, Venus? | **Aus** The Rake's Progress / Der Wüstling | **Originalsprache** Englisch | **Musik** Igor Strawinsky | **Libretto** Wystan Hugh Auden und Chester Kallmann | **Uraufführung** 11.9.1951 in Venedig | **Bild** Igor Strawinsky, wie ihn der Maler Arturo Esoinosa sah.

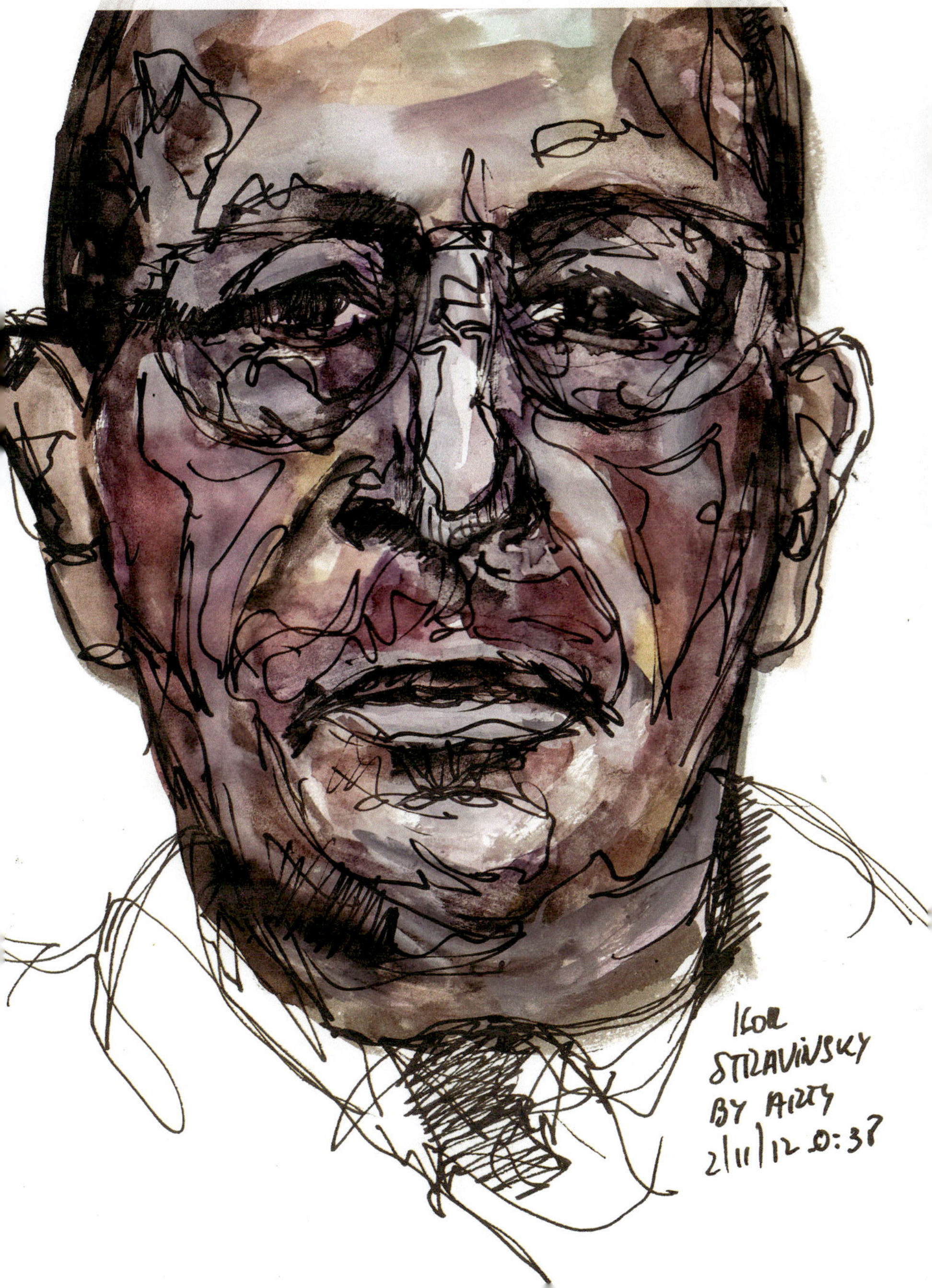

86 Connais-tu le pays

Italiensehnsucht nach Goethe

»Kennst du das Land, wo die Zitronen blühn? / Im dunklen Laub die Goldorangen glühn, / Ein sanfter Wind vom blauen Himmel weht, / Die Myrte still und hoch der Lorbeer steht? / Kennst du es wohl? Dahin, dahin / Möchte ich mit dir, o mein Geliebter, ziehn …« Bis weit in die Nachkriegszeit hinein gehörten diese Zeilen zum Zitatenschatz eines jeden Gebildeten. Sie stammen aus Goethes Roman »Wilhelm Meisters Lehrjahre«, wo sie von dem rätselhaften Mädchen Mignon gesungen werden – einer literarischen Figur, die schon für die Zeitgenossen zum Inbegriff der romantischen Sehnsucht nach dem Alten, dem Fernen, dem Unwirklichen geworden ist. Die Worte, die sich auf das sonnige Italien beziehen, sind oft vertont worden. Es ist jedoch dem Komponisten Ambroise Thomas zu verdanken, dass dieses Gedicht auch auf der Opernbühne erklingt.

»Mignon« war das 17. Bühnenwerk von Thomas, der als Teenager seine Ausbildung am Pariser Konservatorium begonnen und mit dem berühmten »Rompreis« abgeschlossen hatte. Trotz dieser brillanten Anfänge blieb ihm als Opernkomponist der ganz große Erfolg zunächst verwehrt. Erst »Mignon« sollte sein entscheidender Durchbruch werden, gefolgt von der ebenfalls sehr erfolgreichen Oper »Hamlet«.

Im Mittelpunkt der Handlung steht eigentlich gar nicht das singende Mädchen Mignon, sondern der junge, künstlerische Erfüllung suchende Student Wilhelm Meister. Er hat sich in die Schauspielerin Philine verliebt, deren Truppe gerade eine Aufführung von Shakespeares »Sommernachtstraum« vorbereitet. Wilhelm rettet Mignon aus der Hand eines Entführers, woraufhin ihm das Mädchen überallhin folgt und ihn bei einem Duell mit einem anderen Verehrer Philines sogar vor dem Tod bewahrt. Erst am Ende, als Mignon schwer krank dem Tod geweiht ist, erkennt Wilhelm seine Liebe zu ihr – in einer Villa im Sehnsuchtsland Italien, aus dem das Mädchen stammt.

Deutscher Titel Kennst du das Land | **Aus** Mignon | **Originalsprache** Französisch | **Musik** Ambroise Thomas | **Libretto** Jules Barbier und Michel Carré | **Uraufführung** 17.11.1866 in Paris | **Bild** Das Mädchen Mignon hat Musiker und Maler inspiriert. Dieses Gemälde der berühmten Goethe-Figur von Wilhelm von Schadow entstand im Jahre 1828.

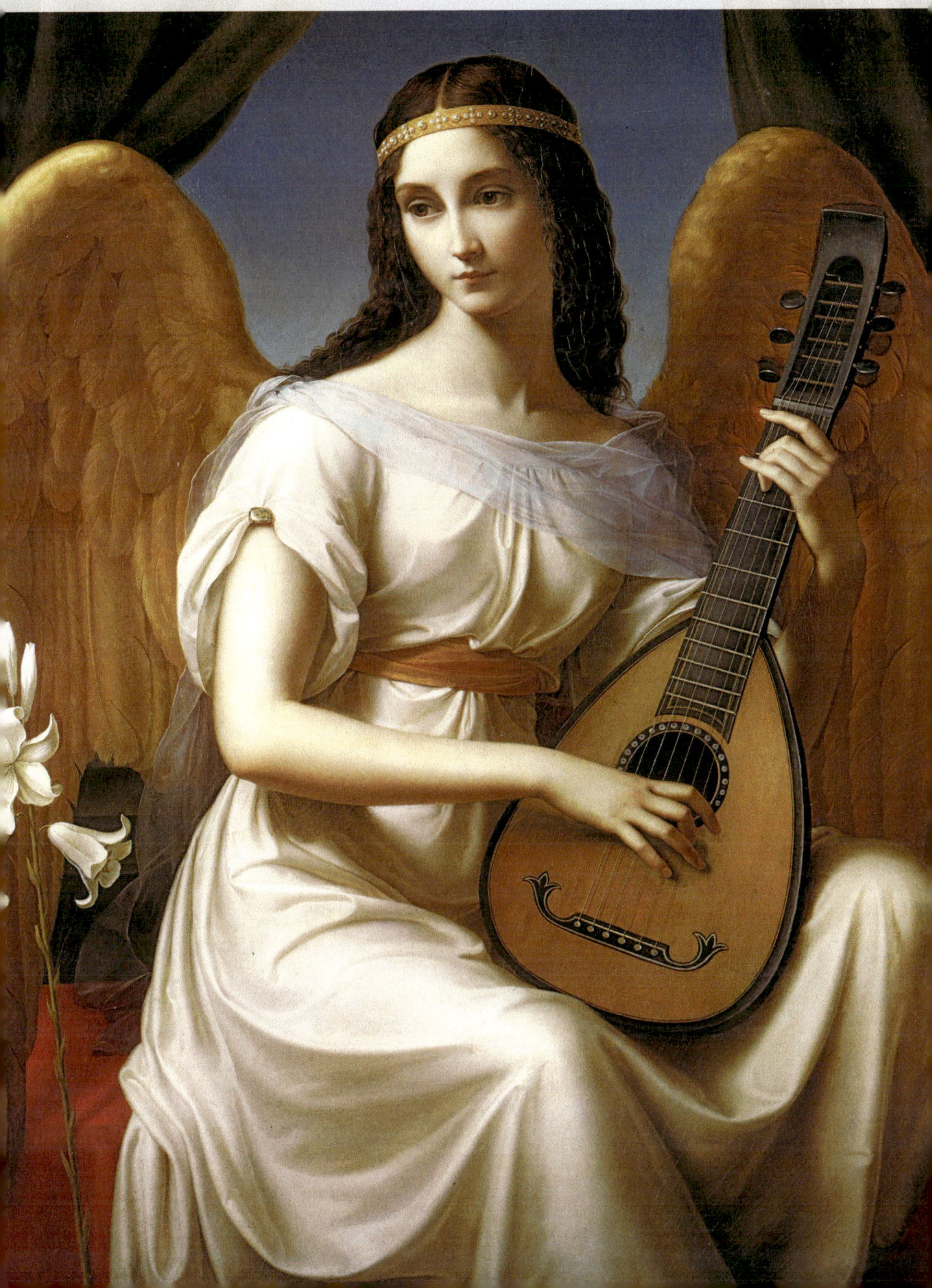

87_A vos jeux, mes amis

Musikalischer Beitrag zur »Ophelia-Mania«

1842 kam der Instrumentenbauer Adolphe Sax nach Paris. Am Konservatorium von Brüssel hatte der gebürtige Belgier Flöte und Klarinette studiert, außerdem war er bei seinem Vater in die Instrumentenbau-Lehre gegangen. Er hatte für viele Neuerungen auf dem Gebiet der Holzblasinstrumente gesorgt, sollte aber an der Seine seine berühmteste Erfindung machen: eine Mischung aus Klarinette und Oboe, die auch im Freien spielbar sein und große Geläufigkeit mit guter Lautstärke vereinen sollte. 1846 meldete Sax das Patent seiner Erfindung an.

Es war das nach ihm benannte Saxophon, das wir heute weniger mit klassischer Musik in Verbindung bringen. Doch viele Komponisten haben es genutzt. Die erste Oper, die im Orchester Saxophone beschäftigte, war »Hamlet«.

1868 konnte der Komponist Ambroise Thomas mit der Adaption des Shakespeare-Dramas nach »Mignon« seinen zweiten Riesenerfolg feiern. Ein dramatischer Höhepunkt – sowohl hinsichtlich der Handlung als auch musikalisch – bietet der vierte der fünf Akte. Hier verfällt Ophelia dem Wahnsinn. Ihr Geliebter, Prinz Hamlet, ist dem Mord an seinem Vater auf die Spur gekommen. Um die Täter – seine Mutter und ihren zweiten Mann – zu überführen, lässt er ein Schauspiel geben, in dem eine ähnliche Tat auf der Bühne geschieht. Als Hamlet erfährt, dass Ophelias Vater von dem Anschlag wusste, verstößt er die Geliebte.

Die »Wahnsinnsszene« der Oper steigert sich von Ophelias Unglauben darüber, dass sie wirklich verlassen wurde, über mit einem Walzer untermalte Bilder aus unschuldiger Kindheit zu einer Ballade über die Wassergeister, die unglücklich Liebende in ihr Element locken. Dorthin zieht es auch Ophelia: Sie ertränkt sich. Das Schicksal von Hamlets verstoßener Geliebter hat viele Künstler inspiriert. Darstellerinnen feierten im Paris des 19. Jahrhunderts solche Triumphe, dass man von einer »Ophelia-Mania« sprechen kann.

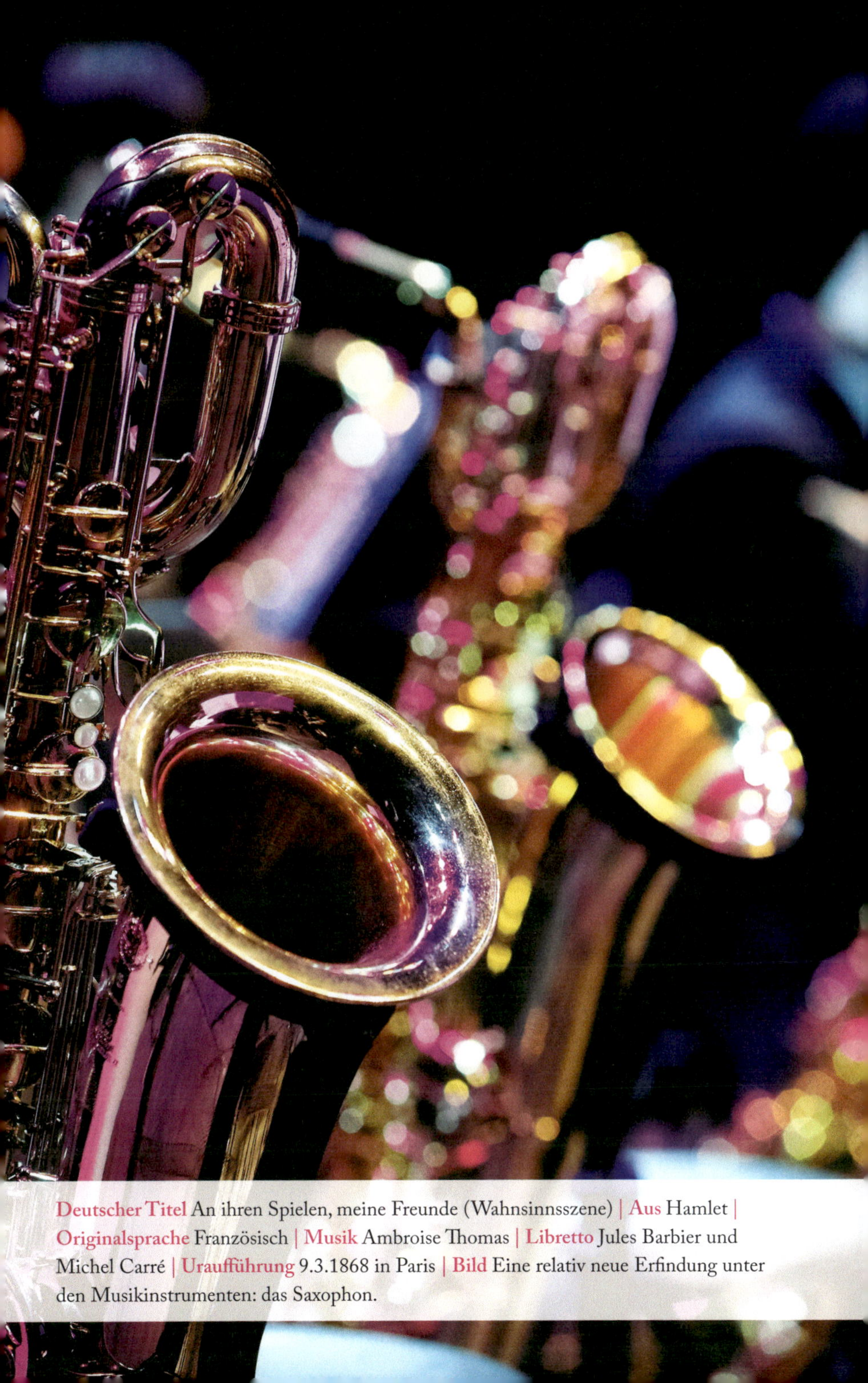

Deutscher Titel An ihren Spielen, meine Freunde (Wahnsinnsszene) | Aus Hamlet | Originalsprache Französisch | Musik Ambroise Thomas | Libretto Jules Barbier und Michel Carré | Uraufführung 9.3.1868 in Paris | Bild Eine relativ neue Erfindung unter den Musikinstrumenten: das Saxophon.

88 Polonaise aus »Eugen Onegin«

Glanzvoll tänzerische Oberfläche

Das Wort »Polonaise« weist auf das Land Polen hin. Doch eines der berühmtesten Beispiele für diesen Tanz im schwungvollen Dreivierteltakt stammt aus Russland: Es ist die Polonaise aus »Eugen Onegin«. Die fast angestrengt festlich auftrumpfenden Klänge leiten den Schluss des Dramas ein. Wer hinter der strahlenden Fassade heller Instrumentationseffekte einen doppelten Boden vermutet, liegt richtig. Was Tschaikowsky zeigt, sind Risse in der scheinbar so noblen russischen Gesellschaft des 19. Jahrhunderts.

Die Gutsbesitzertochter Tatjana ist fasziniert von Eugen Onegin, der ihr wie ein strahlender Romanheld erscheint. Er ist der Freund von Lenski, dem Verlobten von Tatjanas Schwester Olga. Onegin lehnt Tatjanas Liebe kühl ab und verfällt in Trübsinn, aus dem ihn Lenski mit einem Ballbesuch herausreißen will. Um den Freund zu ärgern, macht Onegin dort Olga Avancen. Die Folge ist eine Eskalation der Eifersucht. Onegin und Lenski liefern sich ein Duell. Lenski stirbt. Jahrelang bleibt Onegin Tatjanas Familie fern. Als er sie wiedertrifft, gesteht er sich die Liebe zu ihr ein, doch es ist zu spät. Sie hat längst einen anderen geheiratet.

Tschaikowskys vierte Oper sollte seine bekannteste werden. Er selbst glaubte, im Grunde wenig Talent für das Dramatische zu haben, und nannte »Eugen Onegin« »Lyrische Szenen«. Der russische Romantiker war ein großer Meister des Balletts (»Schwanensee«, »Der Nussknacker«) und setzte die verschiedenen Tanzmuster bewusst als Symbolträger ein. Die auf russischen Bällen so oft gespielte Polonaise mit ihrem heroischen Ausdruck steht für die Pracht unter der Herrschaft der Zarenfamilie Romanow.

Die gleichnamige Praxis, zu Stimmungsliedern in einer Gleichschrittschlange fröhlich durch Säle zu marschieren, hat nichts damit zu tun.

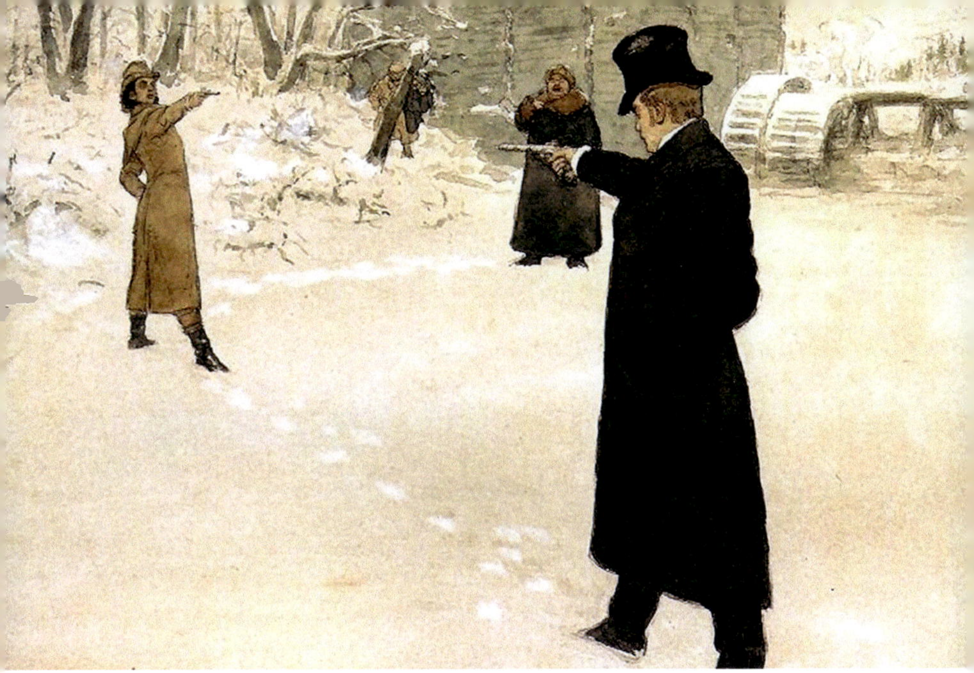

Originaltitel Polonaise | Aus Jevgenij Onegin / Eugen Onegin | Originalsprache Russisch | Musik Peter Tschaikowsky | Libretto Konstantin Schilowski | Uraufführung 29.3.1879 in Moskau | Bild Oben: Freunde werden zu Duellgegnern. Onegin und Lensky auf einem Gemälde von Ilja Repin. Unten: Der Dichter Alexander Puschkin auf einem Gemälde von Serov Valentin.

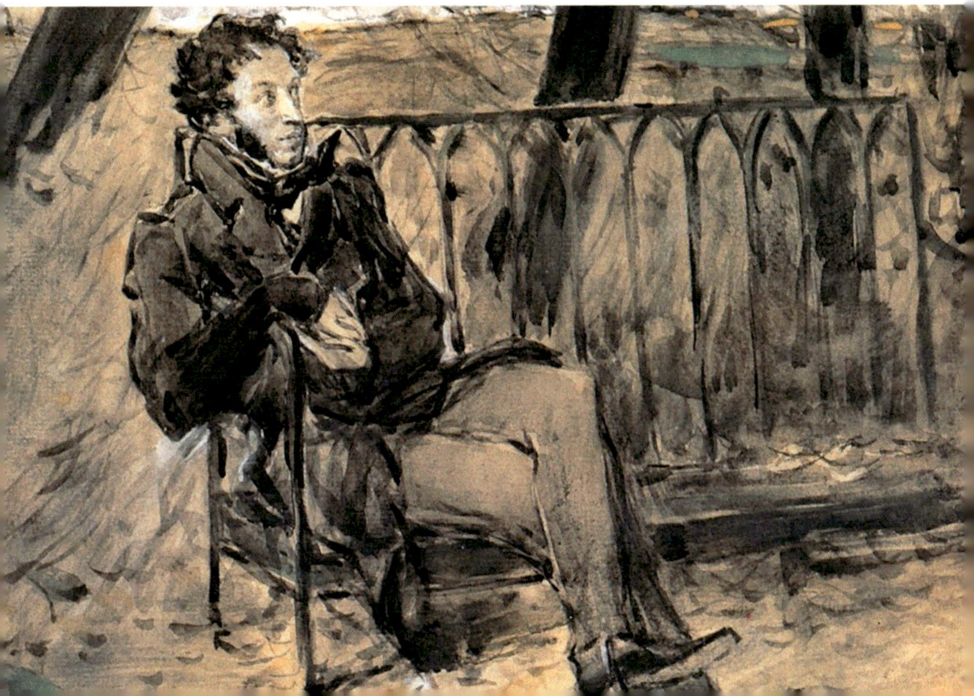

89 Komm, Tod, du unser werter Gast

Eine Oper aus dem KZ

Eines der perfidesten Beispiele der Judenverfolgung unter den Nationalsozialisten war das Konzentrationslager Theresienstadt. Als Vorzeigeobjekt sollte es die Zwischenstation nach Auschwitz verharmlosen. Internationale Kommissionen durften es zwecks entsprechender Berichte besuchen. Das wichtigste Element dieser Täuschung war die Inszenierung von »Freizeitgestaltung« der hier gefangenen Menschen. Dazu gehörte auch künstlerische Betätigung, und natürlich auch die Ausübung von Musik. 1944 musste der jüdische Regisseur Kurt Gerron vor seiner eigenen Ermordung in Theresienstadt den Film »Der Führer schenkt den Juden eine Stadt« inszenieren und dabei glückliche Menschen zeigen – als grausiger Gipfel der Propagandalügen.

Es sind heute vor allem drei Komponisten bekannt, die in Theresienstadt wirkten und deren Werke seit einiger Zeit wieder auf den Programmen stehen: Pavel Haas, Viktor Ullmann und Hans Krása. Alle drei eint auch das fast auf den Tag gleiche Todesdatum. Sie kamen im Oktober 1944 in Auschwitz ums Leben.

Viktor Ullmann hat in Theresienstadt sogar eine Oper (»Der Kaiser von Atlantis«) komponiert. Es kam nicht zur geplanten Uraufführung, denn nach der Generalprobe wurde das Stück schon verboten – und das, obwohl im Lager andernorts verfemte Klänge wie Jazz und Swing durchaus geduldet wurden. Ullmann hatte mit seinem Librettisten einen Herrscher in den Mittelpunkt des Stückes gestellt, der als »Kaiser Overall« mit seinem befohlenen Krieg die Welt verhöhnt. Trotz oder gerade wegen der Abstraktionen war klar, wer mit der Hauptfigur gemeint war. Ullmann nutzte für seine Musik verfremdete Zitate, neben dem »Deutschlandlied« auch den auf Luther zurückgehenden Choral »Ein feste Burg ist unser Gott«, der das Werk beschließt.

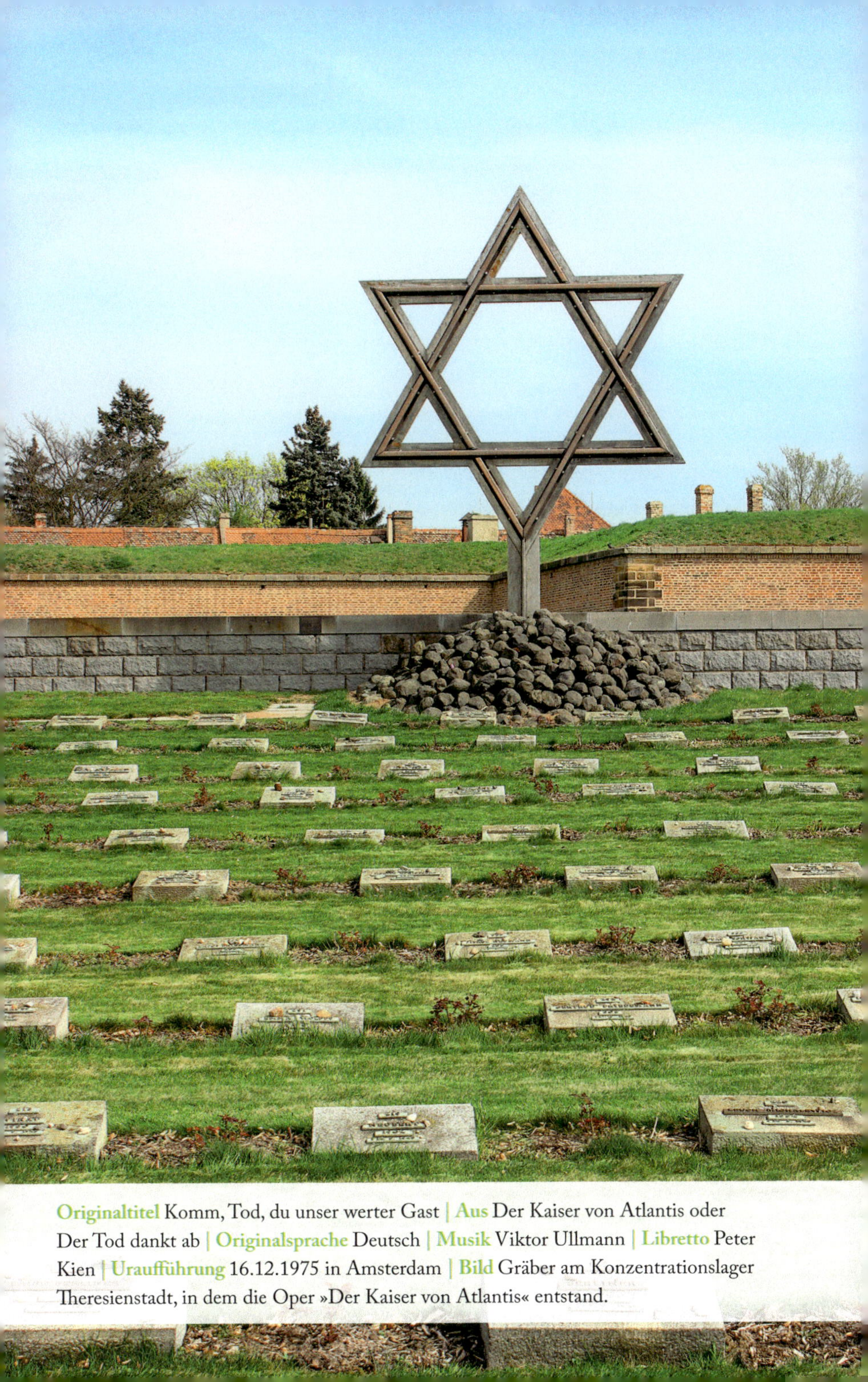

Originaltitel Komm, Tod, du unser werter Gast | **Aus** Der Kaiser von Atlantis oder Der Tod dankt ab | **Originalsprache** Deutsch | **Musik** Viktor Ullmann | **Libretto** Peter Kien | **Uraufführung** 16.12.1975 in Amsterdam | **Bild** Gräber am Konzentrationslager Theresienstadt, in dem die Oper »Der Kaiser von Atlantis« entstand.

90 Va, pensiero

Erfolg nach schweren Schicksalsschlägen

Im Nachhinein mag man es kaum glauben: Giuseppe Verdi, heute der Inbegriff des italienischen Opernkomponisten, bewarb sich am Mailänder Konservatorium und wurde abgelehnt. Rettung für den damals 18-jährigen aufstrebenden Musiker, der schon eine ganze Reihe von Werken komponiert hatte, brachte der reiche Kaufmann und Musikliebhaber Antonio Barezzi, der später Verdis Schwiegervater werden sollte. Der junge Meister startete seine Karriere mit Privatunterricht, und es schien doch noch alles gut zu werden für seinen musikalischen Lebenstraum. Zwischen 1836 und 1840 wurden seine ersten drei Opern uraufgeführt. Ausgerechnet während der Arbeit an der musikalischen Komödie »Un giorno di regno« kam ein Schicksalsschlag: Verdi verlor seine beiden Kinder und seine Frau durch Krankheiten. Als er dann auch noch mit Misserfolgen zu kämpfen hatte, war er nahe daran, seine Karriere zu beenden. Doch dann kam jener Tag, an dem ihm der Intendant der Mailänder Scala ein Libretto zur Vertonung vorschlug. Verdi blätterte darin und stieß auf die Zeile »Va, pensiero, sull'ali dorate« (»Flieg, Gedanke, auf goldenen Schwingen«). Die Melodie, die er ihr zugrunde legte, sollte zu einer seiner berühmtesten werden.

Die Oper »Nabucco« spielt im 6. Jahrhundert vor Christus. Hauptfigur ist der babylonische König Nebukadnezar (Nabucco), der sich im Kampf gegen das jüdische Volk befindet, sich nach politischen Verstrickungen im eigenen Lager jedoch zu Jehova, dem Gott seiner Feinde, bekennt. Im »Gefangenenchor« mit der berühmten Melodie beklagen die Juden ihr Schicksal in babylonischer Gefangenschaft.

Verdi fand nicht nur zur Schaffenskraft zurück. Ihm gelang der Durchbruch – mit so großem Reichtum, dass er sich sogar ein Landgut kaufen konnte. Der »Gefangenenchor« erklang auch beim Begräbnis des Komponisten im Jahre 1901, gesungen von einer riesigen Menschenmenge.

Deutscher Titel Flieg, Gedanke, auf goldenen Schwingen (Gefangenenchor) | **Aus** Nabucco | **Originalsprache** Italienisch | **Musik** Giuseppe Verdi | **Libretto** Temistocle Solera | **Uraufführung** 9.3.1842 in Mailand | **Bild** Der babylonische König Nebukadnezar, der bei Verdi Nabucco heißt, in den legendären »hängenden Gärten«, einem der sieben Weltwunder.

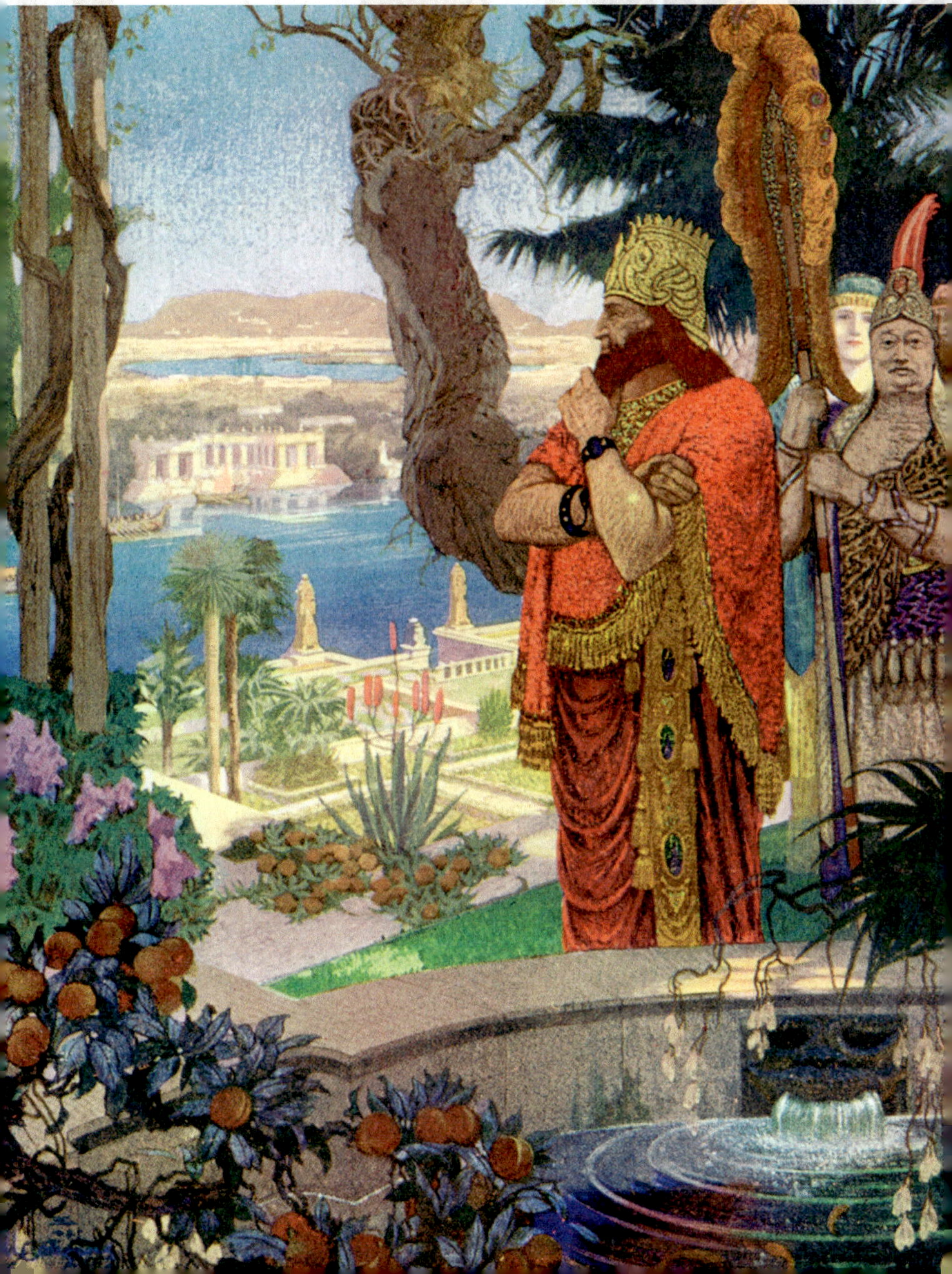

91 La donna è mobile

Trügerische Frauen und trügerisches Orchester

Wer in Werbespots für italienische Produkte wie zum Beispiel Pizza auf die Begleitmusik achtet, begegnet ihr immer wieder: der leicht tänzerischen, ein bisschen saloppen Melodie der Arie »La donna è mobile« (»O wie so trügerisch«) aus Verdis Oper »Rigoletto«. Sie kommt wie ein nebenbei gepfiffenes Liedchen daher und strahlt auch eine gute Portion Unternehmungslust aus. In Operngalas ist sie einer der Höhepunkt für Tenöre – genauso wie in der Oper selbst. Es ist der Herzog von Mantua, der sie in der Geschichte singt.

Theaterhistorisch ist er ein Nachfolger von Mozarts Don Giovanni, verführt er doch nach Lust und Laune Frauen und lässt deren Ehemänner oder Väter aus dem Verkehr ziehen. Wichtigster Helfer seiner Machenschaften ist der Hofnarr Rigoletto, der treu in den Diensten des Herzogs steht, ihn zu dessen Untaten anstachelt und Opfer verspottet. Er hat jedoch auch eine private Seite: Als liebevoll sorgender Vater erzieht er seine Tochter Gilda, von der niemand weiß.

Das Schicksal rächt sich grausam an Rigoletto: Ohne es zu wissen, hilft er dem Herzog ausgerechnet bei Gildas Entführung. Gleichzeitig verliebt sie sich in den Wüstling sogar. In Rigoletto, der plötzlich auf der anderen Seite steht, übernimmt nun die Vaterliebe die Führung. Er versucht, Gilda zu zeigen, wie treulos der Herzog ist, und beginnt eine gefährliche Intrige, mit der er seinen Herrn in eine Falle locken will. Gilda kommt dabei um.

Die berühmte Arie erklingt zu Beginn des dritten und letzten Aktes. Der Herzog ist gut gelaunt auf dem Weg in eine üble Kneipe und besingt dabei seine Sicht auf die Frauen: Wie eine Feder im Wind änderten sie ihre Worte und Gedanken. Verdi hat diesen Inhalt in einem kleinen musikalischen Scherz mitkomponiert: Bevor der Sänger einsetzt, bricht das Orchester mitten in der Melodie ab. Es ist ebenso trügerisch wie die Besungenen.

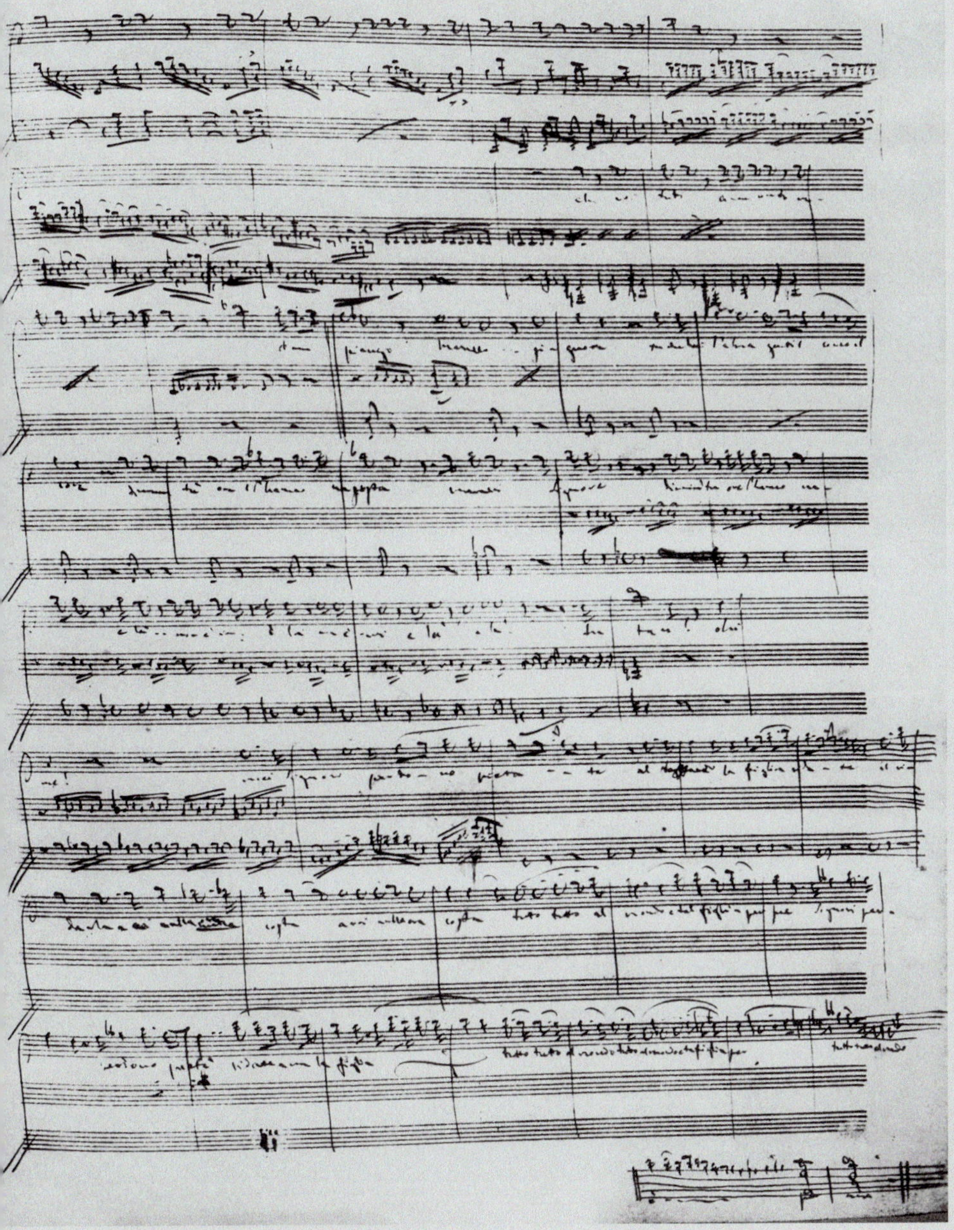

Deutscher Titel O wie so trügerisch | Aus Rigoletto | Originalsprache Italienisch | Musik Giuseppe Verdi | Libretto Francesco Maria Piave | Uraufführung 11.3.1851 in Venedig | Bild Eine Seite aus der handschriftlichen Partitur der Oper »Rigoletto«.

92__Di quella pira

Stimmgewaltiger Aufruf zu den Waffen

Giuseppe Verdi war Zeitgenosse seines Kollegen Richard Wagner und gleichzeitig dessen stilistischer Gegenpart. Wagner verfolgte die Vorstellung einer Oper als Gesamtkunstwerk aus Musik, Dichtung und Inszenierung. Dabei überwand er auch die alte Konstruktion aus aufeinanderfolgenden einzelnen »Nummern«. Bei Verdi dagegen bleibt die traditionelle Abfolge von Arien, Ensembles, Chören und anderen Einzelstücken stets deutlich erkennbar. Besonderen Effekt versprechen bei ihm wie schon zu Zeiten von Mozart und Rossini die Aktschlüsse. In diesen Passagen versorgte Verdi die Mitwirkenden seiner Werke mit gut platzierten Gelegenheiten, stimmliche Virtuosität zu zeigen. Wagner-Anhänger verurteilten so etwas gern als Effekthascherei, was wiederum nicht ganz fair ist. Verdi gelang es nämlich immer wieder, solche Momente in den Dienst des Dramas zu stellen, sie zum Antrieb der Handlung machen.

Ein wunderbares Beispiel dafür ist das Ende des dritten Aktes der Oper »Il Trovatore« (»Der Troubadour«). Das Werk folgt in einer verschlungenen Handlung mit einem Gespinst aus Rache, Hass, Eifersucht und folgenreichen Verwechslungen im Spanien des 15. Jahrhunderts. Manrico ist ein fahrender Sänger, also ein Troubadour, aber er hat nicht nur die Aufgabe, der Kunst zu frönen, sondern er soll auch als Heerführer die Verteidigung einer Festung übernehmen. Sein Kampfruf zu den Waffen wird zu einer äußerst mitreißenden »Stretta« – einer Passage mit aufpeitschender Tempobeschleunigung. Dabei beendet Manrico seinen Part auf dem legendären hohen C, mit dem er den begleitenden Männerchor seiner Kämpfer noch strahlend übersteigt. Bemerkenswert ist, dass Verdi den kriegerischen Aufruf im Dreivierteltakt gestaltete, der in italienischen Opern oft nicht nur tänzerisch, sondern auch dramatisch wirkt. Wagner hätte hier sicher den Marschrhythmus gewählt.

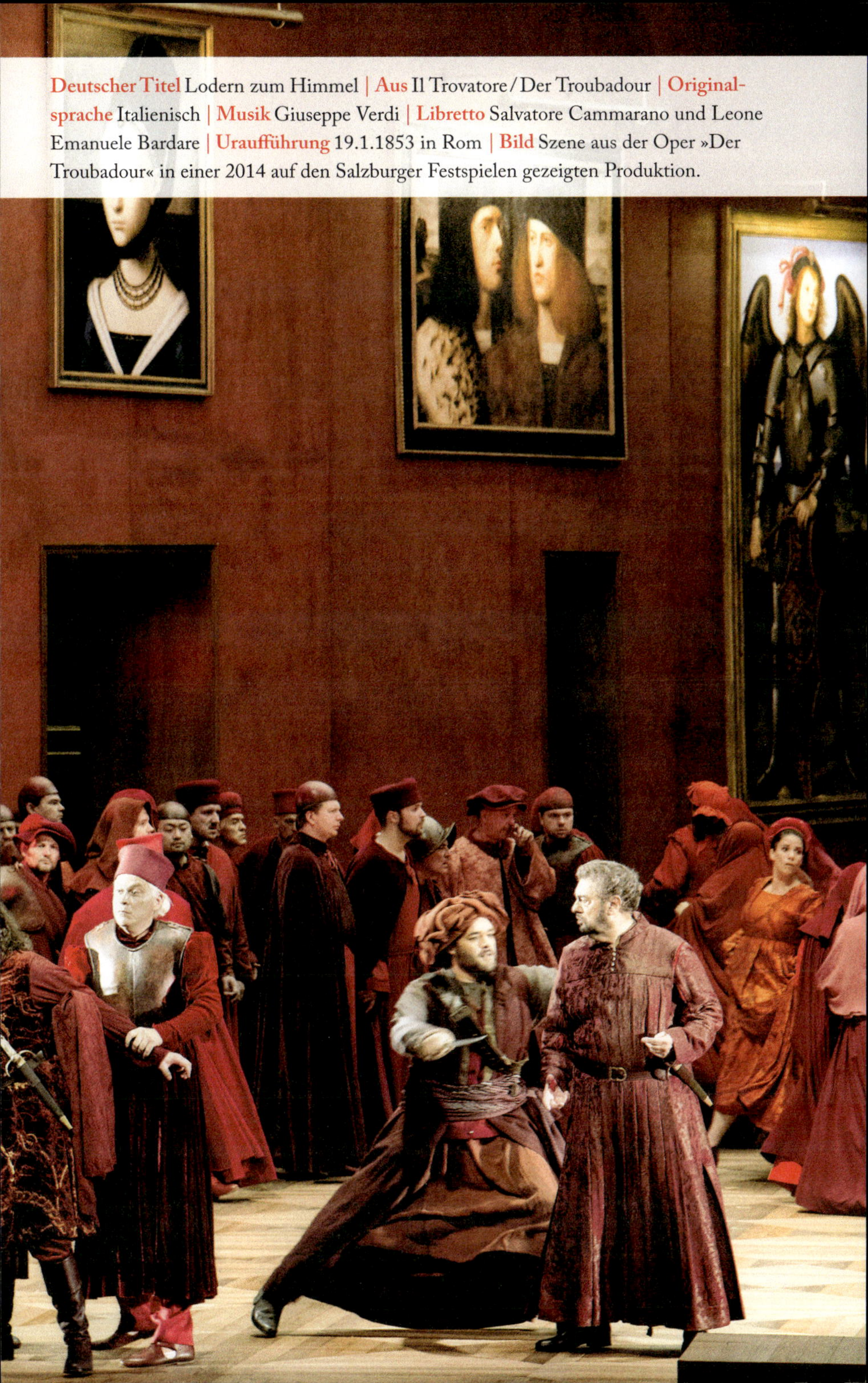

Deutscher Titel Lodern zum Himmel | **Aus** Il Trovatore / Der Troubadour | **Originalsprache** Italienisch | **Musik** Giuseppe Verdi | **Libretto** Salvatore Cammarano und Leone Emanuele Bardare | **Uraufführung** 19.1.1853 in Rom | **Bild** Szene aus der Oper »Der Troubadour« in einer 2014 auf den Salzburger Festspielen gezeigten Produktion.

93 Libiamo ne lieti calici

Feiern wie eine Kurtisane in Frankreich

Dem französischen Schriftsteller Alexandre Dumas war sein Beruf in die Wiege gelegt worden. Schon sein Vater, Alexandre Dumas der Ältere, hatte mit historischen Romanen wie »Die drei Musketiere« oder »Der Graf von Monte Christo« den Lesehunger des Publikums befriedigt und war zum Star der Literaturszene seiner Zeit aufgestiegen. Der Filius bewies mit nur 24 Jahren, dass er es als Bestsellerautor mit seinem alten Herrn durchaus aufnehmen konnte. Sein literarischer Volltreffer hieß »Die Kameliendame«. Das Buch wurde zu seinem ersten kommerziellen Husarenstück, das er freilich nicht allein seiner Kunst als Schriftsteller, sondern auch dem skandalträchtigen Stoff verdankte: Hauptfigur ist eine Edel-Kurtisane. Sie besitzt eine Vorliebe für die Blumen, denen sie ihren Beinamen verdankt. In ihrem anrüchigen Beruf erfolgreich, gerät sie zwischen ihren Ruf und die Sehnsucht nach echter Liebe. Am Ende muss sie auf den Mann verzichten, den sie wirklich liebt, um dessen Leumund nicht zu gefährden. Verarmt und an der »Lungenkrankheit« (Tuberkulose) leidend, siecht sie dahin. Als ihr Geliebter sie am Ende besucht, können sich beide in alte Zeiten zurückträumen, bevor sie stirbt.

In Verdis Oper heißt die Hauptfigur nicht wie bei Dumas Marguerite, sondern Violetta, und man nennt sie »La traviata« (»Die vom rechten Weg Abgekommene«). Das Werk bietet dem Komponisten eine Fülle von dramatischen Momenten. Wenn man Opern spöttisch vorwirft, dass die Protagonisten dort ganz realitätsfern sterbend lange Arien oder Duette singen, wird man hier in der letzten Szene bestätigt. Ganz anderen Charakter als der traurige Schluss besitzt freilich der Beginn. Er zeigt Violetta voller Lebenslust auf einem Pariser Fest, wo alle ein mitreißendes Trinklied (italienisch »Brindisi«) anstimmen. Obwohl die Reaktionen nach der Uraufführung wegen des »unmoralischen« Stoffes verhalten waren, wurde »La traviata« zu Verdis meistaufgeführter Oper.

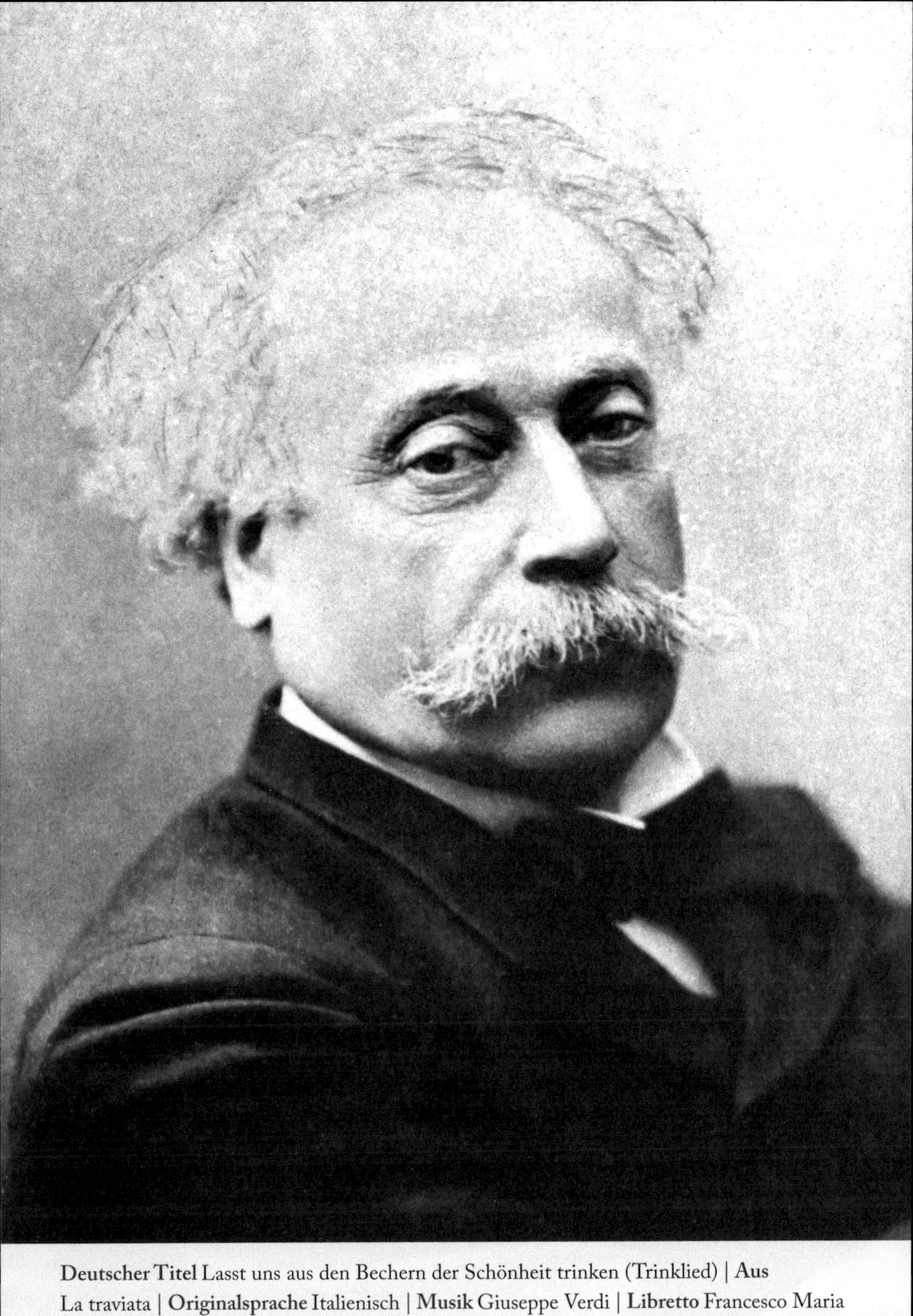

Deutscher Titel Lasst uns aus den Bechern der Schönheit trinken (Trinklied) | **Aus** La traviata | **Originalsprache** Italienisch | **Musik** Giuseppe Verdi | **Libretto** Francesco Maria Piave | **Uraufführung** 6.3.1853 in Venedig | **Bild** Der Romancier Alexandre Dumas, Autor des Bestsellers »Die Kameliendame«: literarische Vorlage für die Oper »La traviata«.

94 Dio, che nell'alma infondere amor

Musikalischer Treueschwur

Giuseppe Verdi gilt als italienischer Opernmeister par excellence, doch er arbeitete nicht nur für die Theater seines Heimatlandes. Ein Beispiel ist »Don Carlos«. Die Oper existiert nicht nur in einer italienischen und französischen Fassung, sondern in sieben verschiedenen Versionen. Man konnte damals eine Oper nicht einfach durch Übersetzung dem fremden Publikum schmackhaft machen. So erwartete man in Paris zum Beispiel unbedingt ein Ballett, das dann unter Umständen – ob es in der Handlung vorgesehen war oder nicht – nachträglich eingebaut werden musste. Heute erklingt übrigens meist die italienische Fassung von 1886 in fünf Akten.

Verdi hatte ein Faible für die Stoffe des klassischen Dramatikers Friedrich Schiller. Dessen »Jungfrau von Orleans«, »Die Räuber« oder »Kabale und Liebe« hatte er bereits vertont, nun widmete sich der Komponist »Don Carlos«.

Das Schauspiel um den spanischen Thronfolger hat alles, was das Pariser Publikum damals zu begeistern vermochte: historisches Ambiente, tragische Liebesgeschichten und spektakuläre Szenen wie eine Verbrennung von Ketzern auf dem Scheiterhaufen vor der Kathedrale von Valladolid (die im Originaldrama nur erwähnt wird). Hinzu kommt als politischer Hintergrund der Krieg zwischen Flandern und Spanien.

Don Carlos liebt heimlich die mit seinem Vater Philipp II. zwangsverheiratete Elisabeth, dem Prinzen jedoch ist die Hofdame Prinzessin Eboli zugetan. Don Carlos' Freund, der Marquis von Posa, versucht, den Prinzen dazu zu bewegen, auf Philipps Kampf gegen die Niederländer zu deren Gunsten einzuwirken. Ein Höhepunkt der Oper ist das Duett der beiden Freunde, in dem sie sich enthusiastisch Treue schwören. Sie ahnen nicht, dass Don Carlos selbst ein tödliches Schicksal bevorsteht.

Deutscher Titel Gott, du hast in unseren Seelen | **Aus** Don Carlo / Don Carlos | **Originalsprache** Französisch | **Musik** Giuseppe Verdi | **Libretto** Josephe Méry und Camille Du Locle | **Uraufführung** 11.3.1867 in Paris | **Bild** Eine Szene aus der Oper »Don Carlos« in einer Darstellung aus dem Jahre 1884.

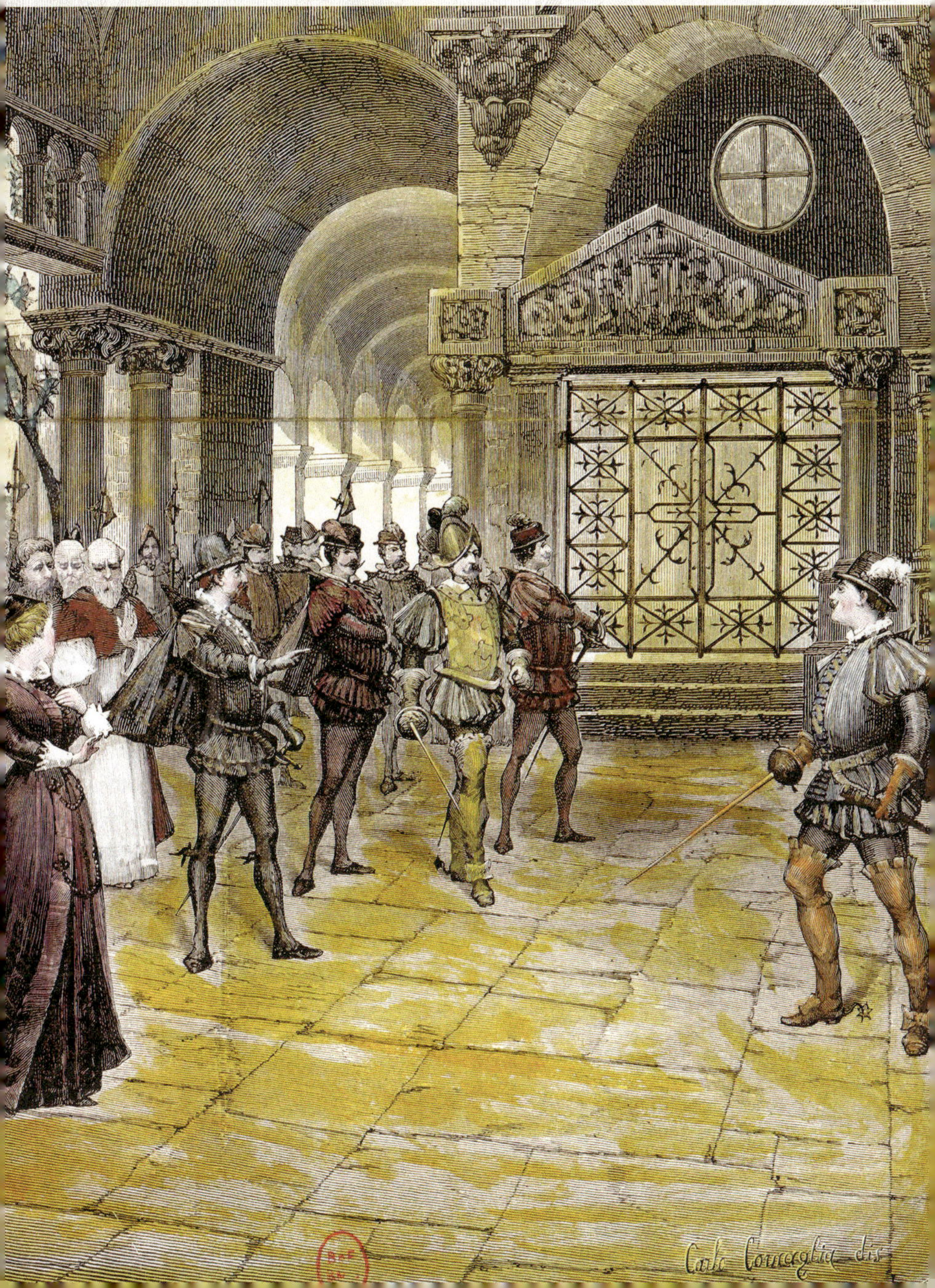

95 Se quel guerrier io fossi! – Celeste Aida

Liebe und Tod am Nil

Nicht nur in Europa, sondern auch in Ägypten wusste man die Faszination der großen Oper zu schätzen. Und man liebte Verdis Musik. 1869 erreichte den Komponisten der Auftrag für ein Werk, mit dem man die Eröffnung des Suezkanals feiern wollte. Verdi lehnte ab. Doch man gab sich in dem nordafrikanischen Land damit nicht zufrieden. Als der mit dem Komponisten bestens bekannte Direktor der Pariser Opéra-Comique von einer Ägyptenreise zurückkehrte, hatte er ein exotisches Libretto in der Tasche.

Kein Geringerer als der ägyptische Vizekönig Ismail Pascha hatte die Vorlage für ein Stück schreiben lassen, das den besonderen Zauber und die Atmosphäre seines Landes auf die Opernbühne bringen sollte. Für die in der Antike spielende Erzählung hatte der französische Archäologe Auguste Mariette gesorgt. Die Geschichte bot viel Raum für plastische Szenen in altägyptischen Palästen und an den Ufern des Nil. Verdi sagte schließlich zu, daraus eine Oper zu machen, ließ sich aber das höchste Honorar zusichern, das jemals in der gesamten Musikgeschichte für eine Oper bezahlt worden war.

Wie so oft steht in der Handlung der großen Liebe die größere Politik im Weg: In Verdis Werk kämpfen die Ägypter gegen die benachbarten Äthiopier. Das tragische Liebespaar sind die äthiopische Königstochter Aida, die als Sklavin in Ägypten lebt, und der ägyptische Feldherr Radames, der gegen die Truppen von Aidas Vater zu kämpfen hat. Eine Nebenbuhlerin, die Pharaonentochter Amneris, verschärft den Konflikt. Am Ende wird Radames zum Vaterlandsverräter. In der Arie »Se quel guerrier io fossi! – Celeste Aida« erlebt ihn das Publikum am Beginn der Handlung, wie er sich zur »holden Aida« bekennt – wohl wissend, dass er bald in die Schlacht gegen ihre Landsleute ziehen wird.

Deutscher Titel O wäre ich erkoren – Holde Aida | **Aus** Aida | **Originalsprache** Italienisch | **Musik** Giuseppe Verdi | **Libretto** Antonio Ghislanzoni | **Uraufführung** 24.12.1871 in Kairo | **Bild** Guiseppe Verdi dirigiert 1880 die Pariser Erstaufführung seiner Oper »Aida«.

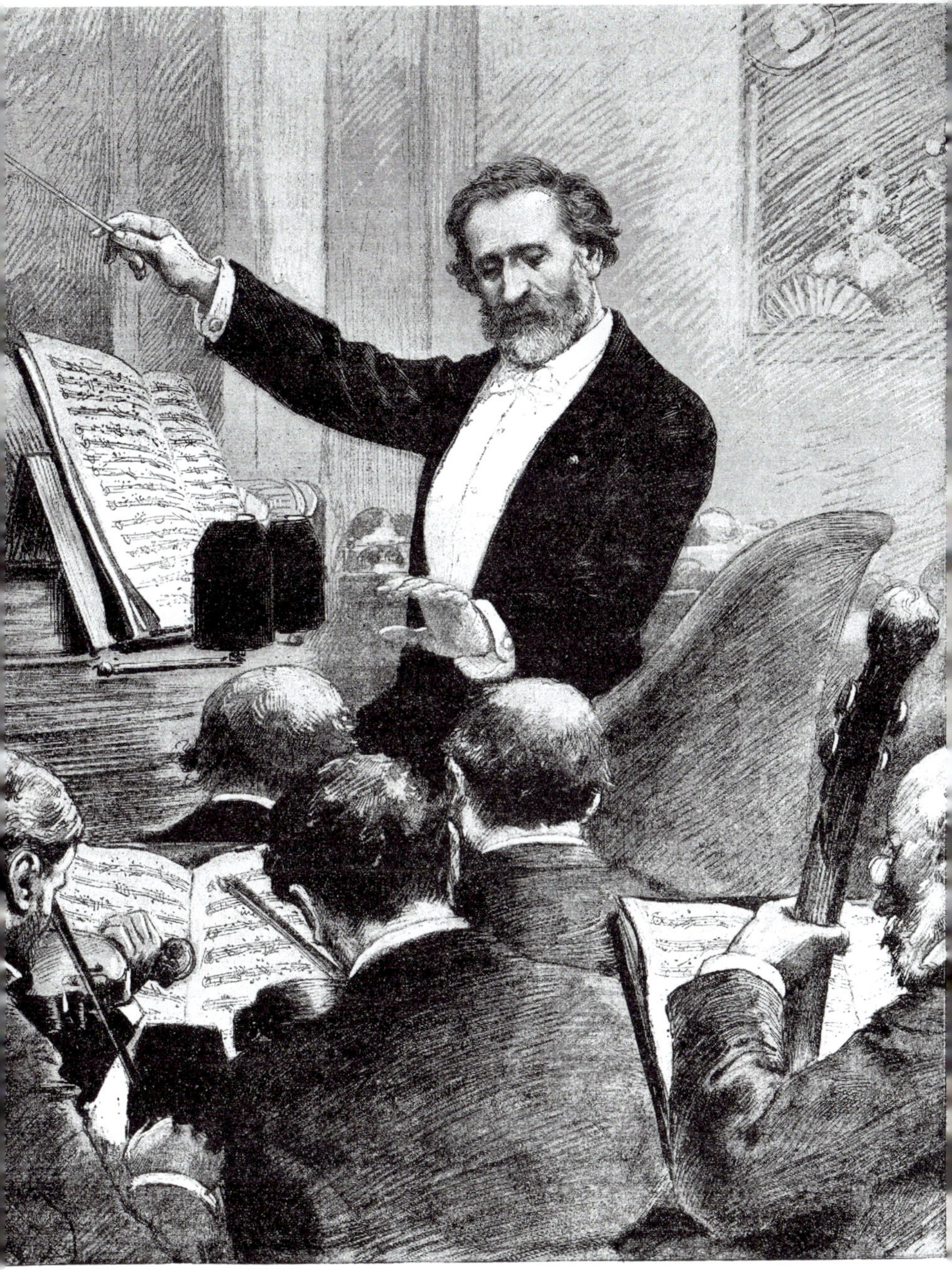

VERDI CONDUISANT L'ORCHESTRE DE L'OPÉRA DANS LA REPRÉSENTATION D'*AIDA*

96_Gloria all'Egitto

Exotische Pracht mit allen Mitteln

1871 konnte Verdis »ägyptische« Oper »Aida« zum ersten Mal über die Bühne gehen, allerdings erst nach vielen Schwierigkeiten. Die Ausstattung wurde an einem der bedeutendsten Opernhäuser der damaligen Welt hergestellt: in Paris. Und damit begaben sich Verdi und seine Bühnenbildner in eine schlimme Falle.

1870 befand sich Frankreich mit Deutschland im Krieg. Die französische Hauptstadt wurde von den Deutschen belagert, und unter diesen Umständen war es unmöglich, die Dekorationen und Kostüme aus der Stadt, geschweige denn aus dem Land hinauszubekommen.

Welche Massen von Material damals transportiert werden mussten, zeigt eine der zentralen Szenen der Oper, der berühmte »Triumphmarsch« aus dem zweiten Akt. Er ist nicht nur ein Marsch, sondern ein Spektakel für sich, in dem der ägyptische Feldherr Radames nach seinem Sieg über die Äthopier in Theben einzieht. Verdi hat diesem Ereignis eine ganze Folge von Chören samt einer in das mehrteilige Stück eingeschlossenen Ballettaufführung gewidmet, die eine Steilvorlage für Regisseure darstellen. Es ist ein Massenaufgebot von singendem Volk in exotischen Kostümen, lebenden Tieren wie Pferden und sogar Elefanten, das Ganze in Kulissen, die an einen Monumentalfilm erinnern. Der Show-Effekt wird auch musikalisch unterstrichen.

Über den Klang antiker Musik ist nichts bekannt, und doch ist es Verdi gelungen, ein überzeugendes Kolorit dafür zu schaffen – nicht zuletzt durch die berühmten »Aida-Trompeten«. Die gut anderthalb Meter langen Blechblasinstrumente mit besonders scharfem Klang wurden eigens für diese Oper gebaut, ihre (kostümierten) Spieler gehören natürlich zum sichtbaren Statistenapparat.

Ein weiteres heroisches Element ist ein plötzlicher Tonartwechsel, der später auch in pathetischen Nummern in der Popmusik als Steigerungseffekt wiederkehrte. Verdi hat ihn erfunden.

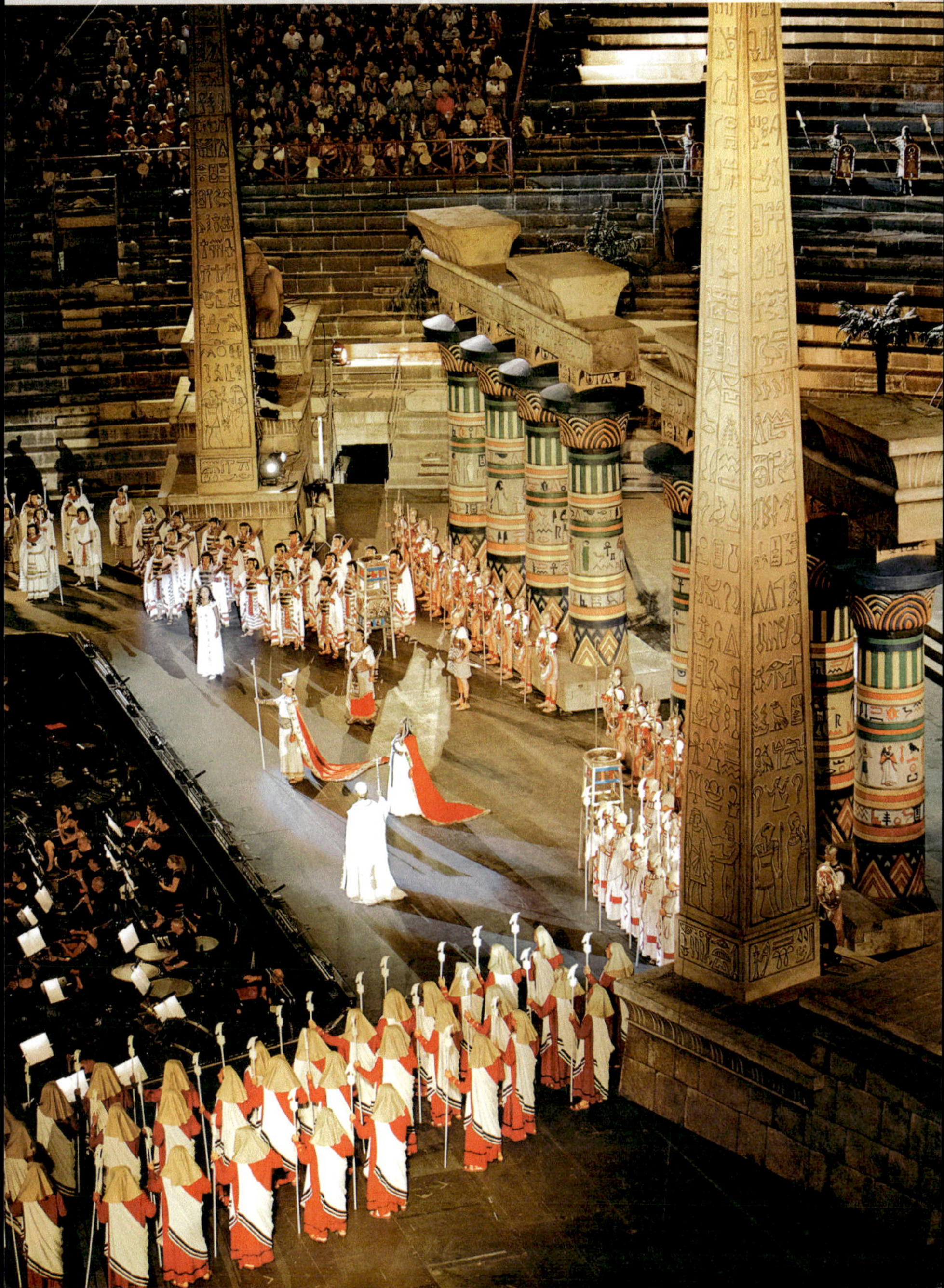

Deutscher Titel Gepriesen sei Ägypten (Triumphmarsch) | **Aus** Aida | **Originalsprache** Italienisch | **Musik** Giuseppe Verdi | **Libretto** Antonio Ghislanzoni | **Uraufführung** 24.12.1871 in Kairo | **Bild** Die Arena von Verona. Hier haben Aufführungen der Oper »Aida« Tradition.

97 Agitata da due venti

Venezianisches Bravourstück

1637 öffnete das erste öffentliche Opernhaus seine Pforten. Seit der »Erfindung« dieser Verbindung von Musik, Schauspiel und Kulissen etwa ein halbes Jahrhundert zuvor war die Oper Fürsten und Königen vorbehalten gewesen, nun konnte sie jeder zahlende Gast genießen.

Die Stadt, die sich diesen Moment in die Geschichtsbücher schreiben darf, ist Venedig – damals eine durch vielfältige Handelsbeziehungen reiche Metropole, in der es auch moralisch lockerer zuging als woanders.

Nur so ist es zu erklären, dass der Priester Antonio Vivaldi – eigentlich Lehrer in einem kirchlichen Waisenhaus – eine zweite Karriere machte. Er wurde Opernkomponist, übernahm aber auch die Aufgaben eines Impresarios, investierte also in die Engagements der Gesangsstars und in die Ausstattung. Mit seiner Doppelrolle machte sich Vivaldi auch Feinde. Als er in Ferrara eine Opernproduktion vorbereitete, rollte man ihm von kirchlicher Seite aus Steine in den Weg, was den Stern des erfolgreichen Komponisten und Violinvirtuosen zum Sinken brachte.

Vivaldis Konzertzyklus »Die vier Jahreszeiten« ist einer der größten Klassik-Hits, doch in den letzten Jahren sind auch seine Opern immer erfolgreicher geworden. Die Arie »Agitata da due venti« (»Von zwei Winden getrieben«) aus der Oper »Griselda« mit ihren Koloraturketten, Sprüngen und Trillern gilt als Bravourstück für Sopranistinnen. Vivaldi hat die Partie nicht für einen der damals gefeierten Kastraten, sondern für eine Frauenstimme geschrieben. »Griselda« handelt von einer Schäferin, die Königin geworden ist. Das misstrauische Volk wirft ihr die niedere Herkunft vor, sodass sie der König Prüfungen unterzieht. Eine davon betrifft ihre Tochter Costanza, die in der Bravour-Arie voller Verzweiflung die widerstreitenden Kräfte Liebe und Pflicht mit Winden vergleicht, die sie aus verschiedenen Richtungen bedrängen.

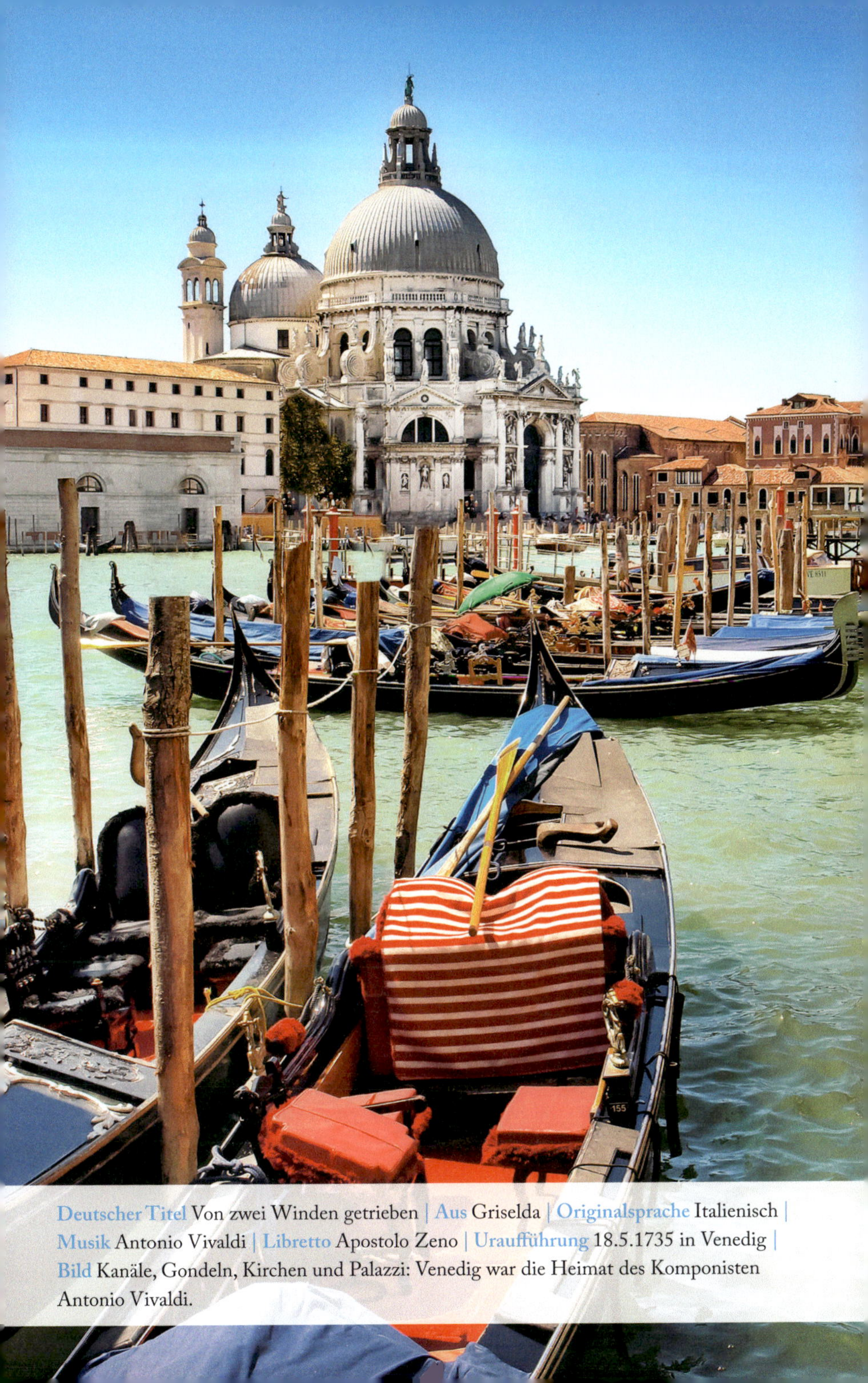

Deutscher Titel Von zwei Winden getrieben | Aus Griselda | Originalsprache Italienisch | Musik Antonio Vivaldi | Libretto Apostolo Zeno | Uraufführung 18.5.1735 in Venedig | Bild Kanäle, Gondeln, Kirchen und Palazzi: Venedig war die Heimat des Komponisten Antonio Vivaldi.

98 Steuermann, lass die Wacht

Ein Geisterschiff auf der Theaterbühne

Richard Wagner verwandelte die Gattung Oper nicht nur in ein ununterbrochen durchkomponiertes Werk ohne herauslösbare Einzelstücke, er entwickelte auch das Prinzip des »Gesamtkunstwerks«, in dem Musik, Text, Bühnenbild und Inszenierung gleichberechtigt zusammenwirken. Bevor er jedoch diesen Stil vollenden konnte, arbeitete er als Theaterkapellmeister. Nach Stationen in Würzburg, Magdeburg und Königsberg kam er nach Riga, wo Wagner in Schulden geriet und samt Ehefrau vor seinen Gläubigern übers Meer erst nach London und dann nach Paris floh.

Die stürmische Seereise brachte ihm eine Sage in Erinnerung, in der es um einen mit einem Fluch beladenen Kapitän geht. Sie wurde zum Keim der Oper »Der fliegende Holländer«. Wegen Gotteslästerung ist ein holländischer Seemann dazu verdammt, bis in alle Ewigkeit auf dem Meer umherzuirren. Nur die Liebe einer Frau kann ihn erlösen. Um diese zu finden, darf der Kapitän alle sieben Jahre Land betreten. Und es gelingt ihm mit Senta, der Tochter eines anderen Seefahrers, die allerdings bereits verlobt ist. Der Holländer sticht enttäuscht wieder in See. Senta stürzt sich am Ende in die Fluten. Ihr Tod geschieht aus Liebe, und so bricht der Fluch.

Wagner kämpfte vergeblich darum, das Werk in Paris auf die Bühne zu bringen. Schließlich zeigte das Opernhaus in Dresden Interesse. Hier hatte der »Holländer« zunächst jedoch nur bescheidenen Erfolg. Erst als es zu weiteren Aufführungen kam, in denen man die szenischen Möglichkeiten des Stoffes mit vielen technischen Tricks umsetzte, wendete sich das Blatt. Wagner hat im »Holländer« das Prinzip der Nummernoper noch nicht ganz überwunden. Als Einzelstück ist neben der vom Bild des sturmwütigen Meeres inspirierten Ouvertüre der Seemannschor berühmt geworden.

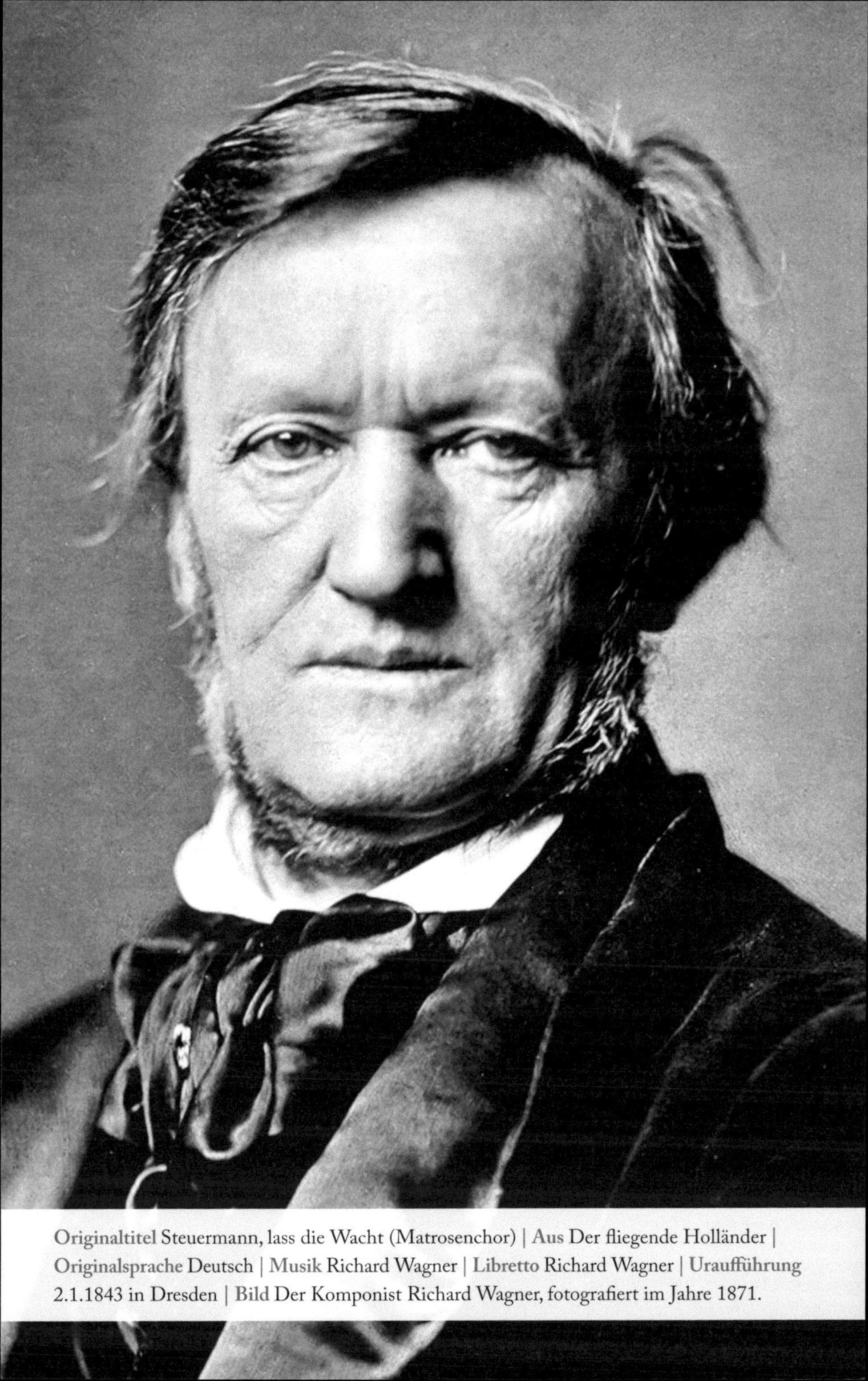

Originaltitel Steuermann, lass die Wacht (Matrosenchor) | **Aus** Der fliegende Holländer | **Originalsprache** Deutsch | **Musik** Richard Wagner | **Libretto** Richard Wagner | **Uraufführung** 2.1.1843 in Dresden | **Bild** Der Komponist Richard Wagner, fotografiert im Jahre 1871.

99 Ouvertüre zu »Tannhäuser«

Eklat beim Sängerwettstreit

Heute sind Castingshows, in denen Musiker gegeneinander antreten, ein Publikumsmagnet. Seit über einem halben Jahrhundert fasziniert der »Eurovision Song Contest« Musikfreunde in aller Welt. Dabei sind Wettbewerbe unter Sängern alles andere als neu: Schon im Mittelalter soll es so etwas auf der Wartburg in Thüringen gegeben haben, unter legendären Minnesängern wie Walther von der Vogelweide oder Wolfram von Eschenbach. Das Ereignis hat romantische Dichter inspiriert. Wagner las Vorlagen von Tieck, Hoffmann, Märchenfassungen von Bechstein, bevor er daraus eine Oper machte.

Dabei geht es nicht um den Wettstreit allein. Wagner verknüpfte ihn mit der Sage vom Hörselberg, in dem das Reich der sinnlichen Venus liegt. Dorthin hat es Heinrich von Ofterdingen, genannt »Tannhäuser«, verschlagen, doch er ist dieses Lebens müde und sucht wahre Erfüllung. So verlässt er die Venus, nimmt am »Sängerkrieg« am Hof des Landgrafen teil, doch dabei zeigt sich, dass er immer noch unter dem Bann der heidnischen Göttin steht: Als er zur Leier greift und seinen Beitrag zu Gehör bringt, preist er sie und sorgt für einen Eklat. Eine Pilgerreise nach Rom soll Vergebung bringen, doch der Papst ist hart: Sowenig wie der Stab in der Hand des Kirchenoberhauptes wieder grüne Blätter tragen könne, werde Tannhäuser der Verdammnis entgehen. Gebrochen kehrt er zurück. Da kommt die Kunde aus Rom: Aus dem Stab des Papstes sei frisches Grün gewachsen. Tannhäuser stirbt, doch seine Seele ist gerettet.

In der Oper hat Wagner verschiedene Ausdruckssphären geschaffen – die von glitzerndem Klang bestimmte Welt der Venus steht den ernsten, choralartigen Gesängen der Pilger gegenüber. Schon in der Ouvertüre prallen sie aufeinander. Sie beginnt ernst und getragen mit der Melodie des Pilgerchores, der von den rauschhaften Venusklängen gestört wird. Danach kann diese jedoch das erste Thema niederringen.

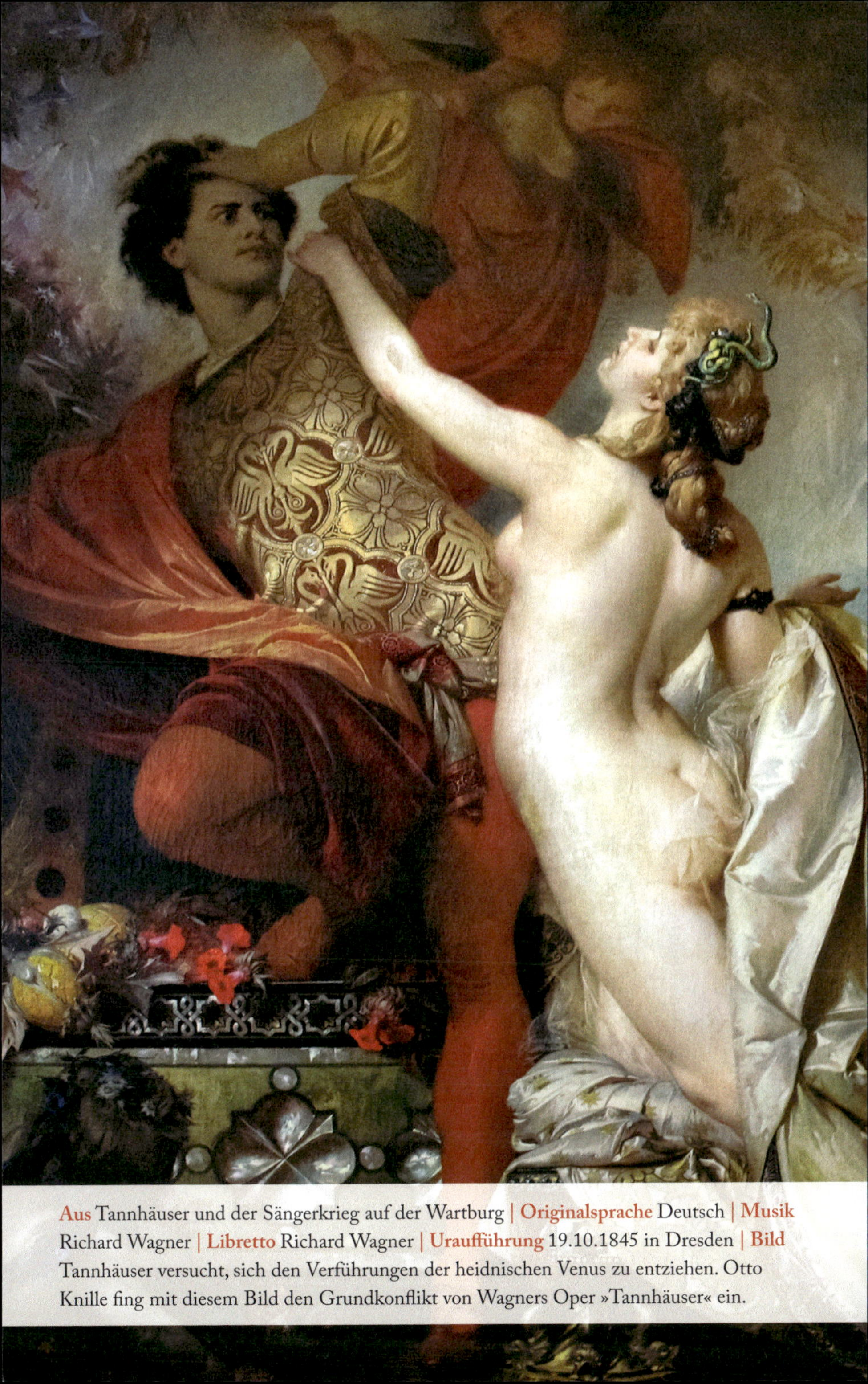

Aus Tannhäuser und der Sängerkrieg auf der Wartburg | Originalsprache Deutsch | Musik Richard Wagner | Libretto Richard Wagner | Uraufführung 19.10.1845 in Dresden | Bild Tannhäuser versucht, sich den Verführungen der heidnischen Venus zu entziehen. Otto Knille fing mit diesem Bild den Grundkonflikt von Wagners Oper »Tannhäuser« ein.

100_Treulich geführt

Auftritt des Schwanenritters

Klassische Musik erklingt nicht nur im Konzert oder auf der Opernbühne. Auch festliche Anlässe haben ihre »Soundtracks«, die aus den Federn großer Komponisten stammen. Wenn es um Hochzeitsmusik geht, die den schreitenden Gang der Braut zum Altar begleiten soll, kann man sich zwischen zwei »Hochzeitsmärschen« entscheiden. Der eine stammt von Felix Mendelssohn. Der andere, von Richard Wagner, ist im Original ein Chor aus der Oper »Lohengrin«.

Nachdem Wagner mit seinem »Tannhäuser« das Mittelalter als Handlungsepoche für seine Opern entdeckt hatte, sollte es ihn nicht mehr loslassen. Die Stoffe sind oft miteinander verwoben: Der historische Wolfram von Eschenbach (der in der Oper »Tannhäuser« auftritt) schrieb das Versepos »Parsifal« – Quelle für Wagners letzte Oper, aber auch für »Lohengrin«, in dem es um eine Episode im Leben des gleichnamigen Gralsritters geht.

Wie so oft vermischte Wagner, der sich im Zuge seiner Idee vom »Gesamtkunstwerk« nicht nur als Komponist, sondern auch als Dichter verstand, Anteile der Stoffe mit anderen Sagen. Bei ihm taucht Lohengrin im flandrischen Antwerpen auf, wo er Elsa von Brabant zur Seite steht. Sie wird beschuldigt, ihren Bruder getötet zu haben. Der plötzlich erscheinende Lohengrin tritt für sie in einem sogenannten »Gotteskampf« ein und siegt. Schließlich kann er – unter den Klängen des berühmten Hochzeitsmarsches – Elsa zur Frau nehmen. Allerdings gibt es eine Bedingung: Lohengrin hält seine Herkunft im Dunkeln. Niemand soll wissen, wer er ist, auch Elsa nicht.

Berühmt ist das charakteristische Motiv der Oper zu den Worten »Nie sollst du mich befragen«. Da der von zauberischem Glanz umwehte Lohengrin auf einem schwimmenden Schwan reitend auf die Bühne kommt, nennt man ihn auch den »Schwanenritter«. Sein Ausspruch »Mein lieber Schwan« hat als Redewendung den Volksmund erobert.

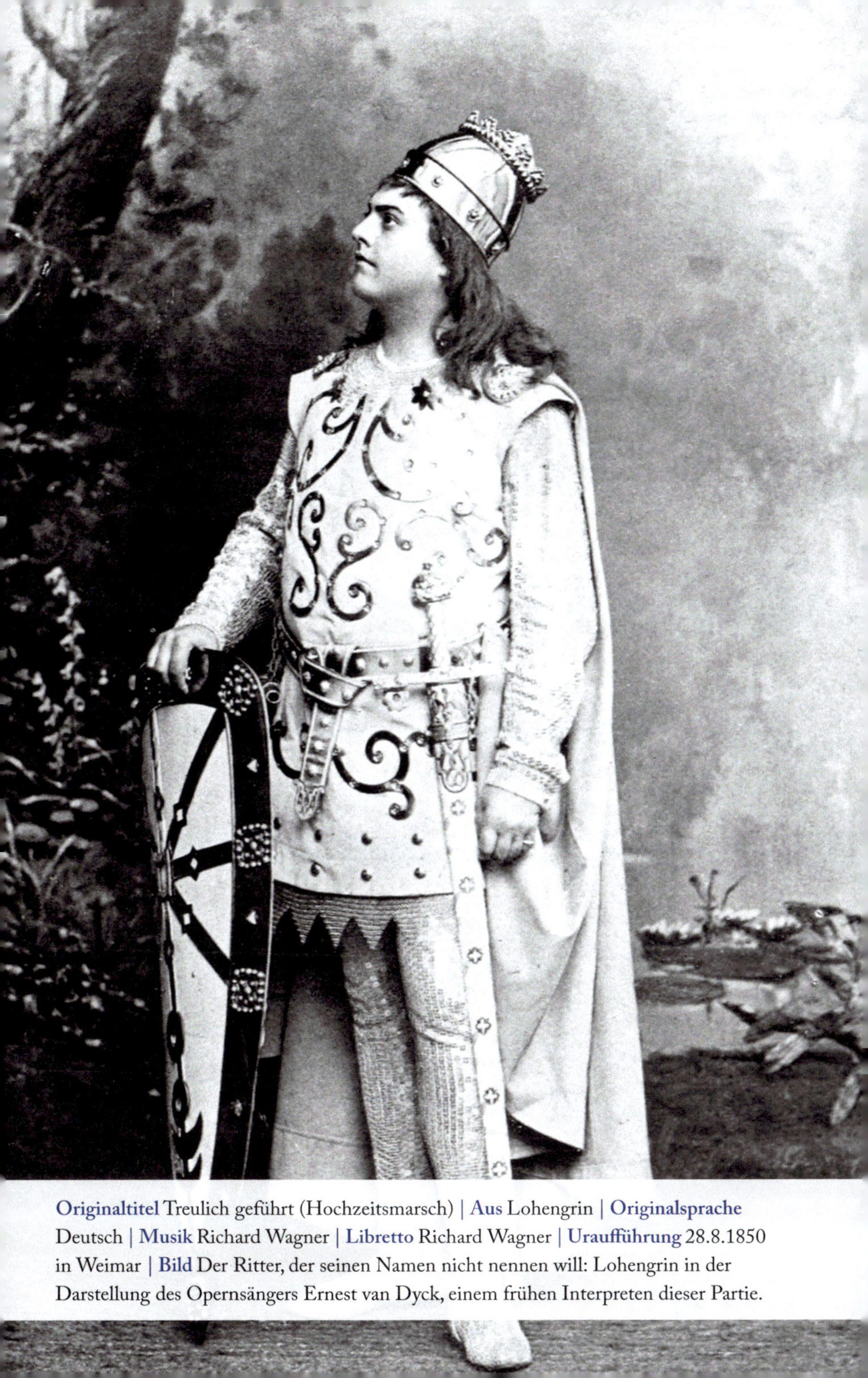

Originaltitel Treulich geführt (Hochzeitsmarsch) | **Aus** Lohengrin | **Originalsprache** Deutsch | **Musik** Richard Wagner | **Libretto** Richard Wagner | **Uraufführung** 28.8.1850 in Weimar | **Bild** Der Ritter, der seinen Namen nicht nennen will: Lohengrin in der Darstellung des Opernsängers Ernest van Dyck, einem frühen Interpreten dieser Partie.

101 In fernem Land

Bekenntnis zum sanften Leuchten des Grals

Anders als in vielen populären Geschichten ist die Hochzeit zwischen Lohengrin und seiner Geliebten Elsa von Brabant in Wagners Oper nicht das Happy End. Der Gralsritter Lohengrin, den niemand weder nach seinem Namen noch nach seiner Herkunft befragen darf, hat seine Angebetete zwar vor der Anschuldigung des Brudermordes gerettet. Doch ihr Feind, der brabantische Graf Telramund, lässt die Niederlage nicht auf sich sitzen. Nach den Regeln des mittelalterlichen »Gottesgerichts«, das er gegen Lohengrin verloren hat, ist er nun geächtet. An seiner Seite hat er die dämonische Ortrud, die Lohengrin verdächtigt, nur durch Zauberkräfte gesiegt zu haben. Lohengrins Geheimnis schwebt wie eine unsichtbare Drohung über Elsa und ihrem frisch vermählten Ehemann. Als Telramund ihn zu ermorden versucht, siegt Lohengrin ein weiteres Mal. Zwischenzeitlich hat man ihn zum neuen Heerführer ernannt. Elsa kann ihr Unwissen nicht ertragen. Sie fragt die verbotene Frage, bricht das Versprechen, und Lohengrin ist gezwungen, sich vor dem König zu erklären.

Was er zu sagen hat, bildet die »Gralserzählung« – Glanzpunkt im Repertoire eines jeden Wagnertenors. Er sei, so erzählt er, der Sohn des Gralskönigs Parsifal, ausgesandt von der Burg Monsalvat, wo der Heilige Gral aufbewahrt werde – nach dem Parsifal-Epos von Wolfram von Eschenbach ein Gefäß mit Zauberkräften, in das einst das Blut Christi bei dessen Kreuzigung aufgefangen worden sein soll. Die strahlenden Klänge, mit denen die Erzählung beginnt, stellen das Leuchten des Grals dar.

Wagner, der 1849 in Dresden mit Revolutionären sympathisiert hatte und steckbrieflich gesucht wurde, hatte danach in der Schweiz Asyl gefunden. Franz Liszt, der künstlerisch voll und ganz auf Wagners Seite stand, sorgte für die Uraufführung der Oper in Weimar. Der Komponist konnte nicht dabei sein. Er hätte riskiert, verhaftet zu werden.

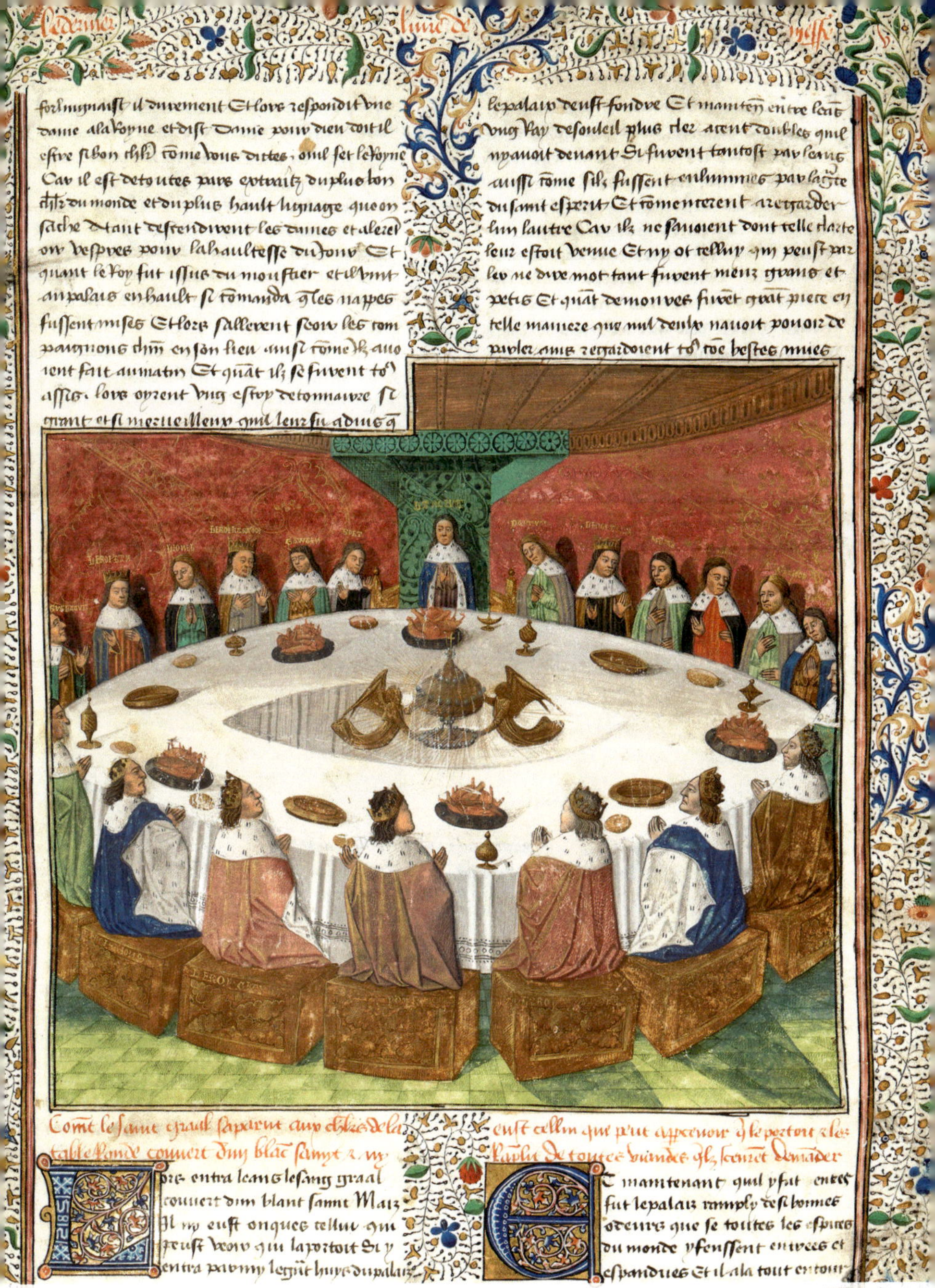

Originaltitel In fernem Land (Gralserzählung) | Aus Lohengrin | Originalsprache Deutsch | Musik Richard Wagner | Libretto Richard Wagner | Uraufführung 28.8.1850 in Weimar | Bild Der legendäre König Artus und seine Tafelrunde mit dem heiligen Gral in der Mitte in einer Darstellung aus dem späten Mittelalter.

102 Vorspiel zu »Tristan und Isolde«

Ehebruch, Liebeswahn und ein berühmter Akkord

»Da ich nun aber doch im Leben nie das eigentliche Glück der Liebe genossen habe, so will ich diesem schönsten aller Träume noch ein Denkmal setzen, in dem vom Anfang bis zum Ende diese Liebe sich einmal so recht sättigen soll.« So schrieb Wagner 1854, nachdem er die ersten Gedanken zu einer Oper über Tristan und Isolde gefasst hatte – das Liebespaar, dessen Schicksal schon der mittelalterliche Dichter Gottfried von Straßburg literarisch verarbeitet hatte. Tristan soll für seinen König Isolde als Braut werben. Durch einen Zaubertrank verfallen die beiden einander. Ihre Liebe kann nur im Tod enden.

Das Thema der unauflöslichen Liebe erscheint musikalisch gleich am Beginn des Orchestervorspiels: Ein lang gezogener, »sehnsüchtiger« Streicherton mündet in einen erregend dissonanten Akkord, aus dem es keine Auflösung gibt. Immer neue Anläufe scheinen alles immer weiter zu verwirren. Dieser erste Akkord hat als »Tristan-Akkord« Einzug in die Geschichtsbücher gefunden. Er ist keiner bestimmten Tonart zuzuordnen und gilt als erster Keim der im 20. Jahrhundert aufkommenden atonalen Musik.

Die Oper besitzt autobiografische Züge: Der in der Schweiz lebende Kaufmann Otto Wesendonck hatte Wagner, der wegen seiner Verwicklung in die Dresdner revolutionären Unruhen von 1849 verfolgt wurde, Asyl gewährt und ihm und seiner Frau Minna ein Haus zur Verfügung gestellt. Wagner begann jedoch mit dessen Gemahlin Mathilde ein leidenschaftliches Verhältnis, das Minna Wagner beim zufälligen Fund eines Briefes aufdeckte. Die Wagners trennten sich daraufhin. Der Komponist, der für Mathilde Wesendonck einen berühmten, teilweise vom »Tristan-Stil« geprägten Liederzyklus komponierte, verließ die Schweiz und ließ sich vorübergehend in Venedig nieder, wo er »Tristan und Isolde« vollendete.

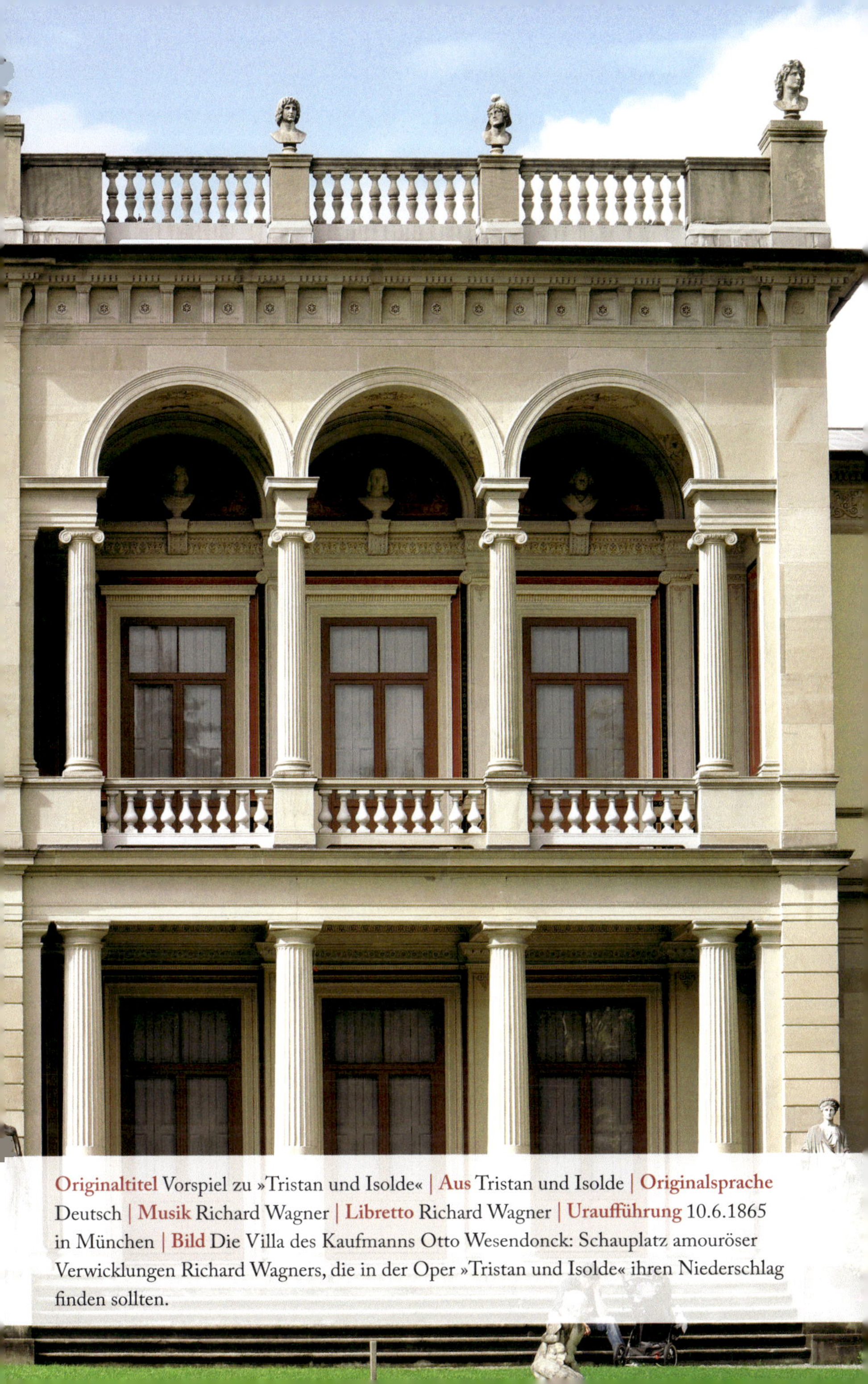

Originaltitel Vorspiel zu »Tristan und Isolde« | **Aus** Tristan und Isolde | **Originalsprache** Deutsch | **Musik** Richard Wagner | **Libretto** Richard Wagner | **Uraufführung** 10.6.1865 in München | **Bild** Die Villa des Kaufmanns Otto Wesendonck: Schauplatz amouröser Verwicklungen Richard Wagners, die in der Oper »Tristan und Isolde« ihren Niederschlag finden sollten.

103 Morgendlich leuchtend im rosigen Schein

Eine gesungene Meisterprüfung

Hatte schon »Tannhäuser« einen Künstlerwettstreit zum Thema gehabt, so kehrt dieses Motiv in »Die Meistersinger von Nürnberg« wieder. Einer der berühmtesten historischen Söhne der Stadt war Hans Sachs, mit über 4.000 Liedern einer der »Meistersinger«, die ihre Kunst als Zunft pflegten – mit Prüfungen und strengen Regeln. Ihren Hauptberuf hatten die spätmittelalterlichen »Singer-Songwriter« in Handwerksberufen. Hans Sachs zum Beispiel betrieb, wenn er nicht gerade reimte und komponierte, eine Schusterwerkstatt.

Gibt es objektive Maßstäbe in der Kunst? Wie weit reichen die Grenzen alter Regeln? Wagner war selbst jemand, der solche Regeln ständig brach, und genau diese Fragen sind eines der Themen in dieser Oper: Ritter Walther von Stolzing kommt nach Nürnberg. Er verliebt sich in die Goldschmied-Tochter Eva, kann ihre Hand jedoch nur erringen, wenn er am folgenden Tag beim öffentlichen Wettstreit der Meistersinger auf der Wiese vor der Stadt den Sieg davonträgt. In dem erbsenzählerischen Stadtschreiber Sixtus Beckmesser hat er einen Mitbewerber. So bleibt ihm nur wenig Zeit, um bei Sachs alles über das Reglement zu lernen. Am Ende siegt er mit dem Meisterlied »Morgendlich leuchtend im rosigen Schein«.

Wagner hat in der Oper keine echte mittelalterliche Musik geschrieben, aber schon die Ouvertüre erinnert mit ihren Anklängen an die Kunst des Kontrapunkts an die gelehrsame Seite des Komponierens. Die Oper hat (was bei Wagner selten ist) auch komische Elemente. Mit der Figur des Beckmesser, der nach Regeln urteilt, ohne selbst die Kunst zu beherrschen, und sich damit zum Gespött macht, rechnete der Komponist mit einem seiner größten Feinde ab. Es war der Kritiker Eduard Hanslick (1825–1904), der sich auf die Seite der »Antiwagnerianer« geschlagen hatte.

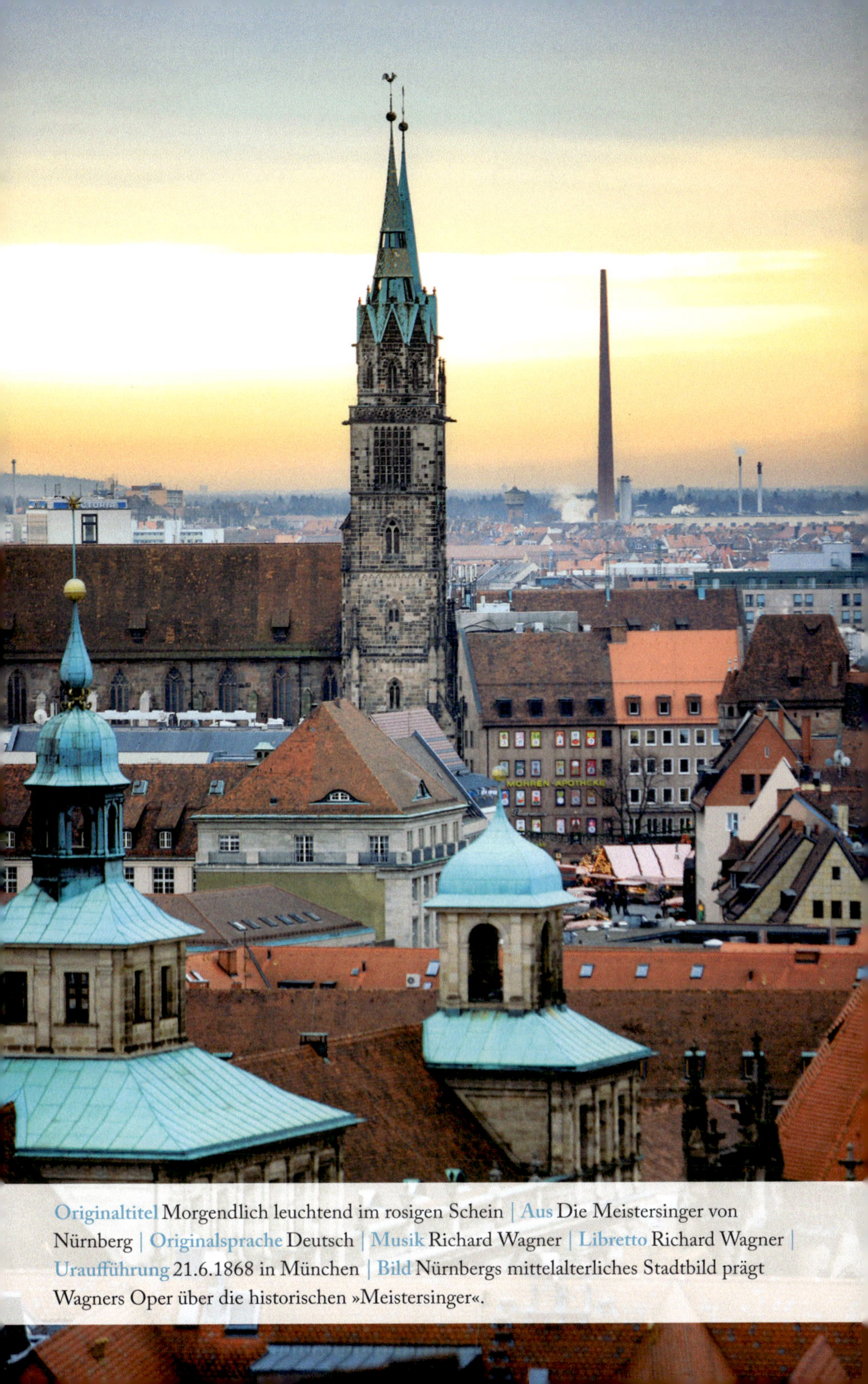

Originaltitel Morgendlich leuchtend im rosigen Schein | Aus Die Meistersinger von Nürnberg | Originalsprache Deutsch | Musik Richard Wagner | Libretto Richard Wagner | Uraufführung 21.6.1868 in München | Bild Nürnbergs mittelalterliches Stadtbild prägt Wagners Oper über die historischen »Meistersinger«.

104 Zur Burg führt die Brücke

Der erfüllte Traum vom eigenen Opernhaus

Verschuldet, von Gläubigern verfolgt und wegen der Teilnahme an politischen Unruhen auf der Fahndungsliste: Das war Wagners Situation im Jahre 1864.

Kein Wunder, dass er sich erst einmal misstrauisch gab, als ein unbekannter Herr nach ihm fragte. Hätte Wagner die Botschaft, die ihm der Bote überbrachte, nicht angenommen, wäre er wohl nicht so schnell seinem wichtigsten Gönner begegnet, und die Musikgeschichte wäre anders verlaufen: Ludwig II., frisch inthronisierter König von Bayern, schätzte Wagners Musik außerordentlich, passte sie doch zur Mittelaltermanie des Monarchen, der bald mit dem Bau prächtiger Märchenschlösser wie Neuschwanstein von sich reden machen sollte. König Ludwig ist es zu verdanken, dass Wagner die Erfüllung seines Traumes vom eigenen Opernhaus nach eigenen architektonischen Plänen erleben konnte.

Eng verbunden mit dem Theater in Bayreuth, in dem bis heute nur Wagner-Opern gespielt werden, ist die Uraufführung des Vierteilers »Der Ring des Nibelungen« (»Das Rheingold«, »Die Walküre«, »Siegfried« und »Götterdämmerung«), dem die Sagenwelt des »Nibelungenliedes« zugrunde liegt. Wagner konnte in diesem Zyklus alles verwirklichen, was ihm vorschwebte: Die Opern sind durchkomponiert, im Orchester sorgen raffiniert eingebaute einzelnen Handlungsmotiven zugeordnete Melodien (»Leitmotive«) dafür, dass alle Elemente der Musik zusammen mit der Dichtung und der Inszenierung zu einer Gesamtheit verwachsen.

Im Zentrum der ersten Oper steht ein Ring, geschmiedet aus dem »Rheingold«. Wer der Liebe entsagt, erhält durch ihn große Macht. Über den gierigen Zwerg Alberich gelangt er zu den Riesen Fafner und Fasolt, die damit die Götter zu entmachten drohen, nachdem sie die Burg Walhall gebaut haben.

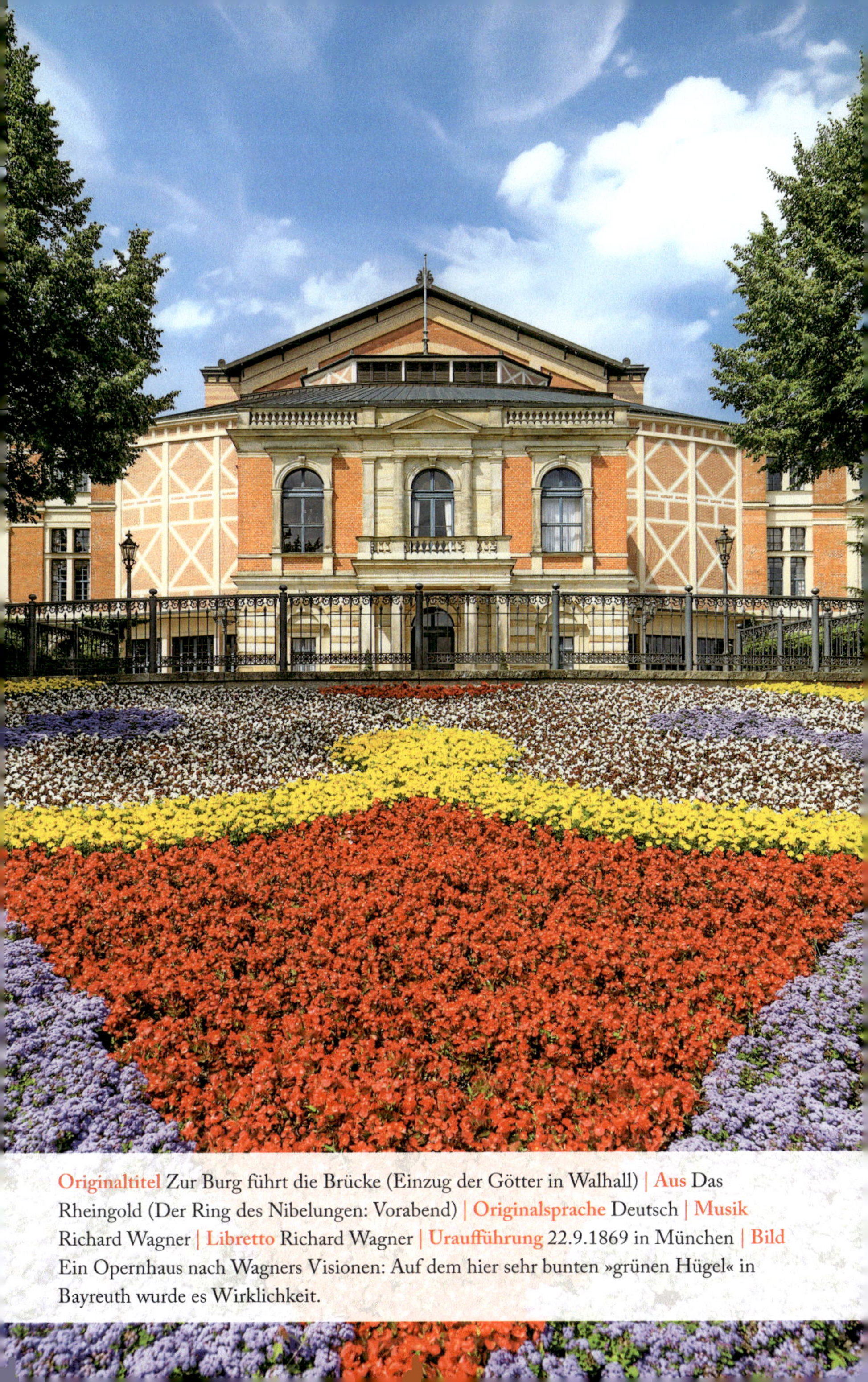

Originaltitel Zur Burg führt die Brücke (Einzug der Götter in Walhall) | **Aus** Das Rheingold (Der Ring des Nibelungen: Vorabend) | **Originalsprache** Deutsch | **Musik** Richard Wagner | **Libretto** Richard Wagner | **Uraufführung** 22.9.1869 in München | **Bild** Ein Opernhaus nach Wagners Visionen: Auf dem hier sehr bunten »grünen Hügel« in Bayreuth wurde es Wirklichkeit.

105 Walkürenritt

Vorhang auf für Wotans kriegerische Töchter

Eine wichtige Bedeutung in Wagners von germanischen Sagenwelten geprägtem »Ring des Nibelungen« besitzt der nordische Göttervater »Wotan«. Er ist der Großvater des schwertschmiedenden und drachentötenden Helden Siegfried. Dessen Eltern wiederum sind Siegmund und Sieglinde – Kinder einer Menschenfrau und Wotan (wodurch der strahlende Held des Mythos übrigens einer inzestuösen Verbindung entstammt). Wotan hat auch göttliche Töchter: Es sind die auf fliegenden Pferden reitenden Walküren, die den Kriegern im Kampf zur Seite stehen und sie nach ihrem Tod nach Walhall begleiten. Eine der Walküren ist Wotan besonders ans Herz gewachsen: Brünnhilde, die Wotans Sohn Siegmund im Kampf gegen einen Feind unterstützen soll.

Der »Walkürenritt« am Beginn des dritten Aktes gehört zu den berühmtesten Opernmomenten überhaupt. Die im Galopprhythmus dahinrasenden Streicherfiguren mit den markanten massiven Blechbläserfanfaren gelten als Inbegriff des »Wagner-Sounds«. Sie unterlegen in der ersten Szene des Aktes das Bild der heranpreschenden und Schlachtrufe singenden Wotanstöchter. Diese sind mit ihrem typischen Kostüm zum festen Bestandteil von Wagners Opernwelt geworden. Heutige Regisseure versuchen freilich, sich eine Alternative zu den altbackenen, mit Flügelhelmen, Harnischen und Lanzen ausgestatteten Mannweibern einfallen zu lassen.

Der »Walkürenritt« zog als berühmtes Beispiel einer martialischen Kriegsmusik auch in andere Bereiche ein. Zunächst wurde er zum Kern der schon zu Lebzeiten des Komponisten verbreiteten Wagner-Karikaturen. Im Zweiten Weltkrieg entdeckte man die aufpeitschende Wirkung der Klänge für Wochenschauberichte über Luftschlachten – übrigens nicht nur auf deutscher, sondern auch auf japanischer Seite. Der Regisseur Francis Ford Copolla zeigte in seinem Antikriegsfilm »Apocalypse Now« einen mit Wagners Musik unterlegten Hubschrauberangriff in Vietnam.

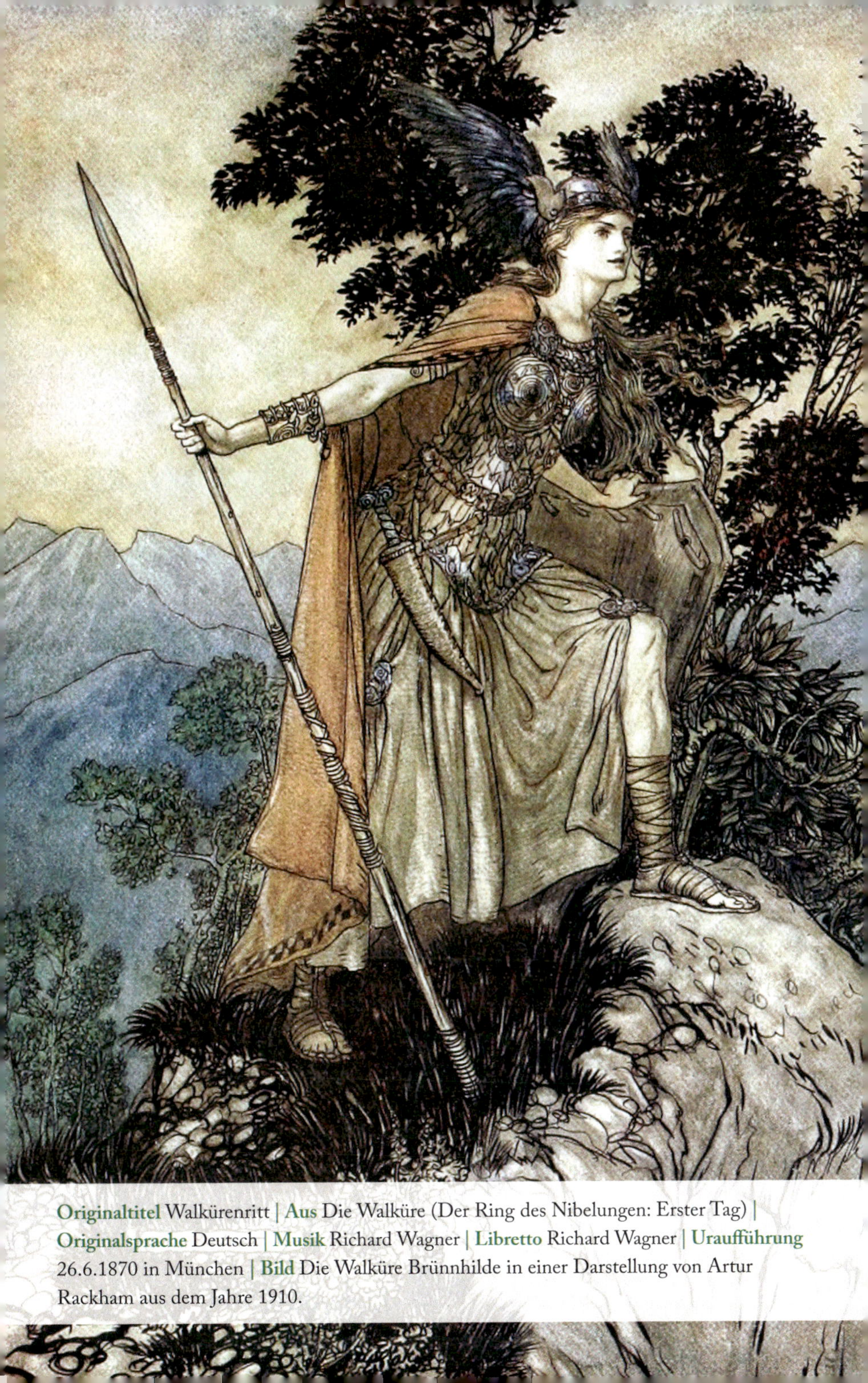

Originaltitel Walkürenritt | **Aus** Die Walküre (Der Ring des Nibelungen: Erster Tag) | **Originalsprache** Deutsch | **Musik** Richard Wagner | **Libretto** Richard Wagner | **Uraufführung** 26.6.1870 in München | **Bild** Die Walküre Brünnhilde in einer Darstellung von Artur Rackham aus dem Jahre 1910.

106 Wie dünkt mich doch die Aue heut so schön

Weihevolles Finale unter Gralshütern

Als Wagner in König Ludwig II. einen Gönner fand, trug er bereits den Stoff der Oper mit sich herum, die seine letzte werden sollte: »Parsifal« – mit Motiven nach Wolfram von Eschenbachs Epos. Die erste Prosaskizze des Operntextes machte Wagner seinem bayrischen Mäzen zum Geschenk, widmete sich dann aber erst einmal seiner »Ring«-Tetralogie. Jahre später nahm er die Parsifal-Geschichte wieder auf, die sich um den Heiligen Gral rankt – das mystische, mit Jesus Christus und dessen Blut verbundene legendäre Gefäß, das Literaten bis zum Bestsellerautor Dan Brown faszinierte.

Parsifal gelangt als einfältiger Jüngling in das Gebiet um die Burg Monsalvat. Hier hütet eine Ritterschaft die höchsten christlichen Reliquien: den Gral und den Speer, mit dem ein römischer Soldat Jesus am Kreuz an der Seite verletzte. Der Zauberer Klingsor ist der Gegner dieser Gralshüter. Ihm wurde die Aufnahme zur Ritterschaft wegen mangelnder sittlicher Reife verweigert. Er rächte sich, indem er die Hexe Kundry den obersten Ritter König Amfortas verführen ließ und den Speer stahl. Seitdem leidet Amfortas an einer Wunde, die nur der Speer heilen kann, und das auch nur, wenn sich die Reliquie in den Händen eines »reinen Toren«, also eines zum bedingungslosen Glauben fähigen Menschen, befindet.

Dieser Auserwählte wird Parsifal sein, der am Ende an einem Karfreitag Amfortas' Wunde heilt. Die Passage, in der Parsifal seine Vollendung findet und Kundry tauft, ist als sogenannter »Karfreitagszauber« berühmt. Er wird gelegentlich auch in einer Orchesterfassung aufgeführt. Um die Oper von jeder anderen Art von kommerziellem Spektakel abzugrenzen, nannte Wagner sie »Bühnenweihfestspiel« und bestimmte als alleinigen Aufführungsort sein Opernhaus in Bayreuth (eine Regelung, die längst ihre Wirkung verloren hat).

Originaltitel Wie dünkt mich doch die Aue heut so schön (Karfreitagszauber) | **Aus** Parsifal | **Originalsprache** Deutsch | **Musik** Richard Wagner | **Libretto** Richard Wagner | **Uraufführung** 26.7.1882 in Bayreuth | **Bild** In der Villa Rufolo an der italienischen Amalfi-Küste fand Wagner Inspirationen für die Oper »Parsifal«. Den prächtigen Garten ließ er in seine Vorstellungen von der sagenhaften Burg Monsalvat einfließen.

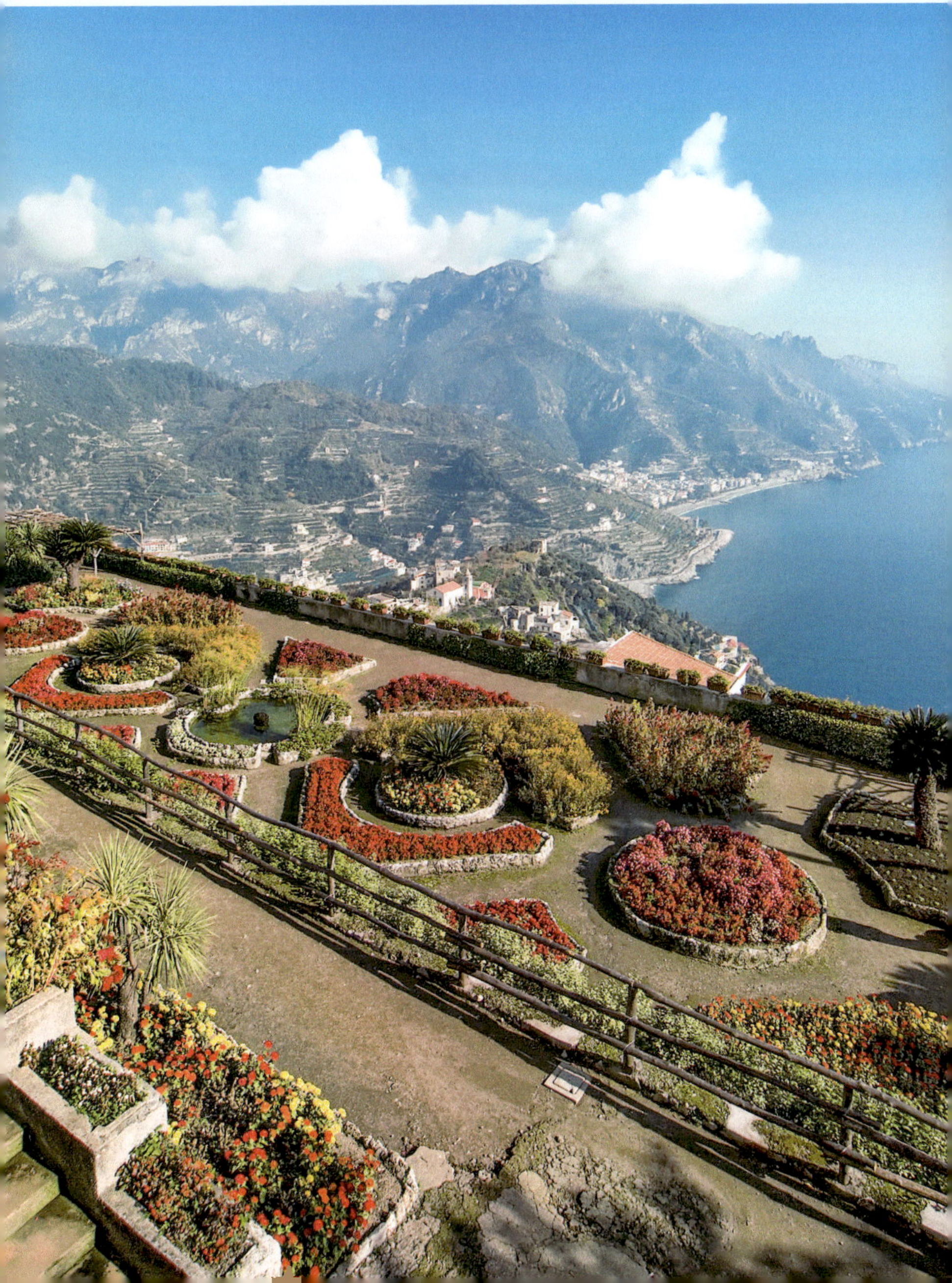

107_Nein, länger trag ich nicht die Qualen

Geniestreich der Romantik

Als Carl Maria von Weber seine Oper »Der Freischütz« auf die Bühne brachte, war das die Geburtsstunde der deutschen romantischen Oper. Es war ein Geniestreich, der nicht nur mit typisch deutschen Szenenelementen wie tiefen Wäldern, Jagdmotiven, Hörnern und anderen Symbolen das Publikum begeisterte, sondern auch mit der Musik. Weber – übrigens ein Verwandter von Mozarts Ehefrau Constanze – war alles andere als ein deutschtümelnder Patriot. Allen aktuellen musikalischen Strömungen aufgeschlossen, schrieb er eine geradezu internationale Musik: eine Stilmixtur mit Einflüssen aus Frankreich, Italien und deutschsprachigem Singspiel.

Weber hatte das Theaterhandwerk von der Pike auf gelernt: Schon als Kind war er mit der Theatertruppe seines Vaters unterwegs. Begabt auch als Klaviervirtuose, wurde er zunächst Dirigent und übernahm 1816 die Leitung des Dresdner Hoftheaters. Um die vielen musikalischen Strömungen seiner Zeit zu vereinen, schuf er eine Musiksprache, in der das Orchester durch gezielten Einsatz charakteristischer Klangfarben die verschiedenen Stimmungen und die jeweilige Atmosphäre einfängt. Außerdem dachte er über die Einzelnummern hinaus in großen Szenenfolgen. Damit bahnte Weber den Weg für Richard Wagner und dessen »Gesamtkunstwerk«.

Diese Kunst kann man in der großen Szene des Jägerburschen Max erleben. Er will Agathe, die Tochter des Erbförsters, heiraten. Doch nur der, der ein Probeschießen besteht, kommt nach altem Brauch als Bräutigam in Frage. Leider hat Max in letzter Zeit das Glück verlassen, er hat kaum noch getroffen, und so bangt er dem nächsten Tag, an dem die Prüfung abgelegt werden muss, mit Verzweiflung entgegen. Diesem Gefühl gibt er sich nun hin – verstrickt in Angst und getröstet von Erinnerungen an glücklichere Stunden.

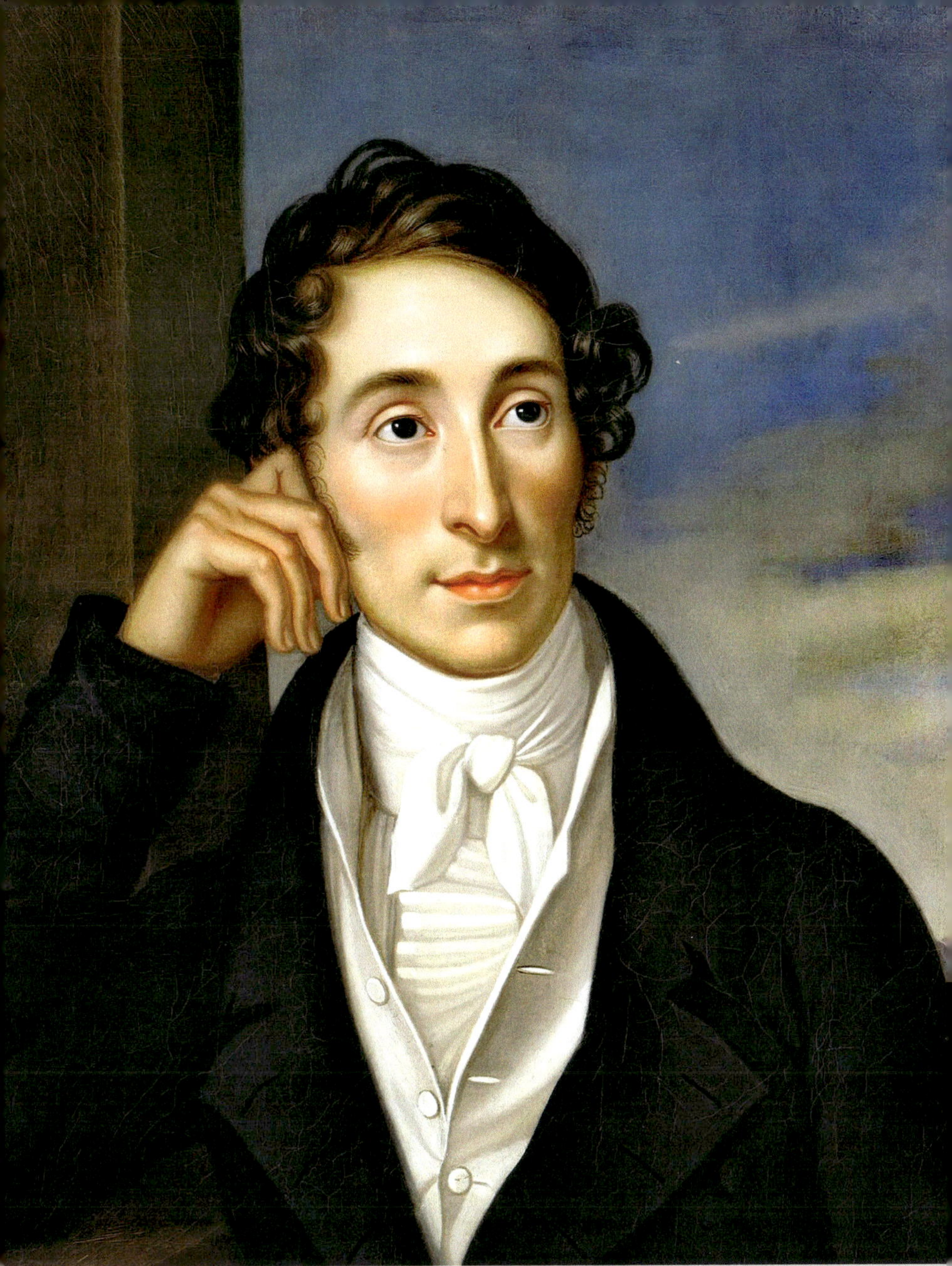

Originaltitel Nein, länger trag ich nicht die Qualen – Durch die Wälder, durch die Auen | Aus Der Freischütz | Originalsprache Deutsch | Musik Carl Maria von Weber | Libretto Friedrich Kind | Uraufführung 18.6.1821 in Berlin | Bild Der Komponist Carl Maria von Weber, Begründer der deutschen romantischen Oper. Das Gemälde von Caroline Bardua entstand 1821.

108 Was gleicht wohl auf Erden

Jagdhymne mit Hörnerschall

Nachdem sich der Jägerbursche Max seiner Verzweiflung über sein Pech als Jagdschütze hingegeben hat, begegnet er einem zwielichtigen Helfer. Es ist sein Kollege Kaspar – ein Geselle mit düsterer Vergangenheit, der ihm einen Vorschlag macht: Max könnte mit ihm nachts in die berüchtigte Wolfsschlucht gehen und dort, wo der teuflische Samiel regiert, Freikugeln gießen. Es sind magische Kugeln, die es dem Schützen erlauben, sich zu wünschen, wohin sie treffen. Damit könnte Max den am nächsten Tag zu leistenden Probeschuss bewältigen und als Nachfolger des Erbförsters dessen Tochter Agathe zur Frau bekommen. Max zögert zunächst, lässt sich dann aber doch darauf ein – nicht ahnend, dass er das Spiel nicht gewinnen kann. Die letzte der magischen Kugeln ist in Samiels Hand und soll Agathe treffen. Doch göttliche Macht vereitelt den bösen Plan: Ein im Wald lebender Eremit beschützt die junge Frau. Die Kugel trifft nicht sie, sondern Kaspar.

Zu den Höhepunkten der Oper »Der Freischütz« gehört als große schauerliche Szene das Treffen der Jägerburschen in der Schlucht, mit Teufelsspuk und dem durch den Himmel reitenden »wilden Heer«. Doch zum wahren »Hit« hat es der »Jägerchor« gebracht, der auf den Moment des Probeschusses vorbereitet. Der regierende Fürst persönlich erscheint, und auch ihm zu Ehren singen die Jäger von der Jagd, die ja eine »fürstliche Freude« ist. Natürlich begleitet das Orchester das mitreißende Lied, aber in dessen Klang dominiert das Instrument, das eines der beliebtesten der Romantik war und geradezu ein Symbol für die Jagd darstellt: das Horn.

So erfolgreich Webers »Freischütz« war, so misstrauisch war die Obrigkeit: In einer Wiener Aufführung durften nach dem Willen der Zensur auf der Bühne keine Gewehre vorkommen, wodurch die Handlung einen vernichtenden logischen Fehler erlitt. Man ersetzte die Waffen durch Armbrüste.

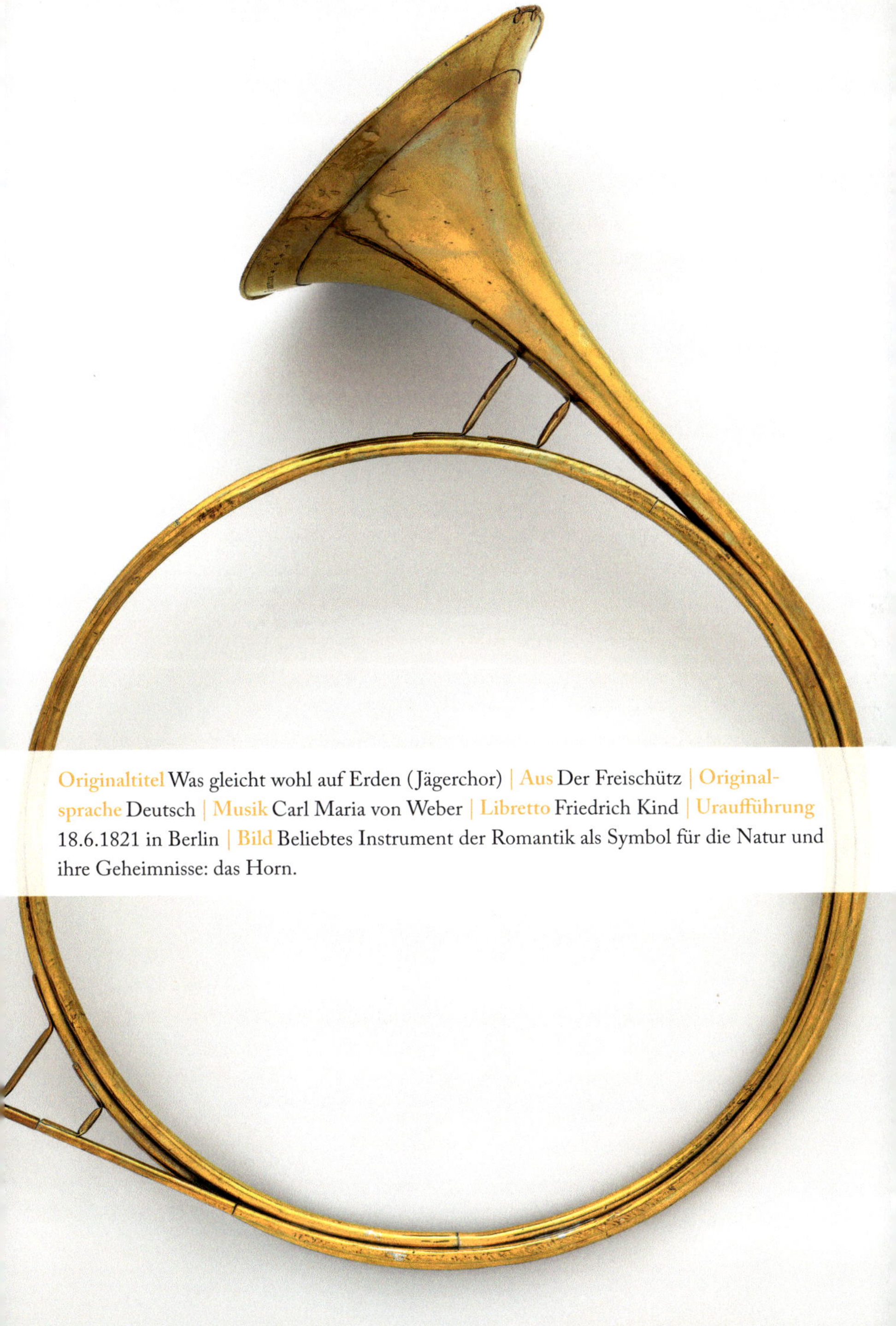

Originaltitel Was gleicht wohl auf Erden (Jägerchor) | Aus Der Freischütz | Originalsprache Deutsch | Musik Carl Maria von Weber | Libretto Friedrich Kind | Uraufführung 18.6.1821 in Berlin | Bild Beliebtes Instrument der Romantik als Symbol für die Natur und ihre Geheimnisse: das Horn.

109 Ouvertüre zu »Oberon«

Ein deutscher Romantiker in London

Weber war zwar der Pionier der deutschen Oper, aber den letzten großen Triumph seines Lebens sollte er in London feiern – und das mit einem englischsprachigen Werk. Trotzdem ist er dabei dem zauberischen Sujet treu geblieben, mit dem er im »Freischütz« so erfolgreich war. »Oberon, or The Elf King's Oath« (»Oberon, oder der Schwur des Elfenkönigs«) heißt das Werk, zu dem ihm der Direktor des Londoner Covent Garden Theatre den Auftrag gegeben hatte.

Weber hatte den Stoff nicht ganz frei wählen können. Man schlug ihm vor, den »Oberon« oder den »Faust« zu vertonen. Weber lehnte den »Faust« ab, aber nicht wegen des Sujets, sondern aus Rücksicht auf seinen Kollegen Louis Spohr, der 1818 in Prag eine Oper nach Goethes berühmtem Drama zur Uraufführung gebracht hatte. Spohrs Komposition ist heute so gut wie vergessen. Wie eine Bearbeitung der Geschichte von Weber geklungen hätte, kann man nicht einmal erahnen.

Der Komponist starb nur wenige Wochen nach der »Oberon«-Uraufführung. Das Werk gilt heute beim breiten Publikum als Geheimtipp, was aber nicht auf die Ouvertüre zutrifft, die oft in Konzertprogrammen vorkommt. Schon die Einleitung mit dem dunklen, von Streichern begleiteten Hörnerklang und den umherhuschenden Flötentönen führt in die magische Welt des Elfenkönigs, der sich mit seiner Gattin Titania in einem Streit befindet. Es geht um die Frage, ob Männer oder Frauen mehr für die Tugend der Treue geeignet sind. Ähnlich wie in William Shakespeares »Sommernachtstraum« ist Puck, Oberons Helfer, bereit, in das Schicksal ahnungsloser Menschen einzugreifen, um sie in allen möglichen Situationen zu testen und so schließlich der Anfangsfrage auf den Grund zu gehen. Dabei fahren Weber und sein Librettist exotische Schauplätze auf: Die Oper spielt in Frankreich, Bagdad und Tunis, unter anderem sogar am Hof Karls des Großen im 9. Jahrhundert.

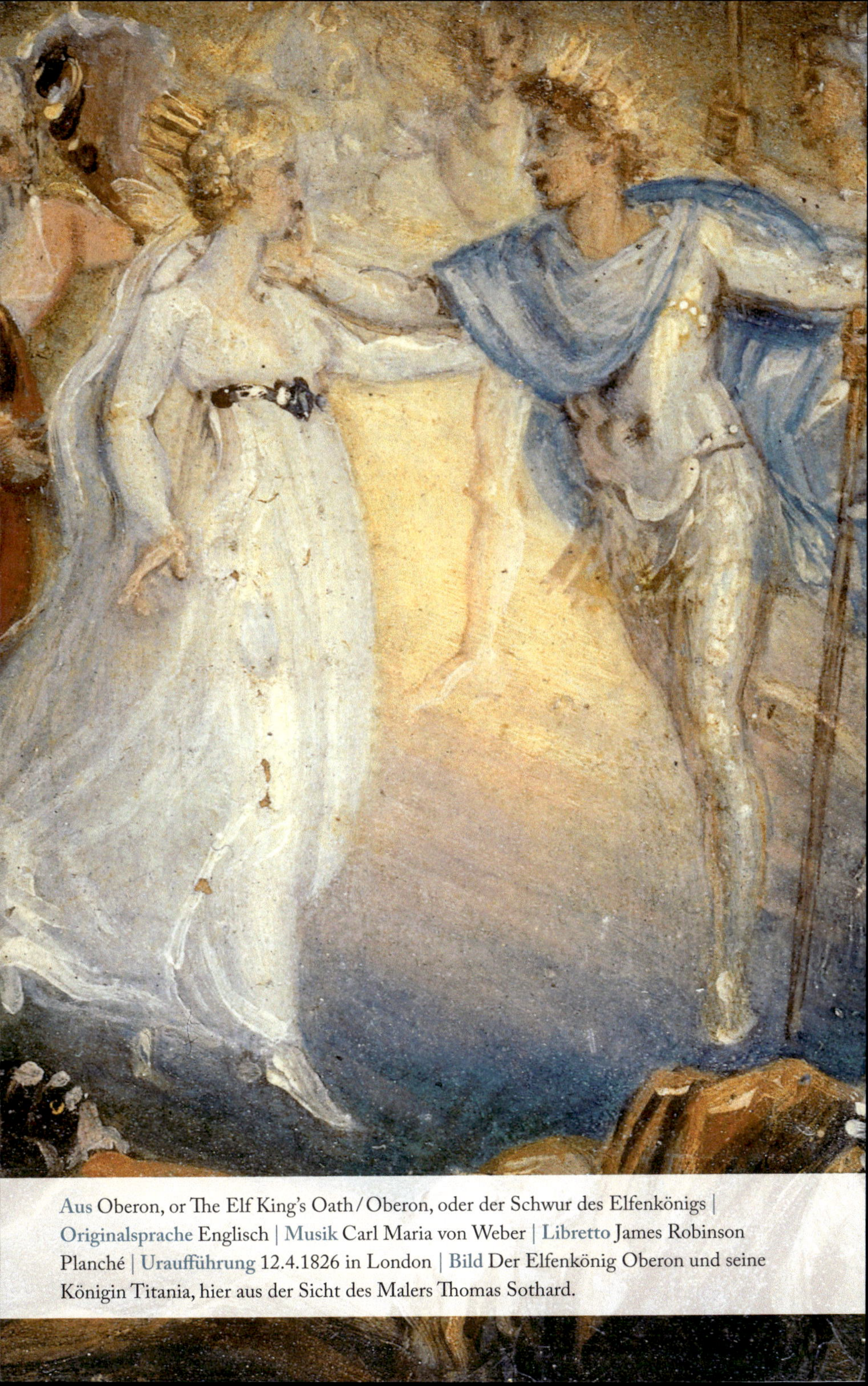

Aus Oberon, or The Elf King's Oath / Oberon, oder der Schwur des Elfenkönigs | Originalsprache Englisch | Musik Carl Maria von Weber | Libretto James Robinson Planché | Uraufführung 12.4.1826 in London | Bild Der Elfenkönig Oberon und seine Königin Titania, hier aus der Sicht des Malers Thomas Sothard.

110_Und der Haifisch

Wiederauferstehung einer barocken »Antioper«

Schon in der Zeit der Barockoper hat es »Antiopern« gegeben, die einerseits den herrschenden Theaterbetrieb auf die Schippe nahmen, andererseits aber dann selbst so populär wurden, dass sie die ernsten Werke in den großen Theatern an Beliebtheit übertrumpften. Georg Friedrich Händel hatte das in London zu spüren bekommen, als man ihm, dem etablierten Schöpfer großer Werke, eine »Bettleroper« vor die Nase setzte. In dieser »Beggars Opera«, komponiert von John Christoper Pepusch, traten keine edlen Helden von hoher Abstammung auf, sondern durchweg einfaches Volk, darunter Gauner und Huren. Das Barockstück war die Vorlage der genau 200 Jahre jüngeren »Dreigroschenoper« von Bertolt Brecht und Kurt Weill, bei denen das Werk in moderner Nachdichtung als Beispiel für engagiertes Theater gegen den Kapitalismus und bürgerliche Moral wiederkehrt.

Die »Dreigroschenoper« braucht keine Koloratursoprane oder Heldentenöre. Die 22 Musiknummern mit ihren verschiedenen Stilelementen aus Foxtrott, Jazz oder Tango kommen am besten mit singenden Schauspielern zur Geltung. Gleich zu Beginn des Werkes erklingt die »Ballade von Mackie Messer«, dargeboten von einem Moritatensänger auf dem Jahrmarkt im Londoner Stadtteil Soho, bevor das eigentliche Stück beginnt: Bettlerkönig Jonathan Peachum ist nicht davon angetan, dass seine Tochter Polly den Gangster Macheath, genannt Mackie Messer, heiraten will, denn der könnte Peachums Macht untergraben. Als es Peachum endlich gelingt, Mackie bei der Polizei zu verraten, und dieser fast am Galgen hängt, erhält die Geschichte eine ironische Wendung: Mackie wird begnadigt, geadelt und mit einer Leibrente belohnt.

Brecht und Weill setzten ihre erfolgreiche Zusammenarbeit unter anderem noch mit »Aufstieg und Fall der Stadt Mahagonny« fort. Weill floh 1935 vor dem Nationalsozialismus in die USA, wo er am Broadway erfolgreich wurde.

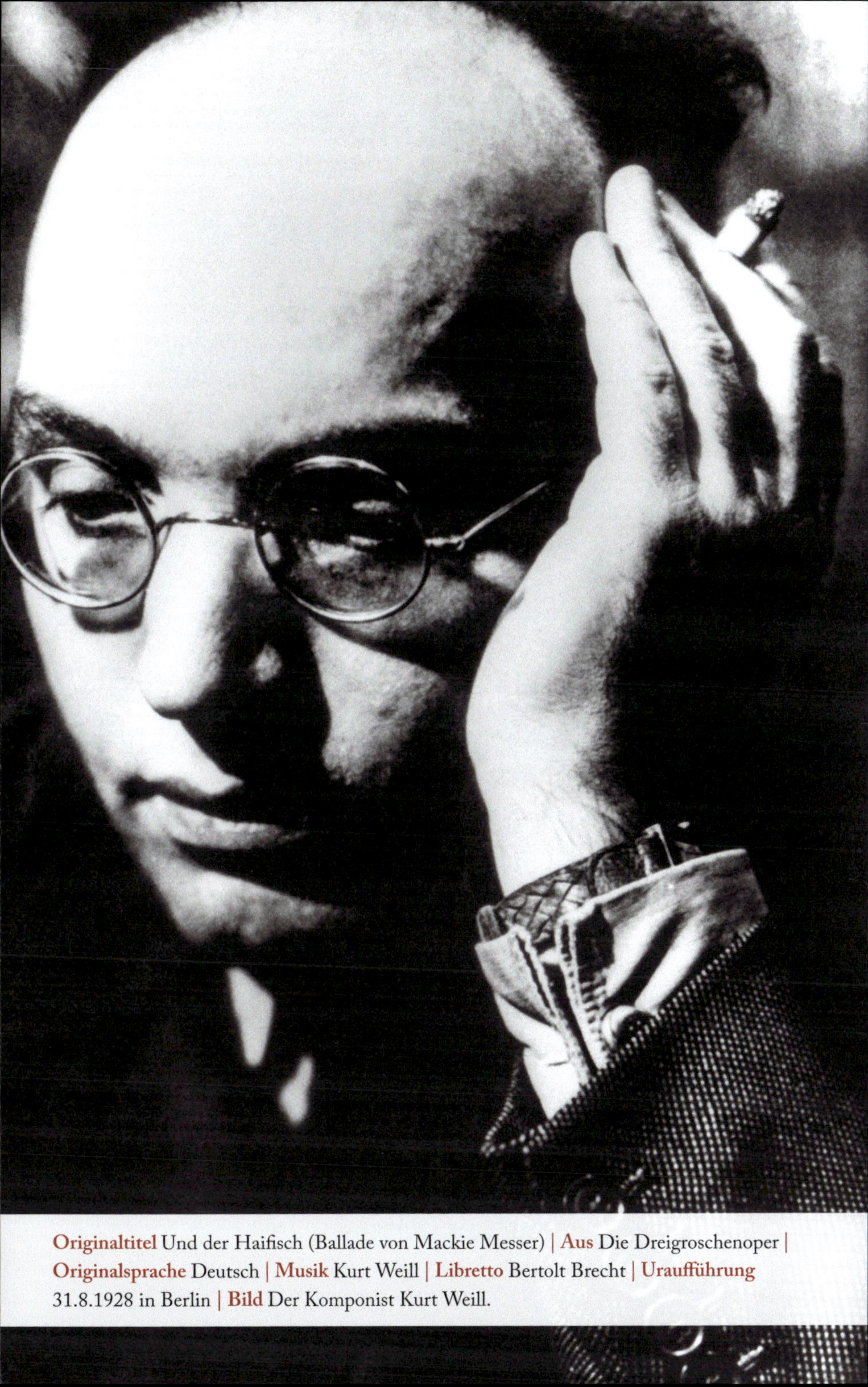

Originaltitel Und der Haifisch (Ballade von Mackie Messer) | **Aus** Die Dreigroschenoper | **Originalsprache** Deutsch | **Musik** Kurt Weill | **Libretto** Bertolt Brecht | **Uraufführung** 31.8.1928 in Berlin | **Bild** Der Komponist Kurt Weill.

111 Vorspiel zu »Die Soldaten«

Multimediales Jahrhundertwerk

»Unaufführbar!« Mit dieser Zurückweisung hatten viele Komponisten zu kämpfen. 1960 traf sie Bernd Alois Zimmermann, der das Drama »Die Soldaten« aus der Feder des Goethe-Zeitgenossen Jakob Michael Reinhold Lenz zu einer Oper verarbeitet hatte. Lenz' Drama ist eine bissige Gesellschaftskritik des »Sturm und Drang«: Marie, die Tochter eines Galanteriewarenhändlers, ist mit dem Tuchhändler Stolzius verlobt. Ihr Vater will sich aber trotzdem offenhalten, dass sie dem Edelmann Desportes ihre Hand geben könnte. Doch damit gerät Marie in die Mühlen gesellschaftlicher Willkür. Desportes verführt und verstößt sie. Als sie versucht, ihn zurückzugewinnen, wird sie Opfer einer Vergewaltigung und endet als Bettlerin.

Zimmermann musste die Auftragskomposition der Stadt Köln einer langen Umarbeitungsphase unterziehen. 1965 konnte dann endlich die Uraufführung stattfinden. Das Publikum erlebte eine Verschmelzung verschiedenster Elemente. Die zu dieser Zeit in der Avantgarde übliche Zwölftontechnik traf auf Zitate von Bach, Jazz und Gregorianik, auf elektronisch verfremdete Klänge. Neben einem klassischen Orchester kommt eine Jazzcombo zum Einsatz, dazu multimediale Zuspielungen. In weiten Teilen ist die gewohnte zeitliche Abfolge aufgegeben. Szenen verlaufen parallel. Die Simultantechnik entspricht Zimmermanns Idee von der »Kugelgestalt der Zeit«, in der, wie der Komponist selbst sagte, »Vergangenheit, Gegenwart und Zukunft vertauschbar sind«. Zimmermann nahm sich 1970 aufgrund einer unheilbaren Erkrankung das Leben. Zu seinem 100. Geburtstag erlebte die Oper in Köln eine Neuinszenierung, bei der die Zuschauer auf Drehstühlen saßen und sich aussuchen konnten, welchen der gleichzeitig vorbeiziehenden Bühnenereignisse sie sich zuwenden wollten.

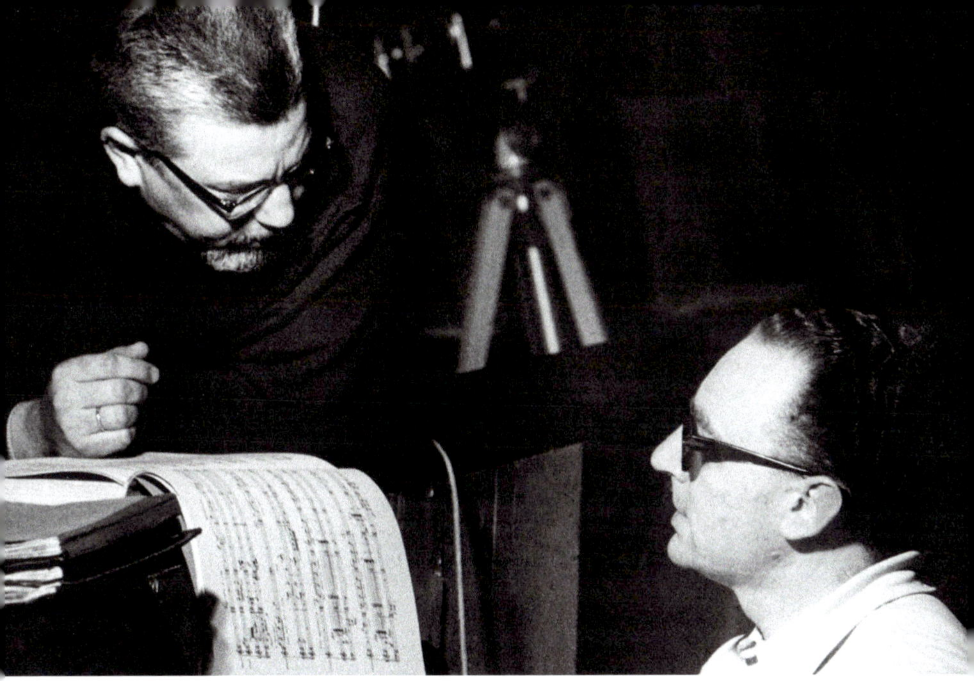

Aus Die Soldaten | **Originalsprache** Deutsch | **Musik** Bernd Alois Zimmermann | **Libretto** Bernd Alois Zimmermann | **Uraufführung** 15.2.1965 in Köln | **Bild** Oben: Der Komponist Bernd Alois Zimmermann im Gespräch mit dem Dirigenten Michael Gielen während einer Probe zur Uraufführung der Oper »Die Soldaten« 1965 im Kölner Opernhaus. Unten: Die neue Kölner Oper vom Architekten Walter Riphahn, die 1957 eingeweiht wurde.

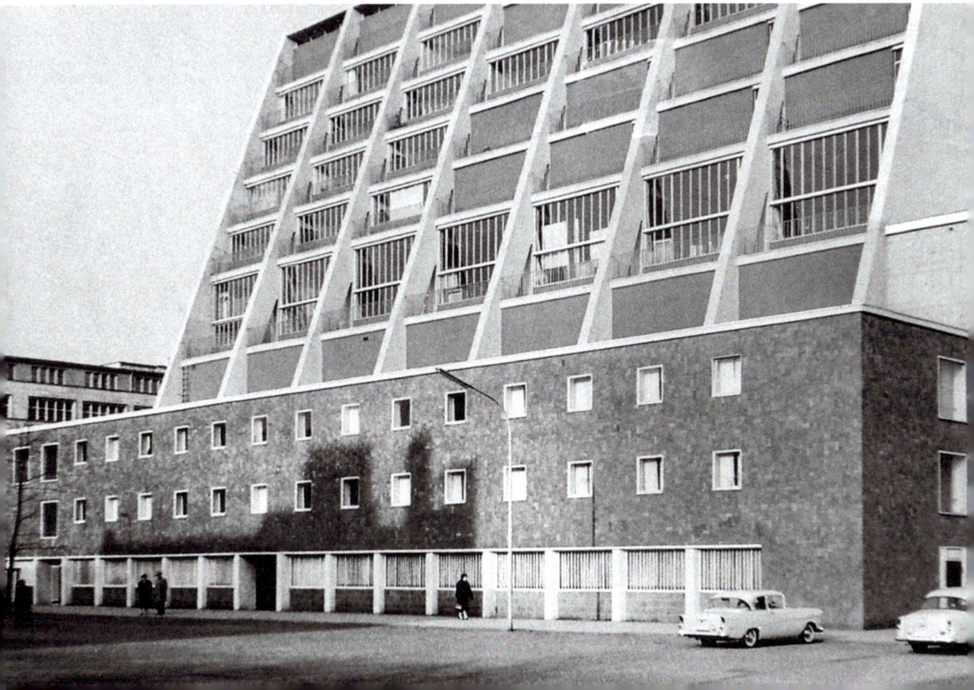

Fotonachweis

Kapitel 1: Freunde, vernehmet die Geschichte: mauritius images / BAO / imageBROKER
Kapitel 2: Amour sacré de la patrie: WikimediaCommons / Varech
Kapitel 3: Theaterzettel der ersten nachweisbaren Aufführung von Ludwig van Beethovens Oper Fidelio in Bonn am 26. November 1830 (gemeinfrei)
Kapitel 4: Casta Diva: WikimediaCommons / Sailko_retouched by Majo statt Senf
Kapitel 5: Das Messer, wo ist das Messer?: WikimediaCommons / Johann Jaritz
Kapitel 6: Sur les monts les plus sauvages: WikimediaCommons / Thermos
Kapitel 7: Hector Berlioz; Karikatur von Étienne Carjat (gemeinfrei)
Kapitel 8: Tonight (Balcony Scene): shutterstock.com / Natali Zakharova
Kapitel 9: Au fond du temple saint: shutterstock.com / Anton Gvozdikov
Kapitel 10: L'amour est un oiseau rebelle: mauritius images/memento
Kapitel 11: La fleur que tu m'avais jetée: shutterstock.com/SandiMako
Kapitel 12: Polowetzer Tänze: Wikimedia Commons / Тулип
Kapitel 13: Titelblatt des Klavierauszugs, um 1890–1900 (gemeinfrei)
Kapitel 14: Depuis le jour: www.pixabay.com
Kapitel 15: Luigi Cherubini, Gemälde von Jean-Auguste-Dominique Ingres, 1841 (gemeinfrei)
Kapitel 16: Poveri fiori: WikimediaCommons / Garitan
Kapiptel 17: Dôme épais le jasmin: WikimediaCommons / B.traeger
Kapitel 18: Gaetano Donizetti, nach Marie-Alexandre Alophe, 19. Jahrhundert (gemeinfrei)
Kapitel 19: Il dolce suono – Spargi d'amaro pianto: shutterstock.com / Jaroslav Sekeres
Kapitel 20: Měsíčku na nebi hlubokém: shutterstock.com / AdryPhoto1
Kapitel 21: »Danza« aus »La vida breve«: shutterstock.com / Janusz Pienkowski
Kapitel 22: Letzte Rose: mauritius images / Garden World Images / Gilles Delacroix
Kapitel 23: George Gershwin (gemeinfrei)
Kapitel 24: Porträt (Stich) von André Chénier (gemeinfrei)
Kapitel 25: Spaceship: WikimediaCommons / Pasquale Salerno
Kapitel 26: Ouvertüre zu »Ruslan und Ljudmila«: akg-images
Kapitel 27: Che farò senza Euridice?: WikimediaCommons / Soerfm
Kapitel 28: »Iphigenie« von Anselm Feuerbach, 1862 (gemeinfrei)
Kapitel 29: »Faust im Studienzimmer« von Georg Friedrich Kersting, 1829 (gemeinfrei)
Kapitel 30: Les grands seigneurs – Ah, je ris de me voir si belle: mauritius images/ Glenn Harper/Alamy
Kapitel 31: Lascia ch'io pianga: www.pixabay.com
Kapitel 32: Va tacito e nascosto: shutterstock.com / Premier Photo
Kapitel 33: Ombra mai fù: akg-images / De Agostini Picture Lib./A. Dagli Orti
Kapitel 34: Alte Märchen woben uns fromme Bilder: shutterstock.com / travelview
Kapitel 35: Engelbert Humperdinck, Zeichnung aus »Unser Bismarck« von Christian Wilhelm Allers, 1893 (gemeinfrei)
Kapitel 36: Glück, das mir verblieb: shutterstock.com / tayaphotolab
Kapitel 37: Recitar! Vesti la giubba: mauritius images / Classic Image / Alamy
Kapitel 38: Peter I., Ölgemälde von Jean-Marc Nattier, 1717 (gemeinfrei)

Kapitel 39: Intermezzo sinfonico: mauritius images/Alpha Stock/Alamy
Kapitel 40: Szene aus Cavalleria Rusticana von Pietro Mascagni, zwischen 1890 und 1900 (gemeinfrei)
Kapitel 41: Je suis seul! – Ah! fuyez, douce image: WikimediaCommons/Mbzt
Kapitel 42: »Lotte übergibt Werthers Diener eine Pistole«, Zeichnung von Daniel Nikolaus Chodo, 1777 (gemeinfrei)
Kapitel 43: Méditation aus »Thaïs«: shutterstock.com/Chrispictures
Kapitel 44: Szene im Schlafzimmer Margaretes von Valois während der Bartholomäusnacht, Alexandre-Évariste Fragonard, 1836 (gemeinfrei)
Kapitel 45: Illustration von Gustave Doré, 1857 (gemeinfrei)
Kapitel 46: Lamento d'Arianna: shutterstock.com/Giovanni Di Lorenzo
Kapitel 47: Martern aller Arten: shutterstock.com/Fabio Lotti
Kapitel 48: Porträt von Lorenzo Da Ponte (aus dem 19. Jahrhundert, gemeinfrei)
Kapitel 49: Madamina, il catalogo è questo: akg-images
Kapitel 50: Là ci darem la mano: shutterstock.com/robert paul van beets
Kapitel 51: Dies Bildnis ist bezaubernd schön, oben: akg-images; unten: WikimediaCommons/Eweht
Kapitel 52: Der Hölle Rache: WikimediaCommons/NASA on the Commons
Kapitel 53: Porträt von Modest Petrowitsch Mussorgski, Ilja Jefimowitsch Repin, 1881 (gemeinfrei)
Kapitel 54: »Falstaff«, Eduard von Grützner, 1906 (gemeinfrei)
Kapitel 55: Jacques Offenbach, Nadar (gemeinfrei)
Kapitel 56: Oh, hätt' ich meiner Tochter nur geglaubt!: mauritius images/United Archives GmbH/Alamy
Kapitel 57: Stizzoso mio stizzoso: WikimediaCommons/Quincena Musical
Kapitel 58: »Tanz der Stunden«, Francesco Primaticcio, 1548 (gemeinfrei)
Kapitel 59: Marsch aus »Die Liebe zu den drei Orangen«: shutterstock.com/Danita Delmont
Kapitel 60: Werbeplakat für die Oper La Bohème, 1895 (gemeinfrei)
Kapitel 61: Sì, mi chiamano Mimì: mauritius images/The Picture Art Collection/Alamy
Kapitel 62: Vissi d'arte: shutterstock.com/Renata Sedmakova
Kapitel 63: E lucevan le stelle: shutterstock.com/Damira
Kapitel 64: Un bel dì vedremo: shutterstock.com/elesi
Kapitel 65: O mio babbino caro: shutterstock.com/Samot
Kapitel 66: Nessun dorma: akg-images
Kapitel 67: When I Am Laid In Earth: akg-images/World History Archive
Kapitel 68: What Power Art Thou: mauritius images/Photo 12/Alamy
Kapitel 69: Porträt von Jean-Philippe Rameau, Guillaume Philippe Benoist, etwa 1771 (gemeinfrei)
Kapitel 70: Ouvertüre zu »Donna Diana«: shutterstock.com/siloto
Kapitel 71: Hummelflug: www.pixabay.com
Kapitel 72: Largo al factotum, oben und unten: akg-images
Kapitel 73: Henriette Sontag als Rosina, Louis Maleuvre, 1828 (gemeinfrei)
Kapitel 74: Ouvertüre zu »Wilhelm Tell«: www.pixabay.com
Kapitel 75: Porträt von Camille Saint-Saëns, 1921 (gemeinfrei)
Kapitel 76: Ouvertüre zu »Prima la musica, poi le parole«: WikimediaCommons/Gryffindor
Kapitel 77: Porträt von Victor Hugo, Étienne Carjat, 1876 (gemeinfrei)

Kapitel 78: Ach, ich hab in meinem Herzen: akg-images / picture-alliance / dpa
Kapitel 79: Proč bychom se netěšili: mauritius images / United Archives / WHA
Kapitel 80: Porträt Karlheinz Stockhausen, Rob C. Croes / Anefo, 1980, gemeinfrei
Kapitel 81: Poster der Richard-Strauss-Woche in München, Ludwig Hohlwein, 1910 (gemeinfrei)
Kapitel 82: Maria Schildknecht in »Elektra«, Atelier Jaeger, 1913 (gemeinfrei)
Kapitel 83: Porträt Richard Strauss, Bain News Service, 1900 (gemeinfrei)
Kapitel 84: Sextett aus »Capriccio«: akg-images / picture-alliance / dpa
Kapitel 85: Where are thou, Venus?: WikimediaCommons / Arturo Espinosa
Kapitel 86: Connais-tu le pays: akg-images
Kapitel 87: A vos jeux, mes amis: www.pixabay.com
Kapitel 88: Polonaise aus »Eugen Onegin«, oben: mauritius images / Painters / Alamy; unten: mauritius images / Painters / Alamy
Kapitel 89: Komm, Tod, du unser werter Gast: mauritius images / Tobias Meints / Alamy
Kapitel 90: Va, pensiero: mauritius images / Classic Image / Alamy
Kapitel 91: La donna è mobile: akg-images
Kapitel 92: Di quella pira: WikimediaCommons / Christian Michelides
Kapitel 93: Libiamo ne lieti calici: mauritius images / United Archives / TopFoto / Personalities
Kapitel 94: Akt IV, Szene 3, »Don Carlos«, Carlo Cornaglia und Guiseppe Barberis, 1884 (gemeinfrei)
Kapitel 95: Illustration »Verdi dirigiert seine Oper Aida«, Adrien Marie, 1881 (gemeinfrei)
Kapitel 96: Gloria all'Egitto: mauritius images / EmmePi Stock Images / Alamy
Kapitel 97: Agitata da due venti: shutterstock.com / canadastock
Kapitel 98: Porträt von Richard Wagner, Franz Seraph Hanfstaengl, 1871 (gemeinfrei)
Kapitel 99: »Tannhäuser und Venus«, Otto Knille, 1873 (gemeinfrei)
Kapitel 100: Ernest van Dyck, Henri de Curzon, 1920 (gemeinfrei)
Kapitel 101: Arthurum regem et equites Mensae Rotundae, 1470 (gemeinfrei)
Kapitel 102: Vorspiel zu »Tristan und Isolde«: WikimediaCommons / Roland zh
Kapitel 103: Morgendlich leuchtend im rosigen Schein: shutterstock.com / stefano cellai
Kapitel 104: Zur Burg führt die Brücke: mauritius images / BAO / imageBROKER
Kapitel 105: »Brünnhilde«, Arthur Rackham, 1910 (gemeinfrei)
Kapitel 106: Wie dünkt mich doch die Aue heut so schön: shutterstock.com / Alfio Ferlito
Kapitel 107: Porträt von Carl Maria von Weber, Caroline Bardua, 1821 (gemeinfrei)
Kapitel 108: Was gleicht wohl auf Erden: mauritius images / Artokoloro / Alamy
Kapitel 109: »Oberon und Titania«, Thomas Stothard, 1806 (gemeinfrei)
Kapitel 110: Und der Haifisch: mauritius images / United Archives / TopFoto
Kapitel 111: Vorspiel zu »Die Soldaten«, oben: akg-images / picture-alliance / dpa; unten: mauritius images / United Archives / Wittmann

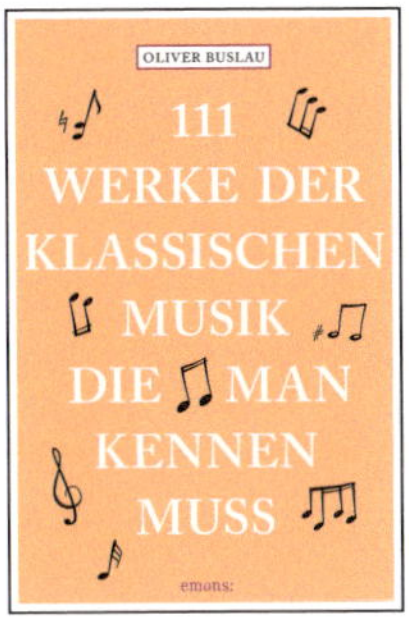

Oliver Buslau
111 Werke der klassischen Musik, die man kennen muss
ISBN 978-3-7408-0236-3

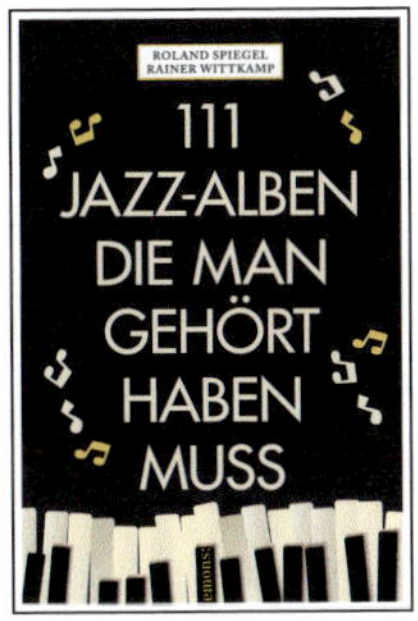

Roland Spiegel,
Rainer Wittkamp
111 Jazz-Alben, die man gehört haben muss
ISBN 978-3-7408-0574-6

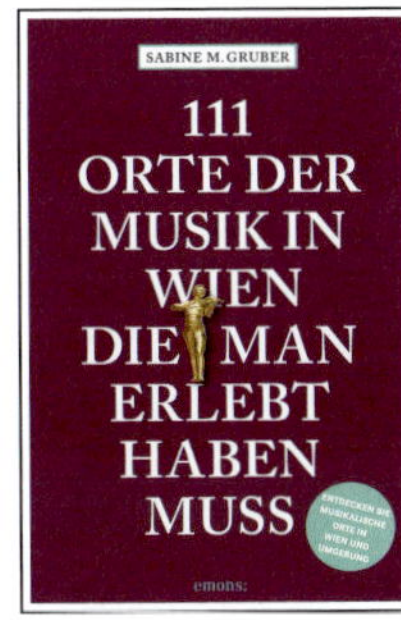

Sabine M. Gruber
111 Orte der Musik in Wien, die man erlebt haben muss
ISBN 978-3-7408-0348-3

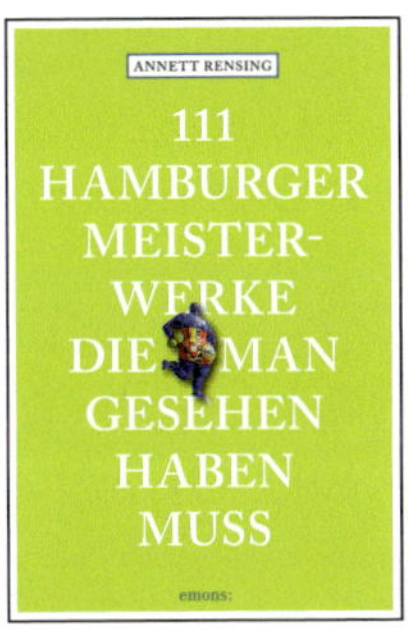

Annett Rensing
111 Hamburger Meisterwerke, die man gesehen haben muss
ISBN 978-3-7408-0987-4

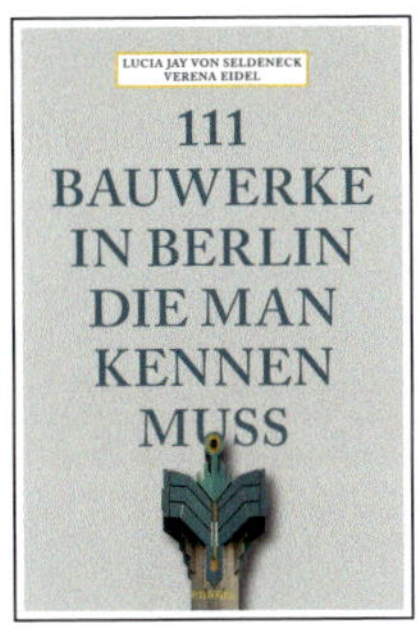

Lucia Jay von Seldeneck,
Verena Eidel
111 Bauwerke in Berlin, die man gesehen haben muss
ISBN 978-3-7408-0995-9

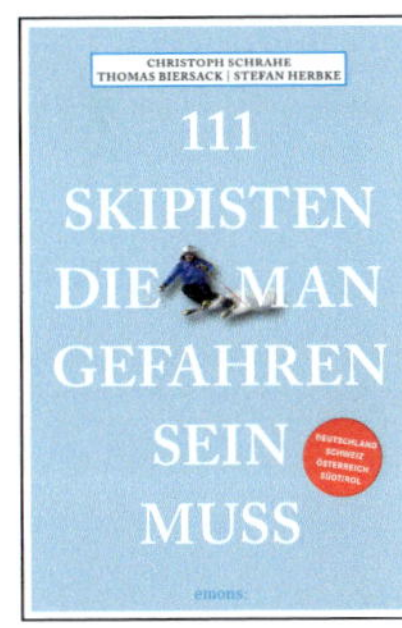

Christoph Schrahe,
Stefan Herbke, Thomas Biersack
111 Skipisten, die man gefahren sein muss
ISBN 978-3-7408-0983-6

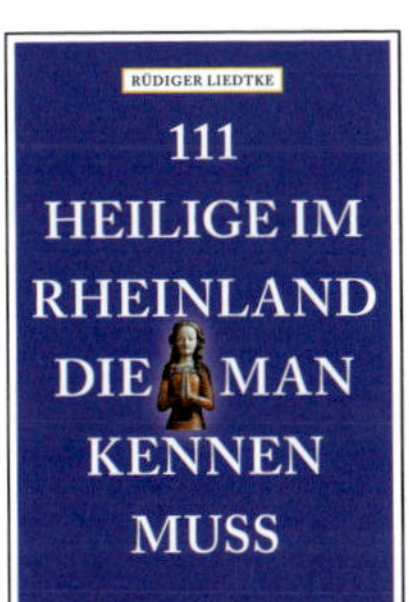

Rüdiger Liedtke
111 Heilige im Rheinland, die man kennen muss
ISBN 978-3-7408-0886-0

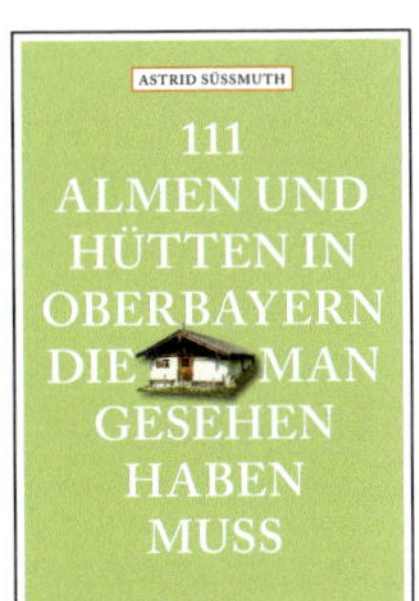

Astrid Süßmuth
111 Almen und Hütten in Oberbayern, die man gesehen haben muss
ISBN 978-3-7408-0823-5

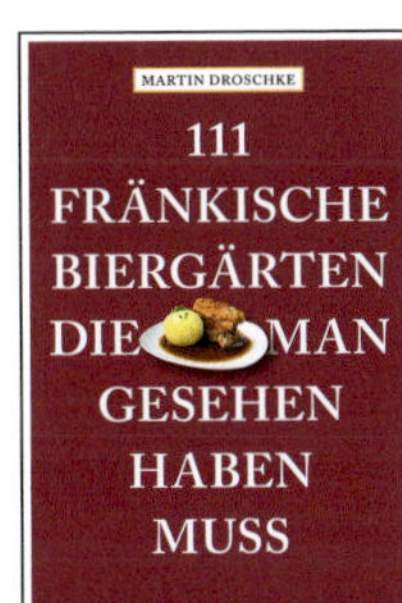

Martin Droschke
111 fränkische Biergärten, die man gesehen haben muss
ISBN 978-3-7408-0851-8

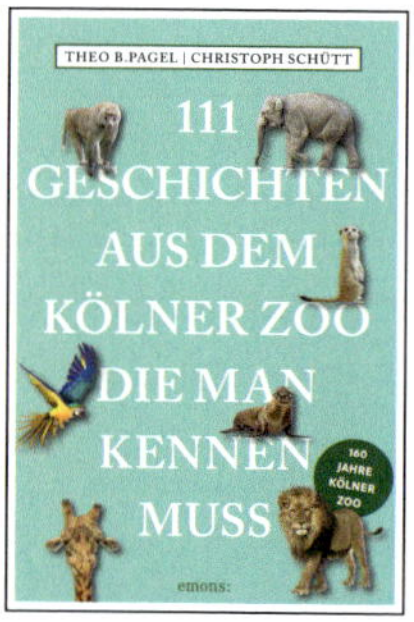

Theo Pagel, Christoph Schütt
111 Geschichten aus dem Kölner Zoo, die man kennen muss
ISBN 978-3-7408-0853-2

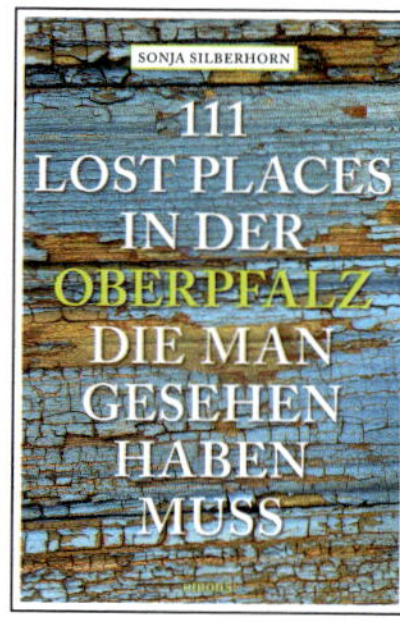

Sonja Silberhorn
111 Lost Places in der Oberpfalz, die man gesehen haben muss
ISBN 978-3-7408-0838-9

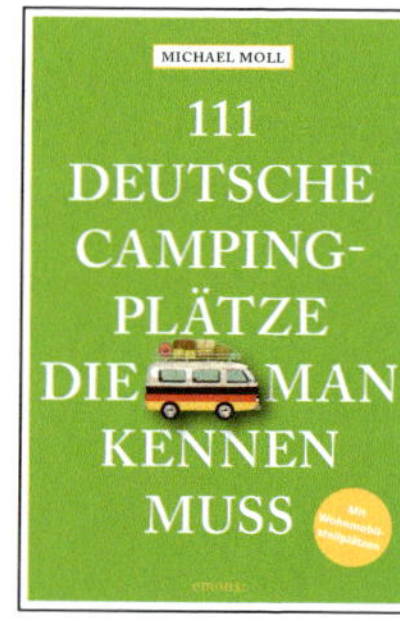

Michael Moll
111 deutsche Campingplätze, die man kennen muss
ISBN 978-3-7408-0879-2

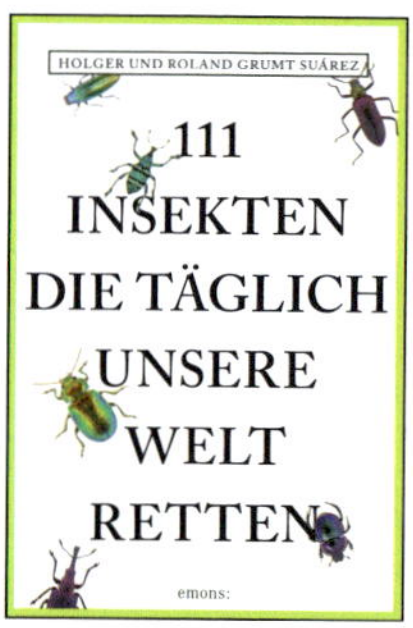

Holger Grumt Suárez, Rolando Suárez
111 Insekten, die täglich unsere Welt retten
ISBN 978-3-7408-0628-6

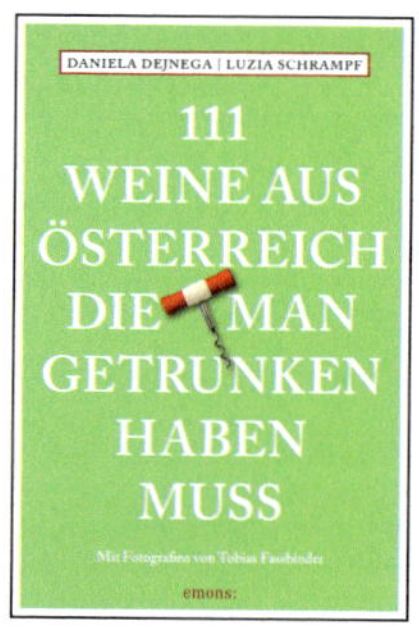

Daniela Dejnega, Luzia Schrampf, Tobias Fassbinder
111 Weine aus Österreich, die man getrunken haben muss
ISBN 978-3-7408-0618-7

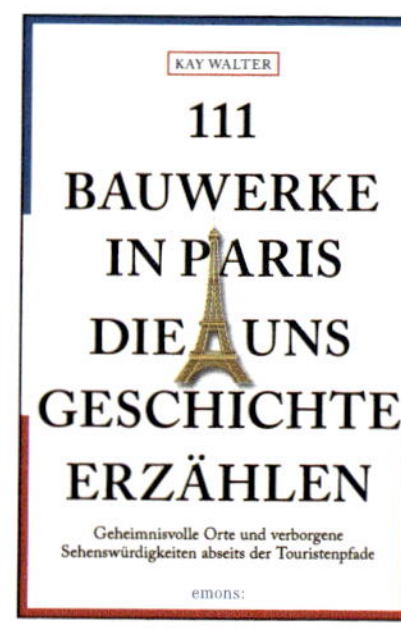

Kay Walter
111 Bauwerke in Paris, die uns Geschichte erzählen
ISBN 978-3-7408-0691-0

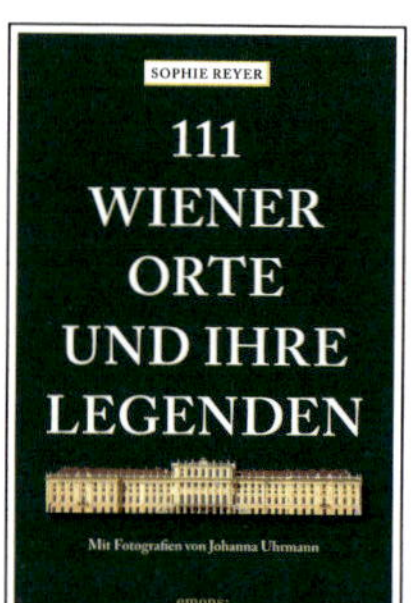

Sophie Reyer, Johanna Uhrmann
111 Wiener Orte und ihre Legenden
ISBN 978-3-7408-0674-3

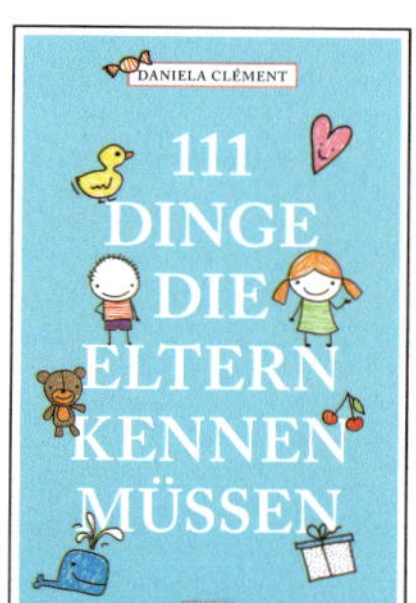

Daniela Clément
111 Dinge, die Eltern kennen müssen
ISBN 978-3-7408-0617-0

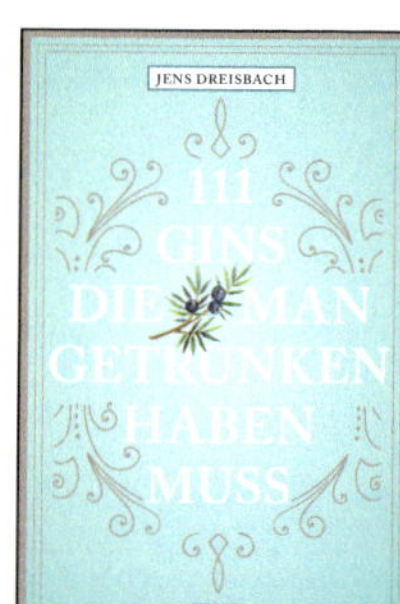

Jens Dreisbach, Tobias Fassbinder
111 Gins, die man getrunken haben muss
ISBN 978-3-7408-0571-5

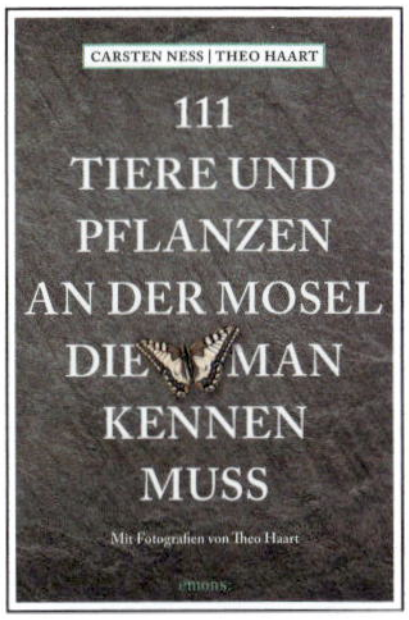

Carsten Neß, Theo Haart
111 Tiere und Pflanzen an der Mosel, die man kennen muss
ISBN 978-3-7408-0563-0

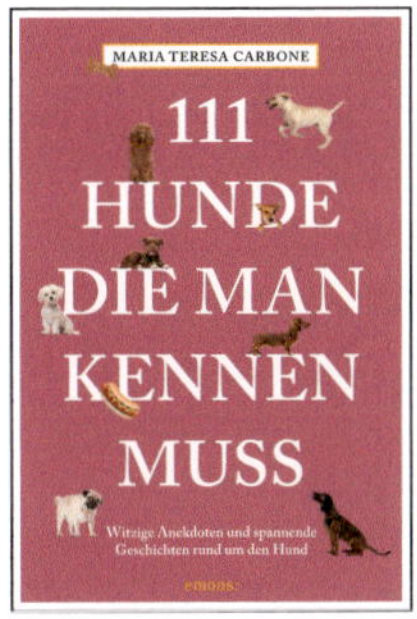

Maria Teresa Carbone
111 Hunde, die man kennen muss
ISBN 978-3-7408-0477-0

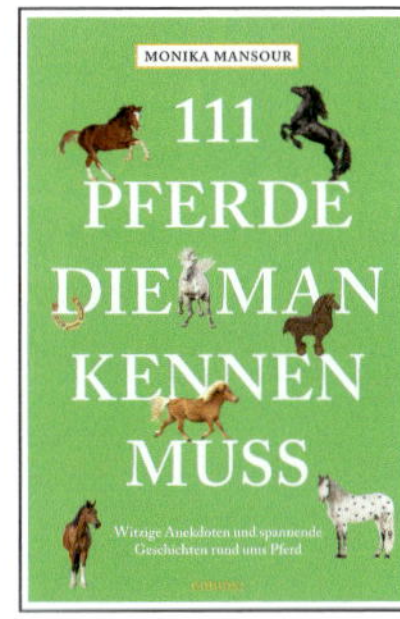

Monika Mansour
111 Pferde, die man kennen muss
ISBN 978-3-7408-1170-9

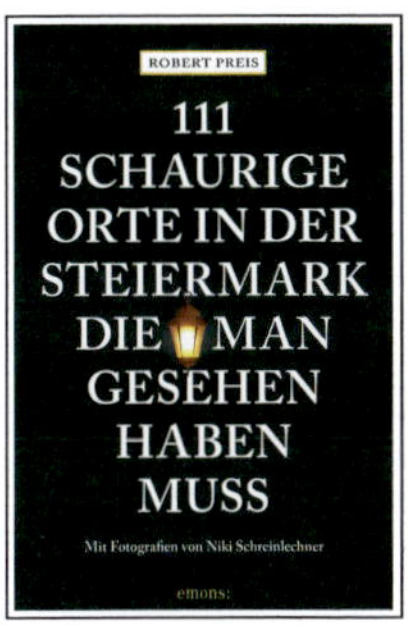

Robert Preis, Niki Schreinlechner
111 schaurige Orte in der Steiermark, die man gesehen haben muss
ISBN 978-3-7408-0445-9

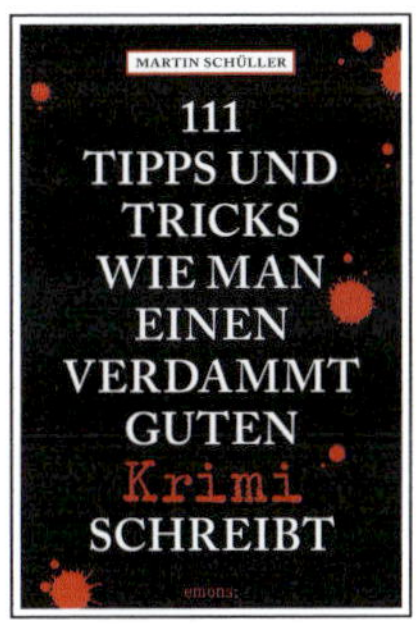

Martin Schüller
111 Tipps und Tricks, wie man einen verdammt guten Krimi schreibt
ISBN 978-3-7408-0460-2

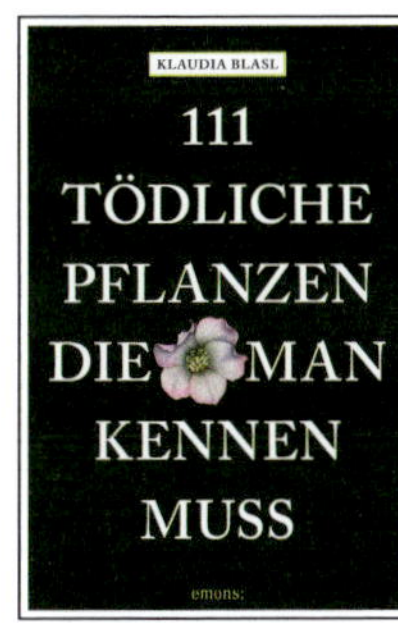

Klaudia Blasl
111 tödliche Pflanzen, die man kennen muss
ISBN 978-3-7408-0441-1

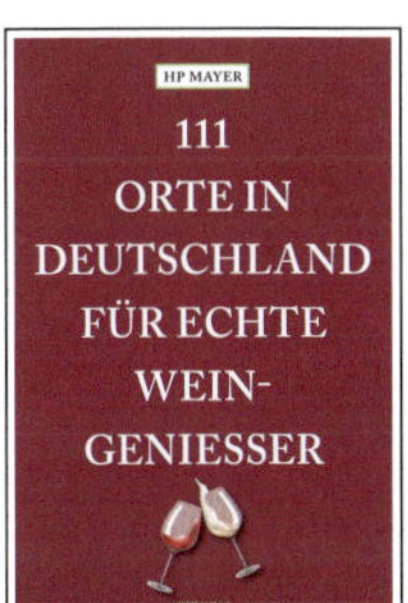

HP Mayer
111 Orte in Deutschland für echte Weingenießer
ISBN 978-3-7408-0371-1

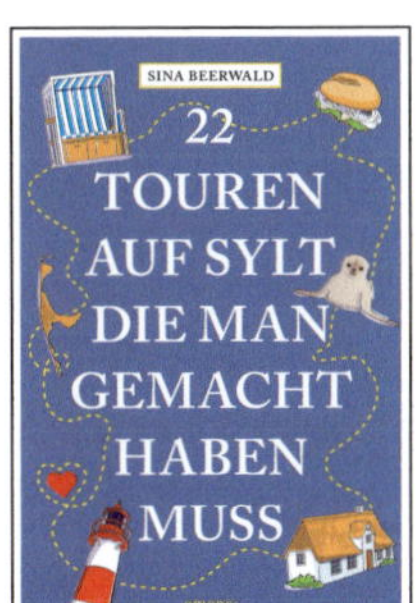

Sina Beerwald
22 Touren auf Sylt, die man gemacht haben muss
ISBN 978-3-7408-0734-4

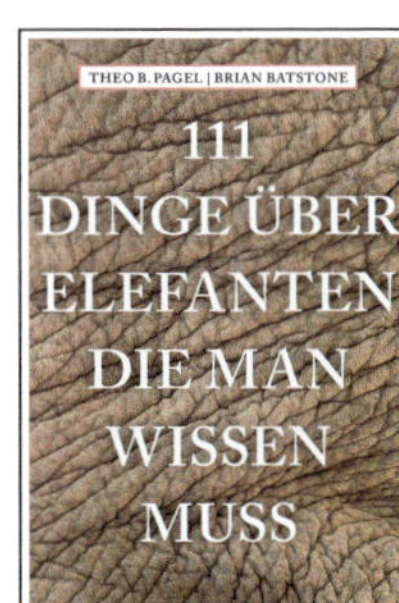

Theo Pagel, Brian Batstone
111 Dinge über Elefanten, die man wissen muss
ISBN 978-3-7408-0349-0

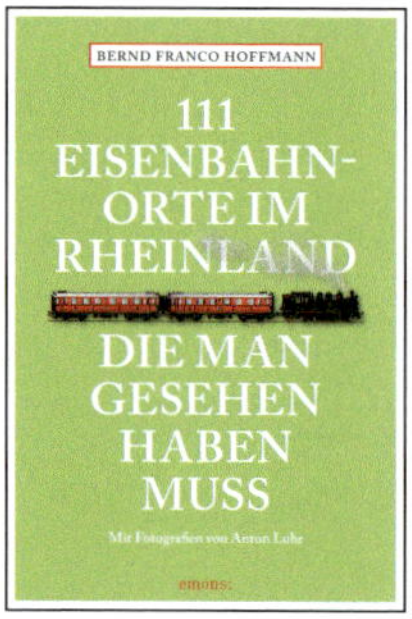

Bernd Franco Hoffmann,
Anton Luhr
111 Eisenbahnorte im Rheinland, die man gesehen haben muss
ISBN 978-3-7408-0344-5

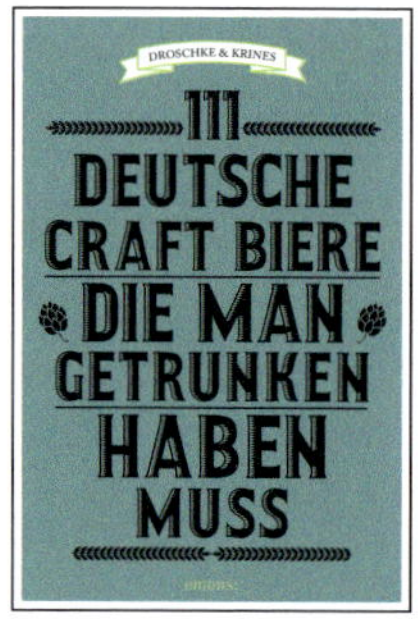

Martin Droschke, Norbert Krines
111 deutsche Craft Biere, die man getrunken haben muss
ISBN 978-3-7408-0338-4

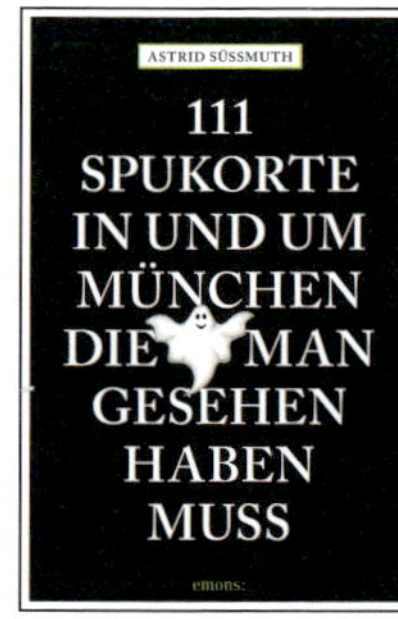

Astrid Süßmuth
111 Spukorte in und um München, die man gesehen haben muss
ISBN 978-3-7408-0336-0

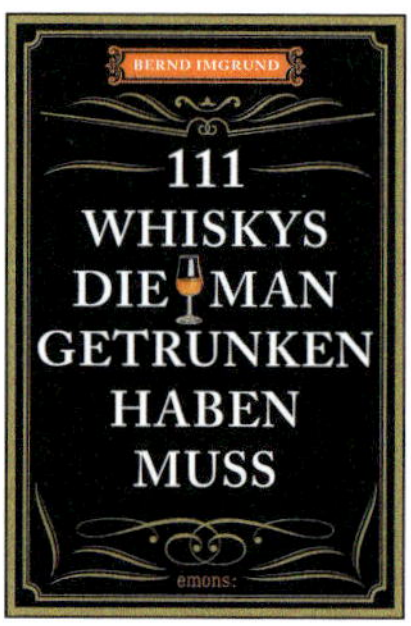

Bernd Imgrund,
Tobias Fassbinder
111 Whiskys, die man getrunken haben muss
ISBN 978-3-7408-0242-4

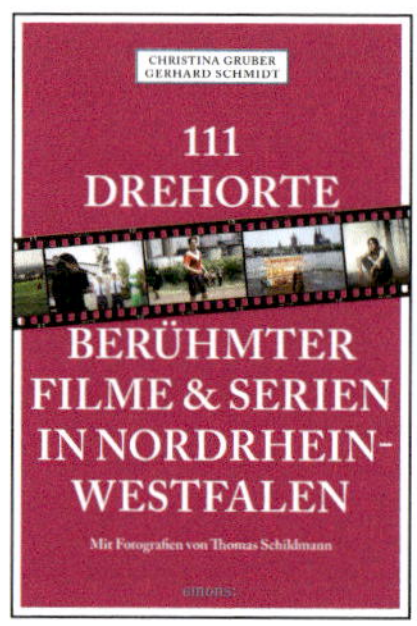

Christina Gruber,
Gerhard Schmidt,
Thomas Schildmann
111 Drehorte berühmter Filme & Serien in Nordrhein-Westfalen
ISBN 978-3-95451-928-6

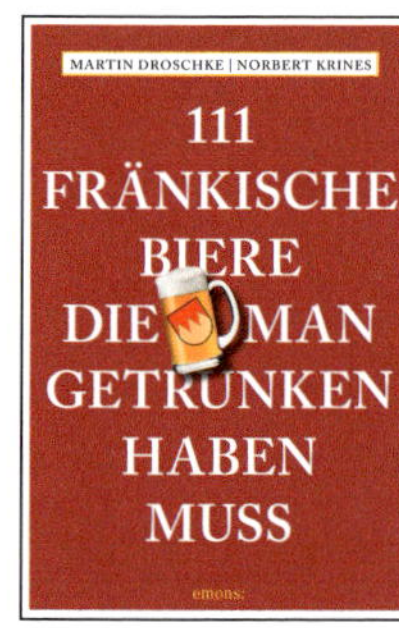

Martin Droschke, Norbert Krines
111 fränkische Biere, die man getrunken haben muss
ISBN 978-3-95451-922-4

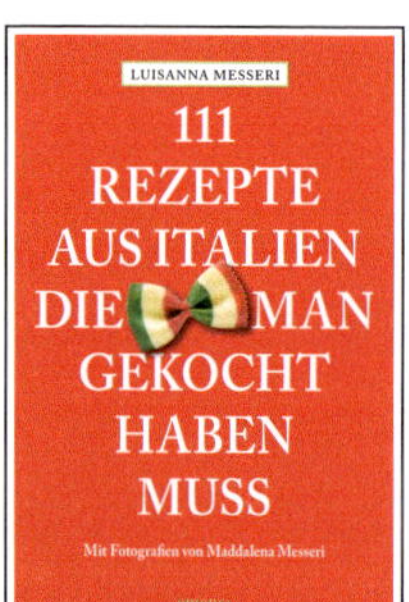

Luisanna Messeri,
Maddalena Messeri
111 Rezepte aus Italien, die man gekocht haben muss
ISBN 978-3-95451-863-0

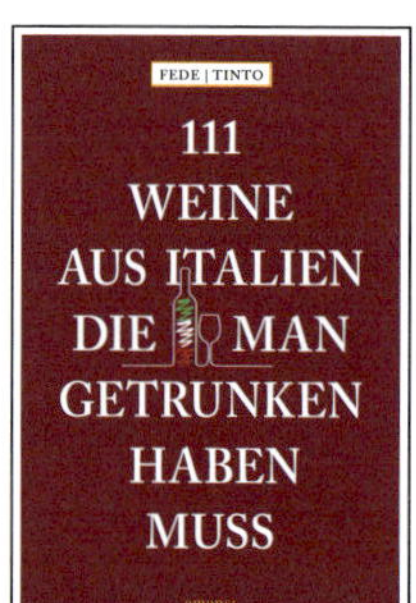

Fede & Tinto
111 Weine aus Italien, die man getrunken haben muss
ISBN 978-3-95451-861-6

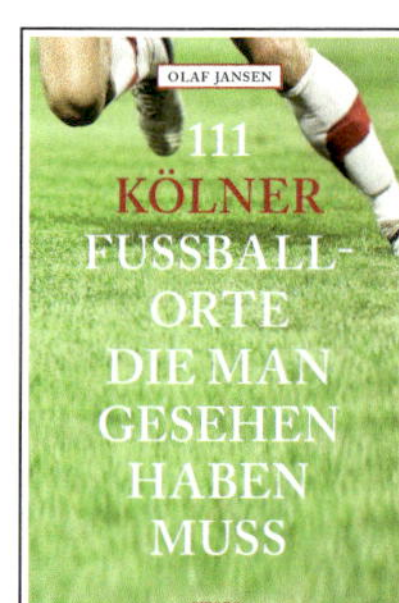

Olaf Jansen
111 Kölner Fußballorte, die man gesehen haben muss
ISBN 978-3-95451-850-0

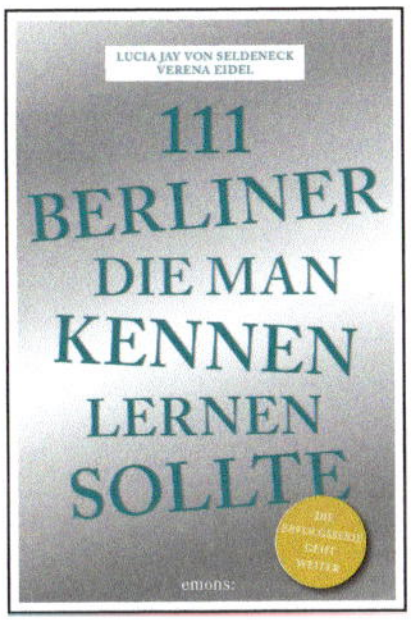

Lucia Jay von Seldeneck, Verena Eidel
111 Berliner, die man kennenlernen sollte
ISBN 978-3-95451-845-6

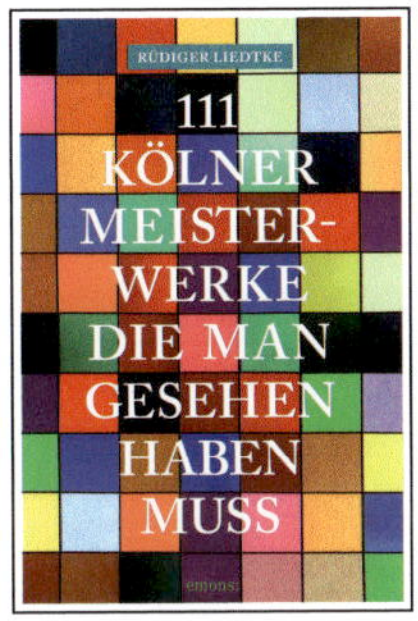

Rüdiger Liedtke
111 Kölner Meisterwerke, die man gesehen haben muss
ISBN 978-3-95451-838-8

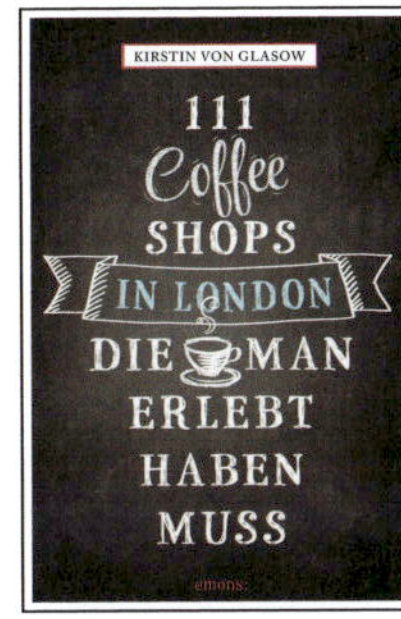

Kirstin von Glasow
111 Coffee Shops in London, die man erlebt haben muss
ISBN 978-3-95451-832-6

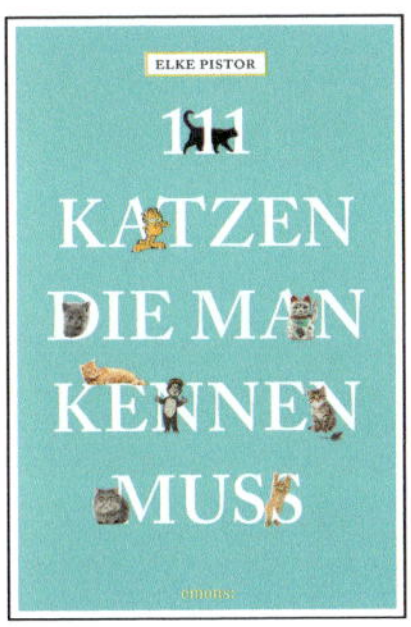

Elke Pistor
111 Katzen, die man kennen muss
ISBN 978-3-95451-830-2

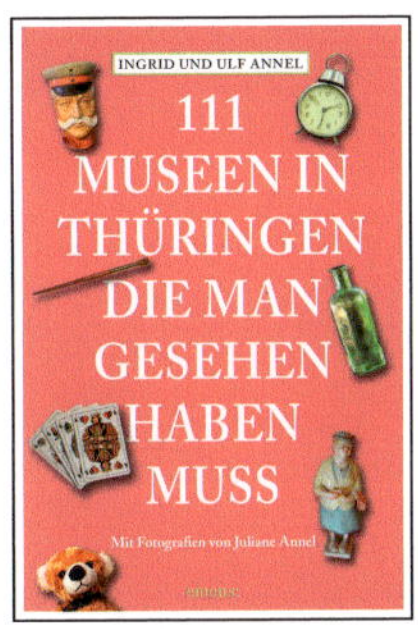

Ingrid Annel, Ulf Annel, Juliane Annel
111 Museen in Thüringen, die man gesehen haben muss
ISBN 978-3-95451-510-3

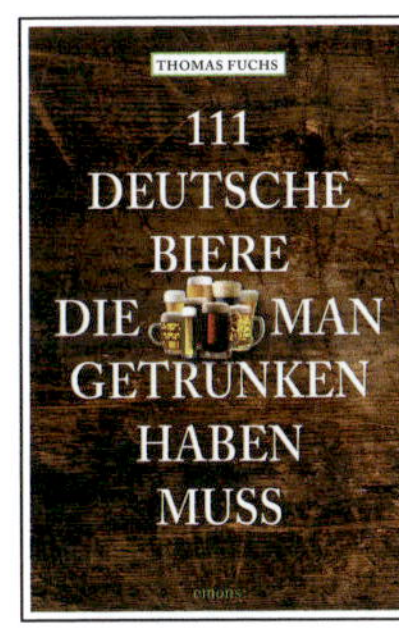

Thomas Fuchs
111 deutsche Biere, die man getrunken haben muss
ISBN 978-3-95451-414-4

Lust auf mehr? Laden Sie sich die »LChoice«-App runter, scannen Sie den QR-Code und bestellen Sie weitere Bücher direkt in Ihrer Buchhandlung.

LChoice
Hier bestellen

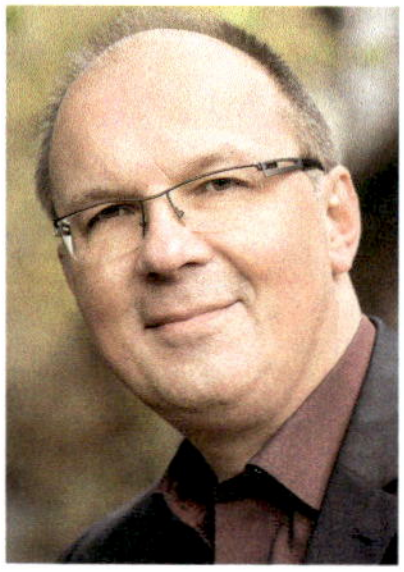

© Susanne Prothmann

Oliver Buslau arbeitete nach seinem Studium der Musikwissenschaft bei der Schallplattenfirma EMI Classics. Er schrieb unzählige Einführungstexte über klassische Werke, hält Vorträge und moderiert eine eigene Klassik-Sendung beim Radiosender »SecondRadio«. Seit zwei Jahrzehnten schreibt er Kriminalromane. Einige haben auch die Musik zum Thema, wie der Beethovenkrimi »Feuer im Elysium«. 2017 erschien »111 Werke der Klassischen Musik, die man kennen muss«.
www.oliverbuslau.de